21世纪新闻与传播学系列教材

Journalism Theory

新闻理论教程

骆正林 著

北京大学出版社

图书在版编目(CIP)数据

新闻理论教程 / 骆正林著. —北京：北京大学出版社，2010.2
(21 世纪新闻与传播学系列教材)
ISBN 978-7-301-16384-9

Ⅰ. 新…　Ⅱ. 骆…　Ⅲ. 新闻学 -高等学校 -教材　Ⅳ. G210

中国版本图书馆 CIP 数据核字（2009）第 218172 号

书　　　名	新闻理论教程
著作责任者	骆正林　著
责 任 编 辑	周丽锦
标 准 书 号	ISBN 978-7-301-16384-9
出 版 发 行	北京大学出版社
地　　　址	北京市海淀区成府路 205 号　100871
网　　　址	http://www.pup.cn
电 子 信 箱	ss@pup.pku.edu.cn
新 浪 微 博	@北京大学出版社　@未名社科-北大图书
电　　　话	邮购部 010-62752015　发行部 010-62750672　编辑部 010-62765016
印 刷 者	北京虎彩文化传播有限公司
经 销 者	新华书店
	730 毫米×980 毫米　16 开本　23.75 印张　426 千字
	2010 年 2 月第 1 版　2021 年 6 月第 6 次印刷
定　　　价	60.00 元

未经许可，不得以任何方式复制或抄袭本书之部分或全部内容。
版权所有，侵权必究
举报电话：010-62752024　电子信箱：fd@pup.pku.edu.cn
图书如有印装质量问题，请与出版部联系，电话：010-62756370

目　　录

绪论 …………………………………………………………………… (1)
　　第一节　新闻传播与现代社会 ………………………………………… (1)
　　第二节　新闻理论与新闻工作 ………………………………………… (6)
　　第三节　新闻理论的学习方法 ………………………………………… (12)

第一章　新闻传播活动 ………………………………………………… (16)
　　第一节　新闻传播的起源 ……………………………………………… (16)
　　第二节　新闻传播的演变 ……………………………………………… (20)
　　第三节　新闻传播的类别 ……………………………………………… (35)

第二章　什么是新闻 …………………………………………………… (40)
　　第一节　新闻的定义 …………………………………………………… (40)
　　第二节　新闻的特点 …………………………………………………… (44)
　　第三节　新闻本源和新闻要素 ………………………………………… (49)
　　第四节　新闻的类别 …………………………………………………… (59)

第三章　新闻传播过程 ………………………………………………… (62)
　　第一节　新闻传播的简单构成 ………………………………………… (62)
　　第二节　新闻传播的双向构成 ………………………………………… (65)

第四章　新闻传播媒介 ………………………………………………… (69)
　　第一节　麦克卢汉的媒介学说 ………………………………………… (69)
　　第二节　中国古代的新闻传播媒介 …………………………………… (77)
　　第三节　新闻媒介的类型和特点 ……………………………………… (84)

第五章　新闻传播者 …………………………………………………… (98)
　　第一节　新闻传播者的角色定位 ……………………………………… (98)
　　第二节　新闻传播者的职业素养 ……………………………………… (113)

— 1 —

第三节　新闻传播者的培养与教育 …………………………（123）

第六章　新闻传播内容 …………………………………………（129）
　　第一节　新闻事实与信息传播 …………………………………（129）
　　第二节　新闻传播与新闻宣传 …………………………………（139）
　　第三节　新闻价值与新闻选择 …………………………………（149）

第七章　新闻传播受众 …………………………………………（158）
　　第一节　受众的地位和权利 ……………………………………（158）
　　第二节　受众特征与媒体定位 …………………………………（169）

第八章　新闻传播的功能 ………………………………………（185）
　　第一节　新闻传播的一般功能 …………………………………（185）
　　第二节　新闻传播与社会舆论 …………………………………（196）
　　第三节　新闻传播的负面效应 …………………………………（213）

第九章　新闻媒介的管理与运行 ………………………………（221）
　　第一节　新闻制度与新闻体制 …………………………………（221）
　　第二节　媒体的管理与运行模式 ………………………………（234）

第十章　新闻自由和社会控制 …………………………………（248）
　　第一节　新闻自由的历史演变 …………………………………（248）
　　第二节　新闻自由的主要内涵 …………………………………（262）
　　第三节　新闻媒体的社会控制 …………………………………（270）

第十一章　新闻传播的工作原则 ………………………………（277）
　　第一节　新闻传播的真实性原则 ………………………………（277）
　　第二节　新闻传播的公共性原则 ………………………………（288）
　　第三节　新闻传播的监督性原则 ………………………………（294）
　　第四节　新闻传播的守法性原则 ………………………………（303）
　　第五节　新闻传播的党性原则 …………………………………（306）

第十二章　中国的新闻改革 ……………………………………（310）
　　第一节　改革开放前党报的两次改革 …………………………（311）
　　第二节　改革开放以来的新闻改革 ……………………………（318）
　　第三节　我国新闻改革的主要方向 ……………………………（329）

第十三章 新媒体与新闻传播 ………………………………………（346）
　　第一节　新媒体的内涵与特征 …………………………………（346）
　　第二节　新媒体与新闻传播 ……………………………………（353）
主要参考文献 ………………………………………………………（366）
后记 …………………………………………………………………（372）

绪　论

在媒体不发达的年代,很多人的童年是在爷爷、奶奶的膝下度过的。在夏夜的星空下,在冬天的火炉旁,孩子们听着爷爷、奶奶的故事,品味祖辈的传奇经历,猜测他乡的精彩生活。然而,现代传媒却将祖辈的权威解构了,孩子们不再愿意听爷爷、奶奶的唠叨,媒体给予他们的信息已经让长辈们的见识相形见绌。今天,在一些普通中学生的谈话中,都会涉及人类知识的各个方面:美国的反恐战争、中国的登月计划、北欧的童话王国、股市的熊市牛市……还有樱桃小丸子、迈克尔·杰克逊、快乐女声等。现代媒体不仅传递着信息,还传递着由信息引发的观点、意见和情感,媒体所营造的"拟态环境"已经成为人类社会化的主要工具,成为人类生存和发展的基础。媒体既是公共信息的传播者,也是生活意义的缔造者,生活在现代社会的人已经离不开媒体,人们不再怀疑或无视媒体的力量。

第一节　新闻传播与现代社会

1964年,麦克卢汉在《理解媒介》这本书中,提出了"地球村"、"意识延伸"、"重新部落化"和"媒介是人的延伸"等预言性概念,引起了西方世界的一场大地震。有人称赞麦克卢汉是"继牛顿、达尔文、弗洛伊德、爱因斯坦和巴甫洛夫之后最重要的思想家",是"电子时代的代言人,革命思想的先知"。反对他的人,讨厌他用文学语言去"论述"科学题材,指责他走火入魔,"玩了一场大骗局",是"攻击理性的暴君"。当时许多严肃的学者和知识分子甚至把他的功劳一笔勾销,认为他的理论是"一场国际性的思想丑闻"。[①] 但是到了20世纪90年代以后,随着互联网的诞生、信息高速公路的建成和新媒体的不断裂变,麦克卢汉的预言一个个地变成了现实。当围绕麦克卢汉的沉寂被互联网打破后,人们突然

---

① 〔加〕菲利普·马尔尚:《麦克卢汉:媒介及信使》,何道宽译,北京:中国人民大学出版社2003年版,《译者序言》,第Ⅵ—Ⅶ页。

发现在 20 世纪 60 年代读不懂的天书，到了今天变得浅显易懂。确实，在 21 世纪的人类社会，传媒已经变成了世界的神经，经过传媒的联结，地球已经实实在在地变成了"地球村"。当时空被传媒压缩后，人类的智慧突然迸发出来，科技一日千里，经济快速增长，世界进入了一体化、同步化的时代。

一、新闻传播的社会影响

在信息化社会，新闻媒体既是社会成员社会化的重要工具，又是人类社会存在和发展的基础。当然，新闻传播给人们描述的并不是世界本身，而是关于世界的"拟态"，但是在日常生活中，我们已经习惯了把抽象的、假定的概念等同于事实本身。虽然有学者反复告诫我们，新闻传播的往往是一种观念，而不是一种事实，但是，今天我们所有人对世界的认识和对事实的判断，其实都建立在媒体持续报道的基础上，媒体所描绘的世界已经成为我们观察、思考和判断问题的"铅板"。社会是由一些相互关联的社会要素构成的，如政治、经济、法律、宗教、民族、职业等。如果我们把社会看成一个大系统，那么每个要素又能单独成为一个子系统。新闻媒体也是社会结构中的一个要素，它不仅是社会大系统的有机组成部分，而且对不同子系统之间的关系产生作用。新闻媒体的信息传播一方面使社会结构变得更加紧凑，另一方面也帮助公众绘制尽可能准确的环境地图，现代新闻传播已经对人类社会生活产生了全方位的影响。

媒体在产生和发展的过程中一个最主要的功能就是作为政治宣传的工具。随着社会的发展，各种政治势力对新闻传播的利用越来越有技巧。他们一般不再公开谈论"宣传"，而是更多地提政府公关，但是利用媒体的实质却没有太大的差别。在现代媒介环境下，政府可以通过新闻媒体持续不断地发布公共信息，可以向公众传播政府的执政理念和政策主张，可以通过媒体引导、控制甚至操纵舆论。同时，新闻媒体也是公众表达政治观点、进行政治辩论、参与政治决策、对公共权力进行监督的重要工具。正是因为新闻媒体对政治生活具有重大的影响力，因此，各国政府和政治人物都把媒体作为政治传播的主要工具。在一些西方国家，公共政治已经进入到传媒政治时代，政治人物会更加自觉地按照新闻传播的标准，设计政治活动和自身行为。为了保证媒体愿意报道政治新闻，为了让公众更加关注政治活动，西方政治人物参与政治活动就像演员上舞台一样，百倍地用心和小心。在政府传播顾问的精心策划和设计下，很多政治新闻几乎和娱乐新闻相当，政治人物已经被媒体打扮成公众眼中的"明星"。2009 年 1 月 20 日，美国当选总统、民主党人奥巴马，在美国国会大厦西侧的露天平台上正式宣誓就任美国第 44 任总统（见图 0-1）。由于经历过漫长的竞选过程，全世界的电视观众几乎都把奥巴马当成了娱乐明星,关于奥巴马的相关新闻不仅占据了世界各地媒体的要闻位置,而且占据了很多娱乐版面。这种明星效应恰恰是美国政客所向往的,他们期望通过打感情牌来获得民意支持,强化公众对政府的信念,进而达到左右舆论的目的。

图 0-1　奥巴马就职宣誓现场①

新闻媒体在经济领域的重要作用是随着社会发展而不断递增的。经济发展为新闻传媒的进步提供了物质基础;反过来,新闻传媒对经济发展也具有促进作用。在全球经济一体化的时代,世界经济的关联度不断加深,经济活动对经济信息的依赖性越来越强,因此,收集和发布经济信息是媒体的一项重要任务。2008年,美国次贷危机引发了一场灾难深重的全球金融危机。当危机爆发后,世界各地媒体都加强了对金融危机的报道,及时发布危机的最新信息,鼓励各国人民建立起战胜金融危机的信心,呼唤各国政府通力合作,采取切实有效的措施制止危机蔓延,寻求走出危机的策略和办法。我国的中央电视台、《人民日报》、新华社,以及各地方媒体,都把金融危机作为重点内容加以报道,并且通过深度报道、调查报道等形式,反思我国经济发展中出现的结构性问题,呼吁借助经济危机促进我国经济结构的转型和升级。在人民网、新华网、央视国际等官方媒体网站上,几乎都有专门的"金融危机"频道,网站将与危机相关的新闻报道、深度调查和研究文章进行了认真的分类、编辑,公众可以通过浏览文字、图片和视频,详细了解金融危机的成因、发展和影响等各方面知识。新闻媒体对金融危机的报道能够帮助公众加深对金融危机的了解,指导公众采取有效措施将金融危机的危害降低到最低程度。随着世界经济规模的不断扩大,经济信息已经成为生产要素,能够直接推动生产力的发展。当世界经济不断走向市场化、规模化、跨国化、虚拟化的时候,新闻媒体的经济话语权日益突出,媒体的市场作用也越来越多样

---

① http://news.ifeng.com/photo/s/200901/0120_4728_978425_19.shtml。

和稳定。

从文化层面来看,新闻媒体本身就是记录和传播人类文明的载体。从广义上来看,文化包括人类创造的一切精神的和物质的成果。我们这里所说的"文化"是一个非常狭隘的概念,指的是媒体传播的能够提供给受众欣赏或消费的文化内容。现代媒体是大众文化的最佳载体,它所提供的大量的通俗易懂的内容,使公众在紧张工作之余有了更多的消闲解乏的东西。可以说,新闻传媒是公众闲暇生活中最大的聚合场所,它为绝大多数人提供了一个共享的文化环境,甚至成为现实生活的定义者和生活意义的缔造者。在历史上,文化具有非常明显的地域性、民族性,然而,大众传媒对文化的传播,使很多民族的、区域的文化走向了全球,变成了世界文化的重要元素。2008年,在希腊奥林匹亚举行了北京奥运会圣火采集仪式(图0-2),全球观众通过电视直播见证了这一庄严的仪式,欣赏到古希腊文化的圣洁、典雅和纯粹,感受到奥运精神的崇高和伟大。新闻媒体对奥运会、足球世界杯的直播,创造了几十亿人同时观看的文化现象,并通过电视标准来塑造世界文化的共性。

图0-2　北京奥运会圣火采集仪式①

传统新闻传播具有信息量大、覆盖面广、权威性强的特点,所以,社会生活的各个领域都会主动或被动地与媒体打交道。新闻传媒除了和政治、经济、文化关系密切之外,还影响着一个国家的科技、军事、外交、国防等各个方面。当然,新闻传播中有现实与虚构、新闻与广告、信息与宣传的矛盾,但是这丝毫没有影响到新闻传播的社会作用,当受众掌握了一套理解新闻传播内容的技巧之后,大众传播在人类社会中的公共角色反而更加突出。

---

① http://www.xinhuanet.com/olympics/huoju/zb0321/。

二、新闻媒体与传播权的分化

早在互联网形成规模之前,新闻自由思想就已经被世界各国所接受,人们普遍认为新闻媒体可以为民主讨论创造良好的言论环境。各国政府都在不同程度上许诺:人民有了解新闻真相的权利,新闻媒体可以不受干涉地采访、报道新闻;公民可以依法创办新闻媒体,媒体在市场中公平竞争,自主经营,自负盈亏;媒体应该反映社会不同阶层的声音,打破舆论一律,听取群众的呼声;有些国家甚至规定随意封锁新闻来源、取缔新闻机构、歪曲新闻报道是违法行为等。在大部分国家,作为职业群体的编辑、记者,会受到法律法规、社会道德和职业伦理的约束,能够按照新闻规律和意识形态标准自我把关。各种社会力量对新闻传播事业的约束或控制,保证了新闻媒体必然具有一定的社会责任感。

新媒体的出现完全打破了原有的媒体格局。传统媒体是一种"点对面"的结构,每个编辑部就是一个中心节点(如报社、电台、电视台),权力和资本只要控制住中心节点,就能达到控制舆论的目的。然而,网络、手机等新媒体是一种网状的结构,理论上看每个节点是平等的,任何一个终端(电脑、手机)既是接收端也是发射端。随着用户的不断增加,这种拓扑网络变得更加复杂,网格变得越来越细小。由于网络几乎没有中心节点,你控制了一个节点,信息可以绕行另一个节点传出去,这使传统的信息把关人的作用被大大弱化。新媒体的这些特征使新闻话语权极度分散,每个公民都可以成为"公民记者",成为一家媒体。公民拥有了随时发表意见的渠道,使新闻自由的实现有了良好的物质基础,有利于激发公众参政议政的热情。

新闻传播权的分散,带来了个人与机构传播者的崛起,新闻传播出现碎片化趋向。新媒体的崛起也给传统媒体和社会带来了巨大压力。对传统媒体来说,新闻传播进入了公众自己生产内容的时代,任何一家媒体的信息采集和提供能力,都赶不上全体大众的信息传播能力,新媒体空间包容了比传统媒体多得多的信息、观点和问题。传统媒体的从业人员能够自我把关,竭力消除新闻传播的负面效应。然而,新媒体中的信息传播者,大多是普通公民,没有经过职业训练,没有掌握新闻传播规律和新闻职业规范,更没有新闻传播者的角色意识。这使很多传播者在传递新闻时没有核实消息来源的意识,没有自我把关的社会责任感,很多新闻是以道听途说、以讹传讹的形式出现的。新媒体甚至有时可以成为个别人发泄私人情绪的通道,公众的情绪因此被利用。2009年7月6日,沉寂许久的百度"魔兽世界吧"里出现了一个帖子,帖子只有一句话:"贾君鹏,你妈妈喊你回家吃饭"。就是这句近似调侃的空帖,在短短5个小时内就引来超过20

万的点击率,有近万名网友参与跟帖。在其后的半个月左右,这个帖子红透了整个网络世界,各大网络论坛纷纷转帖。后来有公司出来声称这是一个有预谋的商业策划,是为了激活"魔兽世界吧"的人气。不管贾君鹏事件的真实面目如何,该帖能够横扫网络世界,一定程度上体现了网民对亲情的呼唤,另一方面也反映出网络空间内话语生成的复杂性和网络强大的"围观效应"。

新媒体中不断出现的真真假假的"新闻"和"事件",一方面确实增加了社会管理的难度,但是另一方面也是职业化新闻传播的推动力,它能促进新闻事业的不断改革,让主流媒体的新闻传播更加权威和高效。新媒体崛起告诉我们,家长制、一言堂和舆论一律已经不适应时代的要求,主流媒体必须要"急人民之所急,言人民之所言",才能真正赢得人们的信任。信奉"魔弹论",不顾受众接受心理简单灌输,在现代新闻理论中已经没有位置了。传统媒体的新闻传播活动是职业行为,只要传统媒体尊重新闻传播规律,媒体的公信力和权威性就一定能够建立起来。只要职业化的权威性、公信力不倒,网络中的虚假新闻就不会有太大的生存空间。

第二节　新闻理论与新闻工作

理论源于实践,又反过来指导实践,新闻传播理论也不例外。从原始人的结绳记事,到今天的电子传播时代,人类的传播手段、传播工具和传播技术都得到了巨大的发展。在新闻事业发展的过程中,人们不断对新闻传播工作进行理论总结,找到了新闻传播活动的本质和规律。同时,人们从实践经验和理性思考中提升的新闻理论,又反过来回到新闻实践中,指导新闻事业的发展。当前,我国新闻传播事业日新月异,传统媒体的改革和创新、新媒体的崛起和成熟,使媒体竞争变得异常激烈。在这样的媒体生态下,只有加快新闻理论的学习和研究,才能保证新闻事业健康发展,"回报时代的伟大恩赐和期望"[①]。

一、新闻学与新闻理论

任何一门学科都是以客观世界(包括人类社会和自然界)的某一特定现象作为自己的研究对象,新闻学也不例外。新闻学是研究并描述新闻传播活动、新闻传播事业及其规律的一门科学。在历史发展中,新闻传播现象从原始社会就已经出现,但是新闻作为一个专门的事业来发展,却是资本主义出现后的事。因

[①] 杨保军:《新闻理论教程》,北京:中国人民大学出版社2005年版,第1页。

此从学科发展角度来说,新闻学是一门非常年轻的学科。在很长的历史阶段,由于新闻传播事业在整个社会生活中的重要性并不非常突出,再加上它又与意识形态紧紧地联系在一起,因此新闻学长期成了政治学、文学、法学等学科的附庸。学术界也一直对它有偏见,认为"新闻无学"。然而随着信息时代的到来,新闻传播事业在社会中的重要性越来越突出,"新闻无学"的声音逐渐减弱,新闻学借助新闻事业发展的力量完善了自己的学科体系,从而在社会科学领域逐渐确立起自己的地位。

传统的新闻学研究主要分成三大块,即理论新闻学、应用新闻学和历史新闻学。随着新闻传播事业的快速发展,新闻传播学的学科体系也在不断丰富,出现了一些交叉性学科。理论新闻学主要研究新闻传播活动的基本特征及其基本规律。理论新闻学是新闻传播实践的理论化,同时又反过来指导新闻实践。过去理论新闻学主要是围绕报纸建立起来的,今天随着传媒事业的发展,除了报纸外,广播、电视、网络等媒体也异常繁荣,因此现在的新闻理论所涵盖的内容比原来更丰富。历史新闻学主要研究新闻传播事业产生和发展的历史。从地域来看,可以将新闻史分成中、外两部分。近年来,新闻史开始进入深入研究阶段,人们逐渐将大的新闻史细化为各媒体专门史和新闻传播某一方面的发展史,如广播电视、网络、通讯社、新闻电影、新闻教育等发展史。应用新闻学主要研究的是新闻传播业务知识和新闻工作的技能技巧。业务新闻学主要包括新闻采访与写作、新闻编辑、新闻写作、新闻摄影等课程。自20世纪90年代以来,随着新闻学研究的深入,在新闻学与人文学科、社会学科的交叉地带又出现了很多新的课程,这些学科包括政治学、经济学、法学、社会学、心理学、伦理学、语言学等。交叉学科中比较有影响的课程有新闻法学、传媒经营与管理等。随着新闻传播事业的发展,新闻传播活动与社会生活的各个领域的联系越来越紧密,因此新闻学的跨学科研究变得越来越活跃。本书的内容属于理论新闻学的范畴,主要研究新闻传播活动的本质和特征,揭示新闻传播活动、新闻传播事业的基本规律,以及新闻传播事业与整个社会系统的互动关系。新闻理论可以帮助我们了解新闻传播现象,指导新闻传播活动和预测新闻传播效果,是对新闻媒体的性质、运作和影响的总体阐述。

这里需要指出的是,我国传统的新闻理论是围绕现实政治建构起来的。从政治的需要出发来管理媒体,在新中国成立初期曾经起到了积极的作用,它使媒体在国家需要稳定的时候,支持了政府宣传的需要,保证了媒体有效地为社会主义服务。但是随着社会的进步和国家事业的发展,这种管理模式在一定程度上束缚了新闻理论的思维创新。

学科主线是学科建构的前提,新闻媒介长期被认为是"阶级斗争的工具",工具论显然将媒体功能狭隘化了。我国传统的新闻理论是由各种"性"(真实性、指导性、群众性、人民性、阶级性、党性、战斗性等)构成的,意识形态占据着新闻理论的核心位置。新闻理论在政治原则的指导下,在简单探讨了新闻的基本定义和功能后,主要的精力放在了回答以下一些问题上:社会主义新闻事业的特点是什么?社会主义新闻事业与资本主义新闻事业的区别在哪里?无产阶级新闻事业有哪些优良传统?这些传统是怎样形成的?如何坚持党性、人民性、阶级性、战斗性等?如何开创社会主义新闻工作的新局面?……当然,这些问题是新闻理论探讨的内容,但不应该是新闻理论的全部内容。在今天的信息时代,我们已经认识到新闻媒介的本质功能是"传递信息",媒体只是"信息传递的通道"。因此,在新闻传播事业非常繁荣的今天,我们应该将新闻理论真正还给信息传播,以确立起学科新的地位和声望。

二、新闻理论与新闻工作

新闻学仅仅是对新闻传播现象及其规律的研究,而新闻工作却要牵涉到更多的学科和更多的部门,因此新闻工作不仅仅是新闻理论的简单运用,还是各门科学知识的综合运用。新闻传播工作者学好了新闻理论,只是熟悉了新闻工作的基本规律和技巧,但这些规律和技巧必须服务于传播内容才能起作用。新闻传播技巧是实践性和经验性的,但新闻传播的内容却多种多样,它和社会的方方面面紧密联系着;也就是说,新闻传播内容会牵涉到目前所有的学科知识,而这些知识往往是新闻工作者所不熟悉的。所以新闻传播工作者除了学好新闻学理论外,还必须有其他相关的专业知识作补充,以便更好地满足新闻工作的需要。

由于传统新闻学基本上是从文学的基础上延伸出来的,因此很多人认为新闻无学,只要文学功底不错,文字能过关的人就能胜任新闻工作。于是大学新闻传播专业招生时,学生的文字功底成了一个重要标准;新闻单位招聘人才时,也关心求职的人是不是能"写"。这些标准在新闻事业竞争不太激烈的时候,还比较管用;但随着新闻事业的深入发展,尤其是媒体由"大众化"走向"分众化"和"小众化"的时候,很多媒体感觉到自己的人才不够用。当代新闻报道不仅是简单地对新闻事件进行报道,把新闻事件说清楚,而且要对很多新闻事件做深度的报道和解剖。在对新闻事件做深度报道时,记者必须要有扎实的理论知识和人文素养,这就要求记者必须突破新闻专业知识的界限,在各种专业报道中开辟一个自己擅长的领域。从目前的情况来看,媒体需要具有经济学、管理学、文学、法学、政治学、社会学等各门知识背景的人来充实记者队伍。媒体发展的现实告诉我们,写作能力、文学功底只是新闻传播专业人员基本功的一个方面,从新闻工作的实际来看,媒体更需要特定领域的专业人才。因此,新闻记者必须要在新闻之外的某个专业领域有所建树,才能满足现代新闻工作的需要。2004年3月6日,南京《扬子晚报》发表了下面这篇报道:

听民警讲跳桥的故事

跳桥事件有增无减

上周一,外地务工者张小姐在住处与他人发生纠纷,经当地派出所调解,纠纷虽然平息,但张小姐认为民警处理不公,一气之下便来到南京长江大桥,扬言要跳桥自杀,引起了许多人的旁观,交通也一时堵塞。然而谁也没有料想到,该女士骑上桥栏后拿出手机,先向新闻单位报料,后又"威胁"当地派出所道:现在我正要跳桥,除非你们所长亲自开着警车来接我,否则一切后果自负。

上周四,67岁的退休职工刘某哭喊着来到长江大桥,扬言"不想活了"。但体弱多病的她跨了几次,都没有跨过桥栏杆。经民警了解,原来因房产问题,她与几个子女发生不快,一气之下便到大桥上寻求解决途径……

日前,记者在采访大桥派出所时,几乎所有人都有过被跳桥事件弄得精疲力竭的经历。据统计,近几年来南京长江大桥发生的"跳桥事件"有增多趋势,去年共发生了83起,而今年前两个月就发生了16起,并且绝大多数"跳桥者"都带有鲜明的目的,那就是想借警方的公信力和媒体的社会影响力,来解决私人问题,这给警方和社会都带来了相当大的压力。

跳桥"作秀"为哪般

从该所民警的叙述中,可以初步把跳桥者划为二类:一类是真正"不想活的",这些人因各种原因而绝望,一般是一言不发就纵身下跳,这一类型的人仅占一成。另一类是"作秀型",他们并非真正"不想活",而是想通过这种极端方式来解决个人的问题。

2月13日,身强力壮的梁某在江宁一娱乐中心因打工不认真,被老板开除。一时想不开的他来到大桥欲"轻生",经过干警的协调,该中心老板终于答应恢复其工作,才使梁某打消了跳桥的念头。今年春节前,一对小夫妻因为到哪家过年而产生矛盾,气头上女方半夜三更来到大桥要"寻死",值班民警劝了一夜,女方就是想不通。第二天当男方出现在派出所,当面答应回她娘家过年后,女方很快就破涕为笑,高高兴兴地回家了。上周本报报道了一对青年男女因口角纠纷而相继跳桥殉情的事件,但当警方要核实一跳桥男子的身份时,直到现在当事女方仍藏而不现。而更令人哭笑不得的是,去年底,一位青年想过一回"主角"瘾,跳桥前用电话联系了许多记者,然后演戏似地在众人面前"跳"起桥来。当警方出面阻止其荒唐行为时,他竟威胁警员说:"如果我的照片第二天见不了报,拿你是问。"

"跳桥"是严重违法行为

目前社会正处于转型的关键阶段,各种矛盾纠葛,无疑会给某些心理不成熟的人带来压力和苦恼,从而使其心态失衡,作出种种极端的举动。"跳桥"事件使南京长江大桥脆弱的交通秩序雪上加霜,警方的接处警机制和警力资源配置方面也受到严重的干扰。据民警们反映,每逢有人跳桥,值班警员不仅无法休息,有时还得自掏腰包,以解决他们的一时之需,仅去年一年,全所就为此花费了5000余元。

针对跳桥事件增多这一现实情况,成立相关的社会援助机构,从心理疏导和法律咨询上及早介入已变得越来越急迫,派出所毕竟是负责治安的单位,没有精力和能力来解决所有跳桥者的问题。我国治安管理处罚条例规定,包括跳桥在内的扰乱公共场所正常秩序的属违法行为,将受到刑事拘留15天以下和200元以下经济处罚。从昨天起,南京市已正式出台新规,将严厉惩处公共场所极端行为和扰乱正常秩序者,这将意味着从现在开始,"跳桥"者将不得不考虑其行为后果了。

《扬子晚报》报道了这则新闻后,在新闻业内产生了不小的影响。之后,一些媒体克隆《扬子晚报》的观点,似乎《扬子晚报》的报道让记者们找到了"自杀新闻"的新角度。在南京影响非常大的电视新闻节目《南京零距离》也对这篇报道进行了评述,主持人孟非在读报中非常赞同《扬子晚报》上新闻报道的观点。3月23日,中央电视台《法治在线》节目也根据《扬子晚报》的新闻提供的思路做了一期节目。在节目开始的时候,播出了专题片《塔吊救生》。专题片的主要内容是:重庆市某建筑工地一名工人因与其他工人打架被开除,于是他一时想不开,爬上距地面近30米的施工塔吊,准备轻生。接到工地的报警,民警和消防队员赶到了现场。在进行了一通劝导没有结果后,为了防止轻生者掉下来,消防队员决定铺设救生气垫。而铺设气垫的地方正好有一片绿化带,树木茂密,灌木丛生。于是,消防队立即和林业部门取得联系,在征得同意后,本着救人第一的原则,移走了大树,锯掉了不能移走的小树和灌木。救生气垫铺好后,轻生工人的态度发生了转变,打消了轻生念头,最后被工友救了下来。至此,主持人话锋一转,评论道:工人被救了下来,但有关部门为此耗费了大量的人力物力。这类扰乱公共场所正常秩序的自杀行为属于违法,应该受到经济处罚。

在这股"自杀有罪"的报道之前,媒体上关于"自杀新闻"的报道反复出现,血淋淋的文字和画面,早就引起了公众的反感和厌恶。过去媒体争相报道类似新闻,是为了讨好受众,很多记者在找不到好的报道角度的时候,只好简单报道以满足大众的猎奇心理。而《扬子晚报》换了一个角度后,仿佛一夜之间记者们都觉醒过来,严肃地探讨起了"自杀"引起的社会问题。然而这种转变是草率的,没有真正将媒体的"社会责任感"放在第一位,从而引发媒体对"自杀者"的一味谴责。从社会角度来说,"跳桥"等类似的"自杀"行为不是一个偶然现象,而是由深刻的社会原因造成的,记者只有在社会背景中找到"自杀"的原因,才能恰当地对它作出判断。目前我国正处在社会转型期,很多社会矛盾和社会问题都显现出来,这是一些与"自杀"相类似的非正常的社会行为产生的根源。新闻记者要想做好类似报道,必须要有社会学、政治学、经济学的相关知识和人文素养,否则报道就可能失之草率,可能伤害那些无辜的弱势群体。社会生活的丰富性和复杂性,越来越要求新闻传播工作者具有较宽广的知识面,并且能够在此基础上有"专攻"。只有既博又专的新闻工作者,才能适应受众和市场对媒体发展的新要求。

三、新闻理论的主要范畴

新闻理论是新闻传播活动中客观存在的一些规律和道理。新闻学是一门实践性很强的学科,但是新闻理论不能仅仅是对新闻现象和新闻经验的简单概括和总结。根据新闻理论的发展趋势来看,它至少包含四个主要范畴。第一,日常经验范畴。这个部分主要包括媒体和公众对新闻传播的日常看法和见解,它通常是公众根据媒体接触经验得出来的直观感受,这些感受影响公众对媒体内容的选择和接受。如一家媒体要进行定位必须要开展受众调查,了解目标人群的爱好和鉴赏能力。受众的爱好也许是非常直观的感受,却是媒体定位的重要依据。第二,操作经验范畴。传统新闻理论有相当大的部分是新闻传播工作的经验总结,如新闻要素、新闻价值等内容,就是在新闻从业者长期的实践基础上总结出来的。因为新闻学是一门实践学科,所以操作经验依然是新闻理论的重要内容。第三,媒体管理范畴。这个部分主要关注的是媒体如何在一定价值标准下运作,它可以分内外两个部分。在内部,媒体需要根据一定的价值标准进行管理,保证媒体按照预设的编辑方针和经营方针运行。在外部,国家通过法律法规对媒体进行意识形态管理,行业通过自律准则对新闻从业者的行为进行约束。

第四,社会科学范畴。新闻传播是社会大系统的一个子系统,和其他各门社会科学有着千丝万缕的联系,所以新闻理论研究应该将新闻学放到整个社会科学中,从社会科学中吸收营养和智慧,同时对新闻传播现象作深度的人文和哲理思考。

新闻传播实践需要新闻传播理论作指导,但是有了新闻传播理论后,我们却不一定就能做好新闻工作。因为理论要指导实践,首先必须有先进性,必须要能够跟上新闻传播事业发展的步伐。如果新闻传播理论本身就落后于时代,落后于实践,那么这样的理论不但不会指导新闻传播实践,而且会给新闻传播事业的发展制造麻烦。为了保证新闻理论的先进性,我们一定要掌握先进的研究方法。在新闻理论的研究历史上,主要的研究方法有三种:一是结构主义的方法。这种研究方法持"社会中心"论,将媒体看成是社会系统的一个子系统,重点研究新闻传媒与社会的关系,关心政治、经济和科技对新闻事业的影响。二是行为主义的方法。这种方法从心理学和社会心理学角度,将新闻传播工作看成是由传者、受众的一系列行为构成的,注重研究传者、受众的心理特征、行为动机和传播对受众行为的影响。三是文化主义的方法。这种方法倾向于"媒介中心"论,注重从人类学、语言学等角度对"文本"进行分析,并在此基础上进行文化思考。在新闻理论研究中还有经验和批判两条路线。在国际上,新闻理论发展时间比较短,中国新闻理论研究的时间更短。我国的新闻理论必须要在借鉴传统新闻理论研究方法和成果的基础上,不断开拓创新,才能更加成熟。

第三节 新闻理论的学习方法

人类的学习是在社会实践中,以语言为中介,自觉地、积极地、主动地掌握社会和个体经验的过程。世界是复杂的,我们仅凭直接经验难以深入地把握世界,因此加强对前人成果、间接经验的学习,是人类发展社会能力的重要途径。学习的结果表现为:个体行为或潜能由于练习和经验而发生了比较持久和稳定的变化。新闻理论是新闻学专业最基础的一门理论课程,只有学好了新闻理论,才能更好地学习其他课程,才能在未来的工作中更好地驾驭复杂的社会环境。

一、学习新闻理论的意义

任何一种社会实践都需要理论作指导,然而,在新闻传播行业一直存在着轻视理论学习的倾向。过去,因为时代的原因,新闻学成了政治学的附庸,很多人认为只要有一定的写作能力,政治素质好,就能够从事新闻工作。改革开放后,我国新闻传播从业者的素质不断提高,人员结构不断得到调整,但是直到今天,新闻领域还有一股很强的势力,即轻视新闻理论的学习,甚至很多人整天不学习,媒体工作被"经济效益"牵着鼻子走。今天,新闻传播已经渗透到社会生活的各个领域,此时新闻工作者仅有直觉经验和技能是无法适应时代发展要求的。新闻专业的在校大学生和新闻媒体的在职员工,必须不断加强理论学习,才能够成为合格的新闻工作者。

新闻理论是对新闻传播现象和规律进行理论思考的课程,学习新闻理论对从事新闻工作具有重要的意义:第一,学习新闻理论可以培养新闻工作者的新闻素养。新闻工作者只有深刻把握新闻传播的基本理论和基本知识,了解关于新闻现象的不同观点和学说,才能提高职业素养和人文素养,才能在新闻工作中高瞻远瞩,把握工作的主动权。第二,学习新闻理论可以提高新闻工作者的理论水平。哲学知识告诉我们,感受到的东西我们不一定能够深入理解,只有深入理解的东西,我们才能深刻地感受和认识它。学习新闻理论可以加深我们对很多新闻现象的思考,提高抽象思维能力和理论水平,加深对问题的本质的认识。第三,学习新闻理论可以提高新闻工作者的创造能力。新闻工作需要有很强的创造性,但是创造建立在对事物的系统把握上。学习新闻理论能够把握新闻工作的全局,能够在宏观和微观的结合中,激发新闻工作者的创造力。第四,学习新闻理论可以激发新闻工作者的改革热情。新闻理论是在新闻实践中不断总结和发展起来的,新闻工作者在学习新闻理论的过程中,可以检验当代新闻事业发展的成功与不足,激发对现有新闻体制进行改革的热情。第五,学习新闻理论可以培养新闻工作者的国际意识。新闻传播理论最早是从西方发展起来的,我国的新闻理论也是在批判地吸收西方新闻理论研究成果的基础上发展起来的。因此,学习新闻理论能够帮助新闻工作者培养国际意识,这在一定程度上也是时代大势对我们的要求。

二、学习新闻理论的方法

理论学习要强调方法,学习新闻理论同样需要一定的方法,这样才能学得扎实,少走弯路。学习新闻理论的主要方法有以下几种:

(一) 理论与实践相联系

理论是从实践中来的,它一方面需要接受实践的检验,另一方面也要用于指导实践,才能体现价值。新闻学是一门应用型实践学科,因此,新闻理论必须要和实践结合起来,才能实现较好的学习效果。现在很多大学生有"应试心理",上课是为了考试通过,考试通过是为了顺利毕业,这是不对的。在新闻理论学习过程中,同学们一定要首先确立"准职业意识",学会用专业眼光来分析新闻传播现象。今天我们虽然还不是记者、编辑、主持人,但我们一定要把自己放到记者、编辑、主持人的位置上来思考,用专业的眼光来看待新闻传播事业的发展,从中获得未来从业的知识和经验。我们读报、上网、看电视,不仅要接收信息,而且要思考这些媒体日常运营中有哪些成功之处可以借鉴,有哪些失败之处需要规避。同时,要抽出一定的时间到媒体去实习,实现课堂内外的接轨,在实战中加深对新闻理论的理解。

(二) 专识与通识相结合

新闻工作不是新闻知识的简单运用,而是各门知识的综合运用,因此,新闻理论的学习还要注重将专识与通识结合起来。所谓专识就是要学好新闻理论的基本知识;所谓通识就是强调在新闻传播知识之外,还要对其他各门知识进行广泛的涉猎。因此,新闻学被很多业内人士认为是"烹调学",它将各门知识融会贯通,精心制作出受众喜闻乐见的新闻。随着社会发展步伐的加快,社会分工变得越来越细,很多社会知识都专门化了。面对大千世界,只有文字功底的新闻工作者往往感到做新闻传播工作非常吃力;新闻传播工作的发展要求新闻媒体有更多的专业型记者,甚至是专家型记者。目前,很多媒体感到自己的"人才结构"开始落后于时代需要,专业型记者和经营管理类人才十分短缺。发展中暴露出来的问题使一些偏激的领导认为,新闻传播专业的学生只能做普通报道,他们来到新闻单位后上手快但没有后劲,而一些具有专业背景的其他领域人才,只要文字功底好,在新闻单位经过一段时间的锻炼,不但能够做好新闻传播工作,而且后续发展的潜力大。如学经济的学生,经过一段时间的锻炼,可能会作出不错的经济报道,而学新闻传播专业的学生,要想搞好经济报道,却要付出更多的代价,因为经济学的壁垒比新闻传播学要高。在这种错误思想的影响下,目前一些新闻单位主要从经济学、法学、社会学、管理学、政治学等学科进人,以调整所谓的"人才结构"。这些新闻单位的做法显然有不妥之处,但也从另一个角度提醒了新闻传播专业的学生——在学好新闻传播知识之外,再辅修一两门其他专业,对今后从事新闻传播工作不仅是必要的,而且是必需的。

(三) 借鉴与批判相结合

专业学习不能只限于教材,还应该最大限度地借鉴古今中外的相关知识。新闻理论学习过程中的借鉴最主要的是两个方面:一是学习新闻传播理论的经典理论,尤其是西方新闻传播经典理论。因为新闻传播理论在西方的研究明显比我们早,比我们先进,而且西方新闻传播理论研究的手段也比较先进。二是对西方实践知识的借鉴和学习。近代新闻传播事业是从西方发展起来的,尤其是

20世纪,西方媒体逐渐走向产业化的发展道路,媒体呈现出异常繁荣的局面。而我国媒体由于种种原因,市场化步伐一直很慢,这使得我们在经营管理和采编业务上还落后于西方媒体。因此我们在学习新闻理论时,一定要关注西方媒体的发展,学习他们的职业精神、采编技术和管理技巧。当前我国电视屏幕上的节目很丰富,但细心的专业人士发现,我国的电视节目很多是借鉴了国外电视节目的形式而成功的。也有电视人认为:国外电视屏幕上有的节目类型,我们可以借鉴;国外媒体上没有的节目类型,我们在探索时应格外小心,因为在西方发达的传媒市场上,也许这种节目形态已经被他们试验过了,因为没有成功,电视屏幕上才没有出现。大学强调的是批判精神和独立品格,我们在借鉴经典、借鉴国外经验的时候,一定要注意批判地接收,不要受意识形态的干扰,要学会大胆地提出自己的看法。

（四）理论与样本相结合

新闻专业是实践性专业,所以我们在学习新闻理论的过程中,还应该坚持将理论学习与样本分析结合起来,强化学习效果。所谓样本分析就是选择某个城市或某家媒体作为学习的样本,在一段时间内跟踪样本媒体的发展,从中把握新闻传播事业发展的规律和脉搏。目前,我们可以选择一些中心城市和重要媒体作为学习的样本。

中心城市是政治、经济、文化的中心,因此中心城市的新闻媒体一般都比较发达。我国媒体发展从总体上呈现出这样的趋势:东部地区的媒体比西部地区的媒体发达,省会城市的媒体比一般城市的媒体发达,尤其是全国性的大城市媒体特别发达。一些中心城市的媒体在全国有着广泛的影响,在一定程度上代表了中国新闻传播事业的水平,我们只要关注这些城市的媒体发展,就能够跟上媒体发展的脚步,触摸到媒体发展的脉搏。中国地域广阔,不同城市因所处的地域和文化环境不同,媒体的发展也呈现出各自的特点。从新闻事业发展现状来看,北京、上海、广州的媒体最值得我们去关注。北京是全国的政治、经济和文化中心,人才汇集,媒体众多,活动空间大,而且水平较高,宏观信息多。上海是海派文化的代表城市,能够引领国际潮流,媒体发展更富有理性,经营管理上有条不紊。广州因改革开放成为中国的一个重要城市;那里的媒体相对开放,是很多新闻从业者的理想工作之地。

媒体的发展是动态的,它会根据社会的发展不断调整自己的内容定位和经营战略,因此我们还应该盯住几家媒体,保持长期的、持续的关注,借此深化对中国媒体发展的宏观认识。

第一章　新闻传播活动

　　社会是一个动态的结构,人类社会要想有序发展,必须要有信息传播。从生物发展的历史看,信息传播活动是自然界和社会的普遍现象,凡是有物种和生命存在的地方都会有传播。[①] 因此信息传播活动是人类生存的重要前提,没有传播人类不可能形成社区,更不可能形成一个结构完善的有序的社会体系。美国学者威尔伯·施拉姆(Wilbur Schramm)在他的《传播学概论》中用一个很形象的故事,说明了信息传播对人类社会形成和发展的重要性。施拉姆写道,从石器时代走出来的一群东南亚人,驾着最简陋的独木舟,带着信仰的神、孩子和食物,在茫茫的大海上寻找安身立命的岛屿。经过5000年的漂泊,抗拒过数不尽的风浪,登上过一个又一个小岛,终于他们在1200年前登上了夏威夷岛,成为夏威夷岛上的第一批岛民。[②] 这些最早的夏威夷人搜索天空中和海浪里的信息用来航海;用图画和雕刻记录下信息;用口语表达了微妙的想法和关系,说服别人跟他们一道航海到远方,并在别人沮丧和气馁的时候,消除他们的疑虑。借助灵巧的传播,他们最终建立起了有效的政府和美满的家庭。由此我们可以看出,没有信息传播活动就不会有社区,没有社区也不会有传播活动。

第一节　新闻传播的起源

　　新闻传播活动是人类最重要的社会行为之一,因此对新闻传播活动起源的探讨是新闻传播理论的重要工作。在新闻传播事业演变的过程中,一些新闻传播学者对新闻传播活动的起源给予了不同的解释。由于人们生活的社会环境不同,每个人的认识和世界观也不一样,因此他们的学说也各具魅力。其中,资产阶级学者关于"新闻传播活动起源"的学说,基本上是从唯心主义立场发展起来的,

---

① 郭庆光:《传播学教程》,北京:中国人民大学出版社1999年版,第21页。
② 〔美〕威尔伯·施拉姆、威廉·波特:《传播学概论》,陈亮等译,北京:新华出版社1984年版,第1—2页。

因此我们一方面要从这些阐述中获得有益的启示,另一方面也要批判地进行吸收。

一、好奇说

持"好奇说"的新闻学者认为,人类对外部世界的好奇心是新闻传播活动产生的根本动力。"好奇说"是西方比较流行的一种新闻思潮,直至20世纪40年代,西方报刊理论家还通常认为,好奇的本能是新闻媒介产生的首要原因。[1] 这些学者认为,人类具有无尽的好奇心,总想了解周围不熟悉的事物。任白涛在《综合新闻学》中介绍约斯特的观点认为:人一生下来就有一个能够进行传播的"说话器官"和一个能够接收信息的"听觉器官",这两个东西不仅生着而已,而且永远发挥作用。[2]人类天生具有好奇心,它促使人们对周围的事物发生兴趣,关心别人的行为举止。这种对事物的好奇心和兴趣就是新闻活动产生的源泉,也是文化和人类发展的基础。

二、新闻欲

有人认为,新闻传播活动的产生源于人类自身所具有的"新闻欲",即人天生就具有想了解未知世界的本能;正是这种本能,促使人们从事新闻传播活动。刘元钊认为,"新闻之所以发生,实源于'新闻欲',人类的本能是富于新闻欲的,如果没有'新闻欲',人类就决不会进化,文化也决不会发达"。日本学者杉村广郎在《新闻概论》中指出,"欲知道;欲使人知道;欲被人知道"是人类共同的欲望,这种欲望是新闻纸产生的原因:"欲知道"产生读者、"欲使人知道"产生新闻纸,"欲被人知道"产生广告。[3]

三、群居说

有人认为,新闻活动的产生起源于人类群居生活的需要。这些学者有的从心理学角度出发,认为传播是从群居本能派生出来的活动。在资产阶级学者那里,群居不是一个社会现象,而是一种本能,新闻活动不是由人的社会交往产生的,而是"群居本能"的派生物。

好奇说、新闻欲、群居说都是从心理和生理的角度来探讨新闻传播活动的起源。这些观点表面上具有很强的说服力,因为在现实生活中,新闻活动动机的直

---

[1] 刘建民编著:《当代新闻学原理》,北京:清华大学出版社2003年版,第3页。
[2] 吴永川等编著:《新闻学概论》,北京:八一出版社1994年版,第12页。
[3] 转引自童兵:《理论新闻传播学导论》,北京:中国人民大学出版社2000年版,第16页。

接表现往往就来自好奇心、新闻欲和群体认同感。然而，人是社会性动物，是劳动的产物，如果追根溯源的话，好奇心、新闻欲、群体认同感来源于人类的社会生活。因此，好奇说、新闻欲、群居说只是从现象上对新闻传播活动的起源进行了解释，而没有深入到本质的层面，因而带有浓厚的唯心主义色彩。

四、劳动起源说

马克思主义认为人与动物之间最本质的区别是：人能够进行生产劳动，能够通过劳动来改造自然，并进而改造人本身。恩格斯在概括从猿到人的进化过程时指出，人类社会区别于猿群的特征是劳动。劳动是一切财富的源泉。劳动创造人的学说是马克思主义历史唯物论的重要内容，也是我国很多学科的理论背景，甚至是某些学科的基石性原理。同样，新闻传播活动的起源也可以用劳动学说加以解释。

（一）劳动创造了新闻传播活动的主体

人是新闻传播活动的主体，然而人在地球上的出现却是劳动的结果。劳动让类人猿转化为人，劳动使人成为地球上的统治者，劳动也促使人类发展了新闻传播活动。

生物学认为，地球是在30亿年前开始出现生命的。地球的年龄大约有46亿年，在地球诞生的早期，太阳辐射强烈，任何生命都会被毁灭。随着时间推移，地球上逐渐形成了生命环境，出现了大气圈、水圈和岩石圈等。大约在30亿年前，地球原始大气中的部分气体与地壳表面一些可溶性物质溶于水，在宇宙射线和闪电、高温等作用下，自然合成了一系列小分子有机化合物，并汇集在海洋中形成了"原始汤"。小分子在适当的情况下，进一步合成更为复杂的大分子有机物，如蛋白质、核酸、多糖、类脂等；然后又形成多分子体系；最后经过漫长的逐渐演化过程，终于产生了原始生命。

生命出现后又经过极其漫长的演化过程，才形成了生物圈。而人从生物圈中脱颖而出，成为地球上最智能化的生物，是劳动的结果。从进化论的角度来说，早期人类是从类人猿进化而来的。古代类人猿，既没有语言，也没有抽象思维能力。在人类出现之前，猿已经在从事着一种类似于人的劳动的活动，正是这种活动为人类的诞生准备了一个灿烂的黎明。

类人猿爬下树后，由于直立行走，视野开阔了，他们看得更多、更远，他们用手摘野果，用木棒和石块追赶野兽。生存劳动使类人猿的手和脚出现了分工，大脑也得到了开发。当劳动越来越复杂后，信息交流便自然产生了。类人猿的直立行走，使口腔和喉部成了直角，这样气流从肺部呼出后能够受到不同部位的阻碍,进而能够发出更多的声音。在交往需要的刺激下,类人猿的喉头缓慢地得到改造,最后终于能够发出清晰的音节。因此首先是劳动,然后,语言和劳动一起,共同推动了类人猿向人类转化。在它们的共同作用下,猿的脑髓逐渐地变成了人的脑髓,智力也出现了飞跃,猿终于转变成了人。

大约在300万至350万年以前,原始人以血缘关系为纽带扩大了群居范围(一般为20—45人),为了让群居生活有序化,原始人群中逐渐出现了初级社会组织。马克思认为,血缘家族是第一个"社会组织形式"。到了距今约15000年前,不同血缘的部落开始结成公社,活动范围扩大到数十里,群居人数也达到了四五千人,氏族制度逐渐产生了。当人类跨进了文明的门槛后,其自身发展越来越快,最终成了这个蓝色星球上智力最发达的动物。

当人类处在原始状态时活动范围狭窄,智力水平低下,生产力落后。当人类告别了洪荒年代后,劳动使人进化的脚步越来越快,并最终和猿决裂。人类出现后,产生了信息交流的需要,新闻传播事业也在原始人的劳动中点燃了星星之火。

(二) 劳动创造了新闻传播活动的内容

类人猿没有新闻传播活动,新闻传播活动是在人类生存劳动中出现的。人类在幼年时代,智力低下,生产力落后,因此在面对恶劣的自然环境时,显得束手无策。但是,人类又不愿在自然面前顶礼膜拜、无所作为。在一次次遭受摧残后,为了防御野兽、完成沉重的劳动,人类本能地过起了群居生活,通过默契配合、集体行动来维持生存。群体力量大于个体力量,但群体力量的显示需要一个重要条件,那就是信息交流。新闻传播的内容正是在信息交流的过程中,不断得到丰富和发展。

人类传播的最初信息是人类对自然界的切身体验,它的产生有着一定程度的偶然性,而且多为警告危险和发现食物之类。当巨大的灾难突然出现时,先民们听到了同伴在面对死亡威胁时发出的呼叫。这种呼叫的反复出现,使先民们将它与灾难联系在了一起,并进一步得出这样的体验:只要在听到同伴的呼叫后立即采取行动,就能转危为安,躲过浩劫。又如当莽莽丛林突然遭遇铺天盖地的大火时,森林里的人和动物四处逃跑,当然也有不少葬身火海。但大火过后,原始人找到了许多烧死的野兽,非常轻松地饱餐一顿,并且还有了一个重大发现:熟肉比生肉好吃。当然,这样的信息一定要传播给周围的人。其他如冬天靠近火的余烬可以取暖等都是在亲身体验后传播出去的。

在早期,人类思维简单,传播的内容都是直接听到和看到的,没有深刻的思想性,但其中却蕴含着人类认识世界的冲动。后来,随着人类劳动越来越复杂,可供传播的内容越来越多,人类的传播活动也越来越丰富。

（三）劳动创造了新闻传播活动的工具

新闻传播活动的实现不仅需要传播主体、传播内容,而且还需要传播工具。人类传播活动最早利用的是天然工具,后来劳动发展了,工具也获得了很大的发展,于是传播工具也逐渐从自然物过渡到人造工具。到了现代社会,正是人造工具支撑了庞大的新闻传播体系。

自然物作为传播工具并不是生来就具有的功能,只有人类在劳动中赋予了它意义,自然物才能充当传播工具。苏联科普作家M.伊林在其著作中举了一个用贝壳传递信息的例子。一个部落给另一个部落送去了一封"实物信",信用一根带子按顺序串起了四个贝壳:一个白色,一个黄色,一个红色,一个黑色。读懂这封信的前提首先应该是双方部落都能理解贝壳所附加的意义,另外还取决于传播环境和双方的心态。如果送信的一方势力很强,那么这封信可以这样解读:我们愿意和你们和好(白色),如果你们愿意向我们纳贡(黄色);如果你们不同意,我们将要向你们宣战(红色),把你们杀光(黑色)。如果送信的一方是弱者,信的含义则发生了改变:我们向你们求和(白色),准备向你们纳贡(黄色);如果战争(红色)继续下去,我们就非灭亡(黑色)不可。① 可以说,意媒的建立是人类认识发展的里程碑,从此人类开始能够诉说生存欲望和生存方式。

人造传播工具是在人类劳动工具发展的基础上产生的。人类最早吃的是素食,无须生产工具。后来,人的食物结构发生了变化,肉食和熟食需要专门的生产工具,因此人类开始有意识地创造工具,进行自觉生产。当人类社会发展以后,信息实际上成了劳动的要素,因此人类自然有了制造传播工具的欲望。鼓语、烟火、绘画等都曾做过传播工具。

第二节 新闻传播的演变

新闻传播活动的演变过程实质上是传播符号和传播通道的演变过程。从传播过程来看,只要有了具有特定意义的传播符号和能够传递符号的通道,新闻传播活动就能够进行。因此,在没有出现现代化的大众传媒之前,人类的新闻传播活动就早已存在。施拉姆说过,一个姿态、一种表情、一个接吻,说话的声调类

---

① 〔苏〕M.伊林:《黑白》,北京:科学出版社1980年版,第9页;转引自刘建明编著:《当代新闻学原理》,北京:清华大学出版社2003年版,第10页。

型、响亮程度、语气的强弱,把手搭在肩上,理发或不理发等都能携带信息。① 因此,传播不一定非得通过语言才能进行。实际上,在人类的童年时期,交往的冲动就让他们尝试着利用各种可能的工具进行传播。人类的新闻传播活动是从初级形态向高级形态逐步发展的,目前很多学者都认为,这一过程大致经历了三个阶段,即口语传播阶段、文字传播阶段和电子传播阶段。在这三大阶段,人类所采用的传播形式包括非语言符号传播、口语传播、手写传播、印刷传播、电子传播等。这些传播形式大致是随着历史发展过程而逐渐产生的,但是每一个新的传播形式出现后,旧的传播形式并没有消失,而是继续存在于传播体系中,它们共同编织了人类传播的巨大网络。

一、口语传播

在人类发展史上,语言产生后就立即在信息传播中占据着重要地位。语言是从人类最早的简单呼叫中慢慢演变而来的,因此语言产生的历史几乎和人类历史一样长。但语言在信息传播中占主导地位,却经历了一个漫长的发展过程。在这个过程中,口语传播有时借助其他传播形式来弥补自身不足,有时自身也随着社会环境的变迁,演变成合适的形式服务于社会。

(一)人身载体传播

当意识到需要通过传播来交流信息时,人们首先利用的传播媒介就是人的自然之躯。今天的传媒非常发达,人们可以自由选择现代传播方式去传播信息,然而在远古,人类只能本能地将自己的身躯和各种器官作为传播的工具。将手、头、脸、身躯等人体器官的动作作为传播符号,一般被称为体态语。下表是人类早期主要的体态语传播方式。

表 1-1　人类早期主要的体态语传播方式

身体器官	传播方式	接收通道
手	招手、摆手、握手	视觉通道
头	点头、摇头	视觉通道
脸	各种表情	视觉通道
身躯	舞蹈	视觉通道
口	吼、哀鸣、哭叫、笑声	听觉通道

德国心理学家认为"手势语"是第一性的,最早声音语言只是它的辅助性媒

---

① 〔美〕威尔伯·施拉姆、威廉·波特:《传播学概论》,陈亮等译,北京:新华出版社1984年版,第4页。

介。苏联学者马尔认为,人类开始的时候只有手势语,没有有声语言,手势语使用了100万—150万年才被有声语言代替。① 很多语言学家对这些观点提出了质疑,但他们却没有强有力的证据去反驳。不管争论的结果如何,我们可以肯定地说,手势语在人类早期阶段曾经是最重要的传播方式。今天,手势语还存在于我们的日常生活中,在一些还处在部落阶段的民族,手势语更加丰富。人种学家发现,澳大利亚阿兰达部落的手势语的符号多达450多种②,这些符号不仅能够指代具体事物,还能够表达许多抽象概念。手势语是一种笨拙的语言,而且在黑暗的情况下无法传递信息。

由嘴巴发出的原始声音符号可分为两类。一类是原发性的声音符号,如哀鸣、哭叫、笑声等能表示特定情景中的感受。另一类是模拟性声音符号,如模仿动物的叫声等。今天,在大西洋加内西岛上,一些山区少数民族居民还在借助口哨来实现远距离信息传播。

(二) 实物载体传播

利用自身躯体传播,传播主体必须在场才能进行,因而信息的稳定性和持久性受到很多限制。于是,人类逐渐开始向自然界寻找载体,将信息负载到载体上进行传播。人类最初主要是利用自然载体,后来在创造工具的过程中,自觉地制造出传播工具。实物载体利用了不同物体的物理功能,是人类使用的最早的媒介。

表1-2 人类早期使用过的实物载体

媒介种类 \ 接收方式	视觉通道	听觉通道
自然物媒介	木棍、贝壳、花卉、矿物、烟雾等	海螺等
人造工具媒介	烽火等	信号鼓等

人类早期在神秘的自然界面前,没有任何预测能力,大脑混沌一片。有了新闻信息的传播后,人类就掌握了一种与自然抗争的有力工具,并揭开了认识自然、改造自然的序幕。从自然之身到物理工具,传播工具的变革,使人体传播的局限性得到了克服,新闻信息的交流在质和量上都得到了突破。如原始居民通过在地面斜插木棍来指路,明显节约了人力,并且使传播的信息稳定性、持久性更强。

鼓语和烽火曾被很多民族使用过作为传播工具。在古代非洲中、西部广大

---

① 石安石等:《语言学基础》,北京:高等教育出版社1959年版,第24—25页。
② 刘建明:《当代新闻学原理》,北京:清华大学出版社2003年版,第7页。

地区,信号鼓曾相当流行。而烽火则使用更广:公元前 327 年,亚历山大就在其征服的广袤土地上设立了驿站,从马其顿到印度传递情报最快只需 5 天;我国在公元前 3 世纪,为了防御敌人入侵设置了 300 里的烽火驿站;而阿拉伯人早在罗马人之前就使用烽火通讯,他们白天用烟、夜里用焰来传递情报。

（三）口头语言传播

语言的产生是人类信息传播的巨大进步。语言起源于人类最简单的嚎叫,在一些偶然因素的作用下,简单的嚎叫转化成了具有一定抽象意义的语词符号。语词符号的出现,可以使原始人不必指着对象或站在对象旁边朝对象嚎叫,而是携带着在一切地方都代表同一东西的声音符号去交流。具有特定意义的符号逐渐形成体系,语言就正式登上了文明的舞台。施拉姆在描写言语产生的时候,列举了一些有趣的理论假设,下面我们用表格的形式对这些理论进行归纳和补充。

表 1-3　施拉姆列举的关于言语产生的理论假设

假设理论	理论的具体内容	现象举例
"汪汪"理论	言语是通过模仿自然界的声音而产生的。	如狗叫、雷鸣、波涛等。
"感叹"理论	言语是在表现感情的过程中偶然产生的。	如疼痛、高兴、害怕、满意等。
"唱歌"理论	言语是从原始的、没有言语的、用以传播感情和欢庆事件的歌声中演变出来的。	
"哟—嗨—嗬"理论	言语是由原始人使劲发出的呼噜声演变而来的。	如在求偶、惊恐或攻击时,原始人发出的本能的声响。
"约克—约克"理论	言语是由原始人在遇到特别重要或特别兴奋的事件时偶然发出的声音演变而来的。	如一个逐渐具有人的特性的动物在咬美味的蛤蜊时偶然发出了"约克"的声音;从此,他在记忆中就把"约克"与蛤蜊或某种好吃的东西联系在了一起。

这些关于史前史的理论假设,我们今天难以准确论证,但它可以说明人类最初的交流语言是从原始本性中产生出来的表达欲望及手段。直到今天,这些原始的表达本能还存在于人类的生命深处,有专家认为,现代女性在受到攻击时所发出的尖叫没有语种界限。正是为了对付共同的生存主题,人类祖先借助主体

声响来协调群体行为。① 由于气流的振动传播得远一些,并且比手势的沟通范围更广,于是在原始的呼喊中产生和发展了一种组织社会的方式——语言文化。语言产生后,口头新闻随时可能在人际传播,语言和说话器官共同构成了口语新闻媒介。

今天人类的基本语言一个孩子用三年时间就能学会,然而为了形成和发展语言体系,人类却在历史的隧道中穿越了千万年。语言产生后,新闻传播第一次突破了空间的限制,声音信号取代了视觉信号和姿势的许多功能,口语在谋生、劳动和社会交往中越来越具有丰富的表意功能。有了口头传播,人们不需事必躬亲。通过讲故事,身外的世界进入了主体的感觉领域,在故事中人们的视野被打开了,往事、传说以及祖宗的活法,借助于语言中介,开始在人群中积累延续,这就是文明积累的最原始形式。因此可以说,人类历史是从嘴巴开始的,声带造就了人类最早的文化记忆。

口语传播不但是人类社会早期独特的传播形态,也是人类社会以后任何发展阶段中最基本的传播形态。如奴隶制时代的罗马帝国曾设置过口语新闻"机构"。恺撒大帝曾在边境设立关卡,盘问过往的他国旅客,收集其他国家的见闻,包括政治、兵制、军备和人民生活状况等。在罗马时期,有人还以传播口头新闻为业,他们在集市上向市民宣讲新闻,并收取一定的报酬。直到今天,田间地头、商店旅馆、车站机场等地仍然是口头新闻传播的重要场所。中国的茶馆、西方一些国家的咖啡馆是口头新闻的重要集散地,号称"新闻市场"。② 几千年来,集市、市场、庙会一直是人们打听消息、交流见解的场所,妇女洗衣服的时间既是劳动时间,也是进行社会交流的时间。

(四)口头语言传播的特点

没有信息交流,孤立的人群不可能有规模更大的群居和共同劳动,实现人与人、人与自然的物质和能量交换。劳动创造了语言,劳动把人类从无意识的自然界分离出来,然后结成一定的生产关系,形成氏族社会。原始新闻空间的延伸,把更大的人群黏合在一起,建立了最初的社会关系,揭示了人类社会形成的历史。然而,语言作为一种信息传播媒介,依托于人的自然之躯。正是人体的自然特性,决定了口头语言在传播过程中具有自己的优缺点。它的优点表现在以下几个方面:

1. 口头语言传播具有亲和力。口头语言在传播的时候,信息传播者可以借

---

① 徐宏力主编:《美学与电子文化》,辽宁:春风文艺出版社1994年版,第15页。
② 李良荣:《新闻学概论》,上海:复旦大学出版社2001年版,第56页。

助语气和语调灵活地处理传播内容,从而使传播内容具有亲和力,能够打动人。因此直到今天,口头语言还是人类在谋生、劳动和社会交往中最重要的交流工具。语言符号是人类创造出来的符号,但是如果借助语气和声调,语言符号的内涵将更加完美。英国文豪萧伯纳说过,说一个"是"有50种方法,说一个"不是"有500种方法,可是如果写下来却只有一个单词:"Yes"或"No"。据说波兰有一位著名的女演员出访美国,在一次宴会上她用悲切的声调发表了一通演说,虽然在座的客人们都听不懂(因为是波兰语),但都感动得潸然泪下。然而事后这位女演员告诉大家,她念的是当晚的菜单。① 这个例子能够很好地说明语气和语调在口头信息传播过程中的微妙作用。

2. 口头语言传播具有互动性。口头语言传播是采用面对面的方式进行的,因此传播者能够随时把握受众对传播内容的态度,能够随时灵活地对传播内容进行调整,从而达到满意的传播效果。

3. 口头语言传播具有民主性。文字传播和印刷传播需要严格的教育培训做背景,因此在信息传播过程中表现出明显的等级差距。然而口头语言传播利用的传播工具是人的自然之躯,只要是正常的人,他们使用工具的机会就是平等的,因此没有等级差距。正是因为语言没有等级差距,早期的口头语言才能够被整个种族所共享。

4. 口头语言传播具有区域性。口语传播符号的确立最早是在部落内完成的,因此不同的"原始社区"会有不同的口头语言。语言符号的不同必然给不同部落的交流带来直接的阻碍,甚至使口头传播几乎无法进行。直到当代社会,语言的多样化仍然是国际传播中的一大障碍。《圣经》中说,人类最初只说一种语言,因此挪亚的后裔在修通天塔时,由于沟通便利而进展很快。后来上帝发现自己的万能权威受到了挑战,为了永远控制人类,他迫使人类使用不同的语言。结果由于语言不通、无法协调,人类建造通天塔的理想也告失败。

但是口语传播也有很大的局限性,主要表现为:(1) 口头语言传播空间半径小。因为人的声音能量有限,因此它的传播半径很小。利用口语传播,人们必须直接接触,否则语言无法发挥其功能,这就大大限制了信息传播的范围。(2) 口头语言传播时间延续短。因为口头语言稍纵即逝,所以口头传播的内容无法储存,不能跨时间传播,更无法在历史的长河中沟通几代人的思想。因此在有文字记载前,人类的生活只保留在一些神话传说中。这些传说不但支离破碎,而且可靠性极差。正是口头语言传播的局限,给人类史前史蒙上了神秘的面纱。

---

① 宋林飞:《社会传播学》,上海人民出版社1994年版,第30—31页。

(3)口头语言传播信息失真多。语言在人群中传递,作为语言内核的信息不是静止的。由于主体的倾向性,信息总在不断地被加工改造,大量的个人理解和愿望被掺杂到信息中,使信息逐渐远离了原始的生存状态,失去了准确性,尤其是距离信息源越远失真越多,信息最终的被接收情况可信度越低。

正是由于传播半径小、时间延续短、可信度低,在口头传播时期,大量的信息都停留在小范围内,文化失去了被大规模共享的机会。

二、文字传播

语言作为交流的手段无疑增加了人类的智慧,随着人类对自然的思考越来越多,语言也变得越来越灵活。但人类渴望扩大认知范围、驾驭复杂环境的欲望是无穷的。语言传播的流变性,使语言更多地向感性化倾斜,因此它对人类文明的促进作用受到了限制。文字是语言的符号,是人类将流动的语言固态化的一种手段。文字的产生,使人类的交往信息沉积到文字中,使信息具有了客观实在性,并使信息在传递过程中保持了相对的独立,这为文化成果的积累、修正和更替奠定了基础。人类最早的文字是图形文字,原始图画的广泛使用为文字的出现奠定了坚实的基础,因此我们在考察文字传播时,可将其划分为图画传播阶段、手抄传播阶段和印刷传播阶段三个时期。

(一)图示传播

农业革命是人类发展史上第一次浪潮,在这之后,世界人口分化成了原始人口和开化人口两类。其中原始人口仍然小规模群居,组成部落,以采集野果和渔猎为生;而开化的人口则开始集成大规模的共同体,定居从事农业生产。社会规模的扩大,要求人们必须革新传播手段,以实现信息在更大范围内传播,于是图画开始大量出现。据苏联语言学家 B.A.伊斯特林考证,人类利用图画传递信息出现在新石器时代,到了原始社会末期,图示媒介已普遍使用。原始图画是新闻发展史上的活化石,再现了新闻起源的事象史观。[①] 原始社会主要的图示介质为岩壁、兽皮和树干,而今天保留下来的主要是岩画。

在文字出现前的几千年里,人类已经会在洞穴的四壁以及装饰物上绘制图案或描绘某些东西。人类最早的图画是用简单的线条将事物描绘出来,后来图画逐渐复杂化,有的还具有一定的艺术技巧。今天在法国南部、撒哈拉沙漠深处和澳大利亚土著人居住地区都曾发现过画着猎人和动物的原始图画,这些图画

---

① 刘建民编著:《当代新闻学原理》,北京:清华大学出版社2003年版,第15页。

为那里的人传递了最古老的信息。①

表 1-4 古代常见的图画新闻含义

原始图画	表示的意义
手拉弓放箭	射猎
手执鞭赶牛	放牧
一人张口、出舌、发音	说话
两人互揪头发	两人相斗
用双手捕捞水中的鱼	渔猎

在我国的一些少数民族地区,由于他们的文化发展滞后于汉民族的文化发展,因此在长期的生活和生产实践中还保留着用原始图画来传递信息的习惯。河套平原北部的狼山地区今天已是沙漠或半沙漠的山地,但在古代,这里却水草丰茂、树木葱茏,是百兽繁衍的地方。在这里,历代游牧民族凿磨了许多极其生动的岩画,这些岩画记载了他们的生活和思想。

(二) 手抄传播

文字是由图画发展来的。原始图画是随机的,因表达事件的不同而千差万别,因此无法成为思想的稳定载体,更难以表达抽象的含义。在人类传播需要的推动下,原始图画逐渐演变成一个个的固定符号,最后又产生了一系列的语法规则,因此,文字就产生了。最早的文字是图画文字,它们似画非画,似字非字。后来原始图画直接演变成象形文字。在奴隶制国家出现后,文字主要服务于国家统治和宗教祭祀。规则的文字——埃及的、中国的、苏美尔的、克里特的文字,几乎是同奴隶制国家一同产生的。

在公元前 5000—4000 年,埃及产生了象形文字,这些文字取材于自然形态,并且和自然物比较相像。② 埃及是人类历史上一个伟大的民族,在人类其他文明还处在幼年时期时,就已经取得了辉煌的成果。可是埃及又是一个多灾多难的民族,在波斯人、马其顿人、罗马人、阿拉伯人的轮番入侵之后,埃及的文字和语言都消失了。古老的埃及文明死了,但是它给人类留下了太多的东西:金字塔、木乃伊、方尖碑、古老神庙,以及用埃及象形文字写成的大量铭文。今天埃及学在全球成为热门学问,但是人们要了解这个神秘的古老民族,破解埃及象形文

---

① 〔美〕威尔伯·施拉姆、威廉·波特:《传播学概论》,陈亮等译,北京:新华出版社 1984 年版,第 11 页。
② 郭妹伶:《中国文字的演变与视觉运用》,http://www.cgan.net/SCIENCE/publish/pcart/chinesword.htm。

字是一项非常重要的工作。

图 1-1 古埃及的象形文字

我国从商代开始出现了象形文字,当时人们用刀把卜辞刻在龟甲和兽骨上,这就是有名的甲骨文。甲骨文的大字约一寸见方,小字如谷粒,或繁或简,非常精致。甲骨文之后,我国文字经历了 3000 年的演变,目前仍然还在发展。

在文字产生的最初时期,因为没有专门的书写工具,因此主要以雕刻为主。后来书写材料和笔诞生了,手工抄写成了传播的最主要方式。商周时期出现了金文,这种文字是铸在或刻在青铜器上的,内容主要是记录祀典、赐命、诏书、征战、围猎、盟约等活动或事件,反映了当时的社会生活。除此之外,周代还有一些刻在其他材料上的书体,如诸侯和卿大夫签订盟约时刻在玉石板上的盟书、写在木牌上的木牍、写在竹板上的竹简、镂刻在鼓形的石墩上的"石鼓文"等。公元前 221 年,秦始皇统一全国,他命宰相李斯将当时的八种书体统一于秦篆。其后,秦始皇用这种文字在全国各地刻石,将其立于名山之巅,用以炫耀他统一六国的功业。

今天,我国云南丽江地区的纳西族还保留着古老的象形文字。仅有 30 万人口的纳西族在中国算不上一个大民族,但它的东巴文化却名扬中外,引起世人的兴趣。东巴文字是东巴文化的重要内容,东巴文是一种原始的图画象形文字,从文字形态上来看,它比甲骨文还要原始,是文字的最早形态。

在最早的书写阶段,人类使用的书写材料十分笨重,限制了信息传播的范围,如金、石、甲骨文的取材、书写与移动,均十分困难,故其所记载的事件难以传播。后来人们使用竹木来书写文字,大大方便了文字的搬运和传播。战国末期出现了绢帛,在绢帛上书写,易于携带,但它比竹木要贵重得多。从总体上来看,

图1-2 纳西族的古老象形文字——东巴文

金、石、甲骨是我国文字初创时期的三大基本材料,其中以甲骨为多。竹、木、绢帛是我国古代手写文字发展时期的三大基本材料,其中用竹偏多。公元105年,蔡伦发明了造纸术,使手抄传播的空间大大扩张。正因此,中国人对世界文明与人类传播作出了巨大贡献。

文字出现后很快出现了手抄新闻,新闻传播工具发生了第一次革命,因为手抄传播改变了数十万年信息传播的形态,使原始新闻发生了质变,标志着人类文明的真正出现。从原始社会末期到奴隶社会和封建社会中期(有的国家直到晚期),手抄新闻曾风行一时,直到出现手抄报纸为止。

(三) 印刷传播

在手抄传播阶段,信息传播谬误很多,传播内容难以复制,或者是复制率非常低。印刷术的发明,打破了这种限制,使社会传播的空间得到了极大的扩张。印刷媒介第一次大规模地扩大了受众,使一般民众得以轻松地获得信息。

1. 印刷术的出现和发展。世界上最早的印刷技术是我国的雕版印刷,这种印刷技术初创于隋代,盛行于唐代,"扩于五代,精于宋代"。唐朝印刷的《金刚经》雕刻精美,刀法纯熟,图文浑朴凝重,印刷的墨色也浓厚匀称。宋太祖开宝四年(公元971年)在成都印制的《大藏经》,费工12年,雕版达13万块!刻版的字体整齐朴素,美观大方,造成了以后中国的印刷字体差不多都是宋体字及其变体。①

雕版印刷和手抄相比已是巨大的进步,但雕版印刷的成本非常高,因为它容不得错误,一块版子在雕刻的时候一旦出现疏漏,就必须整个毁掉。为了提高印刷效率、降低印刷成本,公元1045年宋朝毕昇发明了活字印刷术。据《梦溪笔

---

① 孙毓修:《中国雕版源流考》,转引自宋林飞:《社会传播学》,上海人民出版社1994年版,第36页。

谈》记载:"其法用胶泥刻字,薄如钱唇,每字为一印,火烧令坚。先设一铁板,其上以松脂和纸灰之类冒之。欲印则以一铁范置铁板上,乃密切字印。满铁范为一版,持火炀之。药稍熔,则以一平板按以其面,则字平如砥。若印二三本,未为简易,若印数十百千本,则极为神速。"

公元1295年,马可·波罗(Marco Polo)将中国的印刷术带到了欧洲,到了14世纪和15世纪雕版印刷在欧洲流行起来。在15世纪的时候,欧洲人又将中国的骨牌游戏学了过去,雕刻骨牌成了当时一个不错的行业,德国的美因兹人约翰·古登堡(Johan Gutenberg)就是一个骨牌工匠。从1450年开始,古登堡开始用铅和其他金属合金浇铸单个字母,进行活字印刷。古登堡发明金属活字印刷被西方人认为是西方印刷术的起源。古登堡的伟大之处不仅仅在于发明了金属活字印刷术,他还将一台造酒用的榨汁机改装成印刷机,进行规模化的工厂化生产,印刷《圣经》成了他当时的一项重要业务。为了维持自己的垄断利润,古登堡对自己的发明严加保密,但是在1462年,一场大火烧掉了他的工厂。失业的工人为了另谋生路,流散到欧洲各地,从而也促进了活字印刷术在欧洲的迅速发展。[①]

2. 大众媒介的出现。印刷技术的出现是文字作为传播方式成熟起来的标志,印刷技术的优势在于批量复制。用这种方式,人们可以把同一本书复印成许多册而不需耗费太多的人力,这大大降低了书籍的成本,推动了文化由上流社会向普通市民阶层的传播。18、19世纪的欧洲,印刷出版物的繁荣,迅速传递了令封建贵族畏惧的"危险思想",加快了一个新兴阶级的成长,为资产阶级革命的胜利准备了思想基础。印刷出版物在欧洲的繁荣,是民主思想传递的必要物质条件。正是在民主思想的照耀下,人们的世俗心理开始觉醒,普通大众有了分享文化的渴望。

印刷物的成熟和世俗心理的觉醒,是大众化报纸兴盛的前提。早在14至16世纪,也就是欧洲文艺复兴时代,由于新航线的开通和地理大发现,欧洲尤其是意大利沿海城市的工商业繁荣起来。为了追逐利润同时又避免风险,意大利商人编印了早期的手抄报纸,用以收集行情和船舶道路信息。但是直到19世纪以前,报纸作为交流工具,一直是上流社会的精神特权,一般下层民众是无法问津的。19世纪初期,伴随着工业革命和政治民主化的进展,在欧美先进的资本主义国家涌现出了第一批大众化报纸,迎来了传媒发展的新阶段。

[①] 〔美〕迈克尔·埃默里、埃德温·埃默里:《美国新闻史》,展江主译,北京:新华出版社2001年版,第3页。

（四）文字传播的特点

由于文字传播在历史上演变的时间非常长，因此它的特点也随着书写工具与材料的进化而变化。总体来看，文字传播在发展过程中呈现出了以下特点：

1. 文字传播的信息具有稳定性。在文字出现之前，人类传递信息主要靠口头和肢体语言，因此传播的半径小，稳定性差。文字出现后，人类用抽象的符号将流变的思想稳定了下来，因此实现了跨地域、跨时间的传播。在口语传播时代，文化传承靠的是口耳相传，远距离传播必须靠人际接力，因此信息误差很大。文字传播则减小了误差。机械搬运不会破坏文字信息，只要文本本身没有被破坏，不同地域的人读到的信息内容就是相同的。最重要的是，文字实现了历时传播，当代人通过阅读，能够和上一代人，甚至是古人进行信息的直接沟通。这在口语时代是无法想象的。

2. 书写工具越来越便捷。创造文字的过程，是一个由复杂到简单的过程。古老的象形文字，符号含义不固定，而且书写复杂。近代文字符号已经变得简单抽象，文字的内涵丰富，传播的信息更加准确生动。在书写材料上，人类经历了从坚硬的龟甲到轻便的纸张的演变过程，最终纸张使文字传播得到了大力发展；而书写工具也逐渐由刀笔发展为毛笔，直到当代各种轻便的笔。

3. 文字传播由贵族化走向大众化。从文字出现到15、16世纪的几千年间，由于文字本身的复杂构造、书写材料的短缺，以及政治经济地位等因素的制约，能够利用文字进行文化传播的只是社会上的少数人——他们要么有钱，要么有地位，有机会接受长期的文字教育，成为精通文墨的贵族。在纸张得到广泛运用之后，由于技术的限制，手写在很长时间内仍然被政治、宗教统治者所垄断，民间则较少使用。手写的低下效率成了制约人类文化发展的一个重要因素，也阻碍了文化走向大众的步伐。印刷媒体是一种高效复制的媒介，它开拓了辽阔的信息空间。在西方，活字印刷不仅传播了大量的宗教经典，而且使书籍得到了普及，推动了教育与文化事业的发展，加速了新思维的传播，并直接推动了文艺复兴与思想解放运动。自此以后，文字传播开始走向大众化时代。

三、电子传播

运用电子信号来传递信息的传播叫电子传播。电子传播的载体就是电子媒介。电子媒介包括电报、电话、电影、电信、广播、电视、网络等各种信息载体。过去我们在研究传播的时候，往往只是考察广播、电视，近年来随着传播事业的发展，电子媒体间的关联度越来越大，因此在研究电子传播的时候，我们在以广播、电视为主的同时，必然或多或少地牵扯到其他电子媒介的一些内容。电子媒介登上人类文化舞台后,就以它无与伦比的优势对人类文明的进步起到了非凡的推动作用。正是电子媒介的出现和繁荣,才使人类以超常的加速度奔向"信息时代"。

(一) 广播媒介

20世纪初,当印刷媒介一统天下、得到长足发展的时候,一种新的传播工具——广播破土而出。广播的优势,在其问世后不久,就充分地显露了出来。1920年,在美国最先报道总统选举结果的媒体,不是报纸,而是匹兹堡广播电台;这是无线电广播以时间快、空间广的优势,第一次向报纸发起了挑战。

(二) 电视媒介

在广播问世后不久,又一种新的电子传媒——电视出现在人们面前。与广播相比,电视不仅能使观众听到声音,而且能使他们看到伴随声音的图像,是一种声像兼备的传播工具。电视的出现,使电子媒介成了文化传播的最主要载体,文化也前所未有地向民间靠拢。正是电视推动了大众文化的兴起和繁荣。

(三) 电子媒体的特点

从电子媒体的发展过程看,它对人类传播事业的发展作出了以下贡献:

1. 扩大了人类传播的范围。电子传播工具建立在先进的技术设备基础之上,传播效果与设备质量关系极大。在诞生之初,它的威力还不被人们所认识;但是随着微电子技术、卫星传送技术、光纤通信等高新技术的崛起,电子传媒终于显示出强大的威力。印刷文字是负载在书籍、报刊等有形物体上的,因此文字信息的传播通道是非连续性的,需要通道外不断补充能量,来维持信息载体的机械搬运,实现信息的流动。这种系统外能量的补充,限制了印刷文字的覆盖面。与之相比,电子文化的传输动力,是在发射端一次给定的,当带着信息编码的电磁波飞向茫茫的空间时,只要受众拥有接收装置,就能够迅速获得空中的信息。因此,电子文化的波及面是极广的,它可以大面积地覆盖社会各阶层。一部小说印上10万册就不少了,而一部引起轰动性社会效应的电视剧,一播出即可拥有数以亿计的观众。

2. 实现了人类传播的大众化。文字虽然能把人类文明稳定下来,但是表述和理解之间的距离依然存在,教育的差异、理解的困难使文字信息无法被所有的人接受;而以感性的声画信号为手段的电子传媒,具有走向感觉表层的趋势,容易被广大受众所理解和接受。因此电子文化天生具有民主的色彩,任何健康的人接收信息的权利都是平等的。在电子信号面前,谁都难以充当居高临下的教皇。近十余年来,电视文化的崛起,令历史悠长的书籍文化失去了昔日的显赫地位。电子时代的大众文化,是一种轻松的文化,它绕过了以往文字艺术作品总是向思想性倾斜的惯性,而把人的存在价值从社会底层救起,实现了文化的大众化,让文化真正走向普通劳动者。例如,中国电视剧制作中心,历经十余年的奋斗,成功地把我国四部古典名著先后搬上荧屏,使名著的普及率在一夜之间超过了以往任何时代。

3. 打破了文化传播中的垄断。在电子媒介出现前,文化传播有等级差距。电子传播时代,传统的权力关系得到了否定和重构,文化等级被压缩、淡化了。大量传统的文化内容被加工成大众可以接受的精神快餐,文化圈的神圣光环得以消除,文化真正走向民间,为大多数人所把握。电子传媒是开放性的,它所提供的大量信息,为大众了解和把握社会提供了机会。在电视镜头前,大众与政治的距离被拉近了,政治生活不再是遥远宫廷中的神秘游戏。每天,大量真实、直观的图像信息,为大众思考提供了素材,使大众的政治感受落到了现实的基点上,有了实在的内容,从而产生了参政、议政和关心社会发展的热情。

4. 电子传播丰富了人类生活。在电子文化到来之前,低下的社会生产力,要求个人的发展必须以集体为核心,造成了个体的某些发展受到压抑,快乐被放到了次要的位置上。电子传媒兴起的时代,正是生产力大发展的时代;生产力的快速发展,为个体的享受提供了空间。物质生活的富有激发了人们对精神生活的向往,大众迅速成了精神消费的主流。大众是社会劳动的支撑力,他们不必承担思想家所应承担的责任。从精神荒原走出来的大众,不希望电子媒介再把生活搞得那么费劲,他们在享受电视节目时,可以从中吸收一些营养,培养某种高尚的情操,也可能什么都没得到,只是让脑子的空闲时间充塞点过而不留的东西,使生活更饱满。因此,在电子传媒时代,追求娱乐成了大众文化逐渐加强的一个目标。

5. 电子传播商业化色彩浓厚。电子传媒的兴盛是与商业繁荣紧密相连的。在商业繁荣的时代,社会一切部门都被商业化或部分商业化,电子传播也不例外。商业运作追求降低成本、扩大消费群体,以获得最大收益。电子文化产品是高投入产业,商业化为电子传媒的发展积累了资金,也使大众持续获得文化供给成为可能。商业行为避免不了对利润的疯狂追求。电视是面向社会开放的文化窗口,它的经济收入主要来自广告,而电视台与广告商谈判的砝码不在节目质量,而在受众。受众的多少决定广告价格,从而决定电视的生存,这就造成了电视节目对娱乐的过度开发和滥用,导致屏幕上低俗、反文化的内容不断出现,凶杀暴力、色情淫秽等垃圾文化泛滥,严重地磨损了观众的心智。

四、新闻传播活动发展的特点

经过漫长的历史过程,人类的新闻传播活动获得了巨大的发展。从早期简单的、自发的传播活动,到今天复杂的、产业化的、自觉的传播行为,新闻传播已发生了翻天覆地的变化。在这种变化中,人类的新闻传播不断向前,呈现出以下特点:

(一)新闻传播规模越来越大

人类早期的传播活动是简单的、个人化的,缺乏必要的组织性。在随后的发展过程中,出现了社会分工、出现了国家,在生产管理和国家管理的需要的推动下,新闻传播开始有组织地进行。但直到资本主义时代,人类的新闻传播活动依然范围狭小。伴随着资本主义生产关系的萌芽,资本主义社会变动加快,新闻传播在社会上的作用也越来越大。社会需要推动产业发展,在资本主义生产关系的作用下,新闻传播开始扩大规模。到了今天,新闻传播已经变成了巨大的产业,一些大型传播公司的年收入甚至大于一些小国的国民生产总值。

(二)新闻传播内容大大丰富

新闻来源于人的活动,人类的活动和交往越频繁,可供传播的新闻就越多。社会发展是伴随着社会变动的加剧而进行的。在原始社会、奴隶社会,甚至在封建社会,社会生产以农业为主,社会交往局限于有限的范围内。而到了资本主义社会,随着新航线的开通和地理大发现,资本开始征服世界。在资本的作用下,全球化趋势逐渐增强,个人活动被纳入工业流水线中,个人越来越与周围人的活动,甚至全人类的活动息息相关。人类活动范围的扩大和个体活动之间的关联性的加强,一方面丰富了新闻传播的内容,另一方面也带来了个体对人类活动信息的渴求,给新闻传播内容的丰富提供了动力。

(三)新闻传播手段更加多样

在人类童年时代,新闻传播只能借助人的自然之躯。后来人类发明了语言、文字、印刷技术,人类传播的手段逐渐多样化。进入近代,电子媒介出现在新闻传播领域,人类的新闻传播手段变得更加多样。这里需要注意的是,人类传播方式的进化,不是以淘汰旧的形式为条件的,而是新旧传播形式一道,共同建起人类传播大厦。

(四)传播工具越来越现代化

科技是第一生产力,科技的发展能够推动社会进步。作为社会的一个领域,新闻传播也得益于人类科技的发展。进入当代社会,新闻传播事业的发展越来越和高科技联系在一起。广播电视和网络的兴起都与科技进步紧密联系。在未来的新闻传播活动中,新闻传播事业的进步还将得益于科技的发展。

第三节 新闻传播的类别

今天我们提到新闻传播活动,人们首先想到的是大众传播媒介,而实际上,人类新闻传播活动所凭借的媒介,不仅包括广播、电视、报纸、网络,还包括一些其他的形式。早在大众传媒出现之前,人类的新闻传播活动就已存在,只不过还没有职业化,还是一种自发的传播状态。大众传播活动产生后,人类原有的传播形式并没有消失,它们仍然和大众传播一道,共同构建了人类新闻传播系统。一般情况下人们认为,人类新闻传播活动的形式主要有三种:人际传播、组织传播和大众传播。当然,这三种传播形式,传播的不全是新闻,但人们从外界获取新闻或交流新闻的渠道,却主要是这三种。

一、人际传播

人际传播(interpersonal communication)是指处于一定社会关系中的人们相互之间交流信息的传播活动,它直接体现了人与人之间的社会关系。人际传播是最典型的社会传播活动,是社会生活中最直观、最常见、最丰富的传播现象,是人类生存与发展的基础。

人类要想在地球上生存下去,必须要了解生存环境,建立与他人的社会协作关系,实现自我认知和相互认知,满足精神和心理需求,而这些主要是通过人际传播实现的。正是社会交往的冲动,使人类找到了最早的新闻传播形式——人际传播。在自然界面前,个体的力量是渺小的,原始人为了改变自己的命运、掌握生存和发展的主动权,很早就意识到相互协作的重要性,他们结群而居,利用群体的力量控制外部世界,因此说,"文明的第一个结果是数目相当可观的人能够共同生活在一个集体中"[①]。群体生活中的人只有利用人际传播,交流新闻信息,表达相互意向和情感,才能控制时空,征服自然。现代社会,科技发展了,世界变成了紧密联系的整体,此时人际交往的作用更加重要。虽然现在有大众传播,但它不能代替人际传播,人际传播能力(或社交能力)是衡量现代人素质的一个重要标准。

在我们国家的一些少数民族地区,因为地广人稀,地理位置偏僻,人际传播

---

① 〔奥〕西格蒙德·弗洛伊德:《文明及其缺憾》,傅雅芳、郝冬瑾译,合肥:安徽文艺出版社1987年版,第44页。

还占有支配地位。为了获得新闻信息、交流信息资源，一些少数民族还创造了一些具有民族特色的人际传播活动。在新疆以维吾尔族群众为主体的传统集市——巴扎，就是一个最为典型的人际传播场所。在新疆各地，尤其是维吾尔族群众比较集中的南疆地区和东疆地区，每逢巴扎都是人山人海，有的集日人数多达二三十万，巴扎周围各县维吾尔群众从几十公里甚至上百公里以外赶着毛驴拉上全家赶赴巴扎，路上长长的毛驴车队蔚为壮观。① 具有上千年历史的巴扎不但是商品交易的场所，更提供了老朋友会面、交流的机会，在巴扎总能看到成群的人聚集在一起交流信息。由于地缘等条件的限制，对当地人来说，传统的人际传播仍然是信息交流的主要方式。

关于人际传播的主要特征，迈克尔·E.罗洛夫在《人际传播：社会交换论》中提出了四点：人际传播发生于有关系存在的环境里；人际传播受对对方了解程度的指导；人际传播所传递的符号类型各不相同；人际传播是为某一目的服务的。② 在此我们根据罗洛夫的观点，结合我们自己的认识，概括出人际传播的四个特征：

（一）人际传播以一定的社会关系为基础

人们从事人际传播是在一定的社会关系基础上进行的，或者是维系或发展原有的社会关系，或者是通过人际传播建立新的人际关系。正因为这一原因，人际传播的传、受双方都比较固定。

（二）人际传播以满足人的某种需要为目的

满足人的某种需要是人际传播发生的动力。有时人们通过人际传播来实现对环境的控制，如2003年"非典"期间，当大众传播渠道不畅通的时候，人们通过频繁的人际传播来认识社会，以便采取积极的应对疾病的措施。有时人际传播是为了证实我们的自我概念，如师傅向徒弟传授经验，一方面让徒弟得到安身立命的手艺，另一方面也让师傅获得了作为师傅的体验。有时人际传播有助于满足自身的需要，如很多人一旦知道了某一新闻，就立即产生了把它传播出去的冲动，而这种冲动实际上就是人需要被他人认可和接受的需要。

（三）人际传播信息传递的符号丰富多彩

人际传播是人的面对面的交流，因此可以灵活运用语言、表情、眼神、动作等不同的语言符号进行传播。巴塞尔·伯恩斯坦在1975年将人际传播语言代码

---

① 周建明：《影响新疆新闻媒介经济发展的因素分析》，载《当代传播》2004年第4期，第11页。
② 〔美〕迈克尔·E.罗洛夫：《人际传播：社会交换论》，王江龙译，上海译文出版社1997年版，第22—24页。

分成了三类:有限词汇代码,即在像酒会一样的社交场合,比较正式的、仪式化的、比较肤浅的语言表达方式;复杂代码,即人们为了深度了解,进行话题广泛、内容深入的交流时所使用的代码;有限句法代码,即在高度仪式性活动中所使用的代码,局外人除非花大量时间进行观察,否则搞不懂传受双方的代码。人际传播的场面往往非常生动精彩,严肃认真的讨论、剑拔弩张的争吵、推心置腹的谈话、关怀备至的嘱托、语重心长的教诲、虚与委蛇的逢场作戏等,都调动了各种传播符号去准确传达说话者的意图,使信息的意义更加丰富多彩。正是人际传播才使社会生活变得多样化。

(四)人际传播信息传递的有效性高

人际传播范围小,距离近,因此说话者会清醒地意识到自己在同谁说话,想要沟通的是什么。如果沟通出现了障碍,传播者会灵活地调整自己的传播方式,以达到目的。如坐在姑娘身边喋喋不休的小伙子,总会看着姑娘的神情,不断编织花言巧语打动姑娘的芳心。近距离的互动,使人际传播的有效性大大提高。法国戏剧家莫里哀在新剧本刚刚脱稿时,总爱读给家中的一个女仆听,看看她的反应。有时候,莫里哀自以为写得不错的剧本,女仆听了无动于衷,拿到舞台上效果也不好。于是,后来莫里哀常常根据女仆的反应来修改剧本。

除了以上四个特点外,人际传播与组织传播相比,还有非制度化的特征,因为它是建立在自愿和合作的基础上的。当然,人际传播还有一些缺点,这主要表现在传播范围小、传播速度慢、信息保真度差等方面。

二、组织传播

人的一生大量时间是在组织中度过的,社会上大部分人是组织的人。从广义上来说,组织是由若干不同功能的要素按照一定的原理或秩序相结合而形成的统一体,如细胞组织、肌肉组织、人体组织等等;狭义的组织是指人们为了一定的目的而有意识地建立起来的,在统一意志之下从事协作行为的有序系统。组织是人类社会协作的群体形态之一,是结构秩序严密的社会结合体,它可以高效率地完成分散的个体或松散的群体所不能承担的生产或社会活动。随着社会进步,人类为了更好地适应外部环境与处理内部问题,社会组织也变得越来越复杂,我们已经进入了一个严密组织化的社会,可以说,"现代文明的一切成就,都来自人们为达到各种目的而建立与发展各种组织的能力"[①]。组织有严格的分工和统一的指挥管理体系,判断一个群体是否为组织,主要看这个群体中是否有

---

① 宋林飞:《社会传播学》,上海人民出版社1994年版,第72页。

一个统一的指挥或管理系统。凡是有中枢指挥或管理系统的群体，如政党、军队、政府机构、企业、社团等，都属于组织的范畴。

组织传播就是组织所从事的信息活动，它是组织生存和发展必不可少的保障。组织传播有组织内传播与组织外传播两种情况。组织内传播又分下行传播、上行传播和横向传播三种情况。组织外传播是指组织与外部环境进行的信息互动过程，它包括信息输入和输出两种情况。组织传播常见的媒体形式有群众集会、新闻发布会、座谈会、报告会、书面媒体、会议、电话、组织内公共媒体、计算机通信系统等。组织传播主要有以下几个功能：

（一）内部协调

组织是由不同部门组成的，不同部门又有不同岗位，为了使每个部门和每个岗位都各负其责，相互协调，组织内部需要进行信息沟通。

（二）指挥管理

组织具有阶层性、等级性，组织上层掌握着组织的指挥权，它为组织确定行动目标，并将目标分解成具体任务下达给下层各部门，这一过程必须要通过组织传播进行。这就像一个合唱队一样，指挥者只有指挥得法，各个乐手才能知道自己该做什么、该怎么做。

（三）决策应变

社会环境在不断变化，组织必须不断调整自己的目标、政策，才能跟上社会发展的步伐。因此，组织是一个永远处于运动和变化之中的有机体，它必须要针对内部和外部出现的新情况和新问题提出应变策略。我国在加入WTO后，中央政府就在积极进行组织内部传播，要求各级政府顺应国际形势调整政府行为。

（四）说服整合

一个组织要保持高度的凝聚力和战斗力，必须围绕一系列重要问题，如组织目标和宗旨、组织规则、组织方针和政策等，在组织成员中达成共识。在这个意义上，组织传播就意味着说服组织成员，接受组织目标，从而形成整合的组织价值观。

在计划经济年代，我国人民曾长期生活在"单位"中，组织传播也是将政治宣传作为绝对重要的内容，因此组织传播中曾经出现过空话、套话、大话、废话太多的情况。进入市场经济后，中国人正在重新体会组织的意义，重新认识组织传播中的困惑。今天，在全球化的背景下，组织传播应该与时俱进，摈弃形式主义，明确传播职责，堵塞小道消息，创造良好的传播氛围。

三、大众传播

大众传播是媒介组织利用大众媒介向未被组织起来的大量个人与群体所进行的传播活动。技术进步产生的新的大众传播形式,不仅弥合了文化差异,也超越了时空障碍。① 现代人接收信息非常方便,只要打开电视,江南塞北、异国风光,尽收眼底。大众传播使人类生活发生了翻天覆地的变化,过去人们提到大众传播往往指的是报纸、广播、电视三大媒体的传播,而今天的大众传播还包括杂志、书籍、电影、网络等媒体。

有些学者把人类传播活动分为五种:内向传播(自我传播)、人际传播、团体传播(小群体传播)、组织传播与大众传播。内向传播是个体自身内部世界的信息活动,它并不是一种新闻传播形式,而是个体的内心体验或思维活动。团体传播是人际传播的高级形式,即当人际传播出现边界、传者与受众的人数与关系相对固定时出现的传播形式。从某种程度上看,组织传播是人际传播的更高级形式,所以有的学者干脆把人类新闻传播简单地分为两类:人际传播、大众传播。

---

① Stanley J. Baran, Dennis K. Davis, *Mass Communication Theory*: *Foundation*, *Ferment and Future*, 北京:清华大学出版社 2003 年版(影印版),p.7。

第二章 什么是新闻

新闻每天都在发生,新闻和人类生活密切相关。人们每天都接触到媒体,并在媒体上获取大量的新闻信息,然而对什么是新闻,不同的人却有不同的理解。本章的目的就是解决什么是新闻的问题,并对新闻的特点进行研究。未来的新闻工作者必须首先搞清楚新闻是什么,新闻有哪些特点,才能在新闻实践中做好本职工作。美联社的一位老社长曾经回忆过他刚做记者时的一次采访。当时的主编见他是个新手,就给他布置了一个简单的采访,即报道一对年轻人的婚礼。可是不久他就从婚礼现场跑了回来,并告诉主编没什么新闻可写。主编问他为什么,他说:"新娘子和别人跑了。"老社长说,就因为这事,他差点丢了饭碗。可见,一个记者对新闻特点的把握程度,以及对新闻线索的敏感程度,是决定新闻工作质量的关键。

第一节 新闻的定义

在日常生活中,我们经常会碰到一些简单的常用词汇;这些词汇人人都懂,但要想给它们下定义,却并非易事。人们每天都能接触到新闻,对各种媒体上传播的内容,人们很容易判断出它是不是新闻,但要给新闻下一个准确的定义,却很不容易。古往今来,中外新闻学者、新闻从业人员,从各自的世界观出发,对新闻做过很多解释,但直到今天,人们还并不满意,还在不断探索怎样给新闻下一个更加准确的定义。美国的一位学者发出过这样的无可奈何的叹息:看来似乎没有办法在这些定义中选出一个可以被人们普遍接受的令人满意的新闻定义。更有甚者,美国在20世纪20年代,曾发生悬赏征询新闻定义的可笑事件。[1]

一、"新闻"含义的演化

在我国,"新闻"一词在唐代就有,不过当时指的并非报纸,而是生活中的奇

---

[1] 童兵:《理论新闻传播学导论》,北京:中国人民大学出版社2000年版,第24页。

闻怪事。《新唐书》中记述了一个名叫孙处玄的文人,因抱怨当时缺少记载海内外新鲜事的书刊而感叹:"尝恨天下无书以广新闻。"还有一种说法认为,唐朝尉迟枢写过一本书《南楚新闻》,此书已失传,但宋朝《太平广记》辑录过其中的故事。《太平广记》是一本专辑历代奇闻趣事的书,由此推断,《南楚新闻》是记述当时南方新奇风俗、奇闻趣事的书。① 到宋朝,封疆大臣向朝廷奏报边塞要情时,为了说明情况重要,常在奏文的封皮上写明"新闻"。这里的"新闻"已有"情报"的含意,强调讲究真实、反映客观情况的变动。宋赵升撰《朝野类要》中有"其所谓内探、省探、衙探者,皆衷私小报,率有泄露之禁,故隐而号之曰新闻"的记载。② "新闻"一词后来在历代书籍中偶能见到,但是直到清朝,"新闻"的词义才与现代有所贴近。《桃花扇》中"设朝"一折里有:"晚生在朝房里藏着,打听新闻来。"这里的所谓"新闻"涉及最近朝中发生的人事变动、权力分配的消息。

在英语中,新闻是 news。人们一般认为,这个字是由指南针上北(north)、东(east)、西(west)、南(south)四个字的第一个字母拼凑出来的。然而,美国新闻学者约斯特经过考证后否定了这种说法。他认为,新闻一词是由新(new)字引申而来的。在德文中"新闻"写作"zeitung",是由德国北部的俗语"tidender"(报道)演变来的,而"tidender"又出于"tiden"(旅行)。当时所谓新闻,是指一般商人或旅行者传播的趣闻轶事。1921 年,"zitung"这个词流行于下莱茵一带,15 世纪后,逐步演变成"zeitung",意思是"在时间上绝对新颖的事物"。

当然,无论在中国,还是在西方世界,当新闻事业还没有成长为一个职业的时候,人们对新闻的看法是支离破碎的,词意是不稳定的,只有到新闻事业真正发展起来后,新闻的确切含义才逐渐稳定下来。

二、西方业界的新闻定义

西方国家新闻界的编辑记者在长期的新闻实践中,用一些直观的词汇概括出新闻的定义。这些定义不甚严谨,但是却代表了西方新闻工作者在残酷竞争中选择新闻的标准,因此,它们在新闻职业圈内流传很广,其中比较著名的有以下一些:

狗咬人不是新闻,人咬狗才是新闻。
——20 世纪 70 年代美国《纽约太阳报》编辑部主任约翰·博加特

---

① 陈霖:《新闻学概论》,苏州大学出版社 1997 年版,第 9 页。
② 吴永川:《新闻学概论》,北京:八一出版社 1994 年版,第 15 页。

新闻是建立在三个 W 基础上的,即女人(woman)、金钱(wampum)和罪恶(wrongdoing)。

——美国《纽约先驱论坛报》前采编主任斯坦利·瓦利克

凡是能让女人喊一声"啊呀,我的天哪"的东西,就是新闻。

——美国堪萨斯州《阿契生市环球报》主笔爱德华

类似的说法还有:

一个男人加一个女人不是新闻;而一个男人如果加两个女人,那就是新闻。

平凡的人＋平凡的生活＝0;平凡的人＋平凡的妻子＝0;一个平凡的人＋一辆汽车＋一支枪＋一夸脱酒＝新闻。

银行出纳员＋妻子＋7个孩子＝0;银行出纳员＋10万美元＋歌剧女演员＝头条新闻。

在西方社会,新闻竞争特别激烈,媒体要想在竞争中取胜,必须要想尽办法讨好受众。正是残酷的竞争,使西方媒体把猎奇、反常、趣味性和刺激性作为新闻的核心和基础。美国杂志作家威尔·艾尔温说:反常的事情就是新闻。这种说法可以代表西方社会的普遍看法。

近年来,我国新闻领域的竞争也越来越激烈,在市场化的压力下,一些编辑、记者也逐渐接受了西方从业者的一些理念,自觉不自觉地用上面提到的在西方比较流行的通俗定义来找新闻。我们要承认,西方记者的敬业精神和对突发新闻事件的敏感,值得前进中的中国记者学习。但是,我们要摒弃他们唯商业化、忽视社会道德和传播的社会效果的做法,自觉和主流意识形态保持一致,在社会效益与经济效益统一的前提下,采访到更多有价值的新闻。

三、中外学者的新闻定义

实务派给新闻下的定义虽然在新闻工作中流传很广,但是它过于直观、片面、不严谨,因此有很多缺陷;而理论派从逻辑思维的高度抽象出新闻的定义,使之更具有普适性。理论派主要指的是新闻院校的学者、新闻传播研究机构的研究人员、新闻管理部门的管理者,他们提出的新闻定义闪烁着理性的智慧,是我们深入认识和把握新闻本质的钥匙。但是每个学者的世界观和认识角度不同,加之新闻事业的快速发展,使得新闻的定义层出不穷。"国人有好事者,曾收集到300多个新闻定义,国外更有人扬言,新闻定义在千种之上。"[①] 其中有代表性

---

① 童兵:《理论新闻传播学导论》,北京:中国人民大学出版社2000年版,第24页。

的主要有以下一些：

新闻是新近报道的事实。

——原美国密苏里新闻学院院长莫特

新闻者,乃多数阅者所注意之最近事实也。

——徐宝璜:《新闻学》

新闻是一种新的、重要的事实。

——胡乔木:《人人要学会写新闻》

新闻,就是广大群众欲知、应知而未知的重要的事实。

——范长江:《记者工作随想》

社会(国际的、国内的、本地的)上发生的事实,为群众所关心的,对人民有较大影响,具有典型意义的事实,就是新闻。

——徐铸成:《采访浅谈》

新闻是新近变动的事实的传布。

——王中:《论新闻》

新闻是已经发生或正在发生的事情的报道。

——美国新闻学专家约斯特

新闻是新的、活的、社会状况的写真。

——李大钊:《在北大记者同志会上的演说词》

新闻者,最近时间内所发生的,认识一切关系社会人生的兴味实益之事物现象也。

——邵飘萍:《新闻学总论》

新闻就是把最新的事实现象在最短的时间内连续地介绍给最广泛的公众。

——德国柏林大学道比法特

新闻是根据自己的使命对具有现实性的事实的报道和批判,是用最短的时间有规律地连续地出现来进行广泛传播的经济范畴内的东西。

——日本新闻研究所原所长小野秀雄

新闻是报道或评述最新的重要事实以影响舆论的特殊手段。

——甘惜分:《新闻理论基础》

从上面各种定义中可以看出,虽然定义的表述形式不同,但强调的要点主要在三个方面:一是新闻是事实,二是新闻是新近发生的事实,三是新闻被群众关心。但是,从影响面来看,陆定一在《我们对于新闻学的基本观点》中所下的定义流传最广。他的定义是:新闻是新近发生的事实的报道。

这个定义的优点是精练、朗朗上口，而且大致概括了新闻的内涵，因此很多人在试图给新闻下定义失败后，都认同这个定义，认为在没有找到新闻的准确定义之前，"新闻是新近发生的事实的报道"无疑是最好的选择。但是，有的学者还是力争在新闻的定义上有所突破。清华大学的刘建明教授认为陆定一的定义仍有值得推敲之处。

刘建明认为，报道的事实不一定是新闻，没有被报道的事实却可能是新闻。他说记者在采写新闻的活动中，经常会遇到"真正的新闻"被编辑部"枪毙"的情况；而翻开报纸总能见到没有人阅读的消息占据新闻位置，它们是新近发生的事实，却没有新闻灵魂。据此他认为，新闻存在于客观世界中，记者的报道只是扩大了它的传播范围，并不能决定它的性质，更不能决定它的存在。为此他提出"新近或正在发生的事实"是新闻最重要的内涵，但仅有这两点还不足以确定事实的新闻性，还必须加进另一内涵，即"陈述对公众有知悉意义的事实"。因此，他给新闻下的定义是：新闻是新近或正在发生的、对公众有知悉意义的事实的陈述。

应该说，这个定义在吸收了历史上各位学者关于新闻定义的成果的基础上，对陆定一的定义进行了重要的补充和完善。该定义将"报道"改成"陈述"，使新闻的内涵扩大了，因为陈述可以是口头的、文本的、图像的，而报道往往给人以"文本"的印象。考虑到该定义比较科学，因此本书采用这一定义。

第二节 新闻的特点

新闻的特点是新闻区别于其他事物的特有性质。人们对新闻特点的认识，是在长期的新闻事业的发展过程中逐步深入的。当实务派和理论派在给新闻下定义的时候，其实他们也是在寻找新闻的特点。找到了新闻的特点，新闻工作者就有了判断什么是新闻的标准，同时新闻的特点也规定了新闻工作的大致规则。根据新闻的定义，我们可以将新闻的特点归纳为四个方面：

一、真实性

真实性是新闻的第一特点，因此新闻界流传这样一句格言：真实是新闻的生命。新闻是事实的报道，事实是新闻的本源和基础，没有事实就没有新闻，因此新闻只能按照客观事物的本来面貌作真实的陈述，容不得半点虚构、夸张、粉饰，更不允许无中生有，凭空捏造。美国著名报人普利策在主持《世界报》（1883年到1911年）期间，一再对记者强调"准确、准确、准确"，"仅是不登假报道还是不够的……必须把每一个人都与报纸联系在一起——编辑、记者、通讯员、改写员、校对员,让他们相信准确对于报纸就如贞操对于妇女一样重要。"[1]

"新闻真实"是新闻从业者心中的一面旗,它应该被插在灵魂的高原上。在现实世界中,不同的记者隶属于不同的国家、不同的阶级和不同的集团,他们在采写新闻的时候,会有不同的价值标准,但他们在追求真实性上应该是一致的,这种一致是自觉的一致。新闻传递的是信息,它是人们认识世界的基础,人们要根据它来绘制"社会地图",然后才能作出行动的决策。因此新闻传播者必须要老老实实地向受众传播真实的信息,无论是在稿纸前、话筒前,还是镜头前,都要自觉地剔除大话、套话和言不由衷的话,让新闻真正还原成事实本身。

新闻真实是微观的、具体的,没有事实的新闻不是新闻,背离事实的报道只能是谣言。新闻事实是客观的,但新闻却是主观的。新闻避免不了体现个人的看法或评价,但是,这些看法或评价是建立在事实的基础上的,一个富有社会责任感的记者必须尊重事实,做社会的批评者和弱势群体的辩护者。在现实社会中,媒体都隶属于一定的阶级、集团,但是这不能改变媒体是社会公器的性质。它必须站在公众立场上,才能获得生存和发展。

坚持真实性就是坚持真理,坚持真实性要求记者必须要敢于伸张正义。然而,我们也看到,少数媒体大话、套话天天讲、月月讲、年年讲,为了个别人的利益,用"假大空"毁了媒体的声誉,把新闻变成了历史垃圾。这些现象是新闻工作者要引以为戒的。

二、新鲜性

求新、求变是受众接收信息的普遍心理,因此新闻的核心之一就在于新。自然界和人类社会时刻不停地在运动和变化着,如果不加选择地将物质运动和变化的事实搬到媒体上,媒体必然会变成杂货铺。美国著名传播学者李普曼认为,报纸没有必要关注全人类的事情,报纸所关心的应该是事物的反常变化。他在《舆论学》中举了这样一个例子:一个经纪人把一个企业经营了10年,在10年中这个企业平稳地发展着,然而对报纸来说这个企业像不存在一样。到了第11个年头,由于经营不善这个企业破产了,当企业处于反常状态时,报纸就插手了。西方记者喜欢抓反常事件,显然有违社会道德,但却反映了西方传媒人求新的职业心态。社会主义新闻事业虽然不猎奇,但也要求新闻从业者敏感地把握生存环境中的每一点变动,向受众传递变动的新情况、新信息、新问题。

---

[1] 转引自李良荣:《新闻学概论》,上海:复旦大学出版社2001年版,第207页。

受众对新闻新鲜性的期待，要求媒体必须要不断出新，才能获得满意的社会效益。今天很多媒体的新闻报道花样不断翻新，不断改版，就是力求在内容和形式上吸引受众。白岩松曾经就中央电视台的改版发表过自己的看法："中国电视的改版应该是为了将来的不改版，总在改版说明我们还不成熟，但是改着改着将来就会陆续诞生很多不用再改版的节目，只要每天变化你的内容就可以了。"① 这一说法并不完全正确，因为求新、求变、求异的心理使观众不仅从内容上，而且从形式上要求媒体不断地去创新。可以说，创新是新闻事业永恒的要求，为了使新闻内容和形式都很"新鲜"，新闻改版永远不会停止。一些新闻单位把新鲜的新闻称为"活鱼"，并制定激励措施鼓励记者到基层去找"活鱼"，反映出新闻单位对"新鲜"的重视。

受众对老一套的东西没有热情，但是受传统体制的影响，我们的一些新闻从业人员，缺乏创新思维，在工作中喜欢听领导的话，跟形势的风，不去关心火热的社会生活，而是用假、大、空、虚话填塞新闻，最终把媒体办得没人看。还有的媒体，员工工作积极性不够，只是随大流，把别人的方向当作自己的方向，结果一无所获。在市场化的社会，只有具有含金量的东西才能进入社会交易空间，那些没有创新的新闻，最终会被淘汰出局。

三、及时性

新闻事件在一定的时空内发生，及时性是新闻存在的基本要素。事件在一定时空内发生后就在不断衰老，等到下一个事件发生时，旧的事件就不再是新闻。因此新闻有很强的时间限制，新闻报道与事件发生之间时间差越小，新闻就越鲜活。受众接收新闻信息，目的是要随时知道外界发生的变化，并让自己的行为适应这一变化，因此，记者应该以最快的速度展示新闻事件，使新闻更加生动、新鲜。

新闻是易碎品，随着时间流逝，新闻的价值迅速耗散，甚至消失。新闻图的是新，讲的是快，只要没有其他问题，新闻单位就应该快采、快编、快发，争取先声夺人。近年来，传媒技术发展很快，同步直播新闻事件已成为现实，因此新闻单位在时效性竞争上更加激烈。在新闻竞争的环境下，记者抢新闻的意识非常强，在一些重大新闻事件发生后，他们会在第一时间出现在新闻现场。CNN、BBC、凤凰卫视等知名的频道，就是以报道时间快速而享誉全球。正是因为能够在第一时间报道新闻，CNN 成为全球知名的新闻频道，每到重大事件发生时，各国观

---

① 中央电视台新闻评论部：《实话》，北京：文化艺术出版社 2001 年版，第 67 页。

众都守候在 CNN 前观看它的新闻节目。在时效性的竞争中,一家媒体如果接二连三地落后,会引起受众的失望,并最终被受众抛弃。

新闻事件刚刚发生时,人们对事件还来不及作判断,就立即给予报道,这被称作第一时间报道。新闻的第一时间是新闻时效性的最重要标志。受计划经济时代新闻工作方式的影响,我们的新闻工作往往会考虑很多政治因素,为此我们的报道常常在国际竞争中落伍。1969 年 7 月,美国实施阿波罗登月计划成功是全人类的大事,但是我们却在第一时间内坚持不报。"9·11"事件是美国遭受的最大的恐怖袭击,是人类的一次灾难,但是我们的一些主流媒体在报道时没有抢到第一时间,让很多人觉得不可思议。西方一些媒体以快为上,遇到重大事件宁愿粗略地发表一条消息,也不充当第二者。当然有很多事件,在第一时间报道时往往无法把握报道的方向和基调,容易引起一些负面影响。但另一方面,如果以此为借口,将会在重大新闻事件前左顾右盼,失去竞争的头彩,甚至保护了落后意识。有很多人认为今天的新闻是昨天的历史,但是从新闻到历史的简单转化,忽略了不同学科主体的差异,因此会束缚记者的手脚。我们知道,在日常的报道中,当记者报道一个新闻事件时,事件本身还在向深度延伸,因此很难从时间上切断,给事件做历史性的总结。

图 2-1　令世界震惊的美国"9·11"事件①

没有时间刻度的事实要么不是新闻,要么不是完美的新闻。但是我们的一些记者和编辑时间概念不强,在报道新闻时常常抹去具体的时间概念,把事实放到"近日"、"不久前"、"最近"等模糊的时间里,注销了事实的起始点,淡化了时间的现在性。用模糊时间标示新闻事件的发生,是新闻报道的局部失实。还有

---

① http://news.ifeng.com/photo/history/200909/0910_1398_1343857_29.shtml。

的记者遇事慢半拍,缺乏新闻敏感,作风拖沓,造成媒体上一些不是新闻的"新闻"占据了宝贵的渠道资源。当然,一些记者和编辑落后的意识和作风,不是他们主观养成的,而是由媒体管理机构的重叠、低效造成的,随着我国新闻事业改革的深入,时效性会受到媒体更多的关注。

四、公开性

新闻是新近或正在发生的事实的报道,因此事实只有被公开传播才是真正的新闻,否则,新闻就成了马路消息、小道消息,失去了价值。从人类生存和发展的需要来看,人们获取新闻,目的是更好地把握世界的运动和变化,因此新闻只有最大限度地让全社会知道,它的价值才能更好地体现。

新闻是通向世界的窗口,但这个窗口是否能通向外部世界,还要取决于窗口的大小、窗格的多少和玻璃是不是透明。过去我们办媒体,往往从政治角度出发去决定报与不报,结果在新闻实践中处于被动。在信息化的时代,新闻总有渠道流传出去:你不报,人家报;你后报,人家先报;你消极地报,换来的是更大的被动。我们知道新闻是客观的,但记者是有立场的,一个事件发生后,记者完全可以从自己的立场出发,选择有利于本阶级的角度去报道,但是如果不报,就连表述立场的机会都没有了。如果这个事件与人民的生活息息相关,不报就无法让人民了解外部环境,最终会影响媒体的公信力。

2002年年底,广东省境内部分地区先后出现非典型肺炎病例,其后陆续在广州、佛山、东莞、中山等地发现了此种病例。当时有专家指出这种病有较强的传染性,但是这样的意见没有得到有关领导的重视,媒体也没有正式传播。面对重大的事件,我们的宣传管理部门在惯性思维的作用下,采取了"堵"的策略,致使主流媒体整体沉默。然而,在严重的病情面前,得不到任何信息的人们开始发挥民间智慧,利用各种渠道传播疾病的消息,电话、手机、网络等传播工具都成了信息流通的重要渠道。然而这些渠道的传播缺少把关人或把关人的地位弱,最后造成了谣言四起、流言横飞的局面,让政府和媒体都付出了巨大的代价。后来,政府采取了一系列措施,及时发布、报道病情发展的最新消息,逐步稳定了公众的情绪。但是我们也看到,即使在这一阶段,仍有群众怀疑报道的真实性。这就是信息不公开所付出的代价。

由于我们现行的新闻管理体制还有漏洞,因此一些媒体在报道新闻的时候无法保持独立的新闻价值判断。少数官员会借口"稳定大局"、"宣传建设成就",频繁地干预媒体的日常工作。也有少数新闻媒体,遇到一些曝光性质的稿件,便想方设法围追堵截,直至将稿件取消。一个国家的主流媒体传播的新闻,应该满足主流社会人群的心理需要,反映其现状和要求。这就要求我们的媒体及时、准确、公开地传播最近发生的新闻。

第三节 新闻本源和新闻要素

新闻的本源指的是新闻最原始的来源。新闻是新近或正在发生的事实的报道,而"报道"是记者对客观事物进行加工后的"精神成果",它属于意识范畴。新闻事实是客观事物的运动和变化,属于物质范畴。因此,"新闻"与"事实"的关系对应于哲学上"意识"与"物质"的关系。为了搞清楚新闻与事实的关系,我们先来看物质和意识的关系。

世界的本源是什么,宇宙是怎么来的,万物是怎样产生的,人类自古就一直在追问这样一些问题。在人类历史上,很多人从自己的认识出发,给予这些问题以不同的回答。

古希腊哲学家赫拉克利特认为:世界是由火构成的,世界的过去、现在和未来永远是一团永恒的活火;另一位古希腊哲学家德谟克里特认为:万物是由大量的、不连续的、不可分割的原子微粒构成的;古印度人认为:世界的本源是地、水、火、风;18世纪法国思想家和哲学家狄德罗认为:物质分子是自然界的统一基础,分子永恒不灭,为数无穷而又多种多样。

我国一些古代思想家也对世界的本源进行了探索,提出了很多关于世界起源的假说。春秋时期的管仲认为水是世界的本源;中国古代流行的五行说认为金、木、水、火、土是世界的本源;道家创始人老子认为"道"是世界的本源。其他还有认为"元气"是世界的本源或者无极和太极是世界的本源等。其中道家主张"道生一、一生二、二生三、三生万物","万物生于有,有生于无"。道家思想从物质本身的运动和变化规律中寻找本源,比那些将物质进行分类后单纯揭示物质共性和个性的做法,具有更加重要的实际意义。

近代科学也对世界起源进行了探索。"大爆炸理论"认为,宇宙本空无一物,后在某一特殊的时间点上突然出现一个质量无限大而体积无限小的奇点,在其形成后的瞬间,奇点突然发生大爆炸,从此,宇宙开始有了物质,这些物质在四处飞散的过程中聚合成星球和星系,进而发展成今天这个有序的世界。"0的分裂说"认为宇宙形成前的空间里没有任何物质,物质处于"0"状态中。由于空间发生了某些特殊变化,物质从"0"突然一分为二,变成正无限物质和反无限物质,正无限物质形成了今天的正物质世界,反无限物质形成了今天的反物质世界。"分裂生长说"认为星球和星系形成之前的空间里原来就有一些物质,它们连续不断地分裂生长,一个分裂生长成为两个、两个分裂生长成为四个,这样就逐渐生成了越来越多的物质,进而形成了今天的这个世界。这些假说因为极富主观想象因此难以被人们普遍接受。

现实世界中任何一种具体的物质,都不是世界本源本身,而是世界本源在某些方面发展和变化后的产物。所以把世界本源归结为某一种或某几种具体物质的思想是错误的。马克思主义哲学没有从简单的某一个物质或某几个物质中去寻找世界的本源,而是认为世界的本源是物质的,世界统一于物质,意识是物质的产物,物质第一性,意识第二性,物质决定意识,意识对物质具有能动的反作用,意识的反作用要受物质决定作用的制约。

一、新闻的本源是事实

现实世界丰富多彩,但归结起来无非是两大类:物质世界和精神(意识)世界。辩证唯物主义认为,世界的本源是物质的,物质决定意识,物质是第一性的,意识是第二性的。意识是自然界长期发展的产物,即意识是物质自身内在矛盾发展的产物,这个产生过程经历了几个决定性的环节:无机物质的反应特性→低等生物刺激感应性→高等动物感觉、心理→人类意识的产生。意识的本质是人脑的机能和属性。人脑是意识的物质器官,人脑的高级神经活动是意识产生的生理基础,没有人脑,就不可能有意识现象。新闻是主观对客观的反映,从本质上说属于精神世界,是精神现象,因此新闻的本源是事实,事实第一性,新闻第二性。

新闻的本源是事实告诉我们,新闻必须要以事实为基础,记者必须要从事实中找新闻。事实的时间、地点、经过及其结果,就其本身而言,是一种客观存在,一种物质的存在,这就要求记者在报道事实时,必须实事求是,不能有虚构想象的成分。过去我们的报道因为政治的需要,会将客观的事实抛到一边,去编造"新闻"。20世纪50年代后,我国在相当长的时间内,政治挤占了经济的中心地位。在"大跃进"年代,经济报道严重地脱离社会生活,达到了登峰造极的地步。1958年5月,中共八大二次会议提出了"鼓足干劲,力争上游,多快好省地建设社会主义"的总路线。会后,全国上下掀起了"大跃进"狂潮。1958年6月21日,《人民日报》社论《力争高速度》认为"速度是总路线的灵魂","快,这是多快好省的中心环节"。为了配合"大跃进"宣传"总路线",各新闻单位都看风使舵,脱离实际一个劲地宣传高速度。土地的奉献是有限度的,生产活动无法超越客观规律,然而,在那个年代,农业生产中放出的高产"卫星",虽然全是假的,人们还是以它为榜样,勒紧裤腰带造出了一个又一个离奇的神话。1958年初夏,全国各地的报纸、广播电台都争先恐后地报道小麦高产"卫星","卫星"一个比一个高,亩产量从几百斤到 5000 多斤,后来发展到几万斤。一段时间内,诸如此类的假报道、浮夸风在各类报刊上可以信手拈来。一家媒体在报道某县水稻亩产"三万三"时,要求该县人民加油干,"明年还要翻一番"。为了显示"真实性",报道还配了一幅照片,照片上一个小姑娘坐在田间密密匝匝的稻穗上。在工业生产上,1958 年 5 月,中共中央提出了当年生产 1070 万吨钢的目标,当时各新闻单位纷纷鼓吹"以钢为纲",宣扬全民炼钢运动,大放钢铁"卫星"。仅 1958 年 9 月到 11 月间,《人民日报》在第一版突出报道的"卫星"就有 30 多个。大量"卫星"上"天",为虚假报道的出笼提供了动力,助长了造假者的威风,而实事求是的作风则被打翻在地。这些报道因为脱离了社会现实,没有"事实"本源,因此本质上不是新闻,用这样的东西占领版面,显然社会危害非常巨大。

在新闻报道中,记者不仅要从事实中寻找新闻,而且要从事实的变动中寻找新闻。任何物质都有一个产生和灭亡的过程,任何物质都是一个事件,表现出一连串不断变化的性质和特征。世界统一于物质,任何物质都在不断变化,并且在变化中产生联系。新闻报道的主要功能就是反映世界的最新变动。对受众来说,常态的、稳定的物质状态是没有多少意义的,真正有意义的是物质最新的存在状态;从这个层面上说,变动产生新闻,变动是新闻之母。在 2004 年 12 月 26 日的印度洋海啸中,为了报道这次灾难,CNN 共派出了 50 名人员全天 24 小时在现场,另外还雇用了 80 名当地人,其中包括大约 20 名记者。在海啸发生后的最初 10 天,CNN 共播放了大约 700 小时的电视画面。为了报道第一手新闻,CNN 不惜工本,一位负责人说,相比过去的同类报道,此次海啸是最昂贵的爆炸性新闻,但是"去他的预算——只管全速向前冲"。同时,在这次报道中,CNN 网站紧紧围绕"重现悲剧"这一叙事中心,在各个时期有不同的报道主题,利用第一手资料重现灾难原貌。

二、新闻是对客观社会生活的反映

新闻是人们对客观事实的一种主观认识,它具有意识品质,一切新闻都是以事实为基础,但不等于事实。我们知道物质世界给意识活动提供了原材料,意识是物质世界的反映,是社会生产活动的产物。意识的内容是客观的,但形式是主观的,意识是主客观的统一。正确的意识是对客观世界正确的反映;错误的意识是对客观世界歪曲的反映。因此,任何新闻都是记者、编辑对客观事实的一种反映,是个人意识的表现,是个人在社会中实践的产物。任何事物本身并不是新闻，只有它被人们感觉、报道或传播，才是新闻。

新闻具有主观性，但并不是主观观念的反映，而是客观社会生活的反映，历史上大量的新闻作品，无不是直接描绘了一定的社会生活。新闻中的事实必须是实在的，而不是想象出来的，新闻事实必须要有消息来源，在深度报道中记者的分析和评论也必须依附于事实。在具体的报道中，事实越具体、越微观，越能经受住检验。比如下面一篇消息：

胡锦涛会见中国国民党大陆访问团

图2-2 胡锦涛同连战亲切握手（新华社记者 王岩摄）

本报北京4月29日讯 记者吴亚明报道：中共中央总书记胡锦涛今天下午在北京亲切会见了中国国民党主席连战率领的中国国民党大陆访问团全体成员。胡锦涛强调，在当前两岸关系复杂变化的形势下，我们两党应该深入体察两岸同胞的所愿所想，深入把握两岸关系以及世界大势的发展趋向，以积极的作为向两岸同胞展现两岸关系和平发展的希望，向世界表明两岸中国人有智慧、有能力妥善处理彼此的矛盾和问题，共同争取两岸关系和平稳定发展的前景，共同推进中华民族的伟大复兴。

下午3时，胡锦涛来到人民大会堂北大厅，同连战和夫人方瑀，以及吴伯雄、林澄枝、江丙坤、林丰正、徐立德等人亲切握手。随后，胡锦涛来到人民大会堂东大厅，会见中国国民党大陆访问团全体成员并合影。

在会见中，胡锦涛发表了重要讲话。他说，4月的北京，春意盎然。在这个美好的季节,中国国民党主席连战先生率大陆访问团来到这里。我很高兴同大家见面。首先,我代表中共中央,向连战主席和夫人,向中国国民党大陆访问团全体成员,表示热烈的欢迎,并致以良好的祝愿。

胡锦涛指出,你们的来访,是中国共产党和中国国民党关系史上的一件大事,也是当前两岸关系中的一件大事。从你们踏上大陆的那一刻起,我们两党就共同迈出了历史性的一步。这一步,既标志着我们两党交往进入新的发展阶段,也体现了我们愿共同推动两岸关系发展的决心和诚意。我们共同迈出的这一步,必将记载在两岸关系发展的史册上。

胡锦涛强调,当前,两岸同胞都希望两岸关系走向和平稳定发展的光明前景。我们多次表示欢迎认同"九二共识"、反对"台独"、主张发展两岸关系的台湾各党派、团体和代表性人士同我们开展交流和对话,共同推动两岸关系改善和发展。我相信,只要我们都以中华民族的根本利益为重,都以两岸同胞的福祉为重,就一定可以求同存异,共同开创美好的未来。

胡锦涛说,今年是孙中山先生逝世80周年。中山先生是伟大的爱国主义者和民族英雄,是中国民主革命的伟大先行者。他为追求民族独立、民主自由、民生幸福和实现国家统一与富强贡献了毕生精力,在中国各族人民和一切爱国人士中享有崇高的威望。中国共产党人始终对他怀着崇高的敬意,从来就是中山先生革命事业的坚定支持者、合作者、继承者。中山先生也把中国共产党人看作自己的好朋友。在当年中国内忧外患的情况下,中山先生第一个喊出了振兴中华的响亮口号。这理应继续成为两岸中国人共同的追求和责任。中山先生给中华民族和中国人民留下许多宝贵的精神遗产,值得我们永远继承和发扬。

胡锦涛最后表示,我相信,你们的来访以及我们两党的交流对话,将为改善两岸关系注入春天的气息。让我们共同努力,推动两岸关系朝着和平稳定的方向发展,让两岸同胞一起在和平发展的大道上共创未来。

连战表示,首先,我对胡总书记会见中国国民党大陆访问团全体成员,表示最由衷的感谢。今天的会见,是国共两党60年来的第一次;一会儿我和胡总书记的会谈,也是60年来两党交换意见最高层次的一次。这一趟来得不容易,在当前两岸关系形势下,真是难能可贵。

连战还说,1992年,经过双方努力,终于建立了基本共识,在此基础上实现了"辜汪会谈",促进了两岸关系的发展。今天,国共两党的会见,超越了以往的格局,是从两岸人民的福祉和中华民族的利益出发,加强理解和信任,谋求两岸关系和平发展的前景。

中共中央政治局委员吴仪,中共中央政治局候补委员、中共中央书记处书记、中共中央办公厅主任王刚,中共中央台湾工作办公室主任陈云林等参加了会见。

(《人民日报》2005 年 4 月 30 日第 1 版)

  国共两党多年来一直缺乏直接的接触,国民党大陆访问团的来访,使两岸高层有了沟通和交流的机会,是中国历史的新篇章,因此本篇报道具有历史性的意义。但是,如果这件事情没有发生,记者没有经过认真采访,编辑把关不严,那么这样的报道就不可能承担起记录历史的重任。人们之所以依据新闻报道的事实来认识生活环境,就是因为事实是可靠的。记者用客观的笔调记录重大历史事件,使新闻人有了高峰体验,在历史的转折点上感受到风云际会,波澜壮阔。

  然而,值得注意的是,随着商业的发展和舆论对商业成败的影响力的加强,越来越多的大公司和跨国公司,正在通过公共关系部门来制造新闻,这给新闻报道的打假提出了新的课题。早在 1995 年,一个西方学者就发现,在西方媒体上,高达 80% 的新闻稿件出自各种类型的公共关系部门。今天,在许多媒体和网页上,"广告新闻"的痕迹随处可见,新闻越来越受到消费导向、市场驱动、利润驱动的影响。策划新闻唱主角损害了新闻的声誉,从根本上背离了新闻本源,因而是新闻工作的大敌。

三、编辑、记者在新闻报道中具有能动性

  意识对客观存在的反映是一个积极的能动的过程,人的意识能够按照一定的目的性和选择性,在实践的基础上,对大量感性材料进行分析综合、抽象判断,从认识事物的表面现象进而揭示事物的内在本质和规律,预见事物的发展趋势。也就是说,意识具有主观能动性,它既能能动地认识世界,又能通过实践能动地改造世界。正确的思想意识能够指导人们采取正确的行动,促进事物的良性发展;相反,错误的思想意识会引导人们采取错误的行动,对事物发展产生阻碍甚至破坏作用。

  新闻是客观事实的主观映象,是观念的东西。这种观念的东西,自然包容着人的主观的思想、感情,即体现着人对客观事实的认识过程、结果及情感态度。我们先来看下面一则评论:

防止灾难赔偿带来的"二度伤害"

郭之纯

  据 7 月 28 日《每日新报》报道,因为去年的井喷事故而获得巨额赔偿的重

庆开县高桥镇,正在发生着一场"道德危机":一是赌博成风,一些获得巨额赔偿的村民纷纷加入赌钱的行列,一位年轻人"一夜之间把父母及哥哥死后的几十万元赔偿款全部赌光,只好跑到广州打工去了";再是"众女争嫁七旬暴富翁"——68岁的廖老汉一家死了7口人,成为孤寡老人的他同时也成了百万富翁,"附近的单身女人争着要嫁给他,说媒的简直要把门槛踏破了"……获得赔偿的灾民,莫不有丧亲之痛,他们本人也都是劫后余生。那么,他们为什么不好好珍惜亲人的生命换来的这些赔偿金呢?他们的道德真有问题吗?莫非真像有人所言,一些村民是有"劣根性"的吗?

在笔者看来,并非农民有什么"劣根性",所谓"道德危机"的说法并不妥当。所谓的"道德危机",实际上是"心理危机"使然。这些村民世代居住在大山深处,视野难免狭窄,识见不免短浅。而短短半年时间,他们所经历的一切过于动荡:突然间,毫无预兆地失去了亲人;又突然间,拥有了正常情况下做梦也不敢梦到的巨额财富。从心理学上看,由此发生一些异常状况,本属预料之中的事情——试问世间人,有几个能在此种情况下尚"心如止水"?

不要以为只要对灾民给予了经济赔偿就可以"良心得到安慰",就"万事大吉"。像井喷这样的特大事故,给当地人们带来的伤害是广泛而久远的,并不仅仅局限于具体的生命和财产损失。如此惨痛的事件,对幸存者的心理影响更为巨大——很多人,在经历了巨大变故后,会有"参透生死"、"看破红尘"的感觉,但这种"参透"和"看破",在有的人固然确是一种"顿悟",但对有的人来说,实际上却是心理的扭曲和变态——巨变之后,有的人心理趋向于不正常的亢奋,有的人心理趋向于事事逃避或无所谓,将生死、财富都视作无常。因此,我认为,有些人之所以将亲人生命换来的赔偿金掷于赌桌之上而不可惜,或许与此种心理状态有关。

笔者认为,目前这种让人遗憾的局面,与赔偿操作方式的不当有关。缺乏人文关怀的不当操作方式,无意中让灾难赔偿成了对灾民的"二度伤害"。我的意思是说,在金钱的赔偿之外,更应该对灾民进行心理援助,如应该聘请专家对幸存的灾民心理进行调查,并作出有针对性的调适方案,让他们在大难之后,能够以正常的心态对待巨额的金钱。如此,才算是完整意义上的赔偿。

所以,在我看来,将目前这种局面归因于"道德危机",是有失偏颇的,也是对真实原因的一种掩盖。不仅如此,动辄就给人扣上"劣根性"的帽子,动辄就将其行为与"道德缺失"挂钩,是一种歧视的表现。

说到这里,笔者觉得有必要对"众女争嫁七旬暴富翁"赘议几句。我看,这种事其实和道德扯不上多大干系。从城市到农村,从国内到国外,哪里敢说没有这样的"众女"呢？用婚姻手段获取财富虽然不是什么光彩的事，但实际上也是不足为奇的世间常态。既如此，将其作为"道德危机"的证据，则证明了某些人心中尚存偏见。

(《工人日报》2004年7月29日第3版)

上面摘录的虽然是篇评论，但是这篇评论反映出新闻报道可以有不同的角度。同是文中出现的现象，有的记者把它当作一般的社会新闻，有的记者却把相关事件联系起来，上升到"道德危机"的角度来看待。而评论的作者认为目前的状况是政府赔偿机制不健全造成的，他主张新闻报道应该体现人文关怀，不要动辄给他人扣上"劣根性"的帽子。

物质对意识的决定作用是第一位的，意识对物质的能动作用是第二位的。两种作用不是平行的。物质的决定作用是前提、基础，而意识的能动作用受物质决定作用的制约。二者又是紧密联系、不可分割的。只承认物质的决定作用而忽视意识的能动作用，会犯形而上学的错误；否认物质的决定作用而夸大意识的能动作用则会陷入唯心主义。因此我们在新闻工作中要坚持客观规律是第一位、主观能动性是第二位的思想。记者在报道中要尊重事实，尊重事实的发生、发展和变化，在客观报道的基础上能动地选取报道角度，合理地对受众进行引导。记者在新闻实践中，千万不能抛掉事实本身，任意地胡编乱造，用虚假新闻去坑蒙拐骗。主观能动性是人类所特有的能力，新闻工作者只有在尊重客观实际和客观规律的前提下，才能充分地报道世界的运动和变化，为人类改造世界服务。

四、新闻要素

任何事物都有一些最基本的构成要素，新闻也不例外。所谓新闻要素指的是构成新闻的必要元素，主要包括六个方面，即谁（who）在什么时间（when）、什么地点（where），做了什么（what），做事的原因是什么（why），是怎样做的（how）。这六个要素通常被人们称为"5W+1H"。新闻采写活动是一种快速地采集新闻信息的活动，因为新闻有时效性的要求，所以新闻记者必须要在事件发生后的第一时间写出公众满意的新闻。尤其在突发事件出现时，记者辛辛苦苦赶到现场，如果没有新闻要素做指导，往往会丢失新闻构成要件，最终可能使报道出来的新闻残缺不全。"一名记者，如果他并不是那么才华横溢，这是可以被宽容的。但是如果记者经常出错,那么不出一个星期,他就得走人。"①确实,作为一名称职的记者,写出规范的新闻是最起码的职业要求。正是有了新闻要素,新闻记者在新闻事件现场才可以快速地找到受众所需要的新闻元素,在很短的时间内写出规范的新闻稿。

  记者要想得到足够的新闻要素,必须要争取到新闻现场,并且通过各种渠道核实新闻要素,力争使新闻要素准确。为了及时、客观、准确地反映新闻事件,记者还必须保证新闻来源的准确。新闻来源是记者获得新闻写作要素的源头,它是新闻要素的原始出处。西方新闻界普遍要求新闻必须要交代来源,没有新闻来源的信息往往被认为是虚假的、不真实的信息。我国新闻界也一直要求新闻报道必须要交代新闻来源,只有如此,新闻才具有权威性和可靠性。然而,在实际的新闻工作中,还是有一些新闻稿件因为采访不深入,或者由于这样那样的原因,模糊消息来源,从而严重影响了新闻报道的可信度和公信力。2008年4月10日,南京某报发表了一篇报道——《弥留之际,80岁老汉只想离婚》。该报道主要涉及的是老年人离婚的问题,在新闻的引言中作者写道:"安享晚年,是每个老人的愿望,也是儿女的期待。然而,一些老年人也赶起了时髦——离婚。昨日,记者从白下法院了解到,目前老年人离婚现象逐渐增多。2008年1月1日至今,60岁以上的老年夫妻到白下法院起诉离婚的案件已有8起。"下面是新闻的第一部分:

吃了46年剩饭,实在"咽"不下

  李俊今年已经85岁高龄,去年年底,他将71岁的妻子王红告上法院,要求离婚。据悉,他们结婚已经46年了。李俊表示,老伴比自己小10多岁,理应照顾自己。可老伴总是让自己吃剩饭剩菜,艰难度日。"她总是买很多菜,一连吃好几天,我很少吃到新鲜菜。只有孙子、儿子和她家亲戚来时,我才能改善伙食。"

  更加令他伤心的是,自己患有疝气多年,深受病痛折磨,老伴不拿钱给他治病。"我让她先垫付一下,等我报销之后再还给她,她也不愿意。"这让李俊伤心不已。对此,王红表示否定:"我从没让他吃过剩饭,他也从来没向我要过钱看病。"她还表示会尽力而为,好好照顾老伴,不会亏待他的。

  据悉,李俊是某干休所的退休老干部,月收入5000多,他每月给老伴1800元作为生活费。王红在某街道工作,每月仅500多元收入。李俊表示,老伴在各

---

① 〔美〕梅尔文·门彻:《新闻报道与写作》,展江主译,华夏出版社2003年版,第45页。

方面都控制自己,把自己当作挣钱的工具。"我多年都吃不上早饭。"

为了治病,李俊曾向自己的弟弟借过1万元。而且,为了让自己生活好一点,李俊还在老年公寓住过大半年。"那段时间,我就像过着流浪汉的生活,吃就在外面买。让她买给我吃,她就要加钱,陪我去看病她也不愿意。"

最后,李俊表示,只要老伴不侵犯自己的饮食权利,同意先垫付医疗费,他就愿意继续过日子。近日,法院下判决,不同意他俩离婚的请求。

新闻是客观事实的报道,不是记者的主观猜想或道听途说。记者在报道新闻时,一定要保证消息来源的可靠、清晰和多元,这样才能使受众准确、客观地把握新闻事实。然而,该新闻中消息来源不仅模糊,而且单一,像这样的报道容易让当事人丧失话语权,成为舆论声讨的对象。在该报道提要中,记者明确指出:从南京市白下区法院了解到,"目前老年人离婚现象逐渐增多"。然而,在其后的报道中,记者并没有扣住这个新闻来源,而是在模糊叙述中误导读者做道德判断。报道的第一部分,作者在关键信息点上用了两个"据悉":一是据悉李俊和老伴王红已经结婚46年,可老伴总是让他吃剩菜,艰难度日;二是据悉李俊是某干休所的退休干部,月收入5000多,他每月给老伴1800元作为生活费,王红在某街道工作,每月仅有500多元收入。这两个"据悉"都是新闻的关键要素,它们的来源不明使新闻的真实性大打折扣。

该报道还存在着消息来源单一的问题。从总体上看,第一部分是站在"李俊"的视角来叙述事件的。李俊到法院告老伴主要有三大理由,这三大理由文中是以直接引语出现的。一是李俊声讨老伴,"她总是买很多菜,一连吃好几天,我很少吃到新鲜菜"。二是李俊表示,老伴在各方面控制他,把他当挣钱的工具,"我多年都吃不上早饭"。三是李俊曾在老年公寓住过大半年,"那段时间,我就像过着流浪汉的生活,吃就在外面买"。由于新闻来源单一,李俊的老伴实际上丧失了任何表达自己观点的机会,完全被放到舆论和道德的被告席,任由读者评判。而且,从整个行文看,记者极有可能并没有采访报道中的主人公"李俊",文中的直接引语很可能只是"据悉"来的,或者是记者想当然的杜撰。正是由于记者不重视新闻来源、不重视客观报道,也不重视叙事逻辑,因此,文中产生了大量的逻辑问题。文中明明讲李俊的老伴总是买很多菜,一连吃好几天,而本部分的标题却用"吃了46年剩饭,实在'咽'不下",这并不符合逻辑。李俊是退休老干部,月收入5000多元,王红在某街道工作,月收入500元,李俊每月给王红1800元。李俊"多年吃不上早饭",难道他不能去买早点吗?李俊在老年公寓生活期间,"像过着流浪汉的生活,吃就在外面买"。住老年公寓难道就是过"流浪汉的生活"?通观本部分的报道,记者采访当事人的内容很少(也许根本没有),全部报道是由"据悉"和"想象"构成的,这种缺乏新闻来源的报道显然难以获得理想的效果。无论什么时候记者都要牢记,新闻来源是新闻生命的血液,缺少了它,新闻就可能失去鲜活的灵性,蜕变成僵硬的说教、虚假的恭维或可怕的谎言。

第四节 新闻的类别

这是一个信息大爆炸的年代,在这个时代,人们缺少的不是信息,而是阅读信息的时间和精力。另一方面,人的认识能力是有限的,不可能随时获取新闻信息来认识,否则我们的认识系统就会变成大杂烩。因此,无论从新闻工作的条理性、可行性和效率上,还是从受众获得信息的方便性、准确性上考虑,新闻都必须分类。分类后的新闻可以安排专人去采访、编辑,可以安排在媒体特定的版面、时段去刊播,受众也可以带着目标到信息海洋中去寻找自己想要的内容。只有分类的事物才能被很好地认识,只有分类的工作才有效益,要想在未来的新闻岗位上有所作为,先了解新闻的分类是必要的。

世界丰富多彩,人们认识事物的角度当然也会不同,因此,从不同的角度来对新闻进行分类,得到的新闻类型也不一样。由于新闻工作千头万绪,不同的媒体,不同的编辑、记者,根据自己工作的需要对新闻的分类也不一样。然而,有一些分类方式在现实的新闻工作中被多家媒体共同采用。对这样的分类方式,我们进行了解是很有现实意义的。从新闻分类的起点来看,分类方式无外乎两种,一种是从内容的角度进行分类,一种是从形式的角度进行分类。

一、着眼于新闻内容的分类

我们在日常生活当中经常会提经济新闻、体育新闻、文化新闻等名词,这主要是依据新闻内容来进行分类。以内容为标准的分类方式很多,常见的主要有以下几种:

(一) 依据新闻报道的对象分类

我国的媒体往往根据新闻报道所涉及的对象,将新闻分为政法新闻、经济新闻(有的称工交新闻、财贸新闻)、文教卫新闻、体育新闻、社会新闻等类型。在综合性的媒体中,为了进行专业分工,媒体的职能部门的划分也依据这样的分类去进行。如综合性日报常把报社划分为政法部、经济部、文教卫部、体育部等。报纸版面也依据这样的标准去划分。媒体按照新闻内容划分职能部门,是计划经济时代的做法。这种过细的划分明确了工作职责,使记者能够成长为某一方面的专家;但是,这也造成了记者采访的眼界过窄,竞争机制不足,甚至保护了落后,滋生出腐败。近年来,随着新闻市场竞争越来越激烈,媒体职能部门的划分也越来越灵活,越来越有利于竞争。如有的报社将传统的职能部门进行整合,重新划分为记者一部、二部、三部,淡化对口采访,鼓励内部竞争,取得了比较好的效果。

(二) 依据新闻发生的地区与影响范围分类

依据新闻发生的地区和影响范围,新闻常被划分为三大块:国际新闻、国内新闻和地方新闻。国际新闻是指能够在国际范围内产生影响的新闻;国内新闻是指在全国范围内产生影响的新闻;地方新闻的影响力局限于一定的地缘范围内,往往与全国关系疏远,跟其他国家更没有关系。需要强调的是,这种划分强调的是新闻的影响范围和影响力,不是以新闻价值大小来判断。例如某个城市煤气涨价牵涉到这个城市的千家万户,但是如果把这则新闻放在国际版那就成了大笑话。

(三) 依据事实发生的状态分类

事物的运动状态既有规律性也有突发性,我们按照新闻事实发生状态的不同可以把新闻分为突发性新闻、延缓性新闻两种。突发性新闻是对出乎人们预料的、突然发生的事实的报道,如灾难、战争、政变、天灾等。从新闻对受众的指导作用和新闻竞争上来看,突发性新闻是新闻报道的主角,它能够检验一家媒体的实力和记者的能力。延缓性新闻是对逐步发生变化的事实的报道,如学校开学、政府开会、领导接见外宾等。突发性新闻因为事实变动剧烈,因此时间性很强,在报道中时间越精确、报道的速度越快,就越能吸引受众;而延缓性新闻处在渐变的过程中,时间概念相对比较模糊,因此采访和报道的节奏能够舒缓一些,且不会影响新闻的价值。

(四) 依据新闻发挥的功能分类

按照新闻被读者接收后所发挥的功能不同,可将新闻划分为硬新闻与软新闻。硬新闻是指反映人类生存环境的最新变动、与人们的切身利益息息相关的新闻。硬新闻一般意义重大,受众接收硬新闻能够了解生存环境的最新变动,能够判断自己在环境中所处的位置,并根据自身的位置来调整自己的行为。硬新闻一般比较严肃、时间性强,如关于股市行情、政局变化、市场物价、政策调整等的新闻,能够为人们的政治、经济、工作、生活决策提供指导。软新闻是指与人们的切身利益没有直接关系的知识性、趣味性和人情味很强的新闻。软新闻不直接给人们的生产、生活提供指导,但它可以帮助受众消闲解乏、陶冶情操、开阔眼界、增长知识,是人类文化生活的重要内容。

二、着眼于新闻形式的分类

形式是事物的形状和结构,任何事物都要通过形式表现出来,新闻也不例外。我们可以将新闻的形式简单地划分为载体形式和文体形式两种。从两种形式出发,又可以给新闻再分类。

(一)以新闻的载体分类

目前信息传播的主要载体是报纸、广播、电视和网络,我们可以据此将新闻分为报纸新闻、广播新闻、电视新闻和网络新闻,或者将其划分为文字新闻、图片新闻、口播新闻、图像新闻等。由于不同媒体的传播渠道存在比较大的差异,因此它们对新闻采集的要求也不一样。报纸新闻注重文字的表达;广播新闻侧重于音响效果;电视新闻则充分利用声画再现现场的功能;网络自诩能够一网打尽,可以综合运用文字、声音、图像等要素来增强传播效果,但目前网络新闻主要还停留在图文阶段。

(二)以新闻的文体分类

在文学上,文体指的是文章的体裁,是文章的表现形式。文章是用一定的语言符号表达人类思想成果的载体。如果我们将语言符号的范围扩大,那么它可以包括声音符号、图像符号,这样广播新闻、电视新闻的制作也可以被称为广义的写作,它们都有各自的文体之分。(1)报纸新闻。我国报纸新闻的文体过去被简单地分为消息、通讯两大类。改革开放后,我国报业发展迅速,报纸新闻逐渐出现了很多新的体裁。目前主要的体裁有以下几种:① 新闻:用标题浓缩新闻事实。② 简讯:简要地报道事实。③ 消息:简单、准确、快速地报道新近发生的事实。④ 通讯:比较详尽、生动地报道事件发生和发展的过程。⑤ 新闻特写:集中、突出地描绘新闻事件发生的现场或过程中的一个片段,富有较强的形象性和感染力。⑥ 调查报告:就某一个新闻事件或社会问题进行专题调查研究的报道。⑦ 新闻述评:对国内外重大新闻事件进行的边叙边议的报道等。(2)广播新闻。广播新闻一般分为简讯、消息、现场直播新闻、人物访谈等体裁。(3)电视新闻。电视新闻一般分为消息报道、现场直播报道、新闻分析、纪录片、新闻述评、新闻特写等形式。

当然新闻的分类还有多种标准,新闻工作者在实际工作中为了方便操作,会创造性地对新闻进行分类,因此我们无法一一列举出花样翻新的分类方法。这里的一些分类是常用的分类,它能够帮助我们比较全面地认识新闻,提高我们对新闻的把握能力。

第三章 新闻传播过程

新闻传播是一个有规律的新闻信息的流动过程。新闻传播过程包括一系列相互关联的中间环节,而新闻媒介、新闻信息、传播者和受众是其中不可缺少的主要环节。由新闻传播者通过新闻媒介源源不断地向受众传递新闻信息,构成了最简洁的新闻传播过程。

第一节 新闻传播的简单构成

生活在信息时代的人们,已经离不开新闻传播了。早晨,当我们揉着惺忪的睡眼迎接第一缕阳光的时候,新闻信息就扑面而来。在一天的工作中,电视、广播、报纸上刊播的大量新闻信息不断撞击我们的眼球,渗透到我们生活中的每一个角落。夜晚,很多人坐在电视机前告别现实生活,进入梦乡。在今天的世界上,新闻媒介多样而复杂,各个岗位上的新闻人每天辛勤工作,为全球各地的人们送去大量的信息。新闻传播活动是复杂的,但是如果我们从新闻信息流动的过程来看,可以把它简化成图 3-1 所示的过程。从图 3-1 中可以看出,最简单的新闻传播活动必须要经过四个主要环节,即新闻传者、新闻内容、新闻媒介和新闻受众。

图 3-1 简单的新闻传播过程

一、新闻传者

新闻传者是新闻传播活动的主体,他们将事实转变成新闻,制成符号,通过媒介传播给受众。在现代传播领域,传者不是单独的个体,也不是某一类人,而是一个组织化了的新闻发布机构。传者既包括记者、编辑,也包括媒体管理者和所有者。在新闻传播过程中,传者起着"桥梁"和"纽带"作用,通过这个中介,事实到达受众,新闻的价值得以实现。新闻是客观的,但传者却有主观立场,新闻在本质上是客观世界在主观世界的反映,因此主观对客观具有能动性。在阶级社会里,传者具有阶级性,因此总是带着自己的世界观去选择加工新闻事实。为了保证传播的新闻不触犯本阶级的利益,不同角色的传者在传播过程中担任了不同性质的把关人;这些把关人共同努力,使传播效果符合传者的意志。在我国,新闻传播事业归国家所有,因此把关人的行为必须要体现党和人民的意愿,自觉维护党和人民的利益,否则将会受到党纪和国法的惩处。

二、新闻内容

新闻内容是新闻传播的对象和材料,主要指的是新闻事实。新闻事实指的是新近或正在发生的能够被媒体报道的事实。新闻的本源是事实,没有事实,新闻就无从谈起,传播通道就没有了内容。事实是社会生活中不断变动着的各种各样的事件、情况。新闻事实是被媒体报道的事实,既有无限的丰富性、广阔性,也呈现出不断变动的运动状态。新闻事实的丰富性,指的是新闻内容不是单一的,从社会到自然,从物质到精神,只要是同人类生活有关的事情,都可以进入新闻传播过程。新闻事实的广阔性,指的是新闻报道并不限定在某一个或某几个领域,人类社会的一切领域都可能进入新闻传播过程。世界万物处在不断的运动和变化之中,新闻事实也不例外,因此新闻报道既要报道新闻事实,也要报道新闻事实的最新变动状态。

三、新闻媒介

媒介是传播学的核心概念,但是在不同场合媒介有不同的概念。麦克卢汉就曾将媒介看成是人的一切外化、延伸、产出,即媒介是人的一切文化。在日常生活中,关于媒介的含义至少有以下两种:第一种指的是信息传递的载体、渠道、中介物、工具或技术手段;第二种指的是从事信息的采集、加工制作和传播的社会组织,即传播机构。我们这里讲的新闻媒介,主要指的是作为工具和技术手段的新闻传播媒介。按照传统习惯,我们所指的新闻媒介主要是报纸、广播、电视。

从新闻传播过程的一个环节来看,新闻媒介是新闻传播的通道、工具或手段。从历史发展的角度来看,报纸、广播、电视、网络是按照时间顺序依次出现的,但是,当新媒介出现后,它并没有取代原有的媒介,而是和原有的媒介一道共同构成了媒介系统。新闻媒介是传播新闻的物质手段,它可以扩大新闻传播的空间,加快新闻传播的速度,提高新闻传播的质量,改善新闻传播的效果。

四、新闻受众

在简单的新闻传播过程中,受众是新闻传播的终点,是传播过程终结的决定性环节。从商品交换的角度来说,新闻受众是新闻传播内容的接收者、消费者。按照受众使用媒体性质的不同,可以将受众分为读者、听众、观众、网民等。随着社会的进步和科技的发展,传播活动已经渗透到人类的每一项活动中。人们每天的社会活动,实际上都是产生、发送、接收信息和对各种信息作出反应的活动。信息的无所不在,使得传播活动无所不在,使得传播对人的影响无所不在。今天的受众任何时刻都离不开媒体,他们需要媒体来绘制社会地图,给他们的生产和生活以现实的指导。

五、传播效果

社会中任何群体的活动都有其目的性,新闻传播者也不例外,他们组织起来进行新闻传播活动,目的是影响新闻受众,以实现自己的传播目标。因此在考察新闻传播过程的时候,我们还要对新闻传播的效果进行考察。早在1948年,美国政治学家、传播学四大奠基人之一拉斯韦尔在研究传播模式的时候,就已经把传播效果视为传播活动的一个重要环节。他在一篇论文的开头提出了五个问题来描述传播行为。这五个问题是:

谁
说了什么
通过什么渠道
对谁
取得了什么效果

这五个问题后来被称为"拉斯韦尔公式",或"五W模式"。① 拉斯韦尔还将其转化为图解模式(如图3-2)。

图3-2 拉斯韦尔绘制的传播过程图

---

① 〔英〕丹尼斯·麦奎尔、〔瑞典〕斯文·温德尔:《大众传播模式论》,祝建华、武伟译,上海译文出版社1987年版,第16页。

拉斯韦尔公式不仅将复杂的新闻传播过程简单化,而且提出了效果问题,使传播者把效果视为传播过程中一个不容忽视的问题。因此在对新闻传播过程的研究中,我们要将效果研究放在重要地位,只有传播有效果,传播活动才有存在的基础和条件。

第二节 新闻传播的双向构成

在第一节中,我们在忽略了一切外部环境的条件下,简化出新闻传播活动的一般过程。但是,在现实生活中,任何人、任何社会现象都与社会的其他方面紧密联系,新闻传播也不例外。这样看来,我们在第一节中对新闻传播活动的归纳还过于简单,必须要对它进行深化,才能更加深入、准确地把握新闻传播过程。

一、新闻传播的社会条件

我们知道生活在社会中的每个人都和社会发生相互作用。首先人需要向社会运动,在互动中进入社会、适应社会、改造社会;其次社会也在向人运动,在互动中影响、制约、控制人的行为。如果人与社会发生了偏离,那么人和社会之间的双向运动就会失控,人的社会行为就会离轨和畸变;如果人的社会行为与社会发展一致,那么人的活动就将促进人类的发展。新闻传播活动过程是传者和受众两个群体相互作用的过程,在第一节中,我们以传者为中心,没有考虑传者和受众之间还有个传播环境的问题。新闻传播活动如果背离了传播环境,也将不能进行。

(一)新闻传播关系

新闻传播过程是人与人之间的一个社会交往过程,而两个人(或两个人以上)必须有共同兴趣才能聚集到一起完成传播活动。人们在新闻传播过程中相互交往所形成的关系就是传播关系。处在一定传播关系中的每个人都有不同的目的追求,他们在接收感兴趣的信息时,会依照自己的需求做不同的理解。

施拉姆在说明传播关系的时候举了一个生活中的例子:热恋中的一对情侣都渴望向对方表白爱情。男孩认为自己貌丑笨拙、穿着不得体,而那位姑娘美丽、安详、端庄,男孩不知道怎样才能说服女孩和他跳舞。而女孩的考虑恰恰相反,她希望得到男孩的注意,但又怕下巴上的小斑坏了事,她认为男孩相当漂亮,并不笨拙。因此传播关系中的两个参与者,都带着自己的生活经验进入这一关系,并根据经验来解释他们得到的信号,决定如何对这些信号进行回应。如果在恋人中间出现第三者、第四者,如男、女方的母亲,那么她们的影响也会进入男、女方的头脑中,并在传播行为和对信息的理解中留下印记。

施拉姆为了直观地分析传播关系和传播环境,还绘制了一个传播环境图。如果 A、B 分别代表传播关系中的两方的生活环境的话,那么他们之间的传播关系如图 3-3 所示。

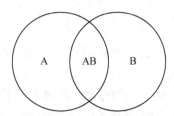

图 3-3 新闻传播环境图

图中 A、B 分别代表传播双方的生活环境,而两个圆圈重合的部分 AB 就是他们的传播环境;也就是说,传播活动要能顺利进行,传播关系中的双方必须要有共同兴趣,即传播要在一定的传播环境中进行。

用这个简单的例子就能够理解新闻传播活动中传者和受众之间的关系。在新闻传播过程中,传者和受众虽然分处在不同的环节,但是他们都有各自的思想和行为方式,传者会按照自己的价值判断来选择新闻事实,受众也会根据自己的生活经验来理解新闻。如果从传播效果的层面上来考察,那么传者和受众必须要有一个共同的价值基础,即传播环境,新闻传播的效果才能够真正实现。

(二) 新闻传播契约

进入传播关系的传、受双方,必须要在一定规范的基础上实施传播活动,这种规范被施拉姆称为社会契约。他举例说,驾车的人在遇到红灯时就停车,是因为在这之前,人们已经对红、绿等的符号意义进行了约定,这种约定就是红灯停车、绿灯继续前行、黄灯放慢速度。在新闻传播活动中,受众必须要在社会契约的基础上接收媒体传播的内容。这集中地体现为受众对接收信息时"社会成本"的考虑,即受众在接收信息的时候所付出的代价是多少、从传播活动中得到了哪些东西等。因此,传播者必须了解社会契约,尊重社会契约,传播的内容才能很好地被受众所接受。如对一些重大新闻,受众期望媒体报道得既充分又准确,媒体应该在权威性、丰富性上满足受众的这一要求。对娱乐性新闻,受众并不要求它有多准确,只要求新闻中有故事,能够给他们带来快乐。针对这一"社会契约",媒体应该提高"讲故事"的能力。在某种程度上看,社会契约是新闻传播者行为规范的一部分,它是实现传者与受众沟通的前提。

二、新闻传播的双向构成

早期的传播者把新闻传播活动看作是单向的,即认为受众是被动的、没有任何主动权的群体。然而随着新闻传播事业的发展,传播者发现受众在传播活动中的作用和影响越来越大,新闻传播过程实际上是传者和受众相互作用的过程。由此,我们可以得到一个双向传播流程图:

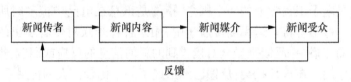

图 3-4 新闻传播的双向构成

从双向传播流程图上,我们可以得出以下一些结论:

(一) 受众是新闻传播的中心

早期新闻传播工作者和一些研究者从简单的传播过程出发,认为传播者处于绝对的垄断地位,能够控制整个传播过程,使传播效果符合传播者的意图。他们所依据的理论主要是"皮下注射论",这种理论认为,老练的传播者使用全能的大众媒介,就能把概念和信仰"注射"给传播对象来直接控制其行为。然而,在传媒特别发达的今天,这样的观点简直是天方夜谭。在新闻信息铺天盖地的信息时代,受众具有很大的选择权,受众选择什么样的信息,他们对信息做怎样的理解,传播者不可能施加任何影响。在另一方面,受众的地位越来越突出,甚至取代了传者而居于中心地位。在传媒商业化程度越来越高的时候,受众选择谁,意味着市场机会倾向于谁。因此,现代媒体把受众对新闻内容的满意程度,直接作为评价传播工作成败的一个非常重要的标准。

受众中心地位的突出,使很多媒体不约而同地将关注的目光投向受众,强调以受众的视角来选择新闻。如《南方周末》就强调"我们在努力讲述更多的他们(指读者)的故事,不是我们在说话,是他们在说话。我们把说话的机会交给创造历史业绩者,交给揭露历史真相者,交给被侮辱与被损害者,交给为受歧视者争斗的人……不是哪一部分人更有权利说话,是所有的人都有权利说话。更多的人在说话"[①]。

(二) 建立反馈机制越来越重要

双向新闻传播流程图反映的最重要的部分是反馈机制的建立。其实,受众

---

① 本报编辑部:《面孔 2002 年末特刊》献辞,载《南方周末》2002 年 12 月 26 日第 1 版。

中心地位的确立,使新闻传播过程中出现了两个主体和两个客体,新闻传播活动不是一次性的封闭传播,而是一个循环性的持续不断的传播过程。也就是说,一次传播过程能够分解为两个阶段:在第一个阶段,传者选择新闻事实传播给受众,此时传者是主体,受众是客体;在第二个阶段,受众对传播内容作出反应,把对传播的需要传递给传者,此时受众是主体,而传者是客体。在第二阶段的传播过程中,传播通道就是反馈系统。

　　反馈是电子工程学上的一个概念,指的是讯息在电路中流动时所产生的回流。后来一些学者将其运用到传播学中,用来解释受众对传者发出的信息的反应。在新闻传播中,反馈是受众对接收到的新闻信息的反应或回应,也是受众对传者的反作用。在现代社会,反馈已经形成了一个比较庞大的传播系统,它使整个传播过程中信息的流动更加顺畅。正是因为受众对传播内容的反应直接决定传播活动的成败,因此现在的媒体非常注重读者调查、收视率调查,其目的就是使反馈系统更能发挥作用,更好地实现媒体的传播效果。

第四章　新闻传播媒介

新闻传播媒介是新闻传播赖以实现的中介,通过它们,潜在形式的新闻能够转变成现实形式的新闻传递给受众。今天,我们提到新闻传播媒介,主要指的是报纸、广播、电视、网络等,但是在这些媒介出现前,人类的新闻传播活动早已存在,他们或者通过面对面的人际交流,或者借助烽火、信号鼓等媒介进行传播。本章的目的就是考察新闻传播媒介的发展历史以及主要新闻传播媒介的特点。

第一节　麦克卢汉的媒介学说

在传媒领域,H. M. 麦克卢汉(Herbert Marshall McLuhan,1911—1980)可谓是一个跨学科的奇才。但是,麦克卢汉提出的关于媒介发展的理论,在历史上却曾经被很多学者误解或指责过。1964年,当时还是个教英美文学的小人物的麦克卢汉,推出了一本惊世之作《理解媒介:人的延伸》(*Understanding Media*:*The Extension of Man*)。在书中,他大胆提出了"媒介是人体的延伸"和"地球村"等新概念。《理解媒介》出世的岁月,电子传媒还不发达,一些思想守旧的学者把麦克卢汉的惊世骇俗之论斥为"一派胡言"。然而,固执的麦克卢汉对反对的声音没做任何反应,倒是随后传媒迅速发展的事实,让对手自己隐身在历史的丛林中。经过几十年的沧海桑田,麦克卢汉已经成为西方的传播学巨匠,他的预言也一个个地变成了现实。麦克卢汉的研究视角是广泛的,他的学术根基深入到语言学、文学、美学,甚至音乐学等很多学科的土壤中。因此,他的文章经常旁征博引、密集用典,有时甚至文风散漫晦涩,使读者云里雾里,不得要领。这里,我们将麦克卢汉的观点进行重新梳理,期望提供给传媒人一个比较清晰的麦氏理论的框架。

一、媒介

今天我们所研究的媒介,一般只限定在大众传播的范围内。在这个范围内,媒介主要包括报纸、广播、电视和互联网。而在麦克卢汉的视野中，媒介的概念是宽泛的，他所研究的媒介涉及人类活动的一切领域和一切层面，衣食住行、机械电力、语言文字、娱乐游戏、科学技术、艺术世界等都在媒介的含义内。因此我们可以推断：在麦克卢汉的眼里，媒介是人的一切外化、延伸、产出，即媒介是人的一切文化。①

二、媒介是人体的延伸

"媒介是人体的延伸"是麦克卢汉最著名的观点，他认为人类无论是使用语言、文字，还是使用电台说话，都是人体这个或那个器官的延伸。不过，这个观点得以诞生，其他学者也作过重要贡献。在《古登堡星汉璀璨》的前言中，麦克卢汉引用过人类学家E. T. 霍尔的著作《无声的语言》中的一段：任何人造的东西都是人体部分功能的延伸，武器延伸了牙齿和拳头的功能，衣服和房屋延伸了体温调节系统的功能，运输系统延伸了腿和脚的功能，书籍使人超越了时空，货币储备了人的劳动……② 这些论述可能就是麦式思想的源头。麦克卢汉在阐述"媒介是人体的延伸"的时候，将人体延伸的过程分成三个阶段。

（一）机械时代——媒介是人体个别器官的延伸

在机械时代，每一种媒介都是人的肢体和个别器官的延伸，车轮是腿脚的延伸，衣服是皮肤的延伸，拼音文字是视觉的延伸。由于人体各器官延伸的程度不同，因此人被技术分割、肢解，变成了残缺不全的人。凭借这种技术，人体的部分器官能够向身体之外扩张，感官和器官功能得到强化。

（二）电力时代——媒介是人的中枢神经的延伸

"麦克卢汉是信息社会、电子世界的先知"③，他是条理清晰地阐述电子世界的第一人。麦克卢汉认为，电子媒介是人的中枢神经的延伸，它使人重新整合成统一的有机体。在麦克卢汉那里，电子媒介包括电报、广播、电影、电话、电脑和电视。电报是第一种新型的电力媒介，它的滴答声仿佛是在敲打着印刷时代的讣告。

麦克卢汉认为，电能不仅改变了人们的生活方式，而且改变了人的思维方式。在电力时代，人类在经历了一次内爆后，突破了时空约束，拥抱了整个地球。地球村一方面使人摆脱了交往的限制，另一方面也强化了人的责任意识。人的

---

① 〔加〕埃里克·麦克卢汉、弗兰克·秦格龙编：《麦克卢汉精粹》，何道宽译，南京大学出版社2000年版，第8页。
② 同上书，第153页。
③ 同上书，第2页。

中枢神经得到延伸后,整体意识和深度参与意识增强,突然之间变得热心起来,更加关心世间万物和芸芸众生,因为我已和全人类有关,全人类都包容在"我"的身上,我必须对每一个行为的后果负责。正因为每个人的行为都可能对世界产生影响,所以我不能超然物外或脱离社会,不能再用陈旧的、前电子时代的那种支离破碎的时空观来思考问题。

(三) 未来媒体(网络时代)——从技术上模拟人的智慧

麦克卢汉生活的时代,电视还模糊不清,网络技术更是无从谈起。但是,天才的麦克卢汉认为,人类延伸的最后阶段,就是从技术上模拟人的智慧。在这一阶段,人的整个意识都将得到延伸,人类生活的一切领域都因此而受到影响。虽然麦克卢汉对此论述得不多,但却预测了媒体发展的未来。今天网络已经登上了人类社会的舞台,传媒从技术上模拟人的智慧已经露出了一丝曙光。

三、地球村

麦克卢汉在论述电子时代的特征时,大胆地提出了"地球村"(global village)的概念。他认为电子媒介使全球生活同步化,时空差别不复存在,地球微缩为一个村庄。地球村的概念我们今天已经非常熟悉,但是当麦克卢汉刚刚提出这一概念的时候,却遭到了很多学者的讥讽和责难。传媒的发展使麦克卢汉的预言成了活生生的现实,信息高速公路、虚拟的赛博空间、电子技术向传媒的渗透,使地球变成了一个村庄,村子这头起火,村子那头就能看到滚滚浓烟。人类借助延伸的中枢神经,超越了自身背景的限制,在更广阔的空间内聆听世界的声音。今天,经济生活全球化、全球生活同步化都得益于媒介对人的延伸和对时空的压缩。

四、媒介即信息

人们一般认为,在传播过程中真正有价值的是传播内容,媒介只是传播的载体,是空洞的、静态的、没有实在的意义。麦克卢汉指出,正是这种习惯性的思维堵塞了人们洞悉的目光、创新的思路。他认为,一切技术都具有点石成金的功能,新技术是社会革命的动力,人的任何延伸,媒介对个人或社会的任何影响,都是由技术进步带来的。因此,他作出了这样的判断:媒介的形式曾经改变了世界,并改写了人类历史。铁路的延伸,强化了人的运动功能,创造了新型的城市、新型的工作、新型的生活。飞机加快了运输速度,又瓦解了铁路塑造的城市、政治和社团。这些变化是由火车和飞机技术带来的,而与它们所运载的东西毫不相干。由此,麦克卢汉进一步强化了"媒介即信息"的理论。

为了说明"媒介即信息",麦克卢汉举了一个电光的例子:电光是不带任何信息的单纯信号,如果我们用它来打广告,或拼写姓名,那么它就具有了媒介特征。这表明任何媒介的"内容"都是另一种媒介,言语是文字的内容,正如文字是印刷的内容,印刷是电报的内容一样。而言语是实际的思维过程,这一过程本身又是非言语的。媒介的影响之所以非常强烈,恰恰是因为另一种媒介变成了它的内容,一部电影的内容是一部小说、一个剧本或一场歌剧。也就是说,媒介对它的承载物有反作用,它能够以积极的、能动的姿态决定信息的清晰度和结构方式。再回到电光源上,无论电光被用在脑外科手术中,还是用在棒球赛上,都没有区别,因为这些活动都是电光的内容,如果没有电光,它们就都不会存在。这说明媒介即信息,因为媒介对内容具有塑造和控制作用。麦克卢汉批判人们往往只注意媒介的内容,而忽视了媒介的性质。

关于媒介技术对人类发展影响的好与坏,麦克卢汉认为机器的意义不在于其本身,而在于人们用机器所做的事情。子弹如果落在好人手里,就是好东西;将电视当作武器向适当的人开火,电视就是好东西;印刷术固然让一些垃圾得以流通,但它却传播了《圣经》,宣传了先知和哲人的思想。技术的新发展往往会淘汰掉一些就业机会,但同时也创造了新的角色。当然,麦克卢汉的技术决定论也引起了很多学者的反对,一些人认为麦克卢汉是文化叛徒。

五、冷媒介和热媒介

麦克卢汉还将媒介划分为冷媒介和热媒介两种。他认为:冷媒介清晰度低,需要人积极参与、深度卷入,才能填补信息;热媒介清晰度高,人的参与程度低,不需要深度卷入。热媒介排斥,冷媒介包容。麦克卢汉给冷、热媒介下的定义能被人们所接受,但他关于冷、热媒介的特性描写,又使人云里雾里。

麦克卢汉认为卡通画清晰度低,是冷媒介,因为几笔勾勒的粗线条提供的信息非常少,它要求观者自己去填充或完成图像。电话是冷媒介,因为它给耳朵提供的信息相当匮乏。言语是冷媒介,因为它提供的信息少得可怜,大量的信息还得听话人自己去填补。石头是冷媒介,纸是热媒介。他还认为象形文字或会意文字是冷媒介,而拼音文字是热媒介,当拼音文字抽象的视觉程度被推向高峰时,就成为印刷术。麦克卢汉说电影清晰度高,不需要深度卷入,是热的、视觉的,这种说法人们能够接受;而他说电视清晰度低,需要深度卷入,是冷的、触觉的,叫人不太好理解。同样,他认为电话是冷的,广播是热的,也不好理解。至于他认为冷媒介是触觉的而不是视觉的,更叫人难以理解。他认为电视不是视觉的延伸,而是触觉的延伸,触觉需要一切感官深度卷入,并最大限度地互动,以便填充模糊的形象。

但是,如果我们细心地去体会麦克卢汉对冷、热媒介的划分,就会知道其中最重要的标准就是人在接触媒介信息时参与的程度:参与程度高的媒介就是冷媒介,参与程度低的媒介就是热媒介。至于电视为什么是冷媒介,我们要考虑麦克卢汉所处时代电视的真实状况:当时因为一些技术问题没有解决,电视传播的图像还模糊不清,因此他认为电视是冷媒介。

麦克卢汉还用冷、热的概念来解释一些社会现象:他把落后国家称为"冷的",把西方国家称为"热的";把纯朴的乡巴佬称为"冷的",把城里的老油子称为"热的"。如果我们细细品味麦克卢汉对"冷社会"和"热社会"的划分,他的划分标准应该是:在落后的社会环境中,社会分工不发达,很多事情人们需要事必躬亲,因此这样的社会是"冷的";发达的现代社会,社会分工高度专业化,很多事情是由"他人"完成的,人的参与机会越来越少,因此是"热的"。文化水平不高、逻辑思维能力不强的人,往往无法把自己的观点说清楚,要借助多种手段才能完整地表达自己的意思,因此这样的人是"冷的",而知识水平高、逻辑思路清晰的人,能够平静地用语言直接完美地表达自己的思想,所以这样的人是"热的"。麦克卢汉认为:"冷人"难以把事情说清楚,自己的形象很模糊,需要"冷媒介"来帮助他塑造良好形象;而"热人"思路清晰,适合于在"热媒介"中展示形象。如柯立芝总统不善于表达,因此他给报纸(冷媒介)的记者提供了很多工作的机会;而罗斯福总统语言清晰,因此他能够从容利用广播(热媒介)直接发表演说,无须记者的帮助。

麦克卢汉还对1960年的总统竞选辩论进行了精彩的解说:电视是冷媒介,适合低清晰度的形象,肯尼迪是新人,清晰度低,因而适合电视;收音机是热媒介,适合高清晰度的形象,尼克松是老人,清晰度高,因而适合广播。因此在辩论中,听收音机的听众以为尼克松赢定了,然而看电视的观众却认为他输定了。当然,热的、清晰的尼克松利用广播也会让他背上虚伪、耍花招的恶名。

媒介用于冷文化环境还是热文化环境,效果是不一样的。收音机是热媒介。当它用于冷文化环境中,或者不重视文字的社会,将会产生剧烈的影响;而它用于热文化环境时,结果却不同,如在英国或美国,人们往往把听收音机当成娱乐。在冷文化或者文字作用较弱的社会,电影或收音机之类的热媒介不可能被当作娱乐;在热文化环境中被看作好玩的东西,对冷文化来说,却可能被怀疑是政治鼓动。

六、部落化公式

麦克卢汉是个技术决定论者,他认为人们在接触媒介的瞬间就会感受到媒介的魔力,就像旋律的魔力在音乐开头的几节就能释放出来一样。他认为,技术革新是人的能力和感官的延伸,而这些延伸会反过来影响社会,刺激社会再次产生新技术。他曾在接受《花花公子》的采访时说,他工作的目标就是弄懂技术对人类心理和社会的影响。他认为人的每一次延伸都会对人的心理和整个社会产生难以抗拒的影响。为了描述这种影响,麦克卢汉提出了部落化公式,即媒介对社会的作用遵循"部落化——非部落化——重新部落化"①这样一个规律。在媒介发展史上,基本的技术变革有三个:拼音文字的发明突出了人的眼睛和视觉,把部落人弹出了感官平衡的状态;16世纪活字印刷技术的推广,加快了感官失衡的进程;1844年发明的电报,预告了电子革命的来临,人的感官恢复平衡状态,人开始重新部落化。麦克卢汉从媒介演化历史的角度概括人类的历史,为解读人类历史提供了一个崭新的视角。

(一)在口耳相传的社会,人处于部落化阶段,人的感官是平衡的

麦克卢汉认为,在拼音文字出现之前,人生活在部落化的、封闭的社会之中。在部落化社会,人的主要交流手段是言语,听觉在人类生活中占据着支配地位,它为部落编织了一张天衣无缝的网络。在听觉空间内,几乎没有个人主义和专业分工,人的感官也是平衡的,没有谁有更多的本领,全体部落人和谐相处。在这样的社会,个体被纳入家庭和宗教的组织中,变得微不足道,人们生活在经验之中,没有施展雄心的机会。但是,口耳相传的声音世界是一个热烈而高度审美的世界,在声觉场中,人们需要各种感官同步活动才能感知外部世界。非洲乡村的居民没有受过教育,不懂文字,他们的眼睛不是信息接收器,仅仅是一种感觉器官,耳朵成了他们接收信息的最主要载体。生活在声音世界中的非洲人,他们的品质很好,活泼乐观,任劳任怨,干活卖力,非常诚实。但是这种原始的好品质也有负面效应:他们的神经系统不发达,脑子转动得很慢,生活中经常无精打采,无法胜任复杂的工作。"非洲人将永远是愚昧的奴仆,除非他们乐意冒险用教育带来的变化去摧毁原有的品质,除非他们渴望重塑形态完全不同的

---

① 在麦克卢汉那里,这个公式还有几个变体,它们是:整合化——分割化——重新整合化;有机化——机械化——重新有机化;前印刷文化——印刷文化——无印刷文化;前现代化——现代化——后现代化。

性格。"① 声音是活生生的东西,而生活在视觉环境中的西欧人却忽视了它,西方儿童被抽象思维和视觉技术包围,技术玩具束缚了他们的思维,他们过于强调因果关系和前后顺序。直到近代,中国、印度、俄国还深受口头文化的影响。中国文化比西方文化更高雅,更富有敏锐的感知力,就是因为中国人是部落人,是偏重耳朵的人。

麦克卢汉还认为,机械时代是一个小国寡民的社会,人的行动迟缓,不瞻前顾后,很少考虑自己的行为后果。由于相互之间沟通不多,因此人们愿意从自己的感知模式和认识模式出发,热情洋溢地发表个人观点,不会考虑自己的观点会对他人造成什么影响。这就像一个外科大夫将自己的感情隐藏起来,超然地去完成最危险的手术。

(二)拼音文字打破了感官平衡,突出了人的视觉功能;印刷技术的推广,进一步加快了感官失衡的进程,人类进入非部落化阶段

拼音文字像炸弹一样粉碎了迷人的部落世界,它强化和放大了视觉功能,削弱了听觉、味觉、嗅觉功能,使整合的人变成分割的人。拼音文字是终极的、最发达、最方便、适应性最强的文字,它让眼睛取代了耳朵的地位,视觉成了最高级的感觉器官,"人从耳朵的魔力世界转入中立的视觉世界"②。视觉场是连续的,用视觉来塑造时空关系使人获得因果概念,提高了抽象能力,进入非部落化社会。此时,线性的视觉价值和分割意识取代了整合的、互动的感官平衡,人们开始用序列化的方式来把握世界。当连续线性的思维成了社会和心理的组织手段时,人类的知识开始被分割成各种专门的类别。麦克卢汉认为,苏格拉底是感官失衡的第一人,在他之前,人基本上生活在非文字的世界中,苏格拉底是站在口头世界和视觉—文字世界的边界上的人,但他一个字也没写,是中世纪的柏拉图替他当了抄书人。

拼音文字是战斗性很强的文化吸收器和转化器,它能够被一切民族所采用,帮助这些民族进入文明社会。如果没有拼音文字,文化就会维持自己的部落性。希腊人就是凭借文字的优势,取得了比巴比伦人和埃及人更大的成就。然而,读书识字在加快非部落化的进程时,也切断了部落人深厚的集体情感,切断了个人与社会环境的关系。书面语言在组织思想和引导行动上占优势,但却失去了个性色彩和言外之意,因此大多数文明人的感知力是粗糙而麻木的,没有耳朵那样

---

① 〔加〕埃里克·麦克卢汉、弗兰克·秦格龙编:《麦克卢汉精粹》,何道宽译,南京大学出版社2000年版,第194页。
② 同上书,第172页。

灵敏。非洲人在掌握了拼音文字后，走出了部落的网络，但却遭遇了观念的冲突。土著人被卷入文字环境的茫然和我们刚刚进入电子世界的茫然是一样的，文字环境将加纳土著居民拉出了部落社会，使他们搁浅在个体孤立的沙滩上。

印刷术的出现，使人又获得了一次急剧的延伸，它把人从传统的文化母体中拖出来，带入集体化的工业社会。如果说拼音文字是部落上空的一颗炸弹，那么，印刷机则是爆炸在部落社会中的一颗威力无比的氢弹，它直接导致了一系列重大的社会观念的诞生，如宗教改革、工业革命、因果关系的观念、笛卡儿和牛顿的宇宙观、艺术中的透视等。中世纪是一个建立在行会和家庭基础上的古老的、团体的、非竞争性的、非连续性的社会。印刷术结束了口语的魔力，在古老的中世纪的大门上贴了一张末日的封条。印刷技术结束了封建时代口耳相传的、纷繁复杂的社会，并提升了文化的同一性、连续性和序列性。在非部落化时期，人生活在眼睛的世界里，这是一个冷静而中性的世界。生活在视觉世界里的西方人，看上去像一条冰冷的鱼，感受到的世界是冷漠的。语言变成文字就成了视觉世界的内容，就变成了静态的东西，因此失去了听觉世界的动态特征。写作是思想的逻辑化，它把非视觉功能和关系纳入视觉的领域。

古登堡发明的活字印刷术，是工业革命的原动力，它加快了信息的流动，强化了个人主义和专业分工，促进了视觉的、集中性的新型国家实体的产生，直至将欧洲连成一个国家的网络。印刷术既需要个人被分割肢解，又需要社会整齐划一，其直接结果就是民族国家的产生。借助印刷术的力量，拼音文字不仅塑造了生产和销售，而且塑造了人类一切领域的新生活。东方文化比较直观，是因为东方国家口头文化非常发达，而西方文化则是经验性的、理性的、视觉的，这是西方世界印刷技术发展的结果。印刷文化没能促进英国历史发生巨变，就是因为英国的口头文化非常强大和顽固；而在法国，印刷文化造就了法国式的革命，新兴的文人学士和法律人士共同完成了法国革命。麦克卢汉还认为中国人很勤劳，有非常出色的发明天才，在经验科学方面比西方人先行了一步。中国人不仅发现了许多农学和医学知识，还发明了造纸术、印刷术、火药、罗盘，但印刷术在中国却没有对思想解放产生影响。进入18—19世纪，西方社会设计出纺织机、蒸汽机和其他革命性机器，这个东方民族落后了，其原因是中国人对产业主义持冷漠的态度，而把自己的热情用在制造符咒等事情上。

（三）电子媒介使人整合，回归整体思维的前印刷时代，这是重新部落化的阶段

电子时代的人是感知整合的人，整体思维的人，整体把握世界的人，是"信息采集人"。电子技术使我们的感官膨胀，整个世界好像在一夜之间被罩上一

层硕大的宇宙薄膜,世界成了一台计算机,一个电子大脑。由于电子技术使人的整个中枢神经系统都得到了强化和外化,因此它给人类社会和心理的一切领域都带来了变化,使人深深地卷入自己的工作和人际关系,人们的生活彼此纠缠,感觉到极端拥挤。电子革命恢复了人的感官平衡,使人从视觉取向转向听觉取向。

麦克卢汉指出电子媒介对开放的社会有斩草除根的威胁,它敲响了西方拼音文化的丧钟,并给它的棺材锤上了铁钉,马可尼星座遮蔽了古登堡星汉的光辉,机械时代被赶出了历史舞台。电子技术让西方人重新进入部落化的、非理性化的状态。在电子时代,世界正在被消解,文学被冲淡得像白开水,书籍被挤压到靠边的位置,文艺复兴留下的大量财富在电子时代被倒进了垃圾堆。17世纪"硬件"与软件的平衡,很快让位于18世纪硬件的胜利。麦克卢汉还认为,电视正在使西方世界的政治制度发生革命性变化,并创造了全新风格的国家领导人。今天的政治领袖与其说是政治家,不如说是部落酋长,他们能够熟练地驾驭媒介,用电视镜头来管理国家。

麦克卢汉说,媒介的变化人们往往感觉不到,就像鱼对水的存在浑然不知一样。新技术使我们麻木,老环境往往变得清晰。一个环境在变化的初期,往往不被人注意,当新环境取代老环境时,人们才注意到老环境。因此,人类看世界的观念往往要比技术进步落后一步。无论人们是否注意到,媒介进步对人类进步实在意义重大。随着社会的发展,人对延伸的需求更加迫切,人体的每一次延伸都会形成感官的新的比率,新的感官比率会创造新世界,而新世界又会形成新的感官格局。

第二节 中国古代的新闻传播媒介

人是社会性动物,单个的人必须经历社会化过程才能转变为社会人。社会化是指个人学习知识、技能和规范,取得社会生活的资格,发展自己的社会性的过程。人在社会化过程中与媒介的关系非常紧密,可以说,媒介技术的发展直接决定了人的社会化程度。中国古代社会是一个以农业立国的社会,在漫长的历史发展中,中国人创造了辉煌的东方文明,也创造性地使用了很多新闻传播媒介,这些媒介成了中国文化的载体,推动了东方文明的发展。但是,在很长的时期内,新闻传播活动一直融合在一般的社会生产活动中,没有成为一项独立的社会活动。

一、人际传播

人际传播是一种面对面的传播,也是人类传播中最简单的传播形式。我国人民在漫长的历史发展过程中,曾经在人际传播中创造性地使用过许多传播手段。口语传播是最简单、最方便的传播形式,在没有较为先进的传播工具的古代社会,口语传播成了古代人传递新闻的最主要形式。直到传媒业非常发达的今天,这些口头传播渠道依然是传播新闻的重要通道。

(一)街谈巷议

街谈巷议指的是两个或两个以上的人随机相遇后互相传递新闻信息,就共同感兴趣的话题交流看法的一种传播方式。街谈巷议是一种非正式的聚谈,它的传播通道具有临时性和非正式性,传受双方也具有匿名性和变动性。街谈巷议的这些特点,决定了它传播的信息失真度大、可靠性差,因此人们常用"道听途说"、"流言蜚语"、"小道消息"等词汇来贬低它。但是,街谈巷议是最简单和最方便的一种新闻传播形式,因此直到今天它仍然是普通老百姓沟通信息、交流感情的重要形式。在古代的农业社会,由于传播工具异常落后,在市民社会和农村社区中,街谈巷议是新闻传播的主要渠道之一。早在先秦时期,社会崇尚言论自由,国民中谈风盛行,而且多以政治话题为主。为了堵住百姓的嘴、巩固国家政权,统治者在当时都采取了严格的管制措施。战国时魏国李悝在制定《法经》时规定"议国事者诛,籍没全家及其妻氏"。秦始皇对读书人"入则心非,出则巷议"十分恼火,于是推行"焚书坑儒"、"偶语者弃市"等政策,残酷堵塞传播通道。[1]

(二)清议

清议是中国古代读书人有组织地聚集起来对国家政治生活发表评论的活动。清议是一种正式的聚谈形式,主要以议论朝政为主。清议最早可以追溯到春秋战国时期。《周礼》中记载:"郑子产置乡校,以议执政之善否。"《左传·襄公十一年》更具体地记载了"子产不毁乡校"的故事:子产任郑国正卿(相当于宰相)时期,一些人聚集在乡校议论国家政策,批评掌权人物。于是有人建议子产发布禁令,堵住这些人的嘴,以消除对国家不利的舆论。而子产认为,对待言路就像筑堤防一样,不能硬堵,只能留个小道让水流出来。到了汉朝,这种文人议政的制度就被称为清议。那时,清议基本上操控在清流(读书人)手里,具有很大的约束力,某些达官贵人常常为之心惊肉跳,不得不在行为上有所收敛。东汉

---

[1] 转引自程世寿:《公共舆论学》,武汉:华中科技大学出版社2003年版,第42页。

时的太学诸生和一些很受推崇的士大夫共同组成了一个评论集团,议论朝政,毁誉朝臣。《后汉书·党锢列传》谓郭林宗、贾伟节为太学诸生之冠,"并与李膺、陈蕃、王畅更相褒重",这五个人实际上就是清议人物的代表。但自汉朝后,封建势力对文人论国事采取了打压的态度,因此清议的氛围逐渐冷淡了下来。

(三) 歌谣

歌谣是指古代劳动人民用具有一定节奏和韵律的口头语言描绘劳动情景、传播劳动信息和互相传递感情的一种口语传播形式。它主要有两种形式。一是歌:诗配乐,则为歌;一是谣:谚不配乐,则为谣。如《吴越春秋》里有一首《弹歌》向人们传递了古代社会的劳动情景:"断竹,续竹;飞土,逐宍('宍'是古代'肉'字)。"短短8个字,描写了人们砍竹子、接上竹子、制成打猎工具,然后装上子弹、追捕野兽的全部过程。古代歌谣中许多都表达了对统治阶级的不满,是向统治阶级传达民情的重要通道。那些开明的统治者能够从歌谣中体察民情,发现时弊。

(四) 丝绸之路

中国与西方的文化交流,最早也是通过人际传播实现的。丝绸之路是连接东方与西方的金丝带。"最早使用'丝绸之路'这个名称的是德国地理学家李希霍芬(Ferdinand von Richthofen,1833—1905)。1877年,李希霍芬在《中国》一书中,把'从公元前114年到公元127年间,中国与河中地区以及中国与印度之间,以丝绸贸易为媒介的这条西域交通路线',称为'Seidenstrassen',亦即英文的'Silk Road',汉文译名就是'丝绸之路'。"[①] 在丝绸之路上,牵着骆驼的商队不仅给西方驮去了中国的商品,还驮去了中国文化。正是丝绸之路架起了东西方文化交流和信息传播的最早桥梁,丝绸之路因此成为中华文化开拓海外传播渠道的物质象征,是中华文化走向世界的传播之路。

二、信号媒介

人类的新闻传播活动是伴随着劳动而产生的。最初,人们只能利用简单发声和身体动作来传播彼此能够理解的符号和信号,此时,遗传的和本能的反应起着重要作用,后天学会的传播行为极少。后来随着人脑的进化,人类的抽象能力不断增强,并且在新闻传播活动中,赋予了一定的现象以独特的意义,这就是信号媒介。信号作为媒介传递新闻,最大的好处是迅速,但传递复杂的信息比较困难,一般只用来传递简单的信息。随着人类的不断进化,以符号和信号为基础的

[①] 武彬:《中华文化海外传播史》(第一卷),西安:陕西人民出版社1998年版,第261页。

传播系统日益精细化、常规化,并且传播的效果越来越好。

(一) 烽燧

烽燧是中国古代社会最重要的传播手段,它主要运用在军事领域,是通报军情的主要方式。一般来说,烽燧常同边关、征战、大漠、沙场等形象联系在一起。烽燧报警至少起源于西周。我们知道"烽火戏诸侯"的故事。司马迁在《史记》中有这样的记载:"褒姒不好笑,幽王欲其笑万方,故不笑。幽王为烽燧大鼓,有寇至则举烽火,诸侯悉至,至而无寇,褒姒乃大笑。幽王悦之,为数举烽火。其后不信,诸侯益亦不至。"①

最初,"烽"和"燧"各有所指,是两个独立平行的名称,后来二者逐渐固定成一个专用词语,用来指一般所说的烽火。烽指火,燧指烟;白天燃烟,夜晚点火。因此,烽燧又称烽烟、烽火。由于狼粪燃起的烟又高又直,且在边关地区遍地皆是,因此边关将士常以狼粪代薪,故烽燧又有另一个常见的别称——狼烟。②

(二) 敲锣报警

敲锣报警也是古代社会传递信息的一种方式。遇到紧急情况,紧锣密鼓,声震四乡,聚集群众。在中国古代乡村,敲锣打鼓是一种重要的报警工具。当村庄遭到来犯者侵扰时,鼓手往往通过这种方式来通知族人和村里人,联合起来对抗敌人。

(三) 喇叭喊话

在中国古代社会,大约在新石器时代就开始出现比较成熟的人际传播。在对青海地区民和县阳山新石器时代后期遗存物的考古发掘中,曾出土过一只长约二尺、形状与现代喊话筒相似的陶制喇叭筒。由此可见,新石器时代的人们已经不满足于新闻信息只在个别人之间传递,传播活动因而有了一定的大众传播的性质。③

三、文字媒介

文字是一种抽象的符号,是人类文明发展的产物。文字出现后,人类有了记录自己思想的最重要的手段,于是文明与智慧开始出现巨大的发展。在中国古代社会,封建统治者充分利用了文字的重要作用,及时传播了重要的新闻。

(一) 诏诰新闻

诏、诰是封建统治者的官方文书,在遇到重大新闻事件时,诏、诰等文书也承

---

① 司马迁:《史记》,郑州:中州古籍出版社1994年版,第22—23页。
② 李彬:《唐代文明与新闻传播》,北京:新华出版社1999年版,第133—134页。
③ 黄瑚:《中国新闻事业发展史》,上海:复旦大学出版社2001年版,第1页。

担了传播新闻的重要作用。公元前221年,秦始皇统一六国,对于这一特大新闻,秦始皇以诏书形式向全国发布:"廿六年,皇帝尽并兼天下诸侯,黔首大安,立号为'皇帝'。乃诏丞相状、绾,法度量,则不一歉疑者,皆明一之。"

(二) 书信新闻

在古代传播手段不太发达的时候,书信成了人们相互之间传递新闻的重要手段。"烽火连三月,家书抵万金",形象地描绘了这一情景。书信新闻包括军报、官书和民间书信。书信传播主要通过邮路来实现,中国古代驿站较发达,因此书信新闻传递得也很快。

(三) 邸报

邸报是中国最早的报纸,因为它是由"邸吏"负责传发,所以称"邸报"。邸报大约起始于唐代,是封建王朝的政府机关报。邸报的主要内容是:(1) 皇帝的诏书、命令和起居言行;(2) 封建王朝的法令、公报;(3) 皇室的动态;(4) 关于封建政府官员的升黜、任免、赏罚、褒奖、贬斥等方面的消息;(5) 各级臣僚的章奏疏表和皇帝的批语。① 邸报的内容完全符合封建统治阶级的利益,没有一般的新闻和言论。邸报只在统治机构内部发行,读者以分封各地的皇族和各级政府官吏为主,封建士大夫、知识分子和地方上的豪绅巨贾往往也可以设法看到它的抄件,一般庶民百姓看不到邸报。

(四) 小报

小报最早出现于北宋末年,盛行于南宋。发行小报的是一部分驻在京城负责传送邸报的各地进奏官、中央政府中的个别下级官员和一部分坊间书肆的主人。他们在省寺监司等中央政府机关和宫廷内安置了一些人,专门为他们探听消息,提供材料,然后委托坊间的书肆镂板印行,当时人称这种小报为"新闻"。小报的内容以邸报还没有发表和不准备发表的"朝廷之差除,台谏百官之章奏"为主,旨在为关心政局的官僚士大夫提供一些参考。它所刊载的材料或邸报所无,或发表在邸报之前,很能吸引一些人的注意。小报所刊载的消息,不完全可靠。在统治集团内部发生派系斗争的时候,它往往也被利用作为党同伐异的工具。宋朝统治者严禁小报出版,他们给小报加上了"撰造浮言"、"乱有传播"、"肆毁时政"、"动摇众情"等罪名,宣布它是非法的报纸,并且用各种方法对出版小报的人进行惩罚,但小报一直没有被禁止。元、明、清等朝也出现过类似小报的出版物,当时称为"小本"、"小钞"或"报条",同样遭到了当时朝廷的查禁。

---

① 方汉奇编著:《中国近代报刊史》,太原:山西教育出版社1981年版,第1—2页。

四、其他媒介

除了上面提到的新闻传播媒介以外,中国古代劳动群众还创造性地使用过许多传播工具。

(一)露布

露指显露,布指的是宣布、传布、布告。露布是文书不加检封、公开发布的意思,它是一种在帛制的旗帜上书写文字、通报四方的传播媒体。约在秦汉时代,露布这一公开的新闻信息传播手段开始问世。① 东汉末年,露布成为发动战争前讨敌檄文的别称和战争胜利后宣扬战绩的捷报。到了南北朝,露布开始专指公开发布的捷报,成为重要的军事新闻传播手段。露布时效迅速,影响立竿见影,既能安定我方,又能瓦解敌方,具有巨大的宣传鼓动作用,因而作为一种新闻信息的传播形式被沿用了一千多年。

(二)悬书、揭帖

悬书出现在战国时代的郑国。乡人把情况和意见、要求写在缣帛上悬挂出来,内容既有消息又有议论,多是对当局者的批评和指责。悬书后来发展成揭帖,用毛笔写在纸上,贴在墙上,供路人观看,多为匿名。明末的农民起义军开始广泛地利用揭帖进行宣传。这些揭帖有誊写的,也有印刷的,类似传单。李自成、张献忠的部队每到一地都立即用揭帖宣传他们的政策,并在揭帖上公布当地豪绅地主的姓名,号召受压迫的农民对他们提出控诉。明末松江地区农民在和当地官僚地主董其昌做斗争的过程中,就曾使用过揭帖。据《明武宗外纪》记载,当时"各处飞章投揭,布满街衢……至于刊刻'售宦董其昌,枭孽董祖常'等揭纸,沿街塞路"。其中所说的"揭纸"指的就是揭帖。

(三)旗报、牌报

旗报和牌报是明末农民起义队伍中使用得最为普遍的新闻传播工具,是露布的转化形式。"旗报以布旗为之,牌报以质轻和便于携带的方形木牌为之,上面除了一般的鼓动口号外,还写有起义军的政策、法令和最近战报。"② 明朝驻陕西三边总督杨鹤在写给皇帝的报告中说,"贼复欲反,遣人手执红旗二面,大书飞报军情",指的就是旗报。李自成起义军曾使用过大量的牌报,其中有一块牌报曾这样写道:"今报:长安二府由绥德、汉中高赵从西河驿过河,统领夷汉番回马步兵丁三十万。权将军刘(刘宗敏)统兵十万过河,从平阳北上。"

---

① 黄瑚:《中国新闻事业发展史》,上海:复旦大学出版社2001年版,第2页。
② 方汉奇编著:《中国近代报刊史》,太原:山西教育出版社1981年版,第5页。

五、新闻传播机构

任何形式的新闻传播,都需要人的参与;任何新闻传播活动要想作出规模,必须要有一个机构将一群人组织起来。在中国古代社会,统治阶级为了传递有利于他们的信息,先后建立了一些新闻传播机构。这些机构虽然没有现代传媒那么发达、那么完善,但是在当时的历史条件下,却是中国传播事业的开拓者、继承者和推动者,中国古代传播事业因此才达到了一个光辉的顶点。

(一) 驿传

驿传是中国古代人员、物资和信息的交换与流通网络,既是一种政治制度,也是一个交通网络和传播机构。作为政治制度,驿传主要指的是古代统治者为了对国家进行有效的管理而建立起来的一套官文传输的制度;作为交通网络,驿传可以将庞大的帝国联结成大一统的整体;作为传播机构,驿传主要指的是围绕官文传输而建立起来的传播网络。驿传主要由驿路与馆舍组成。驿路是以管道为主的交通网线。馆舍是驿路上供往来人员歇宿休憩的中继站。在两汉时期,驿传可以使中央的政令迅速及时地传达到各地基层。《汉书·赵充国传》记载,赵充国从金城向汉献帝奏请军事计划,到得到汉献帝的批复,往返不过7天,驿传的速度达到了每天400公里以上。① 驿传制度曾经是两汉中央政府良好的行政效能和坚强的统治力量的交通保障。到了东汉末年,随着交通系统的衰落,政府的行政效能也相应受到影响。"唐代的交通,是一个包括道路、桥梁、车船、旅店、驿传等多项因子的大系统,其中,最富有传播意味的还是驿传一项,即一个由驿路、驿站、驿卒、驿马、羽檄、符节等名目构成的子系统。整个唐代的官方传播网络,就是由这一系统支撑起来的。"② 唐朝驿传制度的完善和驿传网络的发达,为唐王朝的盛世辉煌作出了非常大的贡献。

(二) 进奏院

唐朝中叶以后形成了藩镇割据的局面,藩镇为了呈送和承转文书的方便,也为了能够收集到京城政务信息,纷纷在京城设立了"邸"。"邸"类似于今天的"驻京办事处",邸的领导人为"邸务留后使",由藩镇手下的心腹担任,全部由地方节度使委派。唐代宗大历十二年(公元777年),"邸"统一改为进奏院,"邸务留后使"随之改称"知进奏院官",简称"进奏官"。进奏院的任务除了传递官文以外,就是为他们的主子提供京师消息,收集军政情报,探听官员任免等信息。

---

① 黄留珠:《周秦汉唐文明》,西安:陕西人民出版社1999年版,第358页。
② 李彬:《唐代文明与新闻传播》,北京:新华出版社1999年版,第36页。

进奏官给节度使汇报的材料被称为进奏院状或进奏官报。宋朝各州镇依然在京师设立进奏院,进奏官同样由地方行政长官委派。公元981年,宋太宗接受大臣建议对进奏院进行整顿,次年10月设立都进奏院统一管理各州进奏院,都进奏院由门下省给事中负责领导。公元983年,各进奏院合并为都进奏院,进奏院改组为中央政府的一个官署,归门下后省管辖。因为此时全国只有一个进奏院,"都"字失去了意义,所以人们径称进奏院。至此,进奏院由地方官控制的"情报机关",正式被收编为官报发布的重要机构。进奏院虽然不是一个严格意义上的新闻机构,但是它担负着官方信息传播的主要任务,加强了中央和地方的联系,一定程度上促进了中国古代新闻传播事业的发展。

第三节 新闻媒介的类型和特点

人类对传播质量的不懈追求,推动着传媒领域演变成兴旺的家族,如今多媒介的立体轰炸,使整个世界深深地浸泡在信息的汪洋中。当世界因为信息的畅通而快速发展时,媒介内部却因技术环境的变迁,不断地调整着生态结构。媒介是信息传播的载体,是传者和受众联系的桥梁。从信息传播的角度看,只要能够帮助传者和受众实现信息交流的中介物都可以被看作是媒介,因此麦克卢汉干脆把媒介当作是人类的一切文化,而施拉姆则把鼓声、烽火,以至宣讲人和集市都归入"媒介","因为它们都扩大了人类进行交流的能力"[①]。人们通常把大规模复制和传递信息的媒介称为大众媒介,因此,大众媒介可以包括书籍、报纸、杂志、广播、电影、电视等载体;如果从新闻传播的角度来考察,大众媒介通常指的是报纸、杂志、广播和电视。

一、报纸

报纸是传媒家族中年龄比较大的一种媒介,早期报纸和期刊并无太大的区别,如我国清末的《京报》号称报,其实是十数页或数十页装订成册发行,严格说来应该归为期刊。欧洲出现的新闻书也是沿用古代书籍印刷的办法,铅字印刷,装订成册,大量发行。经历过漫长的历史发展过程,今天的报纸指的是以刊载新闻和时事评论为主要内容、有固定的刊期和刊名、定期连续向公众发行的散页印刷物。我国近、现代意义上的报纸,主要是从西方传入的。西方报纸的发展主要

---

① 〔美〕威尔伯·施拉姆、威廉·波特:《传播学概论》,陈亮等译,北京:新华出版社1984年版,第121页。

经历过以下几个形态,这几个形态并无严格的时间界限,往往是交叉发展的。

(一) 手抄报纸的起源

手抄报纸是最原始的报纸,它经历的发展时间比较漫长,最早的源头可以追溯到古罗马帝国时期。公元前 59 年,恺撒就任罗马执政官后不久,就发布命令要求每日公布元老院的工作报告。为此,罗马政府就在议事厅外立了一块木板,每天由最早的新闻撰稿人 actuariri(拉丁文,原意是"文件登记者"、"速记者")将元老院的重要议事内容记录在上面,然后再由书记员抄写多份,传送到罗马各省加以张贴。这种布告被人们称为《罗马公报》(*Acta Diurna*,或称《每日纪闻》),主要记载元老院投票情况和公共事件。《罗马公报》一直出版到西罗马灭亡(公元476年),因此苏联罗马史专家科瓦略夫认为,《罗马公报》是历史上第一份官方报纸。手抄新闻的第二个繁荣期出现在资本主义发展初期的意大利。公元 14—16 世纪,是欧洲的文艺复兴时代,由于新航线的开通和地理大发现,欧洲的工商业开始繁荣起来。意大利由于处在与近东贸易有利的地理位置上,成为欧洲商品经济最早萌芽和最发达的地区。威尼斯处于意大利的东北部,濒临爱琴海,地理位置特别优越,这使它成了西欧最大的商业都会和海上强国,成为各国政客、商人瞩目的中心。16 世纪初,由于社会的需要,首先在威尼斯,继而在罗马逐渐出现了一种专门"搜集消息的机构",其工作人员被称为"采访者"和"报道者"。这些人自己去搜集新闻、自己抄写、自己发行。这些手抄报纸后来被人们称为《威尼斯公报》,它的主要发行对象是商人,内容以商业信息为主,如商业行情、道路交通、船舶航期、货物运价,后来才在"纯商业的新闻里逐渐增添了政治信息"[①]。

手抄报纸是适应市场需要而出现的公开出售的商品,其发行方式有这样几种:(1) 在公共场所朗读,并向听众收取一个铜币;(2) 贴于公共场所,阅读者同样需要交一个铜币;(3) 将手抄新闻贴在房子里,想进"新闻房"的人需付一个铜币;(4) 抄写多份沿街兜售,每份售价腓币一枚;(5) 接受用户的订货,这种新闻收费较高;(6) 定期寄给订阅者。在意大利语中小额铜币被称为"Gazzette",因为人们经常花一个铜币去购买手抄新闻,所以人们逐渐习惯于将自己所购买的商品本身(手抄报纸)也称为"Gazzette"。另外,"Gazzette"中还嵌入了一个文字游戏:在意大利语中"gazza"是"喜鹊"的意思,而在法语中"gazza"有"喧噪"的意思,再加上意大利后来出现的印刷版的新闻纸也售价一个铜币,因此"Gazzette"后来成了英、法等国对大众化"小报"的统称。

---

① 张隆栋、傅显明:《外国新闻事业史简编》,北京:中国人民大学出版社 1988 年版,第 5 页。

（二）新闻书的出现

新闻书是将采集到的、具有一定数量的新闻，按照书籍装订的形式装订成册，然后再到市场上公开出售的新闻商品。早期的新闻书也有手抄的，英国在13世纪就出现了手抄新闻书，13世纪末英国的新闻书制作者劳伦斯·米诺特（Laurence Minot）为了保证新闻书信息的准确无误，总是要求自己雇用的抄写员相互校对。后来人们印刷新闻书，最初用的是古代印刷技术，活字印刷术的推广更使新闻书出现了繁荣。印刷新闻书发行周期比手抄新闻长，没有固定订户，基本上是不定期的，但是已经有刊名，多是出版商出版的，作为书籍出版的附带业务。据现有资料记载，最早的印刷新闻书出现在法兰克福。法兰克福地处欧洲中心，是商品经济发展较早的地区。1588年，奥地利人艾青氏（Michel Von Aitzing）印刷出版了新闻书，每年两册，每册系统刊登过去6个月内欧洲、近东各国的重大事件。1620年，荷兰人在阿姆斯特丹开始印刷新闻书，报道德国和欧洲大陆其他国家的政治、军事、商业等新闻。在英国出版的《西班牙新闻》（1611年）、《德国新闻》（1625年）、《英国新闻》（1625年）也都是新闻书。

（三）周刊（周报）、日报的勃兴

新闻书虽然内容丰富，但刊期很长，远远满足不了日益变化的社会生活的需要，于是一种刊期更短的周刊登上了历史舞台。从15世纪末开始，"印刷术的扩散撕裂了西欧的社会生活结构，并用新的方式将它重新组合，从而形成了近现代模式的雏形"[①]。印刷术的扩散使欧洲出现了很多单页出版的传单和多页印刷的小册子，这些摆在商店里销售的东西，是介于宣传册和报纸之间的出版物。1609年，德国出现了单张印刷的新闻纸。目前已知最早并保存至今的一种有名称的出版的报纸，是1609年在德意志地区出版的《通告报》（Aviso），但现存的报纸没有标明出版城市和出版人。同一年，德国的斯特拉斯堡出版了《报道报》（Relation），奥格斯堡出版了《新闻报》（Avisa Relation oder Zeitung）。不久，《法兰克福新闻》（1615年）、《马德堡新闻》（1626年）等周刊先后问世。这些周刊基本上还没有脱离书本的模样，以刊登政治、经济、军事等动态为主，兼有言论。但是这些周刊能够定期出版，由邮局发行，所以吸引了很多固定订户。其中，《法兰克福新闻》被视为德国也是世界上最早的"真正的报纸"。在1610年至1661年间，在今天的瑞士、英格兰、西班牙、奥地利、比利时、荷兰、瑞典、意大利、波兰等国境内，都先后出现了有名称的报纸。1663年，德国莱比锡出版了《莱比

---

① 〔美〕迈克尔·埃默里、埃德温·埃默里：《美国新闻史》，展江主译，北京：新华出版社2001年版，第4页。

锡新闻》,最初为周刊,很快改为日刊,因此该报被称为世界上最早的日报。1665年11月16日,英国的《牛津公报》问世,这是世界上第一张单页两面印刷的报纸,它一反书本模样,加快了印刷速度,争取了发行时间。1702年,英国出版了《英国每日新闻》,该报用四开纸,两面印刷,每日出版,完全具有现代报纸的形式,被称为现代报纸的始祖。自此以后,报纸就进入了近代化的发展阶段。

经过近现代的发展过程,报纸已经成为人类新闻传播的重要载体,今天的报纸传播的新闻和其他信息,深深地影响着我们的生活。早期报纸主要以文字为传播手段,当代报纸越来越走向图文混排的方式,加强了视觉观赏性和亲和力。从材质和使用的符号来看,报纸具有这样一些特点:

1. 报纸具有稳定的物质形式,读者可以反复阅读。报纸是用文字将新闻信息记录在纸张上。文字是稳定的物理符号,纸张是能够被人感知的物质性存在。用文字记录信息不仅失真度小,而且不易丢失。口头传播过耳不留,信息的重新提取需要准确的回忆作后盾。报纸却不一样,它能够方便地被再阅读,甚至可以被收藏起来成为资料。因为报纸能够被反复阅读,能让读者积极地投入思考,细细品味其中的内涵,所以麦克卢汉说,报纸就像口香糖一样,具有反复品味的魅力,阅读报纸就像爬进浴缸里泡了个热水澡。

2. 报纸能够灵活地搜集素材,读者可以进行选择性阅读。文字是对现实世界的表述,而不是对现实世界的再现,因此报纸在选择素材时,空间得到了无限的扩大。这比声像媒体显然优越得多:广播、电视没有客观真实的声像资料,节目制作就会受到很大的制约;报纸根据表达的需要,可以开放性地选择各种背景、历史和观点等材料,可以"上下五千年,纵横几万里"。同时,报纸的版面也是稳定的。它不像广播、电视那样稍纵即逝,读者不必像看电视那样,为了看到感兴趣的内容,必须要忍耐大量的广告,必须顺着别人导演的路径去寻找合适的内容。读报的时候,读者自由得多,可以随便翻翻,也可以安静地慢慢咀嚼,还可以跳来跳去,反复品味。没有时间时,报纸信息可以寄存;等空下来后,还可以自由安排时间去读。总之,该看什么、什么时间去看,一切自由都掌握在读者自己手中。

3. 报纸具有教育壁垒,受众素质相对较高。最早的文字是被贵族垄断的,后来的经济发展打破了教育垄断,平民有了阅读的权利。然而,就文字的本性来说,它的最大优势,就是能向观念倾斜,最终浓缩的结果是思想。文字的抽象表述功能和强大的概括能力,显示了科学理性的包容力量,能够促进人类走向心灵的深处。在报纸大众化时代,报纸内容走向了通俗化,然而无论它的表达多么形象,描写与叙述的细节多么生动,思想力量总是它最大的优势。就读报群体来说,这一受众群无疑在传统媒体中素质最高。有多种调查显示,越是学历高的人,接触报纸的时间越长,这似乎证明了报纸受众的相对精英化。

4. 报纸适于进行深度报道,适合进行理论宣传。报纸是用文字作传播符号的,而文字有向理性观念倾斜的倾向。报纸的符号特征决定了它可以超越时空,进行逻辑推理,从容地讲道理,所以更适合于做深度报道和理论宣传。正是因为这一独特的优势,各国政府都会选择一些合适的报纸,作为政府发布各种文告、法律文本和重要文件的窗口。电视在政治领域能够产生瞬间的爆发力,但电视煽起的激情,往往还要报纸上的文字来引导。在很多时候,电视上的内容经常要得到报纸新闻的印证。在我国,全国性的大报因为具有权威性、宏观性、全面性,所以在帮助政府行政上有着明显优势。尤其在政策宣传、形势分析方面,全国性的大报具有无可替代的地位。

5. 报纸携带方便,能够指导公众生活。在新媒体环境下,为了对抗来自电子媒体的挑战,很多报纸都将服务性作为手中重要的法宝。电视也关注生活,而电视图像稍纵即逝,人们在还没有把握住要害时,电视信号已经过去了。报纸正好填上了这个缺口,它将生活性的内容细分,当人们在生活中遇到困难时,报纸会手把手地教大家去解决问题。如现在很多都市报,已经成了市民离不开的伴侣。煤气坏了,报纸上有检修的电话;假日旅游,报纸上有天气指南、热点线路;来了贵宾,甚至可以将报纸带进厨房,按照上面的步骤来烹制佳肴。因此,服务性是报纸生存的新的生长点,也是其与新媒体抗衡的重要手段。

当然报纸也有自身无法克服的弱点。首先报纸的生产是一个复杂的流水线过程,需要经历采、写、编、印、发等过程,所以在新闻的时效性上大打折扣。报纸和电视相比,缺少了直观性,即使加大图片的用稿量,依然解决不了根本问题。与网络相比,报纸负载信息也显得"力不从心",用它储存的信息不但笨重,而且容量小,成本高,复制困难。另外,每天出版大量的报纸,需要大量的纸张,这既消耗了宝贵的资源,污染了环境,也增加了报纸的成本。种种不利因素是报纸在发展过程中所面临的挑战。

二、期刊

从严格意义上来说,早期的报纸很多就是以"期刊"的形式出现的,当近代意义上的报纸出现后,报纸才从期刊的阵营中分离出来。期刊的英文是"periodical",是"定期出版物"的意思。期刊的另一种称呼叫"杂志",杂志在英语中被称为"magazine"。Magazine 来自阿拉伯语 makhazin,本义是"仓库"的意思,所以直到今天,一般的英文词典中对"magazine"的释义,首先依然是"store for arms, ammunition, explosives, etc."之类,也就是"武器、弹药等军火库"。"Magazine"之所以从"军火库"演变成"杂志",主要是因为它们的含义有所接近:军火库中有各种各样的武器、弹药;而杂志中有各式各样的栏目、文章。16世纪,欧洲人开始把magazine一词从军火库引申为"知识库",直到18世纪,人们才开始用magazine来称呼杂志。

现代意义上的期刊指的是有固定名称,用卷、期或者年、季、月顺序编号,按照一定周期出版的成册连续的出版物。从数量上看,期刊的数量远远超过报纸,而且涉及非常广泛的领域,如学术期刊、科技期刊、工作期刊、新闻期刊、时尚期刊等。这里我们主要从大众媒介的角度,以新闻类和时尚类期刊为主,分析期刊的特点。从目前的市场化运作来看,期刊主要具有这样一些特点:(1) 适合进行深度报道。期刊的出版周期比报纸长,及时报道新闻不是它的优势。但是,期刊有充裕的出版时间,能够对出版周期内发生的新闻事件进行系统梳理、深度剖析,从而提升报道的广度和深度。翻翻现在的期刊,大多非常注重深度报道,每期策划几个专题,每个专题组织几篇文章,把一个问题谈深谈透,让读者读起来过瘾。(2) 可以提供专业服务。因为期刊传播周期长,印刷要求高,所以很多期刊难以像报纸那样,靠广告来弥补发行的亏损。期刊的售价决定了它的发行量没有报纸大,这使很多期刊走上了专业化服务的道路。随着经济环境的变化,很多时尚类期刊通过专业的内容,打造自身的特色,赢得了稳定的读者群。如钓鱼的人看钓鱼杂志,爬山的人看爬山杂志,爱打扮的人看服装杂志,爱足球的人看足球杂志。专业性的期刊紧紧抓住了特定的群体,正在获得人们更多的青睐。(3) 版面设计更加精致。传统期刊和书籍差不多,版式结构比较单一,版面形式变化不大。然而,现代新闻和时尚类期刊,为了抵制电子文化的侵蚀,纷纷利用图片、彩版来丰富版面,印刷质量越来越高。(4) 定价相对较高。由于期刊的刊期比较长,印刷要求比较高,所以价格一般较高。一般的期刊要卖10元左右,贵的能卖到20元上下,最便宜的也要3—5元,这与几角钱的报纸相比,显然偏贵。独特的价位,使期刊不可能像报纸那样,面对最广泛的大众。期刊的定位大多以中产阶级为主,以成功的白领为主,因为只有这样的受众才能轻松地支付相对较高的价格。

在美国期刊市场非常繁荣,《新闻周刊》、《时代》、《生活》、《花花公子》等杂志不仅在美国有市场,而且还畅销世界各地。近年外资进入中国传媒市场,其中期刊就是其投资的热点之一。现在市场上出售的一些豪华期刊,只要留心了解一下,我们会发现其中很多都有外资的影子。外资对中国期刊市场充满信心,从另一方面证明了这个市场的潜力。

三、广播

广播是通过无线电波或导线传输声音的大众媒介。广播的载体主要是无线电波,无线电的发明是继语言的产生、文字的发明、印刷术的发明之后人类传播史上的第四次革命。从无线电的发明到广播的出现,经历了一个复杂的演变过程,很多科学家为此作出了巨大的贡献。1819年,丹麦基尔大学的汉斯·克里斯蒂·奥斯特发现了电和磁的关系。1831年,英国的法拉第发现了电磁感应现象并提出电磁感应定律。1864年,英国理论物理学家詹姆斯·克拉克·麦克斯韦发现电磁学基本原理,并从理论上确立了电磁学。鉴于麦克斯韦的贡献,后人将他誉为"无线电之父"。从1884年起,德国科学家海因里希·赫兹(Heinrich Hertz)按照麦克斯韦的理论从事实验,最终发现了产生、发射和接收无线电波的方法,并找到了测量光波和电磁波的方法。当赫兹发现电磁波的消息传到俄国后,俄国水雷军官学校教员亚历山大·斯捷潘诺维奇·波波夫于1894年研制成了一台无线电发报机。但是波波夫的发明当时没有得到俄国政府的重视,因此并没有得到推广和运用。

西方国家普遍认为无线电的发明人是意大利科学家古格列莫·马可尼(Guglielmo Marconi)。1894—1895年间,马可尼在父亲的庄园对无线电通信进行了多次试验,并不断获得成功。1897年,马可尼在伦敦成立了无线电报通信公司(1900年改为马可尼无线电公司),从事无线电器材的研究、制造。1899年11月22日,美国马可尼无线电公司在新泽西成立。1901年12月,马可尼完成了第一次跨越大西洋的远距离无线电通信。1909年,马可尼获得诺贝尔物理学奖。

广播的出现还受到电话的启发。1876年,亚历山大·格雷厄姆·贝尔向外界展示了他研制的电话。1906年,加拿大人雷金纳德·奥布里·费森登在美国马萨诸塞州建立无线电广播实验室,并在圣诞节前夕通过无线电波首次进行了声音传播。费森登制造的传声设备主要出售给商业性公司和海军,但是他们之间的合作并不愉快,没几年费森登的公司因为财政困难垮掉了,费森登的专利后来被西屋电气公司购得。在第一次世界大战前夕,各种密码、语言、音乐在美国上空交织,它们相互干扰、混成一片。为了理顺空中秩序,1912年美国制定法律,要求发射通信信号必须获得政府颁发的执照。当时参与空中大战的人主要有三类:陆军、海军的研究和训练机构,成千上万的无线电爱好者、个体发明人、大学、政府机构、公司的研究机构。在这场空中大战中,比较有名的是美国电报电话公司、美国马可尼公司、通用电气公司和西屋电气公司,它们以雄厚的实力很快成为这个领域的主导者。

　　1920年11月2日,美国西屋电气公司专家弗兰克·康拉德主持建立的广播电台在匹兹堡正式播音,呼号KDKA。这是美国第一个领有营业执照的商业广播电台,也是被公认的世界上第一个正式的广播电台。它主要播出新闻节目,曾多次播送美国总统候选人哈定和柯克斯竞选的情况,并首先创办了定时广播节目。法国和苏联紧跟美国之后,分别于1921年和1922年建立了自己的第一座广播电台。随着电台的日益增多,为了协调国际电波使用秩序,1925年国际广播联盟在日内瓦成立。1927年10月,国际广播联盟在华盛顿召开世界广播大会,决定把全世界的广播地域分成15个波长带,制定了频率分配表,使各国电台广播不至于相互干扰。广播出现后迅速在世界各国普遍发展起来,不仅广播电台的数量快速增加,节目类型也日渐多样,内容不断丰富。

　　20世纪20年代,无线电广播传入中国。1923年1月,美国人奥斯邦在上海开办了"大陆报——中国无线电公司广播电台"。1926年10月1日,中国人自办的第一座广播电台——哈尔滨无线电广播电台诞生。1927年3月,上海出现了我国第一个私人经营的广播电台,即上海新新公司广播电台。同年5月,我国第一座公营广播电台——交通部天津广播无线电电台正式播音。1928年,国民党政府在南京成立的中央广播电台建成播音。1940年12月30日,中国共产党领导的第一座广播电台——延安新华广播电台开始播音,呼号XNCR。当时新华广播电台编辑部门隶属新华社,技术部门隶属军委三局。1949年6月5日,中共中央成立中央广播事业管理处,领导和管理全国广播事业。从此,广播电台与新华社分开,成为独立的新闻机构。新中国成立后,广播事业管理处改为中央广播事业局,由新闻总署领导。1949年2月5日,北京新华广播电台改名为中央人民广播电台。1950年4月,我国正式建立对外广播,呼号"北京广播电台",陆续开办了对亚洲邻国的日语、越南语、缅甸语、泰语、印尼语及朝鲜语的广播。1978年5月,北京广播电台正式改为中国国际广播电台。

　　人类早期的人际传播具有生动性和形象性,但是受到了时空的限制。文字的出现,将人类的生活和思想物质化,实现了对时空限制的突破,然而,却将信息中的生动性丢失了。电子媒介出现后,声、像符号的再现,使远距离传播中丢失的生动性和形象性得以回归。单从广播来说,它在信息传播中具有这样一些特点:(1)传播迅速,时效性强。广播和电视一样,是通过电磁波来传递信息的,但在时效性上,广播往往比电视要快。电视需要重装备,需要高投入,这往往会拖延播报的时间;而广播则自由得多,一旦深入事件现场,马上就能做现场直播,因为它不需要太严格的技术条件。在历史上,广播曾经因时效性强,为自己树立了很好的公众形象。如1920年,在美国最先报道总统选举结果的媒体,不是报纸,而是匹兹堡广播电台,这是无线电广播以时间快、空间广的优势,第一次向报纸发起挑战。(2)对象广泛,渗透性强。广播传递信息的载体主要是声音。文字具有文化壁垒,没有接受学校教育的人,就难以读书看报,而只要一个人是健康的,耳朵好使,智力正常,就能够收听广播。无论你在什么地方,无论是什么时间,无论你是什么人,甚至无论你在做什么事,都不会阻碍你听广播节目。广播也不会受到地域的限制,可以突破高山大川、海关哨所,直接在空中传递节目信号。(3)声情并茂,感染力强。声音是人类最古老、最生动、最形象的传播手段之一。声音不仅能够传递客观信息,还能表达人的情感,在人与人之间连接情感的纽带。广播的声音语言更多的是专业化的声音语言,播音员、演员能够熟练地驾驭语言,调动听众的情绪,将喜、怒、哀、乐等情感,传递给听众,引起传、受双方的共鸣。美国总统富兰克林·罗斯福在经济大萧条时期,通过广播发表"炉边谈话",曾经唤起了美国人对"新政"的支持和对新生活的信心。20世纪60年代初,法国总统戴高乐利用广播粉碎了当时驻扎在阿尔及利亚的一些法国殖民军军官组织的兵变阴谋。这些政治人物正是利用广播感染力强的特点,完成了自己的政治任务。

广播在具有以上优点的同时,也有无法克服的缺陷。广播稍纵即逝,过耳不留,只能顺序收听,不能选择。广播在思想深度上不如报纸,在直观性上又赶不上电视,新技术的发展使广播处在报纸和电视的夹缝中。在我国,自20世纪90年代以来,随着电视的崛起,广播受到了不小的冲击,难以再现80年代的辉煌。面对不利的技术环境,各地电台从业者发挥自己的创造力,终于在竞争中找到了核心业务的落脚点:抓住特定群体,利用声音亲切性的特点,为他们提供周到的服务。这些特定的群体主要有这样几类:(1)青年学生。青年学生,尤其是大学生正处在学习的关键期,他们很多人都寄宿在学校,没有家庭环境,缺少看电视的条件,于是轻便的收音机成了他们业余生活的伴侣。(2)老龄听众。老年人既重视健康,又害怕孤独,需要了解外部世界的状况。因此许多老年人早起锻炼时,总是手里拿着个收音机。(3)旅客。在外旅行的人,同样没有家庭环境,看不了电视,于是广播填补了这个空间。当然这里还包括一个稳定的受众群,那就是驾驶员,电台广播已经成了他们消闲解乏的重要工具。

四、电视

电视是通过无线电波或导线传输声音和图像的大众媒介。电视的产生和发展同样是电子传输技术的进步带来的,电子技术的不断进步给电视业的繁荣发展注入了不竭的活力,为电视从内容到形式的革新提供了必要的外部条件。如无线传输技术使人们可以跨越时空了解世界的最新变化;三维动画技术使电视画面丰富且具有立体感,更具可视性;数字化的电视设备使电视图像更清晰,节目播放更灵活便捷。和广播一样,电视的出现、发展和普及,是一群科学家辛勤工作的结果。

1817年,瑞典科学家布尔兹列斯发现了化学元素硒。1865年,英国铺设海底电缆,工程师约瑟夫·梅在测定电缆性能时,发现了硒的光电效应。1873年,梅发表了关于硒的光电效应的报告,使得把光转变成电子信号成为可能。1884年,德国科学家保罗·尼普科发明了"尼普科盘",实现了机械扫描(1934年,这种机械扫描装置被电子扫描装置所取代),这就是电视荧光屏的雏形。1926年,英国科学家贝尔德综合各项技术,完成了电视画面的完整组合及播送;11月26日,在英国皇家学会演示了电视播送运动的人体画面,引起轰动。1930年,英国广播公司与贝尔德合作试验,完成了有声音的电视图像广播。1936年,英国广播公司在伦敦亚历山大宫建立了世界上第一个电视发射台,并于同年11月2日开始正式播出电视节目。此后,很多国家相继开展了电视的试验播出。但是第二次世界大战的爆发,使电视的研究、发展放缓了脚步。

二战结束后,电视技术又获得了突飞猛进的发展。1949年,美国开始进行彩色电视的试验研究,经过科学家的努力,相继突破了光学、色变学和信息传输理论等一系列难关,制造出彩色摄影管和彩色显像管。1951年9月、10月,哥伦比亚广播公司(CBS)、美国广播公司(ABC),分别试播了彩色电视节目。1954年,美国正式播出彩色电视节目,成为世界上第一个开办彩色电视的国家。继美国之后,日本、英国、法国、苏联、联邦德国也先后于20世纪60年代播出彩色电视节目。由于各国电视制式不同,出现了NTSC制、PAL制和SECAM制三种制式并存的局面,并一直持续到今天。中国后来发展电视采用的是PAL制。

20世纪40年代末50年代初,在美国的偏僻山区,由于地形复杂无法接收电视信号,难以看到电视,这使当地居民深感权益受损。公众的需要就是商机,一些电器生产商和无线电维修行开始建设社区共用天线,有偿转发电视节目,这就是最早的有线电视。有线电视虽然要收取一定费用,但是信号受电磁波的干扰小,图像清晰度高,因此诞生后很受人们的欢迎。1975年12月,美国无线电公司发射了同步卫星"通信卫星1号",标志着有线电视业的开始。天上的卫星电视广播和地面的有线电视网相结合,使有线电视获得了广阔的发展空间。

我国的电视事业发端于1965年。这一年的5月1日,中央电视台的前身北京电视台开始试播黑白电视节目,同年9月2日正式开播。1973年5月1日,北京电视台试播彩色电视节目,并于10月1日正式播出。1978年5月1日,北京电视台正式更名为中央电视台。1984年4月8日,我国成功发射试验通信卫星,并进行了广播电视节目的传送试验。目前,我国已经建成了从中央到省、市的电视传播网络,而且绝大部分地区的县、乡两级政府也开办了无数的电视台,虽然自制节目少,有的仅仅是转播台,但是在丰富基层群众业余文化生活方面发挥了重要的作用。

作为传媒领域的后起之秀,电视运用声、画、文来传递信息,具有报纸和广播无法比拟的优势,并对广播和报纸产生了极大的冲击。和其他媒介相比,电视具有这样一些优点:(1)以电波为传播载体,突破了时空限制。广播、电视的出现,改变了印刷媒体传播的局限,使信息传播有了更大的辐射能力。印刷文字是负载在书籍、报刊等有形物体上的,因此文字信息传播通道是非连续性的,需要通道外不断补充能量,来维持信息载体的机械搬运,实现信息的流动。这种系统外能量的补充,限制了印刷文字的覆盖面。电视利用电波传递信息,它的传输动力只要在发射端一次给定,带着信息编码的电磁波便会飞向广阔的空间,受众只要有了接收装置,就能够迅速截获空中的信息。传统的报纸因为需要机械搬运,所以在意识形态斗争中很好控制它的流动范围和受众范围;而广播电视出现后,电波的强大渗透能力,让任何国家都难以拒绝外部的声音。(2)以声像为传播符号,实现了传播民主。文字无论怎样通俗,表述和理解之间的距离依然存在,教育的差异和理解的困难使文字信息无法被所有的人所接受。然而,电视所采用的声画信号,具有走向感觉表层的趋势,容易被广大受众理解和接受。因此,电视传播天生具有民主的色彩,任何健康的人接收信息的权利都是平等的。在电视信号面前,传统的权利关系得到了否定和重构,文化等级被压缩淡化了,信息传播逐渐由以少数人为中心过渡到面向整个社会大众,大众成了传媒发展的主导指向。近十余年来,电视文化的崛起,令历史悠长的书籍文化失去了昔日的显赫地位。电子时代的大众文化,是一种轻松的文化,它绕过了以往文字艺术作品总是向思想性倾斜的惯性,而把人的存在价值从社会底层救起,实现了文化的大众化,让文化真正走向普通劳动者。电视的波及面是巨大的,它可以大面积地覆盖社会各阶层,一部小说印上10万册就不少了,而一部产生轰动性社会效应的电视剧,一播出即可拥有数以亿计的观众。(3)以观看为接收方式,压缩了政治距离。在电视非常发达的年代,电视的渗透力是超常的。今天人们之所以说全球像是一个村庄,主要是因为电视将天下搬进了房间,让人们在家庭生活中与遥远的政治生活保持亲密接触。每天大量真实、直观的图像信息,为大众思考提供了素材,使大众的政治感受落到了现实的基点上,从而产生了参政、议政、关心社会发展的热情。在电视面前,大众有了与世界同呼吸的感觉,有了做世界主人的自信。(4)以娱乐为重要内容,引领了生活时尚。直观形象性是电视最大的优势,也是最容易让受众接受的方式。人们在看电视的时候,可以停止理性思维,被动地靠在沙发上,让电视中的情节牵着鼻子走。正是图像的直观,唤起了大众的攀比心理。电视的精彩画面,被人们有意无意地带到了现实生活中。为了提高生活品位,人们克隆电视节目中的生活方式,从而使电视越来越能主宰社会的时尚潮流。今天,电视不仅给大众提供了大量的明星、模特、英雄,还将世界各地精彩的物质和精神生活展示在大众面前,大众面临着前所未有的诱惑。

任何事物都有它的两面性,电视拥有它的优点,也有自己的缺陷。首先,电视用声画来传递信息,难以表达人的内心活动和事物的内在规律,无法再现深奥的主题;其次,电视的内容转瞬即逝,不留痕迹,难以保存。观众如果稍不注意,就可能造成信息接收的缺失,留下"观看的遗憾"。再次,电视传播对画面的依赖,也使电视具有再现上的缺憾。对于报纸和广播来说,事件发生后可以用文字和语言来还原事实,公众可以通过想象去再现现场;而电视却是直接再现的艺术,当事件发生时如果不能记录到现场画面,就留下了艺术上的缺憾。

五、通讯社

通讯社是专门采集、制作新闻稿件、新闻图片和背景资料等新闻产品,然后供应给报纸、广播、电视等媒体发布的新闻机构。通讯社实际上是大规模制作新闻产品的批发商或新闻工厂,主要是向其他媒体提供新闻产品,所以人们常把通讯社比喻成"供应新闻的大动脉"、"消息总汇"。"通讯社存在的价值与意义,在于其以充足的人力物力及专业服务,延伸了报刊等新闻媒介的新闻搜集手段,扩张了人们的视听范围,从而在更大程度上满足了人类的知闻需要。"[①]从严格意义上来说,通讯社不是新闻媒介,它只是一种媒介机构。但是在实际的新闻传播中,通讯社具有举足轻重的地位,因此,我们在这里花一定的篇幅介绍通讯社。

通讯社的出现并不是一个偶然现象,而是近代工业革命、近代报业发展的必然结果。随着西方工业革命的发展和地理大发现的实现,世界被快速地连在了一起。当世界变得越来越精彩和生动时,人们对世界的好奇心也在增强。社会的发展需要大量的报刊来满足人们工作和生活的需要,但是许多报社无法承担远距离采集、传输新闻的费用,也无法供养大量的外地通讯员,大大制约了报刊社会功能的发挥。当大量报刊需要大量外地信息的时候,通讯社产生的历史条

---

① 张昆:《简明世界新闻通史》,武汉大学出版社1994年版,第81页。

件就具备了。1835年,波兰籍的匈牙利人查理·哈瓦斯在巴黎创办了哈瓦斯通讯社。哈瓦斯创办通讯社有两个直接的社会基础:一是当时伦敦的证券交易所非常活跃,哈瓦斯通过信鸽每天将伦敦证券交易所的股票行情传回法国;二是这一时期发生了很多轰动一时的冲突,哈瓦斯向克里米亚、意大利、墨西哥、美国等地派驻了大量的记者采访战争新闻。第二帝国时期,哈瓦斯社以其新闻的准确、快速而赢得了世界性的声誉。1849年,伯恩纳德·沃尔夫在德国柏林建立了沃尔夫社;1851年,德国人朱丽叶·路透在英国伦敦建立了路透社。令人惊讶的是,哈瓦斯和路透都曾经是哈瓦斯社的雇员。这三家通讯社建立以后,几乎垄断了在各自国家的业务。

1848年,美国纽约的6家报社联合成立了港口新闻联合社,当时6家合股人租了两条船,迎接入港的欧洲船只采访新闻,所需要的费用由合股人承担。1892年,该社改名为美国联合通讯社,简称美联社。另外,美国的两大报团斯克列浦报团与赫斯特报团,先后于1907年和1909年分别创办了合众社和国际新闻社。1958年,这两家通讯社又合并成立合众国际通讯社,并很快成为国际级的通讯社。目前国际上一般认为美联社、路透社、法新社、合众国际社是四大国际通讯社,它们在世界大部分地区派驻记者,及时搜集和发布世界上发生的重要新闻。

我国目前有两家通讯社:新华通讯社和中国新闻社。新华社的前身是"红色中华通讯社",创建于1931年11月,1937年更名为新华通讯社。1949年10月,中华人民共和国成立后,新华社成为国家通讯社。中国新闻社成立于1952年9月14日,主要以海外华侨、外籍华人和港澳台同胞为服务对象。

通讯社的主要特点是:(1)拥有庞大的记者队伍,发稿量大。通讯社主要是以新闻产品为经营对象的,因此必须要具有比单一媒体大得多的记者队伍,能够及时采集到国内外重大的新闻,以文字、图片、影像等形式提供给各种媒体。(2)作为新闻的中间商,不直接和受众见面。通讯社的服务对象主要是报纸、广播和电视等新闻机构,其采集的新闻不直接发布,而是转售给其他媒体发布,所以通讯社往往并不直接和受众见面。虽然现在很多通讯社都办了自己的刊物,如新华社创办了《半月谈》、《参考消息》、《新华每日电讯》等报刊,但这毕竟只是其附属业务,新华社的业务主体还是给国内外媒体提供消息。

在媒介发展历史的不同阶段,反复出现过媒介"危机论"和"死亡论"。当广播登上历史舞台时,人们曾经认为广播给报纸带来了危机。当电视出现后,人们认为电视枪毙了报纸和剧院。当网络出现后,更爆发了一场规模浩大的"口水战",受众普遍认为网络出现后,传统媒体都将要死亡。2008年世界金融危机爆发,全球很多大报纷纷减版缩水,或者停止纸质版,转出网络版。有的报纸在经济萧条中无法抵挡经营压力,纷纷倒闭。这时,很多人都认为报纸即将死亡。任何一种媒介在历史上的出现都有它的理由,每当一种新媒体出现时,都会改变媒介环境和媒介结构,媒介领域的利益格局会发生调整。但是,如果轻言某种媒体立即要退出市场,是不符合历史逻辑的。在网络媒体崛起的时候,报纸、广播、电视会遭到巨大的压力,它们原有的业务空间会有所收缩,甚至某些媒体在未来还可能出现大面积的收缩,但是从理性的角度思考,任何媒体都有其他媒体无法替代的功能。如报纸具有的一些特点是网络无法取代的,如视窗大、光线柔和、携带方便等。将来流动的网络终端可以实现即时无线上网,但是它的视窗无法达到报纸的幅面,它的版面不可能有报纸版面柔和。现代人使用电脑出现了越来越多的职业病,如视力下降、颈椎酸痛等,这使电脑终端不可能完全覆盖人类的阅读空间,而报纸恰恰因为是受众接收信息的调节工具,还有进一步生存下去的空间和理由。当网络崛起的时候,有人认为网络将打败电视,然而当网络泡沫退去后,电视依然在媒体领域发挥领导作用。电视的被动观看和轻松搜索特征,是目前网络视频需要学习的;而网络容量大、互动性强的优势,也是电视努力的方向。网络和电视发展的潮流,将是这两大媒体的汇流,当然这种汇流需要足够的时间。但是,无论怎样发展,也无论未来的媒体是叫具有网络功能的电视,还是叫具有电视功能的网络,电视的传统特点将是它的重要构成因素。从人类精神生活的特点来看,多种媒体提供的信息才能使人类的精神生活方式走向多样化。

第五章　新闻传播者

新闻传播者是社会的雷达,是船头的哨兵,他们需要捕捉新闻、追寻新闻、挖掘新闻、传播新闻。他们需要在火热的社会生活中,选择、加工、制作和发布最有价值的新闻,帮助人类绘制准确的社会地图。随着网络、手机、电话等新媒体的出现,新闻传播的生产模式出现了很大的变化。今天,每遇重大事件,网络媒体往往并不主张自己去采集新闻,而通常是在第一时间打开互动平台,让事件现场的公众为网站传文字、传图像、传视频。当公众自己成为传播者、自己生产传播内容时,传统型新闻传播者受到了相当大的挑战,但是,这没有动摇他们的地位,因为传统型新闻传播者是服务于一家媒体机构、接受过系统的专业训练、具有强烈的社会责任感的职业人群。本章内容主要探讨的是传统型新闻传播者,从专业化生产的角度剖析新闻传播者的社会角色、职业特征和道德规范。

第一节　新闻传播者的角色定位

新闻传播者是一个非常宽泛的概念。从广义上来看,凡是和新闻生产有关的机构和人群都可以被称为新闻传播者,也就是说,社会公众都可以被纳入新闻传播者的队伍。从一般意义上看,新闻传播者指的是从事新闻的采集、生产、传播和管理的组织和个人,它包括个人主体和人格主体两类。个人主体主要指的是媒体的记者、编辑、制版工人、印刷工人、技术工人等一线员工,以及媒体资产的所有者、经营者和管理者。人格主体主要指的是从事新闻传播的组织和机构,如政府、媒体、社会团体等,这些组织和机构虽然不是具体的人,但是它们不但具有团体意志,而且这些意志高于个体,所以人们已经习惯了将这些组织和机构看成具有人格特征的新闻传播者。如果从狭义的角度来看,人们经常提到的新闻传播者主要是指新闻机构中从事新闻采编活动的记者、编辑和从事管理工作的管理者。本章的主体内容是以记者、编辑为探讨对象展开的。

一、新闻传播者的社会角色

人类社会从无序的蒙昧状态进化到秩序井然的现代社会,是文明发展的标志性成果之一。现代社会有一个复杂的结构,是由具有不同社会地位和角色的人群构成的。社会发展需要培养符合社会要求的社会成员,需要社会成员在自己的位置上承担一定的角色,并按照角色规范来行使社会责任。从个体的角度来说,个体要想融入社会,必须要在社会上获得一定的位置,扮演好自己的角色,这样他才能得到社会的认同,获得社会应有的尊重。新闻传播是社会发展过程中诞生的一个职业,新闻传播者是从社会群体中分离出来的一个职业化人群。在整个社会结构的网络中,新闻传播者是一个重要的网结,他们只有扮演好自己的角色,社会结构才不会在"新闻传播"这个节点上出现疏漏。

"角色"一词最早是由美国哲学家、社会学家 G. H. 米德从戏剧中借用到社会学研究中来的。角色原本指的是在戏剧表演中演员按照剧本的规定所扮演的某一特定人物。戏剧中的角色包含两层含义:"其一是,一个演员担当某一特定的角色时,他就要扮演这个角色的行为和举止,从而转化为一种客观化的社会行为规范和行为模式。其二是,扮演某一特定角色的演员会消失,但这个角色则会长期存在。即使这个演员不存在了,将来也会有别的演员去扮演这个角色。"[①]社会是个大舞台,我们每个人都要在社会舞台上扮演一个特定的角色。从社会角度来看,社会角色是由一定的社会关系所决定的个体的特定地位、社会对个体的期待,以及个体所扮演的符合社会要求的行为角色的综合表现。记者的职业是高尚的,记者的职业也是艰辛的,他们在地震的废墟中行走,他们冒着生命的危险穿梭在炮火中,他们在谈判桌边记录政治家们的唇枪舌剑,他们在火热的社会生活中关照普通人的冷暖……因为新闻传播者每天都在记录正在发生的历史,所以,在西方社会人们常把记者称为"无冕之王"、"第四权力"、"第三等级"、"扒粪者"、"消息灵通人士"……我国的新闻传播者在战争年代"铁肩担道义,辣手著文章",在和平时期成为"政府的镜鉴、群众的喉舌",社会对新闻传播者一直有着很高的期待。新闻传播者拨开事件迷雾,探寻事件真相,为公众提供及时、准确的信息;社会公众期望新闻传播者揭露腐败,伸张正义,具有更强的社会责任感和高尚的道德情操。这些都是新闻传播者的社会角色。

在任何一个高度结构化的社会中,社会都会提供一个剧本,用以分配、指导社会成员扮演不同的社会角色。当一个新职业出现后,社会就会为这个职业设

[①] 奚从清、沈赓方:《社会学原理》(第三版),杭州:浙江大学出版社1994年版,第64—65页。

计出一个与之相匹配的社会角色。作为这个职业范围内的人，必须要得到足够的职业训练和角色学习，才能完成自身的社会化，成为一个符合社会需要的人。比如，中国共产党的新闻事业是从战争年代发展起来的，在特殊的历史条件下，党的新闻工作者首先是革命者，他们怀着对党的忠诚和对革命事业的热爱，探索新情况，研究新问题，写下了许多不朽的经典之作，代表者如范长江、邹韬奋、恽逸群、赵超构等。范长江是"中国青年新闻记者学会"的创始人和领导人之一。1935年，年仅26岁的范长江，以天津《大公报》特约通讯员的身份，深入大西北考察和采访，历经川北、陕西、甘南、青海、内蒙古等地，全程4000里，费时10个月，将旅途见闻写成通讯寄到《大公报》发表，后来这些通讯报道结集成《中国的西北角》一书。范长江的通讯第一次公开如实地报道了工农红军长征的行踪，反映了川、陕、甘、青等地区的政治、经济、文化和民情风俗，揭开了当时神秘西北的黑暗与危机，立即产生了轰动效应。后来范长江还深入陕北采访，将中国共产党的真实情况通过《大公报》报道给国人。邹韬奋也是我国历史上一位杰出的新闻记者、政治家和出版家。他从1921年大学毕业后至1931年，负责《生活》周刊和《时事新报》的编务工作。1932年，他创办了生活书店，在全国50多个城市开设分店。1933年初，他参加中国民权保障同盟，以民主人士的身份，为党做了大量的工作。1943年，年仅48岁的邹韬奋不幸患了耳癌，面对国民党反动派发动的第三次反共高潮，他在病榻上口授《对国事的呼吁》一文，表达了对蒋介石实行反动政策的愤慨。恽逸群是我国杰出的无产阶级新闻战士，他在《立报》工作时，摆脱了《立报》国际版纷繁缭乱的格局，引导读者看清国际形势的主流和本质。"孤岛"时期，恽逸群日夜为抗日报纸撰文写稿，做统战和情报工作。他曾主持国新社香港分社，出版秘密刊物；打入日本特务机关"岩井公馆"，战斗在敌人心脏；辗转华中解放区和山东解放区，担任《新华日报》编委，亲自写稿。新中国成立后，他却在政治运动中饱受了10年的牢狱煎熬，蒙冤30年。党的早期新闻工作者，不仅是记者、编辑，还是政治家、革命家、宣传家，他们以惊人的勇气和毅力，鞠躬尽瘁，死而后已，为中国革命的胜利作出了巨大的贡献。又如史量才、戈公振这样的报人，他们首先是个爱国者，然后才是个记者。

　　社会环境的变化可以对社会角色的形成产生影响，并且可以对社会角色进行重新定义和规范。改革开放后，我国媒体不再是单一的喉舌，而成为信息传播的重要载体。随着全球化时代的到来和传媒技术的发展，我国已经进入一个媒介化的时代。在媒体无处不在、信息传播随时发生的情况下，新闻规律得到了越来越多的尊重，新闻传播者的社会角色得到了重新确认，并逐渐在职业特征的范围内，形成了一系列成熟的行为规范和道德规则。目前新闻传播者的社会角色有以下一些内容：

（一）新闻传播者是社会的雷达

地图是人类判断目标、选择方位的重要工具。施拉姆认为人类在社会生活中同样需要一张"社会地图"，它是通过社会雷达系统绘制的。我们在社会生活中，需要向他人投射社会雷达射束，通过获取社会信息，在雷达屏上证明我们自己的社会身份，显示别人的社会身份，并且帮助自己建立起社会预警系统。社会雷达是人类搜集社会信息的重要工具。人们通过投射雷达射束、搜集社会信息、绘制环境地图、判断自己身份的行为就是社会雷达行为。现代社会高度一体化，人流、物流、信息流流动很快，个体已经无法仅凭自身的社会雷达行为来搜集足够的环境信息，因此，新闻传播者成了公众最重要的社会雷达。今天，社会变动加快，新闻传播者作为专业提供信息的群体，应该及时为公众搜集最新变动的新闻信息，帮助公众绘制准确的社会地图。在2003年伊拉克战争和"非典"期间，中外很多记者深入战场和病区采访报道，为人们提供了及时、准确的信息，消除了人们对环境的恐慌，帮助人们在变动的世界重新找到自己的定位。

在人们越来越依靠媒体来绘制社会地图的时候，新闻传播者作为信息的把关人，应该对社会大众负责，以敏锐的新闻敏感帮助公众搜集最重要的信息。2006年7月，格美台风登陆福建，央视几路记者南下"迎风"，他们在狂风暴雨中展示了自己的敬业精神……除了敬业精神，电视人还需要有敏锐的新闻敏感，能够及时感受到世界的最新变动，传递最有价值的新闻信息，让公众绘制更准确的"社会地图"。2006年7月中东战火点燃，凤凰卫视几路记者扑向战区：陈晓楠、温爽去了贝鲁特，鲁韬赶到大马士革，严明坚守以黎边境……凤凰报道做得有声有色。7月26日，以色列军队轰炸了联合国驻黎巴嫩的观察哨所，4名国际观察员遇难，其中包括来自中国的观察员杜照宇。在事发后的第一时间，严明就采访了以色列指挥官，其后立即赶往海法采访以色列外交部部长，按凤凰的说法是"给中国人讨了个说法"。

（二）新闻传播者是社会的哨兵

著名报人普利策认为，新闻传播者是社会航船上的哨兵，要及时发现前进道路上的"暗礁"，引领社会朝着正确的方向前进。社会环境不是静态的，而是处在不断的运动和变化之中。新闻传播者是经过专业训练的职业化群体，他们整天行走在火热的社会生活中间，社会的一些重要变动都可能进入他们的视野。所以，新闻传播者应该肩负高度的社会责任感，及时搜集社会发展中的正反两方面信息，帮助公众做好社会预警，减小社会发展的成本和代价。全球化的世界既给我们带来了无限的发展机遇，也可以放大我们的社会风险。过去，国际上的事情与我们关系不大;而今天,全球任何一个地方的风吹草动,都可能对我国的经济和社会发展产生这样和那样的影响。社会发展了,环境变化了,新闻传播者的责任也大了。发展的中国需要中国的新闻传播者有更强的社会责任感,站在时代潮流前,为社会发展指明方向。

(三) 新闻传播者是意见的桥梁

在我国,新闻传播者常被称为"党和人民的喉舌",承担着上情下达和下情上达的任务。随着社会的发展,公民的素质不断提高,参政议政的能力不断增强。公众自由表达意见是现代民主社会的基础,它不仅是现代公民的一项基本的政治权利,也是公民的一项基本的政治义务,是国家保持活力的源泉。只有公众都能说出自己的观点,然后众多观点在观点的公开市场中论战,才能最终实现"真理战胜谬误"。"公共讨论能激发和拓展心智的力度和广度,它是培养心智强健之公众的基础,如果没有这种东西,一个自治社会就不可能运转。"① 公众表达意见需要公共论坛,但是,公众本身无法拥有新闻媒体,尤其是无法拥有报纸、广播、电视。所以,新闻传播者应该主动去接触社会的各个阶层,把各个阶层的典型意见汇集起来,通过媒体发表出去。同时,公众也可以通过读者来信、参与节目讨论等方式,表达自己的意见。在意见表达过程中,新闻传播者是一个意见的桥梁,不同的意见都能够通过他们的工作,得以向社会大众传播。

(四) 新闻传播者是权力的镜鉴

国家的主权属于人民,但是人民不可能都来进行公共事务的管理,于是国家政权就有了主权和治权的划分。主权属于人民,治权属于政府,治权是由主权派生的,主权可以监督和约束治权,但必须给治权留下自由裁量的空间。为了防止权力过于集中,导致权力腐败,洛克提出将立法权和行政权分设,由立法机构监督行政机构。孟德斯鸠在此基础上,进一步将国家权力划分为立法权、行政权和司法权,使之相互制约、协调运行。权力除了通过权力监督之外,还可以通过公共舆论来监督。新闻传播者作为人民的一分子,也作为人民的委托代言人,可以通过舆论监督,来限制公权的滥用和以权谋私。

在20世纪最初十年,以《麦克卢尔杂志》(*McClure's Magazine*)为首的一批大众化杂志,以"极大的热情参加了反对大企业、反对腐败和主张社会正义的改革运动"②,掀起了一场轰轰烈烈的揭丑运动。美国总统西奥多·罗斯福曾把这

---

① 〔美〕新闻自由委员会:《一个自由而负责的新闻界》,北京:中国人民大学出版社2004年版,第5页。
② 〔美〕迈克尔·埃默里、埃德温·埃默里:《美国新闻史》,展江主译,北京:新华出版社2001年版,第259页。

场运动的参加者称为"扒粪者"(muckrakers)。揭丑运动对净化美国20世纪初的商业环境和政治环境起到了重大作用。我国新闻界一直有舆论监督的良好传统。1954年毛泽东在和胡乔木等人的谈话中,提出报纸上的批评要实行"开、好、管"的方针。毛泽东说:"开,就是要开展批评。不开展批评,害怕批评,压制批评,是不对的。好,就是开展得好。批评要正确,要对人民有利,不能乱批一阵。什么事应指名批评,什么事不应指名,要经过研究。管,就是要把这件事管起来。这是根本的关键。党委不管,批评就开展不起来,开也开不好。"①

(五) 新闻传播者是大众的老师

新闻传播者是人类精神文化的生产者。在传媒非常发达的年代,媒体占据了人们越来越多的业余时间,人类知识体系中越来越多的知识来源于媒体传播,这些内容在很大程度上决定了人们的视野。从教育的广度与深度来说,新闻传播者对公众的教育不逊于学校对公众的教育,只不过学校教育是系统的、理论化、体系化的教育,而新闻传播者对公众的教育则是日常的、隐蔽的、潜移默化的教育。正因为新闻传播者是大众的老师,所以新闻传播者必须要提高道德素质,先做学生,向群众学习,向社会生活学习,然后再做老师,向公众传递更多的信息和知识。

二、新闻传播者的职业道德

公众对新闻传播者的角色期待,引出了另一个概念:新闻职业道德。道德是社会制定和认可的规范人们社会行为的非权力性社会规范。道德作为一种一般社会意识形态,跟其他社会意识形态一样,受社会关系,特别是经济关系的制约。道德作为一种行为规范,从最根本上来说,是对人的行为的管理和规范,进而对人的某些欲望和自由进行限制、约束和侵犯,因此,道德是一种"害"和"恶";但道德的结果和目的是:防止更大的"害"和"恶"和求得更大的"利"和"善"。所以,道德是净余额为善的恶,是必要的恶。职业是人们在社会生活中所从事的、承担特定社会责任,并从中获得主要生活来源的专门性工作。职业是社会分工的结果,是社会职能专业化和人的角色社会化的统一。职业生活和家庭社会、公共生活一起,构成了人类复杂的社会生活。职业是一个人所具有的权利、义务、职责,乃至社会地位的一般性表征,也是人们的生活方式、经济状况、文化水平、行为模式、思想情操、道德品质的综合性反映。职业道德是指从业人员在职业活动中应该遵循的、具有自身职业特征的社会规范和行为准则。新闻职业道德是

---

① 《毛泽东新闻工作文选》,北京:新华出版社1983年版,第177页。

新闻从业人员在从事新闻传播活动中逐渐形成的、用以调节新闻活动中各种社会关系的行为规范的总和。

任何一个职业都要承担特定的社会责任,任何一个行业都要在社会生活中扮演特定的社会角色。在现实社会中,社会赋予某种角色的规范与角色扮演者的实际表现常常有差距,造成角色期待(role expectation)和角色表现(role performance)之间不相匹配。因为新闻传播者的信息传播直接影响公众对世界的认识和判断,所以公众对新闻传播者的角色期待非常高,他们往往给新闻传播者提出了更高的道德要求,期望新闻传播者做得尽善尽美。新闻传播者本身也是普通人,他们在工作中不可能没有失误,也不可能在任何时刻都保持高度兴奋的状态。然而,新闻传播者每天都与公众打交道,公众在潜意识中把他们当作自己的老师,这在一定程度上使社会公众对新闻传播者的角色期待远远高于普通人,甚至有时达到了苛刻的程度。

因为新闻工作关系到国家安全、社会稳定和公众生活,影响社会大众对世界的认知,所以世界各国历来都非常重视通过职业道德来规范新闻从业人员的职业行为。1868年,美国报人查尔斯·达纳接办《纽约太阳报》时,为该报制定了13条规约,这被认为是世界上最早的新闻工作者自律的"报人守则"。该守则的内容包括新闻与广告分离、不允许使用谩骂讥笑的文字等。1908年,美国密苏里大学新闻学院首任院长沃尔特·威廉斯(Walter Williams)主持制定了《报人守则》,提出了一套全面而系统的新闻职业道德准则。1922年,美国报纸编辑人协会通过《新闻界信条》。此后,美国各新闻职业团体纷纷制定本团体的职业道德准则,其中以1934年美国记者公会通过的《记者道德》最为著名。

在欧洲,新闻职业道德同样受到各国重视。1874年,瑞典发行人俱乐部成立,该俱乐部的主要目的是建立新闻事业的职业标准(包括业务和道德两个方面),维护新闻事业的尊严与责任。1910年挪威成立报业仲裁委员会,1927年改组为报业评议会。1916年,瑞典议会、报纸发行人协会和律师协会三方代表组成瑞典报业评议会,并任命了5名新闻督察员。第二次世界大战结束后,英国议会于1946年成立皇家报业委员会,对报业垄断导致的新闻职业道德滑坡现象进行彻底调查。1949年,皇家报业委员会发表了调查报告,建议报界成立报业评议组织,提高新闻道德水平,维护新闻自由。1953年7月1日,在英国政府的支持下英国报业总评议会成立。该组织共有25位委员,全部为来自7个报业团体的编辑或经理代表。1963年7月,英国报业总评议会根据第二届皇家报业委员会的建议,改组为由报界、司法界,以及其他社会各界人士共同组成的报业评议会。

随着新闻传播活动国际化程度的加深,国际新闻职业道德也被提上了议事日程。1910年国际期刊联合会在布鲁塞尔成立,该组织将保护期刊业的职业道德、确保期刊能够得到公众与官方信任,作为宗旨。1916年,威廉斯主持制定的《报人守则》被第一届世界报业大会所接受,成为第一个国际性的新闻职业道德规范。1946年6月,国际新闻工作者协会通过章程,对新闻工作者提出了一系列职业道德要求。1948年4月,联合国新闻自由会议通过《国际新闻自由公约草案》。1954年,联合国大会向各成员国新闻工作者协会颁发了《联合国国际新闻道德公约》。1954年,国际新闻记者联合会通过了《国际新闻记者联合会记者行为原则宣言》,内容与《联合国国际新闻道德公约》基本相同,但规定得更为具体。

任何职业都要承担一定的社会责任,享受一定的社会权利,体现一定的利益关系。新闻传播事业是社会分工的产物,它在发展中形成了该职业的道德规范。新闻传播者的社会角色是在新闻传播事业发展中逐渐形成的,对于一个刚刚从事新闻传播职业的人来说,他对自己应该扮演的角色可能还不熟悉,还需要有一个认真的感悟和学习的过程。世界各国的新闻行业协会之所以制定各种职业道德准则,就是想要帮助新闻传播者把握自己的角色内涵,能够将社会对新闻传播者的社会期待内化为自己的角色要求。近年来,随着新闻传播事业的快速发展,社会公众对新闻传播者的道德要求越来越高,新闻传播者也在不断加强自身的道德建设。应当说,经过新闻传播者的实践活动和理论总结,已经形成了一个比较规范的职业道德体系,此处简要归纳为以下几条:

(一)坚持真理,维护新闻的客观公正

真理是客观事物及其规律在意识中的正确反映,正义是公正的、有利于人民的道理。任何真理都包含着不以人的意志为转移的客观内容,实践是检验真理的唯一标准。新闻的本源是事实,是新闻传播者对事物发展变化的客观反映,所以新闻中包含着客观真理性,新闻记者必须要客观公正地报道新闻。要做到这一点,新闻工作者应该坚持一切从实际出发、实事求是的思想路线,深入实际、深入群众,注重调查研究,听取各方面的意见,反映事物本来面目,不能够因为面对压力而弄虚作假,甚至是制造新闻。中华民族是个礼仪之邦,中国人历来追求人格完美,在群己、义利、美丑、善恶等关系上,有着明确的取舍,展示了健康向上、积极有为的价值取向。价值观是人的思维定式、思想倾向和人生态度的集中表现,是一定社会环境下人们的生活态度和世界观的总和。价值观是社会的灵魂,每个社会、社会中的每个人都有自己的价值观。现代社会,物质生活高度发达,人们的价值取向不断走向多元化,甚至在社会的局部领域出现了精神真空,导致了不同程度的价值失落和道德危机。新闻传播者是精神文化的生产者,应该超越多元化的利益格局,坚持真理与正义,用自己的行动维护社会的公平与公正。

新闻传播者要坚持真理与正义,必须要超越小团体的利益,摒弃个人的私心与偏见,爱憎分明,积极有为。有时新闻传播者为了维护真理与正义、客观报道新闻,还要付出巨大的代价,甚至是自己的生命。中国报刊史上著名报人史量才,始终抱着"为社会为历史立一权威的言论机关"的宗旨,贯彻"不偏不倚、言论自由、为民喉舌"的方针,怀着"独立之新闻乃人类幸福之所赖"的最高理想,与种种反动势力进行不屈不挠、艰苦卓绝的斗争。1932年,他组建了一套时评写作班子,抨击时弊,无所畏惧地将矛头直指种种社会丑恶。为此,蒋介石恼羞成怒,下令"《申报》禁止邮递"。1933年11月13日,史量才与妻儿驱车自杭州返沪,途径海宁附近翁家埠大闸口时,遭多名匪徒袭击,不幸以身殉报。20世纪90年代,陇南的岷江天然林区盗伐哄抢严重,盗伐林木者曾经劫持公安干警为人质,气焰十分嚣张。1999年1月22日,中央电视台采访组与林业部门、公安部门组成护林刹风队潜入定西地区岷县达拉架,晚上8点05分伏击运木材的马帮,经过一个多小时的激烈战斗,最后有三人被公安人员抓获。在行动结束后,向外送录像带的记者遭到几百人的围攻,但是记者还是在一场"石头雨"后冲出了围堵,并顺利将带子送到北京,最后抢在25日晚8时30分的《经济半小时》中播出。[①] 现在社会上有一股力量,他们期望收买新闻从业者,通过制造新闻混淆视听、歪曲真理,甚至让媒体为他们的违法乱纪、挥霍浪费、骄奢淫逸做掩护,用虚假新闻骗取公众的信任。此时,新闻工作者必须要对各种社会力量的干预保持高度的警惕,不能损毁记者人格,吹捧那些自以为是、目空一切,甚至是贪赃枉法之徒。

(二)爱岗敬业,努力实现人生的价值

人的价值是通过工作岗位来实现的,一个人的人生价值往往和他的事业发展紧密地联系在一起。古人早就提倡"修身、齐家、治国、平天下",一个人不把身边的事情做好,就很难有什么大的成就。我们知道,生活中人们对待职业往往有两种态度:一种态度是把"职业"当作养家糊口的工具,每天习惯性地上班、下班,按时拿工资,回家过安逸的生活;另一种态度则是把"职业"当作成就"事业"的舞台,全身心投入,忘我地工作,渴望最大限度地实现自我价值。从新闻事业发展的历史与现状来说,新闻工作需要新闻传播者热爱本职工作,全身心地投入

---

① 傅顺吉:《陇南盗伐者暴力抗法采访手记》,载《中国记者》1999年第4期。

其中,这样不仅能够增长新闻传播者个人的才干、增强他们的责任心,而且可以促进事业的更好发展。

深入现场采访,注重调查研究,是记者的成才之道、安身立命之本,记者的采访工作必须做到"深入、深入、再深入"。现在少数记者整天忙于赶场子,拿通稿,甚至剽窃通讯员的成果,在别人的稿子上署自己的名字,而在一些重大新闻、突发新闻现场,这些记者却因为种种原因缺席了。一个媒体从业人员的敬业程度,直接决定这个媒体的发展前景和社会公信力。凤凰卫视是1996年在香港创办的一个华语电视台,然而,在不长的时间内该台就在全球华人社会占据了重要地位。凤凰卫视的成功和它的从业人员的爱岗敬业是分不开的。在伊拉克战争期间,闾丘露薇因其出色的采访表现赢得了全球华人的赞誉,胡锦涛总书记在接见凤凰卫视记者的时候,曾叮嘱闾丘露薇:"事业要追求,安全要保证。"在2006年发生的以黎冲突中,凤凰卫视曾经派出六路记者采访战争。2006年7月19日至31日,凤凰卫视主持人陈晓楠深入黎巴嫩首都贝鲁特采访,不顾危险在线人的安排下采访真主党领袖。陈晓楠自己也认为,采访战争是她人生中的一次重要经历,让她注意力从战争的性质、军力的对比、国家间的博弈,转向了对生命的关注。2006年,凤凰卫视在北京举办建台十周年展览会,时任全国人大常委会副委员长许嘉璐、文化部部长孙家正等,都对凤凰卫视记者的出色表现给予了极高的评价。

(三) 遵纪守法,不侵犯公众的权益

遵纪守法是每个公民应有的最起码的道德准则,也是一切从业人员应当具备的最起码的职业道德品质。遵纪守法包括对国家法律、法规的遵守,也包括对新闻职业道德规则的信奉。古代哲人提倡"修己安人"、"谋道而不谋食"。新闻从业人员要维护宪法规定的公民权利,通过合法手段获取新闻,尊重采访对象的声明和要求,注意保护新闻来源,不揭人隐私、不诽谤他人。新闻传播工作者是精神文化的生产者;同时,新闻传播工作和社会打交道、和人打交道,所以新闻传播工作者应该有高度的民主意识、法制意识,不能伤害无辜的社会公众。改革开放以来,新闻传播事业不断发展,新闻从业者队伍快速膨胀,然而,部分新闻从业者的职业素养还不高、法律意识也相对薄弱,心态浮躁,急功近利,哗众取宠。当前,社会对娱记的疯狂、商业新闻的陷阱、记者的势利、媒体恐怖主义等现象有了越来越多的拷问,部分新闻媒体陷入了"信任危机",新闻官司也越来越多。

现在媒体被公众质疑最多的领域之一就是娱乐报道,娱乐报道成为新闻传播者侵犯普通人权利的重灾区。比如,在香港这个媒体高度发达、竞争非常激烈的社会,名人成了吸引公众眼球的重要资源,因此,一些媒体想尽办法,将各类新闻与名人粘连,以期获得发行量、收视率。2006年,香港某艺人于演出中间在更衣室换装时被狗仔队偷拍,其换装照片被登出。媒体不顾法纪伦理,侵犯明星隐私权,引起了娱乐圈的公愤,香港艺人集体举行各种抗议活动,呼吁政府通过法律制裁媒体行为。

(四) 以人为本,全心全意为人民服务

为人民服务是我国主导的社会价值观念,是各项社会事业的共同追求和价值导向。"为人民服务"的本质是"人民的自我服务",每个从业者在本职工作中为别人提供服务,这样才能享受到别人提供的各种服务。"人民"是一个抽象的大概念,为人民服务是一个总的目标,而新闻传播工作每天面对的是活生生的、具体的、单个的人,新闻传播者只有以人为本,尊重每一个普通的、具体的人,才能真正实现整体上的为人民服务。李普曼认为,社会上的每个人的生活空间是有限的,"我们对具有广泛影响的公共事件充其量只能了解某个方面或某一片段",但是我们的见解往往涵盖更为广阔的空间、更为漫长的时间和更为庞杂的事物,而"这些见解是由别人的报道和我们自己的想象拼合在一起的。"① 也就是说,公众对外界的认识,不仅依靠自身实践,而且依靠媒体设计的"拟态环境"。在媒介化时代,公众对世界的判断主要依靠传媒,因此,传媒更应该以人为本,为公众及时提供信息,替公众说话,维护公众的利益。

现在媒体上流行的一些"民生新闻",打着"服务人民"的旗号,实际上却是在嘲笑、讽刺和挖苦普通人,用普通人的辛酸或无奈作为讨好受众、赢得收视率的工具。举例来说,南京浦口一个农民头上长了个肿瘤,有篮球那么大。记者采访他时,获知他求巫婆神汉帮其"治病",于是该记者不假思索地点评其"愚昧"。其实,这个农民就生活在南京郊区,生活在现代社会,而且在节目中,他思维敏捷,说话有条不紊。在得病后他曾经去过医院,花光了家产,老婆也离他而去,现在只好求仙问药,讨个心理安慰。而另一则相似的新闻,编辑、记者的处理方式却大不一样。2006年4月14日,江苏电视台《1860》节目播出了一条新闻:16岁的女孩王兆君,幼年被亲生父母遗弃,被养父母收养,2006年查出患有白血病。当医院决定要给她进行骨髓移植时,王兆君获知自己不是"父母"亲生的。在媒体的帮助下,王兆君找到了南京江宁的亲生父母,亲生父亲和弟弟都愿给她捐献骨髓。当王兆君沉浸在有"两对父母"的幸福中时,昂贵的医药费却难倒了两个不幸的农村家庭。在新闻结尾,记者采访南京儿童医院的医生,询问骨髓移植需要多少钱,医生平静地说,"至少还要25万"。此时新闻中插入了一段伤感的音

---

① 〔美〕沃尔特·李普曼:《公共舆论》,阎克文、江红译,上海人民出版社2002年版,第65页。

乐,女孩的养母噙着泪说:"医生一出口就是几十万,几十万,我们要工作多少辈子啊!"这个例子说明,为人民服务,就应该"以人为本",真正关心民生民情。媒体毕竟是精神文化的生产者,千万不能把"为人民服务"变成"为收视率服务"、"为发行量服务"和"为人民币服务"。

(五)与人为善,积极开展友好的竞争

竞争是社会主义市场经济的客观要求,是有效配置社会资源的重要手段,是现代社会无法避免的、必要的现象。改革开放以来,中国传媒已经发展成为一个庞大的产业,行业内部各媒体展开了积极的竞争。媒体之间的竞争需要比出高低、决出胜负,但是媒体竞争反对相互欺诈、弄虚作假。各媒体虽然有独立的物质利益和事业目标,但是其奋斗方向和根本利益是一致的,都是为了满足人民日益增长的精神文化需要,提升人类的精神生活。

我国媒体都是由各级党委、政府和直属部门创办的,因此,新闻传播机构带有行政痕迹和级衔概念,中央级的媒体相对于省级媒体,省级媒体相对于市级媒体,都具有比较明显的身份优势。因此,在实际的新闻采访和报道活动中,一定要提倡淡化媒体之间的级衔概念,提倡相互尊重,公平竞争。

三、新闻传播者的社会权利

权利是公民或法人依法行使的权力和享受的利益(跟"义务"相对)。权力是以资源占有为基础、以合法强制性为凭借的社会支配能力。美国政治学家达尔(Robert A. Dahl)认为,权力资源就是一个人可用于影响他人行为的手段,这些手段包括金钱、信息、食物、武力、威胁、职业、友谊、社会地位、立法权、投票以及形形色色的其他东西。对于新闻传播者来说,他的权利和义务是统一的:新闻传播者作为新闻传播活动的主体,需要承担一定的社会角色和社会责任,但同时也享有一定的社会权利。新闻传播者的权利是指新闻传播者的法律权利,即由相关法律规范所设定并保护的、新闻传播者可以享有的、以相应义务人的义务为保障的行为选择自由。新闻传播者的社会权利包括三个部分:第一部分是新闻传播者作为公民中的一员所享有的普通公民的传播权利;第二部分是新闻传播者作为新闻行业从业人员的传播权利;第三部分是新闻传播者作为媒体职工所享有的社会权利。一个公民在新闻传播领域享有接近权、知情权、表达权、监督权等相关权利,新闻传播者作为公民的一个构成单位,理所当然地拥有一个普通公民应该享有的权利。公民的信息传播权利我们将在"新闻传播受众"一章论述,这里主要谈新闻传播者第二和第三部分的权利。

(一) 新闻传播者在职业活动中所享有的权利

职业权利是每一个特定职业岗位所拥有的权利，它是实现职业社会职能、承担职业社会责任的基本条件。任何职业都必须享有从事该职业活动的权利，否则该职业就失去了存在的理由，不可能存在下去。从本质上说，职权不论大小都来自社会，都是社会整体和公共权利的一部分。新闻传播活动是新闻传播者采集信息、制作产品、传播信息的过程，因此，新闻传播者必须在信息传播的各个环节中享受法律保护的相关权利。

1. 采访权。采访权是新闻传播者根据新闻传播活动的需要，在法律规定的界限内采集新闻信息的权利。采集新闻是新闻传播者的本职工作，也是新闻传播者对社会应尽的义务，同时应该是新闻传播者法定的权利。新闻传播工作是从社会分离出来的一种职业，这个职业已经在人类社会取得了合法的位置，所以，它的从业人员也必须拥有从事相关职业活动的权利，任何人不能以非法的方式剥夺新闻传播者的采访权。新闻传播者在采访过程中，可以根据各自媒体的特点，对采访对象、新闻事件、客观环境进行采访，采用观察、访问、体验等采访方式。采访权是国家相关法规规定的一种权利，它主要被新闻传播者所享有，所以，普通公民要想获得采访权，必须要经过职业训练，并取得合法的资格证。

2. 创制权。创制权指的是新闻传播者根据媒体的编辑方针，对采集的新闻信息进行选择、加工、编排，最后制作成可以传播的新闻产品的权利。记者深入生活采集的信息往往只是新闻的原材料（包括采访笔记、原始影像等），记者和编辑需要根据编辑方针对原材料进行选择、加工、编辑，最后生产出适合传播的文章、版面、视频和网页等新闻产品。新闻传播需要承担一定的社会责任，在新闻生产流程的各个环节，其实都有把关人在把关，但是，这种把关必须要尊重新闻规律，尊重编辑、记者的创制权，不能恶意操纵新闻生产，扭曲新闻规律，伤害新闻伦理。

3. 传播权。传播权指的是新闻传播者通过一定的传播渠道，将制作的新闻内容传播给受众的权利。采访权、创制权、传播权是新闻传播过程中的职业权利，是保证新闻传播活动正常运转的最基本的权利。如果这三项权利无法获得保障，新闻传播事业的发展就是不健康的，就难以被称为"职业"或"事业"，只能成为其他职业的"附庸"，甚至是"帮凶"。传播权是新闻传播活动最后一个环节所体现出的传播者的权利，它包括报刊的自由送达、广播电视的无障碍覆盖等，任何个人或机构都不能超越法律的规定，任意收缴报刊，阻挠广播、电视节目的播出。

4. 著作权。著作权是作者对自己的作品所享有的防止被他人随便利用的权利。著作权分为人身权和财产权。著作权的人身权,又称精神权利(moral rights),包括发表权、署名权、修改权和保护作品完整权。"人身权由作者享有,既不能转让也不能继承,除发表权之外,其受保护期是不受限制的。"[1] 财产权主要是指作者本人或授权他人采取各种方式,使用作品获得经济利益的权利。著作权是对传播者精神成果的保护,是促进精神文化繁荣和社会文明进步的可靠保证。著作权是知识产权之一,是一个社会文明成果的重要组成部分。有人说判断一个社会的文明程度主要有两个标准:一是对智者的尊重程度,一是对弱者的保护程度。尊重著作权就是尊重精神生产者的劳动,是激励精神生产的最主要动力。新闻传播者是精神生产领域的一支重要的、庞大的队伍,他们的劳动成果理应得到法律的保护和社会的尊重。

(二) 新闻传播者作为媒体职工应享有的权利

职业的本质是社会职能的专业化和个人角色的社会化的统一,新闻传播职业也是如此。新闻传播职业作为精神文化生产的部门,需要承担特殊的社会责任和道德责任;同时,新闻传播者选择新闻传播工作,新闻传播职业成了他们个人生存的来源,是个人扮演社会角色的舞台。对于新闻传播者来说,要想获得一种使命感、自豪感、光荣感,其基本的生存条件和公共权利首先必须得到保障。长期以来,我们对新闻传播者的社会责任、道德培养、历史使命谈得比较多,而忽视了新闻传播者的一些最基本的权利。如果我们仅从微观来考察,每个新闻传播者都是一个活生生的人,他们需要生活,需要社会地位,需要媒体和社会对他们的劳动给予尊重和理解。传播机构的媒体对员工的充分尊重和有效保护,是新闻传播者实现职业理想的第一个台阶,只有新闻传播者拥有良好的工作环境,他们才会进一步考虑职业的社会价值。

第一,新闻传播者享有按时获取工资报酬、享受国家规定的福利待遇以及法定假期的权利。人们在社会上要活得有尊严,首先就应该有一个稳定的职业和体面的工资待遇。新闻传播工作是一个竞争非常激烈的职业,新闻媒体应该给予新闻传播者公平的报酬,能够给他们提供一个愉悦、轻松和活泼的工作环境。当新闻工作者获得了公平的报酬,享受了《劳动法》规定的相关待遇,他们就没有了生活的后顾之忧,媒体就可以充分调动他们工作的积极性、主动性和创造性。目前,我国传媒事业发展很快,传统媒体基本上又属于事业单位,队伍建设受到"编制"的影响特别大。由于体制的原因造成了编制内外的差别,同工不同

---

[1] 魏永征:《新闻传播法教程》,北京:中国人民大学出版社2002年版,第268页。

酬的现象时有出现。一些媒体在用人机制上，会出现违反《劳动法》的现象，使媒体员工失去了对"单位"的情感。

第二，享有对所在媒体的业务管理、政府媒体管理部门的工作提出意见或建议的权利。我国《宪法》明确规定，公民对任何国家机关和国家工作人员，有提出批评和建议的权利。我国的传统媒体基本上都属于事业单位，都是国有资产。新闻传播者作为公民，作为单位的员工，可以对媒体的日常采编业务、经营业务和发展规划提出合理的意见或建议，帮助媒体领导改正决策中的错误，明确发展的目标和方向。媒体的管理部门是政府管理媒体的职能部门，新闻传播者同样可以根据新闻事业发展的实际需要，向管理部门提出合理化建议，有权要求管理部门尊重新闻规律，依据相关的法律法规和合法程序管理媒体。

第三，享有人身安全权利，有权要求媒体对新闻传播者的职业行为实施保护。选择任何职业不能只选择这种职业带来的鲜花与掌声，还要承受这个职业所带来的磨砺、挑战和风险。新闻记者整天走南闯北，不仅要告诉公众世界上发生了什么，而且要揭露黑暗与丑恶，伸张社会正义，所以记者有时还要承担必要的人身安全风险。2003年10月15日，世界报业协会公布了一组统计数字：2003年全球遇难的记者人数是51人，其中16名在伊拉克战争中和战后遇难，7名记者在哥伦比亚被杀，6名记者在菲律宾丧生。而2002年遇难的记者有46名，2001年是60名，2000年是53名，1999年是70名，1998年是28名。[①]

新闻传播者在选择自己职业的时候，就已经默认了接受这个职业为自己带来的风险；但是，从另一个层面来看，新闻行业和新闻媒体应该采取有效的措施，尽可能地避免让新闻传播者付出不必要的代价，尤其是当他们陷入困境时，媒体有责任给予道义上的支持。2006年6月，《第一财经日报》的记者王佑，采写了一篇关于苹果iPod中国工厂女工生存环境的报道，报道披露了iPod工厂的恶劣工作环境。之后，iPod中国主力代工厂——富士康以报道失实为由，将记者王佑与其所在部门负责人翁宝一起告上法庭，并向两名记者索赔3000万元名誉损失费。由于企业索赔金额巨大，深圳法院查封、冻结了两名记者在深圳和上海的房产、汽车和银行账户，两名记者的生活和精神因此受到了很大的影响。这里我们不考虑企业和记者谁对谁错，本案其实还暴露出另外一种关系，即记者与媒体的关系。记者采访是职务行为，记者的过错并非主观故意；按照有关法律，企业可以起诉报社，或者将报社和记者一道起诉，然而，企业却单方面起诉记者个人，

---

① 张斌：《"记者险"探路紧锣密鼓》，http://press.gapp.gov.cn/news/wen.php?val=news&aid=3162。

目的有教训、打压记者之嫌。发生了这种记者与采访对象之间的纠纷和诉讼,媒体应该给予员工必要的法律和道义上的援助,这样才能使员工感受到集体的温暖,让其有归属感。当然,在这次事件中《第一财经日报》给予两名记者有力的支持和援助,报社致企业律师函的第一条就申明:"王佑记者的报道属于职务行为,为此,本报将坚决站在王佑和翁宝的背后,并动用资源,支持其二人全力应对与贵公司的诉讼。"最终,本案以《第一财经日报》与富士康集团"握手言和"而结束。新闻报道毫无疑问要坚持客观性,但记者在实际工作中难免会有缺失,当记者遭遇到各种困境时,媒体应该给予必要的帮助。然而,少数媒体不仅在记者出现失误时不给予支持,对于记者正常开展工作时遇到的问题也不帮助解决,结果导致很多记者丧失职业理想,不敢进行舆论监督,不敢得罪腐败分子,整天做官样文章。中国新闻事业要想获得健康发展,媒体首先应该善待自己的员工,确保他们在和谐、安全、稳定的环境中开展新闻报道工作。

第二节　新闻传播者的职业素养

新闻传播者的职业素养,决定新闻传播事业的发展状况。新闻传播事业是社会发展需要的产物;新闻传播者是社会赋予一定群体的社会角色,一经产生就在社会生活中承担着重要的使命,并以特殊的把握世界的方式发挥着重大的作用。新闻传播者需要广泛地接触社会,需要敏感地把握世界的变动情况,需要快速地采集、编辑、制作各种不同的新闻产品,然后传播给广大公众。新闻传播者独特的社会角色,哲学家、思想家、政治家无法取代,文学家、艺术家也无法取代。随着社会的进步和传媒事业的发展,社会公众对新闻传播者的期望值不断提高。

一、新闻传播者的职业素养

历史上很多新闻记者都曾经根据自身的新闻实践,谈论过职业素养问题。民国初年著名记者黄远生认为记者要有"四能",即"脑筋能想,腿脚能奔走,耳能听,手能写"。邵飘萍曾经要求记者"口齿捷、主意捷、手段捷、行动捷"。胡乔木曾经说:"报纸是人民的教科书,而党报,就是党的教科书。党报的每一个写作者、编辑者、校订者,都是党和人民聘请的老师。"[①] 法国新闻记者兼作家阿尔贝·加缪(Albert Camus)在纳粹占领法国时仍然坚持地下写作,他能够坚持下

[①] 胡乔木:《报纸是人民的教科书》,转引自张之华主编:《中国新闻事业史文选(公元724年—1995年)》,北京:中国人民大学出版社1999年版,第261—262页。

来靠的是强烈的职业意识。1957年他在接受诺贝尔文学奖时说:"无论我们个人是如何脆弱,我们职业的崇高将永远根植于两项难以施行的责任:拒绝就我们知道的东西撒谎和抵抗压迫。"[①] 还有人认为,新闻传播者既要有激情,也要有理性,要有诗人般的激情、历史学家的客观理性、法学家的公平公正、哲学家的思辨思考。这些论述对我们理解新闻传播者的职业素质具有重要的启发作用和指导意义。在新闻传播事业非常发达的今天,只有不断提高新闻传播者的职业素质,建设一支过硬的新闻传播者队伍,才能使人类的信息传播事业获得健康的发展。

(一) 政治素养

新闻传播者的政治素养包括:能够把握历史发展的客观规律,树立科学的世界观和价值观,立场坚定,坚持真理,捍卫真理;能够熟悉国际大势和国内形势,保持清醒、冷静的政治头脑,能够在复杂的国际国内形势面前辨别方向,秉笔直书;具有强烈的人文精神和平民意识,能够深入群众,和人民同呼吸、共命运,不做生活的旁观者。

新闻事业是经济基础通过新闻手段的反映,属于意识形态和上层建筑范畴;而政治是经济的集中表现,是实现经济目的的重要手段,是上层建筑的主导部分,对新闻事业具有重大的影响力。正因为新闻事业总是要受到社会经济制度和政治制度的制约,所以我国新闻界一直注重培养新闻传播者的政治素养,要求新闻传播者有坚定的政治立场和鲜明的政治倾向。毛泽东曾经说过:"新闻工作,要看是政治家办,还是书生办。"[②] 他还根据党性原则对党报工作者提出两个基本要求:一是树立无产阶级世界观和方法论;二是要求宣传人员不能闹独立性,重大问题的处理必须要请示上级,"任何下级人员,不得擅自表示态度"[③]。1948年刘少奇在《对华北记者团的谈话》中指出党和人民需要依靠记者,"你们(指记者)做得好,对党对人民的帮助就大;做不好,帮助就不大;如做错,来个'客里空',故意夸大,反映得不真实,就害死人"。江泽民同志在1996年1月接见《解放军报》社师级以上干部时的讲话中,突出强调要坚持政治家办报。1996年9月他在视察人民日报社时,强调记者要打好五个根底,其中第一个就是要打好理论路线根底。

新闻工作是政治性很强的工作,新闻记者需要具备较高的政治素养,中国新

---

① 〔美〕梅尔文·门彻:《新闻报道与写作》,展江等译,北京:华夏出版社2003年版,《序言》,第8页。
② 毛泽东:《要政治家办报》,转引自郑保卫主编:《马克思主义新闻经典论著导读》,北京:中国人民大学出版社2007年版,第324页。
③ 《毛泽东新闻工作文选》,北京:新华出版社1983年版,第162页。

闻记者更不能淡化新闻与政治的关系。但是,我们在新闻实践中也要注意避免单纯地把新闻等同于政治,甚至为了政治的需要加工新闻。新闻是客观事物变动的报道,失去了客观性、真实性,新闻就失去了存在的理由。1982年7月11日,第四军医大学学生张华,曾因跳入化粪池营救一位老农献出了年仅24岁的生命,从而在全国引起了一场广泛的讨论。然而,"除了张华的同学以外,所有人都认为:张华救活了老汉,以大学生的生命,挽回了老汉的生命。其实,掉进粪池的魏大伯,当时也因为窒息时间过长,根本没有抢救过来"①。在张华事迹的报道中,记者故意淡化"没有救起老汉的事实",为了使英雄形象更加高大,生命价值让位给了政治价值。其后,那些跳下粪池最终捞起张华和魏老汉的群众,虽然同样具有高尚的品德,"但是他们却在公众视野里消失了,原因只有一个:因为他们并没有死去"②。在市场经济深入发展的今天,新闻传播者要能够站在全局上观察事物、分析形势、发现和处置新闻,要时刻关心国家安全、政治稳定和改革大计,但是我们不能再简单地把新闻等同于政治,把新闻工作等同于政治工作。

资本主义社会是大资本控制的社会,是大资本决定的政党政治,过去我们习惯于称资本主义新闻事业具有"无政府主义"。对此,资产阶级新闻学者也进行了反思。1996年,在美国中田纳西州立大学(Middle Tennessee State University)举行的关于新闻教育的研讨会上,哥伦比亚大学新闻学院院长詹姆士·W.凯里(James W. Carey)对美国的新闻教育和新闻事业进行了深刻的反思和批判,痛惜新闻教育失去了人文精神,感慨新闻学学科地位的卑贱。凯里和澳大利亚政治学者约翰·基恩(John Keene)指出,"大众传媒和新闻事业的本质作用在于促进社会的民主和法治,新闻学所重点研究的是新闻事业与民主的关系,因此对政治权力与公民权利、对民主与法治的关注,就成了新闻学的核心"③。

民主与法治是和谐社会的重要内容,是人类文明发展的主要方向。我国新闻传播者应该努力传递民心民情,帮助人民依法参政议政,始终把国家和人民的利益放在第一位,引导人民思考国家发展的重大问题,为国家的民主与法制建设贡献出民间智慧。目前,国内的一些优秀媒体就是站在国家和民族长远利益的高度,对广大读者进行精神启蒙,努力通过客观的新闻表述和理性的逻辑论证,帮助中国人民提高公民素质,推动国家的发展和进步。这种强调社会责任感和

---

① 蒯乐昊:《26年后 寻找英雄张华》,载《南方人物周刊》2008年第12期,第28页。
② 同上。
③ 〔美〕梅尔文·门彻:《新闻报道与写作》,展江等译,北京:华夏出版社2003年版,《译者前言》,第2页。

对人类的终极关怀就是最好的政治素质,就是使新闻传播事业拥有权威性和公信力的可靠保证。

(二) 业务素养

新闻传播是一项实践性、操作性很强的社会工作,所以,新闻传播者要想做好这项工作,必须要具有很强的业务素养和业务能力。随着社会生活的不断发展和进步,人们对精神文化生活的需求越来越高,新闻传播作为精神文化生产的重要领域,必须不断提高产品的质量,才能满足人民的需要。目前新闻传播者的业务素养主要包括以下几方面的内容。

第一,新闻传播者应该具有很强的社会活动能力。新闻传播活动整天要和不同的组织和个人打交道,需要介入各种意想不到的事情,需要先于他人感应和捕捉新的变化、新的信息。正因为如此,新闻传播者要有很强的交际能力,学会在广泛交往中延伸人脉,广结朋友,获得丰富的新闻来源,先人一步得到宝贵的新闻线索。记者通常被人们称为"消息灵通人士",然而现在的很多记者消息并不灵通,往往在很多重大新闻中缺席,甚至新闻事件发生后,也无法从有关方面得到权威的消息来源。每年两会期间,各路记者奔赴北京,在会前、会中、会后展开密集的采访,大事小事几乎都被记者"一网打尽"。在重要的新闻发布会上,多数女记者打扮得非常抢眼,不仅展示了自己,也可以引起发言人的注意,获得宝贵的提问机会。在激烈竞争的环境下,能在同行中脱颖而出、赢得新闻话语权,也是记者社会能力的重要体现。

第二,新闻传播者应该具有很强的新闻敏感性。新闻敏感是指新闻传播者从丰富多彩的社会生活中敏捷地捕捉新闻线索、迅速地判断新闻事件价值的能力。世界每天都在不断地运动变化,产生的信息数量无穷无尽。面对扑面而来的滚滚信息,新闻传播者不可能什么都报,他们必须要根据受众的需要,选择对公众最有意义、最有价值的新闻加以报道。文学生产强调"有感而发"、"言之有物"和"情动于中而形于言"。新闻生产强调客观报道,强调压抑主观色彩。但是,在基本的道理上二者却是相通的。新闻传播者面对火热的社会生活,自己首先必须有敏感性,对社会生活的变动保持无限的热情,能够观察到事物的精微变化,然后才能挖掘到别人没有看到的有价值的新闻。有个新闻专业的实习生到某城市电视台实习,大年三十仍然坚守在岗位上。傍晚当他编好了新闻节目时,发现同事们大都回家过年了,于是他徜徉在陌生的城市,有着莫名的思念和惆怅。这位"准记者"这样描写他当时的感受:"今天我在电视台忙着工作,忘记了春节已经到了。现在走在大街上看到的全是陌生的面孔,站在公交车车站,发现地上丢弃的烟头,也没有一个是自己熟悉的牌子。"这种对细节敏感的能力,同样是新闻工作者所必需的。我们有的记者对一些平淡无奇的小事大惊小怪,对一些影响深远的大事却不甚敏感,甚至是麻木不仁;还有的记者把每天的工作当作生活的惯性移动,机械地采访,强迫自己"作文",然后进入新闻生产线,得到自己的"工分"。自己写的新闻首先不能让自己有所感触,不能让自己有所震撼,那又怎么能够感动受众,向公众传递新的信息呢?

第三,新闻工作者应该具有很强的调查研究的能力。新闻事件并不都是在公开的环境下发生,在现实生活中,往往有很多事件,因为各种主观与客观的原因,被人们忽视,或被人有意隐瞒,甚至被动了手脚,进行了歪曲。对这类事件,新闻传播者需要独立地开展调查研究工作,搜集大量第一手资料,核实现有资料。中央电视台的《新闻调查》栏目曾经对其选题对象做了这样的界定:一个涉及公共利益的新闻事件发生了,这个事件被刻意地隐瞒起来,记者展开独立的新闻调查,最后让事件大白于天下。当前,社会利益盘根错节,新闻传播活动往往会牵涉到不同利益集团的利益,新闻工作者为了保护公共利益,客观、准确、真实地传递新闻,必须要开展艰苦的调查研究活动,甚至有时还要在遵守法律法规的前提下,进行必要的隐性采访。

第四,新闻传播者应该熟悉新闻生产的整个业务流程。从新闻生产的角度看,新闻业务包括采访、写作、编辑、评论、播音等相关环节。任何媒体的新闻传播工作者,都应该熟悉本媒体的主要业务流程,全面掌握多方面的业务技能。如报社的编辑不仅要学会编排版面,还应该具有采访、写作的能力。记者则需要熟悉编辑如何制定编辑方针、如何选稿、怎样排版等业务。同样,在电台、电视台工作的编辑、记者、播音员,也应该打破岗位的界限,熟悉不同岗位的业务。对于整个新闻传播工作来说,语言是新闻传播者谋生的重要工具,所以新闻传播者应该具有很强的语言驾驭能力,这种驾驭一方面是对书面语言的驾驭,另一方面是对口头语言的驾驭。

第五,新闻传播者应该努力学习和运用现代科技手段。随着科技的发展和人类的进步,新闻传播事业对现代科技手段的运用越来越多。对新闻传播者来说,他们在新闻活动中需要用到数码相机、摄像机、数据库、海事卫星电话、电子照排、录音笔等一系列新型采访、记录和播出工具,这些现代科技手段的运用大大提高了新闻传播的效率。同时,新闻传播者还应该掌握现代交通工具的驾驶技术,如摩托车、汽车、汽艇等。当然,个人能力永远赶不上科技发展的步伐,新闻传播者应该具有较强的科技敏感性,能够在各自岗位上,根据工作需要迅速掌握能够用到的科技手段。

(三) 理论修养

具有良好的理论修养,是新闻传播者做好本职工作的前提和保证。过去我们谈到"理论修养",往往有特殊的内涵,专指马克思主义理论水平,而把对文学、史学、哲学等各门知识的掌握称为"知识修养"。这种带着政治色彩去划分"理论修养"和"知识修养"的方式,显然是不合适的。知识是人们在改造世界的实践中所获得的认识和经验的总和;理论是人们在实践中概括出来的关于自然界和人类社会的知识的有系统的结论。所以,理论应该是知识的逻辑化、体系化;知识是理论的基础,理论是知识的升华。根据现代传媒事业的发展,新闻传播者具有的理论修养应该包括下面几个层次:

第一,新闻传播者应该具有广博的基础知识,能够做到"杂"与"专"的统一。新闻传播者要和火热的社会生活打交道,为了对社会生活的各个领域有尽可能深入透彻的了解,必须具有相当广博的知识面,包括古今中外、天文地理、自然科学、人文科学以至风土人情、民俗俚趣等方面的知识。著名记者萧乾曾经自诩是"一个不带地图的旅人",他的厚厚一本《采访人生》记录了他走遍天涯海角的历程。美国《纽约时报》曾有位总编叫卡尔·范·安德(1904—1925年在任),他在数学、化学、物理学等方面均有很高的造诣。1919年爱因斯坦的相对论问世,世人称其著作为"只有他和上帝才能领悟的天书"。然而,安德却以自己的学识涵养意识到这一理论的潜在意义,坚持在《纽约时报》上安排发表许多文章介绍相对论,几年后使爱因斯坦和相对论在美国老少皆知。一次,安德在编辑爱因斯坦在普林斯顿大学演讲的一篇稿子时,发现讲稿中出现了公式错误,于是他打电话向校方核实,校方回答"爱因斯坦就这么讲的"。安德肯定地说:"那么,一定是爱因斯坦讲错了。"最后,他只好去问爱因斯坦本人,爱因斯坦大吃一惊:"安德是对的,我在黑板上抄写时把公式抄错了。"[1] 当然,我们没有必要要求所有的新闻传播者都具有安德那样的知识水平,但是,新闻传播者应该尽可能地了解更多的社会知识,在文学、史学、语言学、哲学、经济学、法学、心理学、社会学、管理学等学科有所涉猎,并在"杂"的基础上,对一两门学科有比较深入的了解,否则就可能在采访和写作过程中犯常识性错误。如有记者把昭君出塞同匈奴结亲的故事,说成"为蒙汉民族团结作出了贡献"。殊不知,蒙古族是在昭君出塞一千年以后才形成的。

第二,新闻传播者应该具有较高的马克思主义理论水平,能够运用马克思主义的基本原理和基本观点观察、分析客观事物。我国的新闻传播事业是社会主

---

[1] 李良荣:《新闻学概论》,上海:复旦大学出版社2008年版,第315页。

义新闻传播事业,党和政府历来要求新闻传播者认真学习马列主义、毛泽东思想,在改革开放后,新闻传播者还要学习邓小平理论、"三个代表"重要思想、科学发展观和习近平新时代中国特色社会主义思想。这些理论是马克思主义在不同历史发展阶段形成的标志成果和理论精髓,新闻传播者只有学好这些理论知识,然后在实际工作中融会贯通,才能增强社会主义新闻事业的党性和战斗性。除了熟悉马克思主义经典理论外,新闻传播者还应该熟悉党和国家的方针、政策、路线,熟悉不同历史阶段党和国家的中心工作和任务,这样才能深刻了解中国国情,正确把握改革开放以来中国社会翻天覆地的变化。

第三,新闻传播者应该具有较强的逻辑思维能力,能够站在时代的制高点上观察历史,从理论上揭示客观世界和主观世界的奥秘。理论思维能力主要指的是一个人的世界观和方法论,具体包括很多方面,如抽象概括能力、分析综合能力、推演归纳能力、鉴别判断能力等。理论思维能力可以帮助我们从具体上升到抽象,从个别上升到一般,从感性上升到理性,从现象上升到本质,进而揭示客观世界的规律。新闻传播者必须要有理论思维能力,能够在各种矛盾和冲突极其尖锐的情况下,明辨是非、真伪和善恶,看准历史前进的方向。过去,我们的新闻工作过多地强调政治性、阶级性、战斗性和党性,这在一定的历史时期是需要的,但今天如果我们继续把这四点作为新闻传播工作的全部内容,显然不符合历史发展的潮流。随着公众的素质不断提高,新闻传播者必须要具有很高的理论水平,才能给受众提供更好的服务。

第四,新闻传播者应该具有怀疑精神、创新精神,敢于冲破保守势力的束缚,对公众进行精神启蒙。新闻传播者并不是学好了各门知识、具有了一定的业务能力就能够为公众服务。精神生产特别强调创新,人类进步需要对旧观念不断突破。新闻传播活动是社会变革的重要力量,新闻传播者应该具有怀疑精神和创造精神,敢于坚持真理,对公众进行精神启蒙。由于文化和教育的原因,我们经常会迷信权威、迷信前人,不敢用审视的、批判的、挑剔的眼光看待新事物,生活中缺少足够的创造力。过去我们在教育过程中不太鼓励孩子们创新,比如很多人在成长过程中都曾经碰到过这样的启蒙智力题:树上有5只鸟,猎人打死了一只,问还剩几只?一个刚刚懂事的孩子很可能会回答:"还有4只。"随后我们的家长会给孩子纠正:"傻孩子,鸟是会飞的,树上没有鸟啦。"家长在教育孩子的时候,似乎将孩子从一条死胡同里拉了出来,其实却把他们推到了另一条死胡同中。2001年,在"中国城市儿童想象力和幻想力科研成果发布会"上,北京师范大学的陈会昌教授公布了一个调查结果:千余名中小学生在回答这个问题时,竟有99%以上的孩子说出了所谓的"标准答案":"一只都没有,因为都吓跑了。"仅有一名小学生的回答与众不同,他说:"还有3只,因为5只鸟是一家,猎人打死了鸟爸爸,吓跑了鸟妈妈,还剩3个不会飞的鸟宝宝。多可怜啊!"像这样的问题本身其实没有标准答案,应该鼓励孩子创新。作为精神文化生产者的新闻传播者,一定要从传统的所谓模式中解放出来,积极思考,勇于在理论上有所创新。

(四)道德素养

前面我们在介绍新闻传播者的职业道德时,已经对新闻传播者的道德素养进行了详细的论述。这里再提一点关于职业要求和公共道德的协调问题。新闻传播者是信息流通的动力,他们需要以最快的速度采集到受众满意的新闻,但是新闻传播者也是社会人,在工作中首先应该遵守社会公德,不能自以为是,摆架子,制造事端。现在个别记者为了捕捉到所谓的"热点新闻",常常希望天灾人祸更大,更够"味",这样才有"猛料"去炒。2002年7月23日,上海石化股份有限公司发生火灾事故,火灾不到两小时便被控制,没有人员受伤,没有重要设备损坏,所以被评定为一般火灾事故。然而,在采访现场竟然有记者嘀咕:"天那么热跑70多公里赶来,是个一般事故,没劲!"新闻传播工作含有巨大的道德成分,所以新闻传播者应该具有极强的责任感和同情心,保持对新闻理想的执着信念。新闻工作要分辨出什么是正义,什么是不正义,并唤醒公众在不正义的现实中建设正义的制度。

社会是公正的,新闻传播者高尚的道德素养会得到社会的承认。2004年年底发生的印尼海啸夺去了30万人的生命,海啸后第三天,《人民日报》记者赵亚辉作为第一批记者中的一员,赶赴重灾区班达亚齐采访灾区重建和国际救援行动。记者在跟随救援队伍采访时,很多灾民为了感谢救援队便拿东西给他们吃。因为灾区现场的东西已经被污染,所以救援队要求队员不能吃灾民的东西;后来灾民意识到这个情况,他们拉着记者和救援队员来到他们家的后院,从树上摘下新鲜的红毛丹。此时大家没有再拒绝,都吃了这种水果。从这件小事上,赵亚辉意识到:当灾民感受到爱的时候,他们会将这种爱再传递给你。确实,新闻工作也是这样,当记者向社会传递"爱"的时候,社会公众也会把这种爱彼此传递。

二、新闻传播队伍的管理机制

在中国,新闻传播机构属于国有事业单位,新闻机构所从事的一切重要活动,都要受到国家行政管理机关的管理。过去我国的新闻传播者被认为是革命队伍中的一个重要部分,今天的记者依然是党的宣传干部。为了使新闻传播者具有必要的素质和能力,为了使他们能够胜任所担负的职责,党和政府对新闻传播队伍一直进行严格的管理。同时,新闻行业内部也通过行业自律,对新闻传播队伍进行动态的管理。

(一) 党和政府对新闻传播队伍的管理

从国家层面来看,我国党和政府对新闻事业的管理部门主要有中共中央宣传部、国家新闻出版署和国家广播电视总局。

新闻传播者的核心队伍是编辑、记者,目前国家对记者队伍实行资格任用制度。记者资格制度是国家对记者实行的一种特定的职业资格许可制度,获得记者证是公民从事新闻采编活动的前提条件,只有获得了记者证的记者才能从事新闻采编职业。目前我国使用的记者证是由国家新闻出版署统一印制和核发的,是我国新闻机构的新闻采编人员从事新闻采访活动时使用的有效身份证件。这里的新闻机构指的是经国家有关行政部门批准获得出版许可证的报社和新闻性期刊出版单位以及通讯社、广播电台、电视台、新闻电影制片厂等开展新闻采编业务的单位。其中,报纸、新闻性期刊的出版单位由新闻出版署认定;广播、电视新闻机构的认定,以国家广播电视总局的有关批准文件为依据。新闻出版署负责全国新闻记者证的核发工作。其中,中央单位所办新闻机构采编人员申领记者证,要经主管部门审核资格条件后,向新闻出版署申报、领取;省和省以下单位所办新闻机构采编人员申领记者证,要经主管部门审核资格条件后,向所在地省、自治区、直辖市新闻出版行政部门申报、领取新闻记者证,并向新闻出版署备案;解放军总政宣传部新闻出版局负责解放军和武警部队(不含边防、消防、警卫部队)新闻机构记者证的审核发放工作,并向新闻出版署备案。

2004年12月9日,新闻出版总署第4次署务会通过了《新闻记者证管理办法》,自2005年3月1日起施行。此后,为进一步加强新闻记者队伍建设和加强社会监管,加快新闻记者证管理规范化、法制化建设步伐,新闻出版总署组织对2005年制定的《新闻记者证管理办法》进行了第一次修订,新修订的《新闻记者证管理办法》经2009年7月10日新闻出版总署第2次署务会议通过并公布,自2009年10月15日起正式施行。

国家广播电影电视总局在2004年6月15日局务会议上也通过了一个管理规定——《广播电视编辑记者、播音员主持人资格管理暂行规定》,并于2004年8月1日起施行。该规定指出:"在依法设立的广播电视节目制作、广播电视播出机构连续从事广播电视采访编辑、播音主持工作满一年的人员,应当依照本规定通过考试和注册取得执业资格并持有执业证书。"

(二) 新闻行业的内部自律管理

目前我国的新闻传播行业性组织主要是中华全国新闻工作者协会和地方新

闻工作者协会、行业新闻工作者协会。中华全国新闻工作者协会(简称中国记协)是新闻工作者的一个行业性组织,是党和政府联系新闻界的桥梁和纽带。中国记协的前身是由周恩来倡导和支持的,于1937年11月8日在上海成立的中国青年新闻记者学会。1949年7月在北平组建中华全国新闻工作者协会筹备会,胡乔木任主任,胡愈之、廖承志任副主任。同年9月,筹备会被国际新闻工作者协会接纳为会员。1954年成立了中华全国新闻工作者联谊会。1957年3月14日,联谊会召开中国新闻工作者第一次代表会议,宣布正式成立中华全国新闻工作者协会。在现阶段,中国记协的主要宗旨是:"团结引领全国新闻工作者,紧密团结在以习近平同志为核心的党中央周围,高举中国特色社会主义伟大旗帜,坚持以马克思列宁主义、毛泽东思想、邓小平理论、'三个代表'重要思想、科学发展观为指导,深入贯彻习近平总书记系列重要讲话精神和治国理政新理念新思想新战略,承担'高举旗帜、引领导向、围绕中心、服务大局、团结人民、鼓舞士气、成风化人、凝心聚力、澄清谬误、明辨是非、联接中外、沟通世界'的职责和使命,坚持正确的政治方向、舆论导向、新闻志向、工作取向,做政治坚定、导向正确、业务精湛、作风优良、党和人民信赖的新闻工作者,为繁荣和发展中国特色社会主义新闻事业努力奋斗,为实现'两个一百年'奋斗目标和中华民族伟大复兴的中国梦提供舆论支持、营造舆论氛围。"中国记协的最高权力机构是全国理事会,每届任期五年。理事由各团体会员单位推举产生,其中包括新闻单位领导人、新闻界知名人士及优秀的记者、编辑、节目主持人等。常务理事会在全国理事会闭会期间负责执行全国理事会决议。常务理事会选举中国记协主席、副主席,任命书记处书记。书记处主持处理中国记协日常工作。1997年11月8日,中国记协60华诞之际,中华全国新闻工作者协会会徽正式启用。会徽图案由中国记协的英文缩写字母 ACJA 组成。CJ 组成心形图案,象征着党的新闻事业深入人心。AA 组成两个向上的三角形,象征新闻导向正确、公正。图案中心的眼睛,象征新闻工作者是时代的观察者、记录者,新闻事业是党和人民的耳目喉舌。

  在行业自律方面,中国记协制定了《中国新闻工作者职业道德准则》,同时为了引导新闻工作的健康发展,还设立了中国新闻奖和长江韬奋奖。中国新闻奖是由中国记协主办的全国优秀新闻作品最高奖,是经中宣部批准设立的全国性常设新闻奖,1990年首次评选,每年评选一次。评选中国新闻奖的一个重要目的就是鼓励新闻媒体多出精品,多出人才,推进新闻事业更好地为人民服务、为社会主义服务、为全党全国工作大局服务。长江韬奋奖原来分别为范长江新闻奖和韬奋新闻奖,2005年根据中央关于《全国性文艺新闻出版评奖管理办法》的精神,将两奖合并为长江韬奋奖。开展这项评选活动的目的是表彰和鼓励广大新闻工作者学习和继承范长江、邹韬奋同志献身人民新闻事业的崇高精神,推动新闻界多出精品、多出人才,检阅和提高我国新闻工作者的政治思想素质和业务水平,培养和造就一支政治强、业务精、纪律严、作风正的新闻队伍。

第三节 新闻传播者的培养与教育

从学科起源来看,哲学、法学、政治学、经济学、社会学、心理学等学科,最早都是从学院起源的,因此这些学科在诞生之初就有了严密的逻辑体系和缜密的理性思维。然而,新闻传播教育走的是从"术"到"学"的道路,直到今天,新闻传播学还徘徊在"有学"与"无学"之间,艰难地为自己的学科地位而努力。世界各国的新闻传播教育都是很晚才开始的,从欧洲最早的印刷所,到美国大众化报纸的兴起,新闻人才主要靠"以师带徒"的方式传授技艺。之后,随着新闻传播事业的发展,对新闻传播人才的需求越来越多,对人才的质量要求越来越高,这时新闻教育才开始逐渐走向正规化,甚至在今天出现大发展的势头。

一、美国新闻传播教育发展的历史和现状

美国是世界新闻传播教育的发源地,直到今天,美国依然是世界上新闻教育和新闻事业最发达的国家。美国的新闻教育可以追溯到内战后初期。1869年华盛顿—李大学举办印刷与编辑培训班,1873年堪萨斯大学开设印刷知识课、宾夕法尼亚大学开设新闻学课程。20世纪初,美国的新闻传播教育走向了正规,1903年俄克拉何马州中央州立大学成立新闻系,1904年伊利诺伊大学、威斯康星大学开设四年制本科新闻教育,1908年密苏里大学成立第一个新闻学院,1912年哥伦比亚大学成立新闻学院。到20世纪30年代中期,美国有450多所高校开设新闻课程,1969年1148所(当时全美有2313所高校)院校开设了新闻传播课程,到了70年代,50个州和一个特区都开设有新闻教育课程,平均每州5所,最多的加利福尼亚州有21所。

美国的新闻传播学教育最早是从英语文学中生长出来的,早期的新闻学老师大多也是来自英语专业。但是,在新闻学教育的发展过程中,教育者越来越感觉到其他学科知识的重要性,并逐渐自觉地将政治学、历史学、社会学、哲学、法学等学科知识融合到新闻传播学的专业教学中。"在美国大学本科的新闻教育中,学生前两年以攻读人文及社会科学课程为主,而后两年学习新闻学专业课程。新闻课程的比例只占25%,人文及社会科学课程占75%,包括自然学、心理

学、语言学、社会学、经济学、政治学等。"① 经过近百年的发展，今天美国大学新闻传播教育逐渐形成了以下三种主要的模式：

（一）专业型教学模式

所谓专业型教学模式指的是新闻院系直接从高中生中招收学生，学生在规定的时间内完成新闻院系的学习计划、获得规定学分后即可毕业的一种教学模式。1908年成立的美国密苏里大学新闻学院是世界上第一所新闻学院，目前该院拥有一个非常齐全的新闻学教学体系，学历层次从本科到硕士、博士，其教学主体就是专业型教学模式。在学习中，学生除了接受新闻学专业教育外，还必须具有某一专业特长，如医学等。在研究生阶段，该校有两种教学模式：两年制研究生教育和"4+1"本硕连读教育。两年制专业方向细分到16种，"4+1"制专业方向有9种。同时，该院还同法学院合作开设了多种双学位专业："法学博士和新闻学硕士"、"法学博士和新闻学博士"、"法学硕士和新闻学硕士"、"法学硕士和新闻学博士"。

（二）嫁接型教学模式

嫁接型教学模式是指新闻院系不直接招收高中生，而是招收已经受过一段时间其他专业教育的学生，学生进入新闻院系后经过一段时间的新闻学教育，毕业后成为复合型的新闻人才。美国早期的著名大学很看不起新闻教育，后来普利策为了提升新闻行业的社会责任感，才通过捐款的方式在哥伦比亚大学创办了新闻学院，直到今天哥大新闻学院还是美国常青藤盟校中唯一的新闻学院。1912年成立的哥大新闻学院是世界上著名的新闻学院，该院除了组织评选普利策奖、杜彭奖外，还拥有著名的报纸《世界报》和著名杂志《哥伦比亚新闻评论》。然而，"这所因'普利策奖'名扬天下的新闻学院只有研究生教育而不设本科教育，而且硕士学位教育只用一年时间完成"②。新闻学院录取学生时注重写作能力和不同的学科背景，因此新闻班成了一个十分多元化的班级。"哥伦比亚大学新闻学院在招收学生上实际是有相当严格条件的，学生一般都已具有较强的写作能力基础。学生中除一部分（大约三分之一）来自优秀的本科毕业生外，另有相当一部分是从事过大约5年以上新闻实际工作的人员，也有一些是从事过

---

① 李建红：《授人以渔：我国新闻学教育改革的难题突破》，http://www.jxgdw.com/jxgd/spsj/zyytt/userobject1ai561058.html。

② 蔡雯：《对美国新闻教育改革的调查及思考》，http://news.xinhuanet.com/newmedia/2005-07/28/content_3278857.htm。

其他工作后改行做新闻记者的人员。"①

（三）寄生型教学模式

寄生型教学模式是指不独立设立新闻院系，也不独立设置新闻专业，而是在其他专业中穿插类似的新闻课程，使学生毕业时具有能够在媒体工作的素质。芝加哥大学社会学系的新闻传播学研究全球闻名，由约翰·杜威、乔治·赫伯特·米德、罗伯特·帕克等人领导的传播学研究是芝加哥大学的一门正式学科。由于芝加哥大学社会学系研究者的出色工作，芝加哥市诞生了许多著名的学术奖项，如波兰农夫奖、金海岸奖、社区城市报纸奖、群体奖和杰克洛尔奖等，这些奖都与大众传媒有关。芝加哥大学还面向广播新闻界颁发著名的贝同奖。然而，芝加哥大学没有新闻院系，也从未开设过新闻课，只是在社会学专业中开设一些类似于新闻报道与写作的课程，而且授课教师大多是优秀的社会学家。

在欧洲一些国家，新闻学教育也在探索变革之中。英国是先有传播学后有新闻学，20世纪30年代，英国的一些社会学家对传播现象产生了兴趣，随之创办了一些研究型的院系，目的不是培养职业记者，而是培养传媒批评者和分析者。英国的新闻教育只有不到30年的历史，其中城市大学（City University）新闻系是英格兰历史最悠久的新闻系，设在艺术与职业教育学院。该校也有大众传播系，但却设在了社会学系。英国新闻教育学会会长罗德·艾伦曾经介绍，在英国新闻专业教学中，"50%以上的课程为非新闻类课程。我们要求本科生都是双学位，比如新闻与当代历史、新闻与社会科学。同时，本科生必须学习母语之外的第二语言并且达到相当的程度"②。法国的新闻学教育也是将具有大学普通文凭或同等学力的学生作为招生对象，很少招高中毕业生，并且招生条件很严格，要求学生兴趣广泛、意志坚定、头脑机灵、反应迅速，还要精通法语、英语，关注现实，喜爱传媒，善于回答，表达通俗。③他们在教学中尽量浓缩传统新闻基础课和专业课，让学生有更多的时间来吸收必需的当代前沿知识学科的营养。如综合性大学波尔多第三大学和图尔大学的技术学院的新闻学专业，向各种学历背景的学生开放，"对象是至少接受过两年高等教育，如有可能，最好是拥有

---

① 吴信训：《美国新闻教育扫描及启示》，http://media.people.com.cn/GB/22114/49489/67480/4602918.html.

② 钟新：《英国：新闻学与传播学严格分界——专访英国新闻教育学会会长罗德·艾伦》，http://www.zeview.com/index.php?option=com_content&task=view&id=265&Itemid=42.

③ 张于让：《法国的新闻与传播教育》，载《新闻大学》2002年冬，第94页。

三年甚至四年高等学历的学生"①。法国新闻学院(IFP)附设于巴黎第二大学，它提供的是适合各种不同媒体的综合型培养课程，入学条件为至少拥有三年或四年高等教育学历。

二、中国新闻传播教育发展的历史和现状

中国的新闻传播教育始于1918年，当时北京大学成立了新闻学研究会，旨在"灌输新闻知识、培养新闻人才"，蔡元培任会长，聘请徐宝璜、邵飘萍为教师，学员有毛泽东等共55人。1920—1929年间，全国有12所大学相继创设新闻学系，主要集中在北京、上海两地。1920年上海圣约翰大学开办新闻系，1924年复旦大学在中文系设立新闻学科，1929年成立新闻系。1924年燕京大学创办了新闻系。总的来说，新中国成立前我国新闻教育规模比较小，有的院校新闻系时办时停，很不稳定。

中国共产党从革命战争年代就开始创办自己的新闻教育机构。1946年到1949年，先后创办了华中新闻专科学校、华北联合大学新闻系、华东新闻干部学校、新华社新闻训练班等。1949年7月上海成立了华东新闻学院，1949年10月北京成立了北京新闻学院。几十年来，我国的新闻传播教育几经挫折，尤其在十年动乱中遭到很大的摧残，当时一些新闻院校没有专业教材，胆子大的老师上课给学生发几张纸(讲义)，多数老师上课不敢写字。改革开放后，随着我国新闻事业的发展，新闻教育也进入了大发展阶段。"1994年以前，国内有新闻传播专业点66个，到2003年9月，在教育部高教司文科处登记备案的专业点达到392个。"② 2005年，我国新闻传播学科学历教学点就有661个(其中广告232个、新闻209个、广播电视146个、编辑50个、传播24个)。目前开办新闻教育的院校主要有综合性院校开办的新闻传播院系，如复旦大学、中国人民大学等；师范院校开办的新闻传播院系，如南京师范大学、天津师范大学等；专业性院校开办的新闻院系，如中央财经大学、北京体育大学等。我国新闻教育发展速度很快，但整体水平有待提高。清华大学新闻与传播学院李希光教授指出，新闻专业除了重点开设新闻学核心课程外，还应要求学生选修人文学科的各类课程，如历史学、文学、哲学等。新闻教育应该面向社会，打造开放型的阳光课堂，不能培养"高学历的废品"。

目前我国新闻教育领域还存在一些困惑与误区。大学教育应该强调独立精

---

① 《法国高等教育学科分类——新闻学》，http://www.esth.net/edu/article.php?id_article=1008。
② 杨华：《新闻传播专业教育中的问题》，载《当代传播》2006年第4期，第67页。

神和批判意识,新闻专业的学生更应该具有人文精神。然而,现有的新闻传播专业体系中,政治课、外语课占有了大量的时间资源,再加上就业市场的压力,学生忙着考各种证书,整天学着打"√"画"○",更耗掉了大量时间,致使专业学习和实践的时间严重缩水。新闻传播专业是实践性学科,于是很多学校在硬件投资上花了很大力气,建实验室,上设备,一些高校设备的先进性甚至超过了地方媒体。一些专业教师更是将技术教育作为赢得学生尊重的手段,学生整天围绕着老师和各类设备忙得不亦乐乎。少数老师将实践性教学等同于采访、写作、编辑等技能教育,甚至以自己的"实践能力"来诋毁高等教育中的"理论教学"。新闻传播专业重视实践和技术是对的,但是,这一专业毕竟是人文学科,更重要的是要培养学生的人文精神、艺术素养和审美趣味。纯粹的技术教育容易使学生产生技术依赖和思维惰性,如果将新闻传播教育仅仅等同于技术教学,用所谓的"先进设备"来武装学生,最终必然使这一学科陷入更大的窘境。新闻传播教育一味跟着业务走,必然导致"大学放弃'阳春白雪'的矜持,将新闻教育降格为业界的培训班"①,最终伤害的是大学精神,动摇的是新闻专业存在的理由。新闻的本质是促进社会的民主和法治,新闻教育必须要面对这一核心内容。身为哥大新闻学院院长的凯里曾经反问我们:"一个并非出自学理的逻辑、连自己的研究对象都整不清的专业如何在高等学府得到尊重呢?"② 还有的新办新闻院校错误地将"人文素养"等同于"文学素养",将"新闻写作"等同于"文学写作",新闻专业成了公共课教师的退路。"有人估计说,约有六成以上的新闻专业实质是文学专业的翻版,原来教文学史的现改教新闻史,原来教文学概论的现改教新闻学概论,教文学写作或基础写作的教师转行为新闻写作教师。"③ 在新闻教育中,我们必须要培养学生的人文精神和探究精神,教会他们如何思考,如何做人,做关心世界和国家命运的人。那种将实践和技术无限放大、遮蔽学生对世界的观察的做法,必然会让新闻传播教育进一步迷失方向。

　　教育的价值不仅在于传递知识,还在于构建起人与世界的融洽关系,改善人的品质,充实人的生活。我国高等教育的发展缺乏规范的市场机制,行政性、区域性的特色很明显,行政干预过多,市场考察不够。一些高校在行政压力、社会压力和市场压力下,难以实现教育理念,行政化色彩越来越浓。新闻传播教育出

---

① 潘忠党:《解读凯里·跨文化嫁接·新闻与传播之别》,http://www.lunwentianxia.com/product.free.9714145.8。
② 同上。
③ 皮传荣:《新闻学教育的文学化误区》,http://www.tj.xinhuanet.com/campus/2006-05/23/content_7070000.htm。

现的问题不是一个专业领域的问题,而是整个高等教育在一个专业领域的表现。事物的发展是永恒的,前进、上升是事物运动、变化的基本方向和总趋势,下降、倒退只是暂时的、局部的现象,它只能干扰而不能消除事物前进、上升的必然性。在新闻教育大发展过程中,我们已经取得了可贵的经验,教学计划、教材建设、学术交流等机制已经建立起来。目前,无论是具有传统优势的新闻教学单位,还是新办的新闻教学单位,都普遍有了忧患意识,都在共同探讨新闻传播教育的未来发展。新闻教育发展的趋势是主流,短暂的困惑是支流。我们相信,通过社会各方的通力合作,中国的新闻传播教育在不久的将来,会再次获得一个内涵式发展。

第六章　新闻传播内容

新闻是新近变动的事实的信息，从物理文本上看，新闻传播内容是以文字、声音、图像的形式存在的信息。然而，现实的新闻传播内容远没有这么清晰、简单，"媒介内容最为有趣的方面可能并不是表面上明显可见的信息本身，而是在媒介文本中出现的有些隐藏的、不确定的意义"①。当我们在接触新闻传播内容的时候，这些物理文本中已经"嵌入"了变化多端的"含义"，此时内容已经不是单纯的传递"真实"信息的中介，而是传播特定"含义"的载体。现实世界中每天发生很多新闻，但是什么新闻能够进入传播通道、以什么样的方式进入传播通道、传播者把新闻内容加工成什么形态，等等，都影响受众对新闻内容的理解，也影响新闻内容的功能发挥。

第一节　新闻事实与信息传播

新闻的本源是事实，新闻应该是对客观事实的报道，新闻本质上还是一种信息。然而，在新闻传播活动中，新闻的表象却变化多端，它往往以多种面目出现在媒体中。为了更深入地理解新闻事实，我们应该要了解新闻事实与拟态环境、信息传播的关系。

一、新闻事实与拟态环境

新闻是事实的报道，新闻要用事实说话。然而，新闻事实和客观事实并不是一码事，它们之间还存在着很大的差异。客观事实是自然界和社会中客观存在的事实，它是不以人的主观意志为转移的客观存在。然而，新闻事实并不是客观事实的简单复制，而是新闻传播者对客观事实认识之后的主观表述，既包含客观信息，又包括传播者的主观信息。新闻强调客观，但传播者是有世界观、有立场

---

① 〔英〕丹尼斯·麦奎尔：《麦奎尔大众传播理论》，崔保国、李琨译，北京：清华大学出版社2006年版，第256页。

的,不同的传播者对事物的选择不同,认识事物的侧面不同,造成了新闻事实与客观事实具有一定的差异性。同时传播者在传递新闻的时候,还要受到世俗权力、受众的需要、组织的控制等因素的影响。正是看到了这一点,李普曼告诫我们"如果要让报纸承担着对整个人类生活进行解释的责任,以使每个成年人都对每个悬而未决的问题产生一种见解,那它们就显得很脆弱,它们必定是脆弱的,在能够想象到的未来,它们将继续是脆弱的"①。

正是看到了客观事实与新闻事实之间的差距,李普曼提出了"拟态环境"(pseudo-environment)的概念。我们需要在现实环境中生活,但是又"不得不在能够驾驭它之前使用比较简单的办法去对它进行重构"②。现实环境是一个太庞大、太复杂、太短暂的世界,我们每个人只生活在地球的一个角落,只能在时间长河中占据一个点,我们无法仅凭亲身体验来感知世界,还必须要通过媒体提供的信息来间接认识世界,正如我们在环游世界之前需要有一张世界地图。人类生活的世界是一个客观环境,人类对客观世界的认识是主观感受,在客观环境和主观感受之间往往会楔入一个拟态环境。拟态环境不是现实环境的简单复制,而是传播媒介通过对象征性事件或信息进行选择和加工、重新加以结构化以后向人们提示的环境。人们在现实生活中的行为往往依据的不是直接而确凿的知识,而是他们自己制作的或者别人给他们的图像,他们在拟态环境的刺激下在世界舞台上东奔西走。"如果他的图像告诉他世界是平面,他就会由于害怕从我们这个行星的边上掉下去而不去靠近那个边缘。"③ 拟态环境不是刻意地制造谎言,而是媒体对客观环境的描写,它虽然不是客观环境本身,但是有时也能达到无懈可击的精确度。

拟态环境虽然会受到很多主、客观环境的限制,无法对客观世界进行完整的复制,但是,新闻传播者在新闻工作中还是应该坚持客观报道原则,认真鉴别消息来源,查证所有的消息内容,尽可能地对世界变动作出及时准确的反映。目前,很多媒体在商业利益的驱动下,像魔术师那样将受众的注意力引开,排挤公众对社会权利的关注,盲目讨好受众,追求轰动效应。很多媒体远离重要的政治新闻,把注意力放在能够吸引公众的事件上,布尔迪厄把这种事件称为"公共汽车",意即服务于大众。"公共汽车式新闻"往往千篇一律,不触及重大事件,能够让所有人感兴趣,帮助公众打发时间。④ 有些媒体钟情于社会新闻,媒体上充

---

① 〔美〕沃尔特·李普曼:《公共舆论》,阎克文、江红译,上海人民出版社2002年版,第286页。
② 同上书,第13页。
③ 同上书,第20页。
④ 〔法〕皮埃尔·布尔迪厄:《关于电视》,许钧译,沈阳:辽宁教育出版社2000年版,第14—15页。

斥暴力、血腥、色情、罪恶等内容,揭人隐私,疯狂炒作,严重伤害了新闻传播事业的声誉,丢掉了新闻传播工作的主要社会责任。

二、新闻事实与信息

新闻在本质上来说是一种信息,新闻传播是信息传播的一种。我国古代诗文中早就有"信息"这个概念,信息最早主要是消息、音信的意思。唐朝诗人李中在《暮春怀古人》中就写有"梦断美人沉信息,目穿长路倚楼台"的句子;唐代进士许浑也写过"塞外音书无消息,道旁车马起尘埃"的诗句。但是现代意义上的信息概念,是从通信工程学、信息科学和控制论等20世纪新兴学科中产生出来的。20世纪40年代,美国的香农和维纳先后创立了信息理论和控制理论,对信息进行了系统的研究,对信息的本质做了理论概括。香农认为信息是降低不确定性的东西,而维纳进一步提出,信息是人与环境相互交换的内容的名称。信息普遍存在于自然界、人类社会和人的思维之中,信息是人类社会实践的深刻概括,是人类生存和发展的至关重要的资源。

香农(Claude E. Shannon,1916—2001)毕业于美国密歇根大学,在麻省理工学院获得博士学位,后来在贝尔实验室一直工作到1956年。1948年,香农在《贝尔系统技术学刊》10月号上发表了两篇文章,比较全面地提出了他的信息论。在《通信的数学理论》中,香农把信息解释为消息,运用统计热力学的方法,来核定人们在传播过程中得到外界信息的量度(信息量),并认为信息是能够消除人们随机不确定性的东西。维纳(Norbert Wiener,1894—1964)是控制论的创始人,他是一位科学天才,10岁就进入哈佛大学学习,18岁在哈佛获得博士学位,后到剑桥大学攻读博士后。1919年,维纳进入麻省理工学院工作,在那里度过了45年的教授生涯。1948年,他出版了《控制论》一书,使控制论和信息论一道成为20世纪具有重要影响的新兴科学。控制论是关于系统内秩序维持的一般法则的科学。维纳认为:"信息这个名词的内容就是我们对于外界进行调节并使我们的调节为外界所了解时与外界交换的东西。接收信息和使用信息的过程就是我们对外界环境中的种种偶然性进行调节并在该环境中有效地生活的过程。"① 1964年,R. 卡纳普提出语义信息的概念,认为语义不仅与所用的语法和语句结构有关,而且与信宿对于所用符号的主观感知有关,因此语义信息是一种主观信息。20世纪80年代,哲学家们提出了广义信息的概念,认为信息直接或间接地描述客观世界,并将信息作为与物质并列的范畴纳入哲学体系。

---

① 转引自周黎、李长青、李弘:《面向信息系统的管理》,北京:经济科学出版社2008年版,第2页。

自"信息"这一概念诞生以来,很多科学家都竭力想给它下一个准确的定义,然而,直到今天信息仍然有多种含义,不同学科背景的人对信息的认识依然有很大的差别。随着超级计算机、宽带因特网、微型移动通信等技术的发展,人们对信息服务的要求越来越高,对信息概念内涵的认识也越来越深化。目前,国内外学者给信息下的定义有几十种,根据这些定义的性质和范围,我们可以把信息分为广义信息、一般信息和狭义信息三大类。

广义信息是指事物存在的方式或运动状态,以及对这种存在方式和运动状态的表征和陈述。世界万物每时每刻都处在运动和变化之中,而客观世界的运动是由物质、能量和信息主导的。维纳认为信息就是信息,它既不是物质也不是能量。维纳的这种定义似乎没有意义,但是他却指出了构成系统的三个要素:物质、能量和信息。没有物质的世界是虚无的世界,没有能量的世界是死亡的世界,而没有信息的世界则是混乱的世界。从广义上看,信息是客观世界中物质和能量存在和变动的有序形式,以及人类社会对这些形式的能动反映和改组。信息传播就是通过物质渠道,由传播者有意识地向受众传递信息的过程。信息传播主要有光、电、声、形、热、波、磁、振动等形式,信息的作用对象是人的感觉器官,如视觉、听觉、触觉、嗅觉、味觉等。信息在传播过程中很容易受到噪音的干扰。

一般信息是指与人类的认识过程和传播活动相关的知识积累。信息的一般概念排除了无机物、有机物的运动和变化的现象,而专注于人类社会在认识过程和传播活动中的知识积累。在历史发展过程中,人类所积累的改造世界的实践经验和对世界的简单认识,以及在此基础上经过人脑的抽象加工,所形成的逻辑化、体系化、系统化的知识体系,如各门学科知识、各种图书资料等内容,都属于一般信息的范畴。

狭义的信息是指能够消除受信者随机不确定性的东西。任何事物都具有自己的内在属性和规律,这些属性和规律通过一定的物质或能量的方式表现出来,如重量、形状、颜色、温度、质感、声音等,这些就是反映事物内部属性的信息。我们在获得这些信息之前,对象事物具有不确定性,我们的行为决策也是盲目的;只有获得了这些信息,我们才能作出正确的行为决策。所以,信息具有帮助我们消除对事物的不确定性的功能,信息的对立面是随机性或混乱状态。

根据对各种定义的考察,"认识主体所感知或所表述的事物运动的状态和方式"[①]是信息的本体论层次,是最宽泛的定义;而不同学科在引入信息这一概

[①] 洪昆辉、杨娅:《论信息存在的复杂性》,http://www.studa.net/zhexueqita/060401/16119736.html。

念的时候,往往对信息的内涵进行一定的界定,从而使信息的定义呈现出一些低级的层次。有学者提出,在信息科学中,人们经常用到"信息"和"熵"的概念,而这两个概念都是先辈们对"复杂程度"在不同场合的称呼,信息反映的是客观事物的组织程度或秩序性,"熵"是客观事物状态的复杂程度或紊乱程度,它们的符号正好相反(一正一负),但实质是一样的。目前,熵的说法比较成熟,信息的说法比较常用,复杂程度的说法更接近结构描述的实质。在新闻传播领域,我们不再考虑工程科学、信息科学中深奥的信息概念,而是采用狭义的信息概念,即信息就是消除受信者随机不确定性的东西。因为信息能够消除人们的不确定性,所以信息应该包含事物的最新变动、最新状态和人们对事物的最新认识。新闻强调新、快、真,所以新闻传播是信息传播的一个部分。从新闻传播领域来看,信息具有以下特点:

(一) 客观性

信息是物质存在和运动的状态,以及人们对这种状态的表征。事物的运动变化是永恒的、客观的,因此客观事物的自我呈现是客观的。我们要想准确把握客观事物,对客观事物的直观描述和抽象推理也应该是客观的。信息、物质和能量是系统的三大要素,三大要素都具有客观性。但是,物质、能量的客观性、稳定性主要是指它们的总量平衡,在具体形式上可以相互转化。如化学变化过程中,物质总量不变,但物质的种类发生了变化;做功过程中,能量的总量不变,但能量的形式发生了变化。然而,信息却是各种物质的固有属性和规律,信息本身一旦生成就不再变化。如客观事物发生变化,人们对这种变化的表征一旦形成,就不会随事物的变化而改变,只不过事物的最新变化还会产生新的信息。历史学的一个重要任务,就是寻找人类曾经丢失的过去的信息,并通过这些信息来"重构"历史事件和历史环境。新闻传播活动也是在记录历史,它记录的主要是当代史,所以在新闻传播活动中,我们要尊重信息的客观性,记录事件发生的真实情况。

(二) 时效性

信息的内容是客观的,是客观事物的运动状态及其表征,而客观事物始终处在不断的发展变化之中,一旦时间流逝,客观事物的存在状态会发生改变,客观事物所折射出的信息也要发生改变。所以,为了准确把握客观事物的运动变化规律,我们一定要尽可能地缩小信宿接收信息与信源发射信息之间的时间差,这样才能最大限度地掌握自然界和人类社会的主动权。正是从这个意义上来看,大多数信息在使用过程中具有强烈的时效性,一条信息在这个时刻信息价值非常高,而在另一个时刻,可能变得一文不值。如一场足球赛,当观众在观看现场直播时,情绪是高涨的,甚至是疯狂的,然而,在看录播的球赛时,虽然画面是一样的,情绪却会大大回落。在一场战争中,情报人员冒着生命危险,从敌方得到了宝贵的信息,这些信息可能会决定战争的胜负;但是,如果这些信息不能得到及时的处理、运用,那么最终会变得没有任何价值。

(三) 共享性

物质消费具有很强的排他性,然而,信息却可以廉价复制,广泛传播,并且在使用过程中具有使用不灭性。人的大脑具有主动性,当信息输入后,人脑会对信息进行再处理、再存储,从而产生更多的增量信息。现在有的学生为了能够在考试中超越别人,往往会有一些"小心思":自己会做的难题一定不要告诉同学。其实,这大可不必,因为信息具有共享性,并能在共享中产生增量。一个学生如果经常向别人讲授自己的知识,他不但能够巩固自己已经学到的知识,而且可以在传授过程中,对很多知识产生新的感悟,进而更加深刻地理解自己所学的内容。从信息传播的效果来看,共享人群越大,信息的价值和效用也就越大,同时信息会在共享中得到加工,被更多地生产出来。我国在改革开放前,信息闭塞,传播落后,人们的精神空间受到很大的挤压;改革开放以后,公共传播渠道逐渐增加了新鲜信息的传播,社会政治文化的变迁迅速地被人们所把握,从而引发了一场深刻的思想解放运动。这就是信息的增值效应。当更多的人获得了大量的鲜活信息的时候,人们的智慧会被激发出来,并在相互碰撞中产生更多的火花,走向更加自由的天空。

(四) 扩缩性

信息在传播过程中可以根据需要被提炼、压缩和简化,也可以被推演、丰富和扩张。举例来说,2009年9月初,最高人民检察院发文规定:省级以下(不含省级)检察院立案侦查的案件,需要逮捕犯罪嫌疑人的,应当报请上一级检察院审查决定。此项改革被称为"捕权上提"。这是很简单的一则消息。但是,如果我们对这则消息的内容进行丰富和扩张,就会发现,它至少包含三层含义:一是规范职务犯罪侦查工作,强化侦查程序中的人权保障机制;二是优化检察院的配置,加强对检察权运行的监督制约;三是推进检察工作一体化,保障检察机关依法独立公正行使职权。信息能够改变系统的结构,使混乱的物质世界变得有序;信息改变系统结构的功能叫作变构功能。不同的信息在对象系统变构区中的作用是不同的,有时极微弱的信息能够引起系统的巨大变化。如一组无线电信号,看似微不足道,却可以使卫星改道,原子弹爆炸;一个小小的火花能够点燃巨大的森林;一句话能够引起一场战争;等等。因此,信息在使用过程中是扩还是缩,主要看接收者"变构"的意图。现代生活节奏很快,人们的阅读时间越来越少,这就出现了两个似乎矛盾的阅读需求:一方面面对海量的信息,人们需要快速阅读,需要信息被压缩成精炼的小单元;另一方面,现代社会信息太多,人们匆忙阅读往往无法了解信息的深刻内涵,又需要有人对重点信息进行深度加工,使人们能够把握物质世界和人类社会变化的核心规律。这两个问题表面上是矛盾的,但内部却是统一的,它们统一在一个基本点上:提高公众把握世界的能力。

(五)相对性

信息只有被描述、被传播后才能进入人的意识系统,才能发挥它应有的价值。对信息的描述可以分主观描述和客观描述两种。客观描述是直接模拟客观事物的发展变化,如电视的直播报道、实验仪器对实验现象的记录等。主观描述是记录者带有主观动机后对信息的描述,如电视解说词、经过编辑后的电视画面等。应该说,对信息的客观描述是很难的,对信息的主观描述是记录信息的主要手段。因为个体的文化背景、知识水平、思维能力有差距,所以不同个体对信息的感受、感知是不一样的,经常是"仁者见仁、智者见智"。正是这些差异,造成了人们对信息的判断和表述的不同。有时,人们从不同侧面、不同角度来认识信息,往往产生的效果也不一样。

(六)组合性

物质和能量存在的各种具体形式,是由它们特殊的组合和运动方式所决定的,并且在不同的层次上展开,所以,结构化的信息才能精确地表达内在含义。当两个或两个以上的信息有机组合时,还会产生新的信息,即信息A与信息B在一定条件下串联后,会产生新的排列组合,产生新的信息C。1999年年初,美国的一些媒体和政客"揭露"美籍华人李文和将洛斯阿拉莫斯实验室的核技术泄露给中国,进而再度掀起了"反华浪潮"。在1999年举行的九届人大二次会议的记者招待会上,美国《时代》周刊记者向朱镕基总理提出了这个问题,而朱总理在回答中,巧妙利用信息组合,化解了美国记者抛来的"政治炸弹"。朱镕基总理回答道:刚才,你要我说明关于所谓中国盗窃美国军事机密的问题。我认为,在这个问题上美国方面的人士犯了两个"过低估计"的错误。第一,过低估计了美国自己的保密能力。据我所知,美国洛斯阿拉莫斯实验室的保密措施十分严密,根本就不可能泄露什么机密,所以直到现在他们没有能够找出那位李文和博士泄露机密的证据,没法起诉他,只好把他解雇了。我们不要忘记历史,历史上曾经有过这种草木皆兵、人人自危的时期,在美国有过这种时期,在中国也有过这种时期。第二,过低估计了中国开发军事技术的能力。中国人是很聪明、很勤奋的,许多华裔美国人的成就就证明了这一点;中国独立自主地开发"两弹一星"也证明了这一点。中国完全有能力开发任何的军事技术,这仅仅是个时间问题。但是请记住,中国是最早声明不首先使用核武器的国家。我们已经停止了核试验,我们和美国已经签订了导弹互不瞄准的协议。我们为什么还要冒政治上和道德上的风险去盗窃什么人的军事机密呢?所以,所谓中国盗窃美国的军事机密的问题,可以认为是一种天方夜谭。[①] 朱镕基没有从正面和记者交锋,而是用"两个低估"巧妙地化解了问题的"杀伤力"。当然,信息在组合过程中要注意适配的问题,信息组合不是胡乱、任意的组合,而是巧妙、有机的组合,要能够使信息在组合后产生更好的传播效果。

三、信息与新闻传播

信息能够消除人们的随机不确定性,能够改进物质世界的秩序。新闻传播是人类社会对新近变动的信息的传播,目的也是要提高人们控制物质和能量的能力,加强人类改造自然、征服自然的主动性、创造性。所以,新闻报道要遵循信息传播的一些规律,从观念上把提供信息作为新闻传播的首要任务,强化新闻传播的价值和效果。新闻传播要想满足公众获取信息的需要,必须要做到以下几点:

(一)提高信息的密度,绘制社会地图

在苍茫的宇宙面前,生命显得渺小而脆弱;面对纷繁动荡的世界,人类时时感到惶恐、苦痛和不安。然而,生命又是顽强的,当人类不断解码自然规律后,生命避开了不利的环境,不断创造自己的辉煌。生命的顽强就在于人类可以认识环境、改造环境;人类的力量能够改造强大的自然,就在于人类掌握了信息,能够通过信息改造系统的局部,进而改造整个系统的结构。今天的世界,是运动、变化不断加速的世界,世界变化越是快速,人类对世界的把握越困难;而新闻传播的责任就是将世界最新的变化告诉给公众,为公众绘制准确的社会地图、世界地图。新闻传播事业是人类生产发展的产物,是人类把握世界的努力,所以新闻传播者和公众之间有了一个传播契约,新闻传播者必须要保持跟信息源的紧密联系,不断深入事件现场,挖掘准确、生动的信息,然后传播给公众,使公众减少对世界的"不确定性"。

人的阅读时间是有限的,一个人拥有的最宝贵的资源是时间。时间资源的稀缺性,要求新闻传播必须要提高内容的信息密度,使有限的内容能够包含更多有价值的信息。对一篇报道来说,内容不能是空话、套话的堆积;对一家媒体来说,要注重内容和功能的定位,既要删除无用、冗余的信息,也不能出现大量没有

---

① 《九届人大二次会议:朱镕基总理会见中外记者回答记者提问》,载《人民日报》1999年3月16日。

必要的重复。新闻媒体在重大事件报道中既不要留下大的漏洞,也不要没完没了地铺陈,浪费宝贵的传播资源。

(二)延伸信息的广度,进行全景扫描

人类生活的世界是一个复杂的系统,任何一个角落的运动变化,都和社会大系统,甚至和世界紧密地联系在一起,所以,新闻报道应该拓展信息的广度,全方位地对事件发生的环境进行扫描,力争从宏观和微观上减少因环境变动而给公众带来的不确定性。在全球化、媒介化时代,国与国之间的疆域被"毁坏"了,地理疆域的作用越来越小,各国的经济、政治、文化正在快速地交融、交流和碰撞。在全球一体化的时代,地球上任何角落的事件都不可能是封闭的、单纯的,而是会通过各种联系,作用于全球生活的各个方面。如美国发生了"9·11"事件,有些人认为这是阿拉伯世界报复美国的事情,与中国人没关系。然而,"9·11"事件后,美国股市、欧洲股市受到重大影响,中国股市同样受到了严重的影响。美国攻打阿富汗和伊拉克后,世界油价疯狂上涨,一次又一次冲破底线。当世界不安全指数上升的时候,中国的石油危机暴露了出来。我国是一个缺油国,石油大量依赖进口,同时国内石油储备不足,一旦出现军事危机,我国的石油安全就受到很大威胁。在经济方面,阿拉伯世界是中国小商品的重要市场,中东地区出现战争,温州的小商品受到了很大的冲击。正因为这个原因,在伊拉克战争期间,我国媒体在关注战事报道的同时,也用了相当精力来关注世界经济和我国经济的变化。特别是一些经济类专业报纸,利用战争为它们提供的舞台,集中力量搜集经济信息,分析经济形势,为我国企业提供了不少帮助和指导。如《中国经营报》在2003年3月24日就策划了"聚焦伊拉克战争特刊",用十多个版面系统全面地报道了战争对世界和我国经济造成的影响。4月7日,《21世纪经济报道》在第6、8版以"战争迷雾考验中国'阳光'"为总标题,安排了一组稿件,比较全面地报道了战争对我国经济可能产生的影响,并提出了一些积极的应对策略。这些文章认为,在中国快速融入全球的时候,这场战争对我国的影响是客观存在的。随着经济的发展,我国已经成为世界第三大石油消费国和第二大石油进口国,因此在战争形势还不明朗的情况下,"中国石油供应风险难以预料"。但我们面临的风险不是买不到油,而是以什么样的价格买油。"极端地说,假如中国石油的1/3,即进口部分都没了,中国经济也不会危险到活不下去的地步,至多是牺牲部分产业。"面对可能出现的困难,这组稿件还对我国有关部门采取的积极措施进行了报道,有效地缓解了人们的恐慌心理。如《多项措施护盘国内油市》指出,早在战争开始前,我国的两大石油巨头就已采取了紧急应对措施,在"海湾炮火前面"购进了储备油。《深圳,燃油电厂危机调查》则具体地从单个企业克服困难的过程中,看到了解决危机的办法。最值得称道的是,这组报道还用大量的篇幅探讨了国家石油储备问题。《国家石油储备启动》一文指出,我国目前石油对外依存度已超过30%,2005年将上升到37%。这将直接影响以石油为消费品的行业——航空、汽车甚至旅游业,进而作用于以石油为原料的化工行业。在这样的背景下,我们必须要加强石油的国家储备力度,石油储备必须走商业和国家相结合的道路。媒体全面、深刻的报道,使我们不再孤立地、就事论事地看问题。获取信息的能力是人们行动的基础,学会获取、判断和使用信息,是现代人谋生的手段。记者是社会的良知,媒体是社会的大脑,记者应全方位地报道新闻事件,提升中国公众使用信息的能力和应对危机的水平。

(三) 挖掘信息的深度,强化深度报道

人类社会是一个自组织系统,人类获得信息后,可以通过对信息的组合、加工,使系统不断地调整到有利于自己的结构上来。所以,新闻传播者应该有敏锐的眼光和深度的分析能力,既要快速地捕捉到世界的最新变动,又要能够抓住事件的本质,找到事件发生的直接原因或根本原因。在信息时代,信息是比物质和能量更为重要的资源。澳大利亚资深记者、西悉尼大学新闻学教授林奈特·伯恩斯(Lynette Burns)说,新闻学的知识分为三个层次:第一个层次是 knowing what,即知道什么是新闻和新闻产品;第二个层次是 knowing how,即具备和掌握新闻实践的技能和了解新闻产品的生产流程;第三个层次是 being able to do,即能够在采集到的信息中,运用新闻学的基本原理,识别出"新闻"。对于一个负责任的新闻传播者来说,他要懂得将事件放到社会背景中去思考,要能通过各种事实和声音寻找核心信息,探寻事件真相,做精确、深刻而生动的报道。

(四) 重视信息的线度,多做连续报道

任何事物都有一个发生、发展的过程,我们要想及时把握环境,不可能等事件明了后再报道,而应该变一次性报道为连续性报道,在动态的信息传递中构成完整的事件过程。现代社会人流、物流、信息流流动不断加快,事物之间的碰撞机会也越来越多,这就提高了突发性事件发生的概率。突发性事件是周围环境突然剧烈变化后的结果,因此,新闻媒体应该进行跟踪报道、滚动报道,不断把事件的最新情况告诉给公众,消除公众的恐惧和不安。记者要想提供第一手的材料,必须要深入现场,采访到真实、生动的人和事。有人认为,西方不少报纸的记者没有到过现场,文章写得同样很"牛",由此他们得出结论——文字记者不一定到现场。这种说法是完全错误的。在汶川地震期间,正是大批记者奔赴地震灾区,不断跟踪进行连续报道,才使我们清楚地看到了灾区的情况,感受到了举国之力的伟大,也更加体会到生命的珍贵。

第二节　新闻传播与新闻宣传

我国的新闻事业是党的事业的重要组成部分,新闻媒体是党在革命和建设时期的重要武器,坚持党性原则是我国新闻媒体的优良传统,所以,在我国,新闻宣传是媒体的重要职能。然而,世界在变,时代在变,国情在变,我们对宣传的认识也在不断变化。媒体可以进行信息传播,也能进行新闻宣传。但是,这两个功能不能简单地画等号,不能以新闻宣传为借口,破坏信息传播规律;违背新闻规律的宣传,难以实现令人满意的宣传效果。

一、宣传的含义与功能

中国古代汉语中,"宣传"一词用得不多,一般指的是宣布、传播的意思。《三国志·蜀·彭羕传》中有:"先主(刘备)亦以为齐,数令羕宣传军事,指授诸将,奉使称意,识遇日加。"这里的"宣传"是"宣上命于下"的意思。《魏略·李孚传》记载:"今城中强弱相陵,心皆不定,以为宜令新降为内所识信者宣传明教。"这里的"宣传"是"相互传布"的意思。在英语中,宣传(propaganda)是一个源于拉丁文的词语,意思是公开发布,在空间中四处传播。1622年,罗马天主教皇格列高利十五世创立了"信仰宣传委员会"(Congregation for Propaganding the Faith),简称Propaganda,意思是通过传教士传播教义,这里第一次将"宣传"一词引申为思想观念的灌输。① 现代意义上的"宣传"一词被广泛使用,是在美国独立战争时期和法国资产阶级革命时期。我国一些语言学家推测,现代汉语中的宣传一词,很可能是日本人以汉字"宣传"意译英语"propaganda",随后传入中国的词汇。②

宣传被广泛重视主要是从第一次世界大战时期开始的,当时美国为了争取国民支持政府参战,动用了大量的人、财、物大搞宣传,并取得了显著效果。在第二次世界大战中,世界各国普遍重视宣传,进而开辟了第二个战场——思想、舆论战场。对宣传进行过深入研究的学者是哈罗德·D.拉斯韦尔(Harold Dwight Lasswell)。拉斯韦尔1902年2月13日出生于伊利诺伊州的唐奈森,16岁进入芝加哥大学学习,1920年获得哲学学士学位,并继续在芝加哥大学政治系攻读博士学位,1926年他完成了博士论文《世界大战中的宣传技巧》(Propaganda

---

① 陈霖:《新闻学概论》,苏州大学出版社1997年版,第258页。
② 程世寿:《公共舆论学》,武汉:华中科技大学出版社2003年版,第302页。

Technique in World War Ⅰ),并于 1927 年成书出版。除这本书之外,拉斯韦尔一生关注宣传问题的研究,曾经写过《宣传与独裁》(Propaganda and Dictatorship,1936)、《世界革命宣传:芝加哥研究》(World Revolutionary Propaganda: A Chicago Study,1903)、《宣传、传播与公共舆论》(Propaganda, Communication and Public Opinion,1946)、《世界历史上的宣传与传播》(Propaganda and Communication in World History,3 卷本,1979—1980)等书籍。拉斯韦尔给宣传下的定义是:"宣传是运用语言、符号等各种表意工具,以控制和影响多数人的思想和感觉,从而达到一定目的的一种企图。""所谓宣传,其实就是思想对思想的战争。"①

"宣传"一词原本是个中性词汇,但是第一次世界大战后,宣传逐渐有了贬义,被认为是"不诚实的、操纵性的和洗脑子的"。1918 年年初,英国政府新闻部门成立了一个战时机构"对敌宣传司"(Department of Enemy Propaganda),由报业巨头北岩勋爵主管。战争结束后,很多学者从各自学科的角度回顾与反思这场史无前例的宣传运动,一些参与宣传的记者"著文揭露战时宣传中歪曲事实、夸大敌方暴行等内幕,并对自己丧失新闻道德的行为表示忏悔"②。20 世纪 30 年代,希特勒执掌德国政权伊始,就成立了由戈培尔主管的"人民教育与宣传部",在长达 10 年的纳粹统治时期,全面控制德国人民的精神生活。在第二次世界大战中德国作战部队还设立了 PK 连,专门从事宣传活动。希特勒和戈培尔的行径,不仅让协约国公众感到极度恐惧,而且也加深了人们对"宣传"一词的厌恶。在今天的西方人眼里,宣传常常与党派私利、偏见等相联系,因此逐渐被人们弃而不用,人们更愿意用"公关"、"广告"等词汇来替代它。鉴于西方学者对两次世界大战的黑暗记忆,因此他们给宣传下的定义大多比较悲观。如"宣传是指通过唤起人民的感情和偏见来对公众思想进行有意控制的方式"③。

在无产阶级政权建立的过程中,宣传起到过积极的作用。列宁曾经把报纸比作是"集体的宣传员、鼓动者和组织者"。毛泽东认为"报纸的作用和力量,就在它能使党的纲领路线、方针政策、工作任务和工作方法最迅速地最广泛地同群众见面"④。改革开放后,我国在探索具有中国特色的社会主义新闻理论过程

---

① 〔美〕哈罗德·D.拉斯韦尔:《世界大战中的宣传技巧》,张洁、田青译,北京:中国人民大学出版社 2003 年版,第 23 页。
② 同上书,《译者序》,第Ⅶ页。
③ 〔美〕戴维·波普诺:《社会学》(第十版),李强等译,北京:中国人民大学出版社 1999 年版,第 609 页。
④ 毛泽东:《对晋绥日报编辑人员的谈话》,转引自郑保卫主编:《马克思主义新闻经典论著导读》,北京:中国人民大学出版社 2007 年版,第 299 页。

中,也在不断地加深对宣传的认识,并且一直把宣传作为我国媒体的一项中心工作。根据我国目前新闻宣传的现状,我们给宣传下这样的定义:宣传是运用各种符号传播一定的观念,影响和引导人们的思想和行为,从而达到一定传播目的的活动。

宣传具有重要的精神力量,因此各国政党、政府历来重视宣传,并不断通过媒介进行宣传活动。美国总统艾森豪威尔曾经说过:"在宣传上使用一个美元,等于在国防上使用五个美元。"宣传之所以受到重视,主要因为宣传具有以下功能:(1) 灌输功能。宣传可以将传播者的思想意图、价值观念传达给受传者,进而使受传者接受传播者的观点。(2) 唤醒功能。宣传可以通过反复传播,激发公众的感情,调动公众的情绪,发挥群众的规模效应和群体效应。(3) 导向功能。宣传可以对符合传播者意图的舆论进行鼓励,也可以对背离传播者意图的舆论进行疏通和截流,从而将公共舆论引导到一个既定的轨道上来。(4) 论战功能。宣传是政治斗争中经常使用的有效的论战武器,它可以组织舆论攻势,将敌对者置于被动地位。(5) 激励功能。宣传可以通过典型报道,帮助人们正确处理物质需求与精神需求、个体需求与社会需求、眼前需求与长远需求的关系,激励和鼓舞人们选择传播者倡导的生活方式。

二、宣传与新闻的联系与区别

新闻与宣传最早是相互纠结在一起的,在政党报纸时期,报纸曾经被作为传播党派观点的重要载体。二战结束后,鉴于对战争时期宣传的反思,人们才逐渐将宣传与新闻区别开。从今天的传播实践来看,新闻与宣传确实是两种不同的社会现象,它们在服务对象、时间性要求和价值观上有很大不同,但是它们之间也有许多有联系的地方。新闻宣传是宣传的特殊品种,它更是把新闻与宣传紧紧地联系在一起。具体来说,新闻与宣传的联系体现在以下几个方面:

(一) 新闻与宣传有共同的渊源

近代新闻事业是随着资本主义的萌芽而逐渐发展起来的,当报刊在社会上取得重要影响力的时候,报刊是以革命的面目出现的。17、18 世纪,在推翻封建制度、建立资产阶级政权的过程中,新兴的资产阶级通过印刷政治小册子、出版书报刊来宣传他们的思想,进行政治革命。在英国光荣革命、美国独立战争和法国大革命中,书报刊宣传了资产阶级思想,教育了广大人民,声讨了顽固的敌人,并最终组织起声势浩大的资产阶级革命。在资产阶级国家政权建立起来后,各国普遍进入了政党报纸时期,当时的报刊经济上依靠政府、政党的津贴,报纸成了政党政治斗争的武器。直到工业革命后廉价报纸才开始大规模出现,才出现了像《太阳报》这样的所谓"独立"的大众化报纸。从新闻事业发展历史来看,报纸逐渐从"观点纸"向"新闻纸"过渡,并且这种过渡还没有最终完成。因此,可以说新闻事业脱胎于宣传活动。

(二)新闻与宣传都是信息传播

从新闻活动和宣传活动的本质来看,它们都是一种信息传播,都是从信源发出信息,经历一定的传播路径,最后到达信宿的过程。信息传播可以分为人际传播、群体传播、组织传播和大众传播几个类型。宣传可以利用多种传播形式进行传播,但大众传播是宣传最重要、最有影响力的一种传播方式。从宣传活动的历史和现状来看,它主要借助的是新闻媒体。法国反抗法西斯力量的领导人戴高乐将军,就很善于利用广播鼓舞军队士气,所以他被人们称为"麦克风将军"。我国各级党委的宣传部门,主要也是通过报纸、广播、电视等新闻媒体组织重大的宣传活动。

(三)新闻与宣传内容上有交叉

新闻是为了告知新闻信息,而宣传是为了传播一定的观念。然而,当新闻价值与宣传价值重合时,宣传的效果反而更好。二战后,西方人虽然不喜欢"宣传"这个词,但宣传活动却在天天进行,只不过被美其名曰"公关"。如第四亿个"客人"进入迪士尼乐园、环保组织领导人和美国总统在白宫草坪上接受电视采访等等,表面上很有新闻价值,但却是最具隐蔽性的宣传。现在媒体上经常有上市公司的业绩、高速公路的剪彩、重要会议的召开等新闻,受众很难具体区分哪些是新闻,哪些是宣传。在2004年年底印度尼西亚发生了特大海啸,中央电视台在第一时间内做了大量的报道,使观众了解到相关国家的灾情、中国同胞的安危、中国救援队的救援、中国人民踊跃献爱心等情况。这些新闻报道体现出中国作为一个新兴大国的责任,展现了中国人民的爱心,是最有意义、最有效果的宣传。

(四)新闻与宣传传播手段相似

报纸、广播、电视、杂志等新闻媒介,既可以传播新闻,也可以作为宣传的手段。目前,网络、手机等新媒体不断出现,新闻传播正在向新媒体快速延伸,而我们的宣传工作,也在跟踪新闻事业的发展变化,努力将触角伸向新媒体。比如,近年来手机普及率不断提高,手机短信成为人际交流的重要载体。目前手机短信主要包括信息联络、祝福感谢、商务社交、色情、危机信息、政治批判和恶作剧等内容,这些内容具有很强的民间色彩和非主流色彩,手机已经成为非官方话语的一个主要载体。面对手机对社会的影响力,我国各级党委和政府一方面加强了技术监管的力度,另一方面主动将宣传阵线向手机领域扩张,在发生重要事件和节假日时发送宣传短信。可以说,新闻传播手段每延伸一步,宣传手段也必将延伸一步。

新闻与宣传虽然有紧密的联系,但毕竟是两个不同的概念,我们在日常生活中,千万不能将宣传与新闻混为一谈。目前人们对新闻与宣传的看法主要有这样几种:一是将新闻等同于宣传;二是认为新闻与宣传是对立的;三是认为新闻与宣传是交叉的;四是认为宣传是个大概念,包括新闻。从当前新闻事业和宣传事业发展的现状来看,我们应该采纳第三种观点,认为新闻与宣传是两种活动,但是它们有一定程度的交叉。

(一) 在本质上宣传传播的是观念,新闻传播的是信息

宣传的出发点是为了满足宣传者的需要,传播宣传者所主张的思想和观点。在实际宣传活动中,宣传主要是传播政府和政党的思想、路线、方针、政策,所以宣传在本质上是观念的传播,是价值观的传播。正因为宣传是意识形态斗争的重要阵地,中国共产党历来强调对宣传阵地的领导权,要求宣传阵地必须掌握在马克思主义者的手中,不能用来宣扬资产阶级自由化,而应该宣传马克思主义、社会主义和党的领导。新闻传播传递的是新闻事实,是事实变动的信息,它的目的是给公众勾勒社会地图。

(二) 在目的上宣传注重改变观念,新闻注重信息告知

宣传的目的在于唤醒公众的情感和情绪,说服受众按照宣传者肯定的价值观看待世界,或者是按照宣传者的意图采取社会行动。"宣传常常利用公众的恐惧和焦虑,制造一种强烈的情绪感染力,然后提供只要接受某种观点就能防止可怕后果的承诺。"[①] 如希特勒的纳粹统治就利用了德国人对20世纪30年代经济崩溃的恐惧,并且提出纳粹政治哲学是避免这场灾难的唯一出路。宣传的目的就是让宣传对象心悦诚服地接受宣传者的观点,然后造成一种对我有利的舆论格局。新闻传播主要是给公众提供服务,没有什么特别的企图,新闻的主要任务在于服务,在于把最新的信息告诉给公众。至于公众对事件如何判断,公众会得出什么结论,形成什么思想,这不是新闻媒体的主要任务。

(三) 在手段上宣传需要不断重复,新闻需要及时更新

宣传带有明确的目的性,其任务就是要改变受众的看法,所以往往采取不断重复的方式,不断对受众进行轰炸,直到宣传者认为受众已经按照他们预设的目标改变时为止。宣传的材料不在乎是历史事实,还是现实事实,只要它能说明观

[①] 〔美〕戴维·波普诺:《社会学》(第十版),李强等译,北京:中国人民大学出版社1999年版,第609页。

点就行。新闻则是易碎品,它强调新鲜和时效,需要把世界最新的变动告诉给受众,所以内容要新颖,最忌老生常谈。

(四) 在原则上宣传强调组织原则,新闻强调客观公正

宣传者总是代表一定的党派和组织,所以宣传工作强调组织性、纪律性、强调按组织意图去寻找材料,说明观点。我国的新闻媒体是党和政府宣传的重要阵地,媒体主要领导是由党和政府任命的,新闻媒体不能脱离党的领导。单纯的新闻报道则不像宣传那样具有强烈的指向性,新闻报道讲究全面、客观、翔实,力图描绘社会的完整图景。

三、宣传价值与宣传要素

为了衡量与检验宣传工作的质量,我国新闻工作者在 20 世纪 80 年代提出了"宣传价值"的概念。"宣传价值就是事实本身所包含的有利于传播者、能够证明和说明传播者主张的素质。"[1] 宣传价值是选择宣传材料、组织宣传活动的重要标准,宣传价值越高的材料越能体现宣传者的意图,越能够被宣传者重视。然而,具有宣传价值的东西,并不一定能够达到满意的宣传效果。宣传是说服的艺术,检验宣传最终成败得失的还是宣传效果。

宣传也是一个信息传播的过程,任何宣传都是为了达到预定的目标,争取良好的宣传效果。宣传作为一个传播过程,主要由七个环节组成:宣传者、宣传对象、宣传内容、宣传场合、宣传时机、宣传动机、宣传方法。这七个环节是决定宣传效果的主要因素。我们要想增强宣传效果,必须做到以下几点:(1) 塑造宣传者自身的形象,增强宣传者在公众心目中的权威性和可信度;(2) 宣传对象具有能动的反应能力,必须尊重宣传对象的智力,不能把他们视为被动的"靶子";(3) 宣传内容不能毫无节制地虚构、造假,真实的宣传内容才能经得起历史的考验;(4) 尽量在封闭的环境下开展宣传,因为这样受外界干扰小,容易取得预期效果,在开放的环境下宣传会碰到观点的交锋,要实现宣传目标比较困难;(5) 宣传要强调时机,不能盲目抢时间,有时为了实现宣传效果必须要把宣传材料"压一压",等时机成熟时再宣传;(6) 宣传都有明确的动机,但是能够产生好的效果的宣传,其动机往往是隐秘的;(7) 宣传方法要灵活多变,宣传过程中要强调宣传技巧。

---

[1] 李良荣:《新闻学概论》,上海:复旦大学出版社 2005 年版,第 294 页。

四、新闻宣传中应该注意的问题

新闻宣传是宣传工作的核心领域,新闻宣传能够通过新闻的形式,巧妙地掩藏宣传动机,能够在潜移默化之中达到传播者的目的。新闻宣传要能够发挥它应有的功能,必须要注意运用宣传艺术。具体地说,新闻宣传必须坚持用事实说话,善于寓理于事,以情感人,以事服人;新闻宣传中要多侧面、多角度地报道事件,防止报道角度的单一化、片面化;新闻宣传一定要把对上负责和对下负责结合起来,尊重公民的政治权利。在长期的宣传实践中,我国政府已经建立起了以政策调节、领导指示和阅评监控为主的一整套宣传管理制度。在这种制度的管理下,我们要防止以政府的导向代替媒体的思考、媒体过于政治化,以及狭隘地将媒体工作等同于"宣传"。如前所述,自第二次世界大战以后,"宣传"逐渐被西方公众认为是一个贬义词,宣传活动也被认为是干涉媒体自由的活动。当公众越来越讨厌宣传的时候,西方政府的宣传工作反而做得越来越有技巧,越来越像新闻。与之相比,我们的宣传工作中却出现了一些问题,影响了媒体的权威性和公信力。这些问题主要表现在以下一些方面:

第一,宣传口径过于一致,影响了媒体声誉。媒体是社会的公器,应该表达社会各阶层不同的声音。"任何'一律'的传播都是有缺陷的"[1],我们不能说来源单一的新闻是假的,但是也不能确定它是真的。在社会矛盾凸现的转型期,如果媒体只发出一种声音,那么媒体的声音只能碰巧完全真实,偶尔部分真实,大多数情况下可能被怀疑是不真实的。在公共舆论多元化的今天,媒体应该相信公众的判断力,让公众在观点的碰撞中去寻找真理,而不是将"真理"硬塞给公众。

第二,片面的、集中的、过度的宣传,激起普通群众作出异常反应。李普曼认为,我们每个人心中都有固定成见,成见中满载着偏见,充盈着爱憎,往往会把我们变成愚蠢的墨守成规者。[2] 在成见的作用下,人们往往认为自己无所不知,认为异己的观点就是错误的、危险的,往往爱做道德裁判,乱贴标签,让判断走在证据之前。在一定范围内,如果多数人的教育水平、认识水平有限,再加上信息闭塞,片面的报道就可能把公众拖到错误的甚至危险的境地。在2008年奥运会圣火传递过程中,部分媒体的片面报道,激起了一些群众强烈的反西方的情绪。这些公众越是处于道德的亢奋中,就越显得浅薄和草率。他们自以为很强大、很道

---

[1] 宋林飞:《社会传播学》,上海人民出版社1994年版,第248页。
[2] 〔美〕沃尔特·李普曼:《公共舆论》,阎克文、江红译,上海人民出版社2002年版,第182页。

德,拒绝理性和智慧,不在乎新闻是否客观公正,而在乎媒体本身的立场;在他们的心目中偏见未必不能接受,关键是它是不是偏向我们这一边。集中的、过度的、片面的报道使很多人放弃了对客观公正的信赖,而选择了狭隘的民族主义立场,最终演变成心理暴力和行为暴力。

第三,保守观望的传播态度,使传统媒体经常丧失舆论阵地。宣传强调服从大局,强调提高安全系数,因此,当碰到突发性事件或重大事件的时候,传统媒体总爱等一等、看一看,等事态明朗后再选择一个保险的角度进行报道。然而,新媒体反应异常迅速,如果传统媒体不及时报道,等于自动放弃优先报道权,甚至放弃了舆论阵地。在重大事件中,如果国内传统媒体不报道,境外媒体又面目可疑,那么我们如何得知真相呢?在汶川地震后,"当新华通讯社比路透社落后十多分钟报道地震的时候,愤怒的消息顿时淹没了整个互联网"①。

第四,宣传动机过于外露,影响了宣传内容的到达率。成功的宣传往往不被受众认为是宣传。如大多数美国人认为美国国内不存在宣传,美国的宣传只针对别的国家。然而,事实并非如此,美国政府的宣传渠道至少有教育系统、公共关系和大众媒体三个途径。美国政府通过教育系统强化了美国社会主导的政治价值观,通过公共关系为政府塑造良好的形象,通过电视演讲和记者招待会巧妙引导社会舆论。遗憾的是,我国的一些媒体工作者,长期习惯于明确地表达宣传意图,提出了很多富有鼓动性的政治口号,宣传效果反而欠佳。

五、我国国际宣传中需要解决的问题

随着中国国际化程度的加深,我国的国家形象变得越来越重要,对外宣传成了我国新的重要的历史任务。2008年6月20日,胡锦涛在考察《人民日报》时所发表的讲话中指出:"当前,世界范围内各种思想文化交流、交融、交锋更加频繁,'西强我弱'的国际舆论格局还没有根本改变,新闻舆论领域的斗争更趋激烈、更趋复杂。"从目前的外宣工作来看,我国的对外宣传工作中还存在一些障碍。为了提高国际宣传的成效,我们还必须花大力气来克服这些障碍。具体来说,应该注意以下几个方面:

(一) 民族情绪与大国责任的调适

中华民族拥有五千年的辉煌历史和灿烂文化,然而,在近代却经历过一段屈辱的历史和心痛的记忆。新中国成立后,我们不忘国耻,奋发图强,"民族情绪"和"悲情意识"成了我们思考问题的逻辑起点:在经济上,我们保持着追赶的心

---

① 史哲等编辑:《信息开始自由流动》,载《南方周末》2008年5月22日第36版。

态,坚信落后就要挨打;在政治上,我们弘扬集体主义精神,防止价值多元化带来国家的分裂;在外交上,我们始终不忘自己曾经是被压迫者,对针对中国的各种言论和行为保持着高度的警惕。

爱国主义和民族精神在任何国家都是宝贵的精神财富,但是,民族精神不等于盲目的自尊和激烈的情绪。今天,中国不再是个羸弱小国,而是一个世界性大国。大国应该有大国的理性、大国的修养、大国的宽容和大国的责任。大国的修养在于面对困难的时候,能够以平心静气的柔性态度去化解干戈。大国不是自封的,而是国际社会对我们的一种肯定、一种奖赏,只有得到包括西方社会在内的国际上大多数国家的承认,中国的大国地位和国际身份才能稳固。

中国正在和平发展,我们需要对民族认同和大国素养进行协调,既要向世界输出商品,也要向世界输出价值观念和思想文化。我们不能盲目自信和傲慢,这样只能四面树敌,遭到更多人的反对。中国要真正成为有影响的世界性大国,我们的国民还应该在心理素质和精神品质上加强修养。

(二) 中国的发展与国际交流的并重

地理大发现和新航线的开通,直接推动和开启了西方资本主义的霸权时代,开始了西方国家主导世界的时代。然而,五百多年过去了,世界发生了许多重要变化,中国在新一轮国际格局的调整中,地位越来越重要。中国越来越多地参与国际事务,中国和西方都要经历心态的调整。

中国曾经是一个封闭的、落后的国家,对普通的西方人来说,他们过去不太关注中国。改革开放后,中国不断强大,在国际舞台上扮演着越来越重要的角色。当一个陌生的、跟西方的价值观完全不同的大国日益发展壮大时,很多西方人在心理上还没有准备好,甚至对中国的发展感到恐惧,"中国威胁论"甚嚣尘上。应该说,西方出现反华浪潮的幕后确实有一些敌对势力的操纵,但是,更主要的还是中西方缺乏沟通和交流造成的。

2008年的金融危机,更让世界人民看到了中国模式的价值。然而,我们在很短的时间内成为世界大国,对大国的身份和角色还有一个理解的过程,对西方主导的国际秩序还有很多不适应,更谈不上改变世界秩序。在多元文化交流的时代,出现文化冲突是正常的,我们的目标是要建立一套解决冲突的机制和办法。在外宣工作中,我们需要对西方反华势力保持警惕,但是不能抓住对方的错误,而拒绝反思自己的言行。目前,我们虽然建立了庞大的外宣体系,但是很少以西方人能够接受的方式去说服他们;我们对反华媒体和言论极端愤怒,却不善于团结亲华媒体,使之为己所用。当西方人带着文化偏见看中国的时候,我们的民族情绪也被激发出来;当两种情绪越来越对立时,我们往往被西方媒体制造的

"普世价值"牵着鼻子走,被动地进行辩驳,结果陷入"被批评—信息封锁—激烈辩驳—动员民族情绪—缓和民族情绪—国家形象受损"的恶性循环。

(三)外宣思维与国际传播的调适

我们的有些媒体在国际传播中民族自尊心特别强,谁要是触碰了我们的民族情感,就会作出激烈的反应。为了宣传我们的正面形象,它们往往报喜不报忧,忽视西方受众的民族心理和文化特征。当遇到突发性事件时,这些媒体首先想到的是"家丑不可外扬",通过各种方式来堵塞信息的外传。然而,在新媒体环境下,信息具有顽强的穿透力,我们的"封锁"等于出让了"舆论阵地",结果导致一步跟不上,步步被动。当我们对海外言论过分敏感的时候,往往会在国际交流中失去理性分析,外宣报道表面上看振振有词,实际上难以被国际社会所接受,甚至起到反作用,使我们更加陷入舆论的旋涡。

当世界进入信息化时代后,各国公民的素质都普遍提高,各国的国际传播正在从宣传型向新闻型、知识型回归,新闻报道也从硬新闻向软新闻拓展,媒体传播从传播者想当然地"推送"转变为受众主动地"拉取"。面对新的舆论环境,外宣工作一定要从宣传思维调整到传播思维上来,以内容的可接受性为出发点,真正赢得海外受众的兴趣和好感。外宣工作主要是意识形态的宣传,但是外宣工作不能简单地等同于意识形态的斗争,不能把意识形态作为唯一的判断标准,而应该尽可能地将其隐蔽起来。舆论引导是一种客观的传播效果,除少数重大的军事、外交事件外,我们要慎用激烈的外交措辞。自冷战结束以来,各国在国际传播中普遍改变了强硬立场,淡化了政治色彩,标榜客观中立,显示全球立场。然而,我国的一些官方传播活动,往往仍带有意识形态痕迹,传播手段显得陈旧老套,结果反而引起受众的反感。在这方面,美国人做得很有技巧。如美国《读者文摘》刊载的《秦始皇的兵马俑》一文,其英文版开头把兵马俑和古希腊神话作对比,这对熟悉古希腊神话的英语国家读者很有吸引力;日文版导语则改为介绍古代长安和秦陵的位置,很适合日本人阅读。

(四)官方宣传与民间交流的配合

我国的对外宣传工作有两条战线:一是政府层面的传播,一是民间层面的传播。对外宣传应该充分发挥两条战线的作用,有效整合传播资源,拓宽对外表达渠道。对外宣传不应该全由政府包办起来,而应该发动民间社会,动用民间力量进行全面覆盖。尤其是海外受众,往往对官方传播采取不信任、不合作态度;而在商业活动、文化交流、人际传播、友好往来等方面,民间力量所能够发挥的作用是巨大的,能够在平静的交往中,使中国的价值观念、文化传统、经济成就被海外受众所接受。民间传播不带有意识形态的色彩,海外受众因而能够感受到来自中国的真诚,宣传效果更加理想。

第三节 新闻价值与新闻选择

新闻每天都在发生,但是不同的媒体报道的事实和观点却千差万别。新闻选择就是新闻传播者根据一定的价值标准,对社会生活中发生的新闻事实进行选择,挑选出适合媒体传播的内容的过程。新闻传播是一种选择的艺术,这种选择贯穿于新闻的采访、写作和编辑等整个业务过程。不同的媒体针对同一个事件,最后报道的内容和显示的立场可能有很大不同,甚至是截然相反,就是因为新闻背后参与选择的把关人不同。如在2003年发生的SARS事件中,西方媒体特别关注中国的疫情,这一方面是报道新闻的需要,另一方面也是政治宣传的需要。很多外国媒体不仅把SARS看成生物病毒,也把它看成政治病毒,想利用这个机会攻击中国的政治制度。如美国《新闻周刊》封面文章的标题是"未来的威胁",副标题是"中国未来的政治后果变化",配的图是看上去很肮脏的SARS病毒;美国《时代》周刊干脆把五星红旗印到两片肺叶上,而肺叶已经感染了SARS病毒。

理想的新闻是对新近发生的事实的客观报道,然而,在实际的新闻传播活动中,新闻内容的选择还要经受来自政治、经济、法律和社会领域的压力,新闻媒体最终传播的内容是多种力量角逐平衡后的结果。但是,新闻事业毕竟是社会发展过程中分离出来的一个职业,新闻事业要想合理地生存下去,必须首先按照行业标准来选择新闻。对新闻媒体来说,直接体现公众的需要、体现新闻行业的特有属性的价值标准就是新闻价值。

一、新闻价值的含义

新闻传播者在选择新闻的时候,要受到个人价值、新闻价值、宣传价值等多个价值体系的影响,但是,在通常情况下,新闻价值应该是占第一位的。新闻价值的概念,最早是由资产阶级新闻学者提出来的,是大众化报纸发展之后的产物。目前,我国关于新闻价值的定义非常多,可谓五花八门;有的认为新闻价值是选择和衡量新闻的标准;有的认为新闻价值是指构成新闻的事实和材料本身具有的能够满足社会对新闻需求的素质;有的认为新闻价值就是影响读者并通过读者影响社会的功能;有的认为新闻价值是指新闻为群众所喜闻乐见的程度以及它在实践中产生影响的广度、深度和作用。

我们在考察新闻价值的时候,一定要追寻新闻价值产生的历史背景。在新闻学产生之前,人们在出版新闻书、手抄报纸、小册子时,就已经有了一定的价值标准,但是当时的价值标准是感觉上的、不系统的标准。随着报纸大众化时代的到来,西方的报人和学者越来越感觉到读者在新闻生产中的重要性,于是,开始有意识地从读者的角度来选择新闻,并逐渐形成了系统的价值判断标准。"新闻价值理论是报人探讨读者偏好的结果,在大众化报刊时期形成系统的理念。"① 因此,我们在给新闻价值下定义的时候,一定要想到受众,不能仅从传者的角度去思考。如有这样的一个定义:"新闻价值是指新近发生变动的事实对新闻传播者传播新的信息之需要的满足。"这个定义完全从传播者的角度来探讨新闻价值,值得商榷。新闻传播者在选择新闻的时候,已经有很多标准;新闻价值是暂时抛开其他价值标准,而单从新闻传播规律的角度,从整个新闻选择的价值体系中离析出的价值。所以,我们可以给新闻价值下这样一个定义:新闻价值是新闻事实中所包含的能够满足社会和公众需要的各种素质的总和。美国学者费莱德·希伯特(Fred S. Siebert)在他的著作《现代大众传播媒介》一书中,将新闻价值概括成五个简单的要素。这五个要素在我国得到了多数人的承认,下面我们来分别介绍。②

（一）时新性(timeliness)

时新性包含两层含义:一是新闻发生的时间越近,新闻的价值就越大;二是越是公众想知道的新闻,新闻的价值就越大。新闻是对客观事物变动的报道,时间一旦流逝,新闻的价值就会迅速降低。公众接受媒体传播的内容时,肯定有一个价值判断。从新闻事业产生和发展的过程来看,人们之所以需要新闻事业,就是渴望突破时间和空间的限制,突破单个生命体的局限,能够更加准确地把握世界的最新变化。所以,新闻的时新性是新闻价值的第一要素。新闻的时新性要求新闻传播者每天都要奔跑在世界的各个角落,用自己的脚板去寻找新闻,记录历史。现在网络媒体崛起,很多新闻网站在重大事件发生时,能够迅速反应,在短时间内收集大量信息,并且配发相关评论和背景资料,大大增强了新闻报道的时新性,也给传统媒体带来了不小的压力。

（二）重要性(significance)

重要性指的是新闻事件发生后对社会的影响力,以及对受众利益的影响程度。凡是同大多数人利害相关,被大多数人所关注的新闻,就值得媒体报道。如台湾政坛的第一大贪污案——陈水扁家族的贪污案,因为牵涉到台湾人民的切身利益,所以台湾媒体高度关注,连篇累牍地进行报道。民进党曾经自诩最清廉

---

① 刘建明:《当代新闻学原理》,北京:清华大学出版社2003年版,第169页。
② 转引自童兵:《中西新闻比较论纲》,北京:新华出版社1999年版,第337页。

的党,现在因为出了陈水扁,完全改变了其在民众心目中的印象。即使在大陆,中央电视台国际频道每天也拿出一定的时段,报道岛内的这桩贪污案的进程,帮助大家了解台湾的真实情况。应该说,像这类涉及政治大局的新闻,理应得到媒体的重点报道,这样才能更好地帮助公众了解其所生活的环境。新闻报道强调新闻事件的重要性,但是也要防止记者单纯为了新闻价值而制造"重要性"。获第七届中国新闻奖一等奖的摄影作品《上学》就曾遭到过这样的质疑。该作品记录的是陕北安塞县的一个村庄,每天有40多名学童要像杂技演员一样过绳桥,其中9名小学生曾先后从4米高的危险"绳桥"上坠入河流。《三秦都市报》的摄影记者第一次看到这个情景时就惊呆了,后来,"一种强烈的责任感使他在两年多的时间里,为拍摄出真实而感人的瞬间,多次与孩子们同行"。然而,该摄影记者的做法却引来了他人的质疑:"面对险情、危情,一个有责任感的记者应该这么慢悠悠地花两年时间等待'惊心动魄'的那一刻的到来吗?难道不应立刻向有关部门反映、报告,不应急速采写稿件(拍摄照片)登报呼吁吗?"① 当然,像这种危及孩子生命安全的事件具有重要性,但是,如果记者仅仅为了提高新闻价值,等待"重要性"的级别提升,以换取新闻的轰动效应,则应该受到公众的谴责。

图6-1 获第七届中国新闻奖一等奖摄影作品《上学》

---

① 叶程鹏:《令人心寒的震撼》,载《新闻记者》2003年第10期,第25页。

（三）接近性（proximity）

接近性指的是新闻内容与受众的接近程度，它又包括地理的接近性和心理的接近性。心理接近又包含职业、年龄、性别等因素。现在电视上民生新闻崛起，民生新闻之所以获得了观众的认可，就是因为这类新闻少了单调、严肃和老套，而多了人民生活中的丰富、活泼和多彩。当观众看到家长里短，看到身边的普通人上电视后，就会产生心理亲近感，从而对电视上传播的内容产生更多的信赖。任何媒体在创办之初，都要进行受众定位和功能定位，这种定位在某种程度上就是要保证媒体刊载的内容要符合传播对象的口味。我国主流媒体要想巩固和提高权威性和公信力，应该更多地关心群众的柴米油盐，关心人民生活水平的提高。人是社会的主体，是新闻的主角，新闻报道必须要关心人，注重对人的描写，这样才能引起受众的共鸣。我国媒体曾在一段时间内最爱做典型报道，塑造了很多先进典型；然而，这些典型大多是"高大全"的英雄，是超脱于群众的神，普通人不可触也不可感。典型报道的水平要想得到提高，必须要全面地、立体地书写人物，那种创造英雄神话的时代已经一去不复返了。

（四）显著性（prominence）

显著性指的是新闻中人物、地点和事件的知名程度。越是著名，越是显要，越是突出的人物、地点和事件，越能吸引读者，新闻价值也越大。在人物方面，明星、政客具有很高的新闻价值。对于普通人来说，日常起居算不上新闻；但是，明星却不同，今天换个发型，明天去个地方，甚至口味变了，与恋人分手等都是新闻。在美国，人们一般尊重个人的私生活，然而1998年当美国总统克林顿与实习生莱温斯基的绯闻被曝光后，美国的广播、电视、报纸把他们的总统当成了"摇钱树"，用大量的版面和时段进行报道。在《斯塔尔报告》上网当天，迫不及待的读者蜂拥而上，导致网络大规模堵塞。在地点方面，各国首都、历史名城、名胜古迹经常是最容易出新闻的地方。所谓事件的显著性，指的是某些事情在客观上不同于普通的事情，能够吸引人们的注意力，如近年关于航天方面的新闻报道。航空航天知识本来是专业性、科技性最强的知识，航天飞机、宇宙飞船进入太空是相当复杂的过程，但是，因为这样的事件意义非凡，所以公众还是对此类新闻感兴趣。我国神舟五号、六号、七号飞船进入太空，其实整个事件最具有冲击力的也就是火箭点火起飞的几秒钟，然而，媒体借助这几秒钟，却能够将大量的背景知识介绍给观众。

（五）趣味性（human interest）

趣味性是指新闻事实所具有的能够调动受众共同兴趣、能够引起受众阅读和观看热情的东西。趣味性一方面指的是轻松、活泼、能够激发公众好奇心的内容;另一方面也指那些能够引起公众非常强的震撼、同情心、爱憎感的内容;第三点我们还应该强调,所谓趣味性并不是单纯地追求刺激、噱头,而是在报道与公众利益密切相关的新闻时,为了增强新闻的可接受性而适当增加一些人情味成分。目前,有些媒体为了提高安全系数,或青睐社会新闻,热衷负面报道,追求轰动效应;或注重娱乐新闻,跟踪明星行踪,深挖明星隐私;或放弃本地新闻,未经核实滥用网络材料,把报纸办成了文摘版。这种单纯为了商业利益,一味讨好受众、放弃硬新闻和本地新闻的做法,严重地影响了媒体的声誉。

和新闻价值的定义一样,关于新闻价值的要素同样有很多种说法。如日本学者关一雄在1933年出版的《报纸新闻研究》一书中,将新闻价值的要素概括为六点:时间的接近性、距离的接近性、著名性、异常性、发展性和感情性。20世纪70年代总部设在英国伦敦的汤姆森基金会(Thomson Foundation)为第三世界国家新闻工作者编写的教科书《新闻写作基础知识》曾经列出了20种要素。1984年美国出版的《广播电视新闻报道写作与制作》,把电视的新闻价值概括为影响、兴趣、信息、可视性四要素。当然,随着新闻事业的发展,业界和学界都还将对新闻价值的内涵作出更进一步的解释和界定;但是,无论如何,新闻媒体都应该从新闻规律的角度、从受众的角度去选择新闻,千万不能让新闻选择让位于宣传价值、政治价值。

二、新闻选择的价值体系

新闻传播内容是新闻传播者按照特定的价值标准,选择新闻事实的结果。从理想状态考察,新闻应该是客观世界新近发生的事实的报道,但是,在新闻传播的整个过程中,还有很多把关人站在不同的环节上,他们的世界观和价值观,都会影响到新闻事实的选择和新闻文本的呈现。我们根据新闻实践的经验,可以将新闻选择的标准概括为新闻价值、个体价值、经济价值、宣传价值、新闻法规等,这些标准构成了新闻选择的价值体系。

(一)新闻价值

新闻传播不可能不受到社会各个方面的力量的干预,所以新闻工作不可能是对客观世界简单的复制和描摹。但是,我们在考虑新闻价值的时候,是将新闻作为社会公器,从受众的角度来考察新闻价值的内涵,所以新闻价值应该体现新闻传播的特殊规律,是新闻选择最基本的价值标准。从新闻价值角度来看,新闻传播者和公众之间有一份契约,公众认定新闻传播者报道的内容是真实的、准确的,而记者有责任尽最大的努力,为公众提供完整而准确的报道。在日常的新闻传播工作中,新闻记者应该保持充分的新闻敏感,能够按照新闻价值迅速判断新闻、采集新闻、传播新闻。在美国"9·11"事件中，当第一架飞机撞上世界贸易中心双子塔之一时，ABC记者唐·达勒(Don Dahler)正在家中。当他看到楼层被滚滚浓烟包围、疯狂的人们从窗户上跳下时，立即抓起电话向公司报道："整个大楼已经坍塌了。"随后他冲下楼进入"零点地带"(Ground Zero)，在布满扭曲的钢梁、浓烟弥漫、火焰熊熊的现场，扛着摄像机整整工作了18个小时。《每日新闻》的记者戴维·汉舒(David Handschuh)当时也在附近，爆炸的气浪将他掀到100英尺以外。他丢掉了眼镜、手机和笔记本，忍受着骨折的痛苦，用未被损坏的数码相机记录下很多画面。他在废墟中记录着新闻，一次次摔倒，并迷失了方向，当天救援人员三次将他从碎石中救出。这些记者能够在第一时间进入灾难现场，就是凭着执着的职业精神。他们在新闻发生的一刹那，首先是用新闻价值来本能地衡量新闻的价值，而不是用其他价值来对新闻的价值进行判断。他们把自己的工作看得很崇高，尽力追求准确与公正，尽可能不让报道留下漏洞，不给受众留下悬念。

（二）个体价值

从事任何职业都有一个自我发挥的空间。新闻传播者首先是以个体的方式存在于一定的社会关系之中，他们既有自己独立存在的方式，也有自己独特的表现方式。所谓"仁者见仁，智者见智"，就是指不同的人对同一事物有不同的看法。每个传播者社会出身不同，成长背景不同，积累的社会经验和社会认知也不同，所以他们都逐渐形成了有别于他人的个体价值，这些价值由独特的认知、情感和意志构成。当作为个体的传播者面对社会生活时，总是通过自己特殊的思维方式，捕捉他认为有价值的新闻事件，然后根据自我对事件的理解、判断和评价，来报道新闻、影响舆论。随着社会越来越开放和宽容，社会对个体的尊重不断加强，个体在新闻报道中的个体价值将起到非常重要的作用。如一个出生于城市中产阶级家庭的记者，当他面对农民工的时候，可能会认为他们贫穷、落后、愚昧。这种认知有时迫于社会压力，不会直接表达出来，但是，会在具体报道中间接地得到体现。从改革开放到今天，农民工作为"新一代的产业工人"，在城市几乎包揽了最苦、最累、最脏、最不安全的活，城市的高楼大厦、宽阔的马路，甚至灯红酒绿的背后，都有他们的汗水。农民工成为很多负面报道的主角，固然是由众多社会原因造成的，但一个又一个记者在面对农民工时，个体价值发挥的作用也是导致这一现象的一个重要原因。

因为成长环境不同、家庭背景不同，个体的社会价值表现出差异是很正常的。对于普通公众来说，在不损害别人利益的前提下，他们有权利坚持自己的价值观。然而，新闻传播者是精神文化的生产者，社会期望记者能够"铁肩担道义",期望新闻传播能够推进国家的民主和法治建设。所以,对于新闻工作者来说,无论他们出生于什么样的家庭、成长于什么样的环境,只要他们选择了新闻职业,就必须要培养自己的民本思想和人文情怀,否则他们是做不好新闻工作的。在充满各种诱惑的当代社会,新闻传播者培养正确的个体价值、坚持正确的个体价值尤为重要。在现实生活中,很多记者刚踏上新闻工作的岗位时,怀揣着职业理想,能够坚持真理与正义。但是,一旦小有名气后,就和权贵打成一片,逐渐远离基层群众,积极融入"精英俱乐部"、"富人俱乐部",进而迷失了自己原有的个体价值观。当记者过度追求功名利禄的时候,新闻就会变成谋求个人利益的手段,甚至演变为记者走到新闻的前台自我炫耀、浅薄作秀。新闻事业的崇高使命赋予新闻工作者伟大的道义责任,新闻工作者在与社会、与他人的交往中,必须要不断完善个体价值,对职业行为进行必要的道德约束,使自己报道的新闻真正成为"明天的历史"。

(三) 经济价值

现代新闻传播业已经发展成为一个巨大的产业;在市场经济环境下,任何产业都有市场运行的规律,都需要遵从一定的商业逻辑和交换原则。当前,新闻传播业内竞争激烈,很多媒体为了提高发行量、收视率和访问量都要屈从于受众的兴趣和广告商的利益。为了实现经济价值,很多媒体在选择新闻素材、制作传播内容时,会对新闻价值做片面的理解,过多地追求趣味性和轰动性。在西方社会,很多媒体为了保证稳定的利益回报,往往不再触碰敏感的社会问题、政治问题,而是按照公众的普遍兴趣,按照工业标准,大批量地生产通俗内容,追求轰动效应和耸人听闻的新闻。一个美国记者批评说,"我们不采写太艰难或太复杂的新闻……我们不采写那些会切断我们生命线的新闻,我们不采写那些过于偏离当前主流偏见的新闻"[①]。

进入20世纪90年代后,我国传媒业竞争激烈,新闻媒体为了提高经济效益,更加注重按受众的口味来"加工"传播内容。如在一些电视节目中,经常受邀请的不是思想深刻、学术严谨的学者,而是思维敏捷、善于跟风、口齿伶俐、能够讨好观众的"辩手"。在2003年"非典"期间,很多电视台都做了大量的直播、评论节目。面对新出现的传染性疾病,最具有发言权的是医学工作者。然而,医学工作者往往注重实践,他们拥有高超的技艺和临床经验,但是在面对摄像机的时候,语言的"煽情性"却远远不够。于是,很多活跃在电视屏幕上的"专家",大多是研究社会学、心理学、传播学,甚至是经济学的"专家",他们口若悬河,教观

---

① 李希光:《找故事的艺术》,北京:清华大学出版社2003年版,第355页。

众如何防病治病,如何消除恐惧,俨然是技艺精湛的"医学工作者"。之所以会出现这种状况,主要是因为电视台有商业压力,只有邀请这些社会工作者,才能挖掘出语言的魅力,才能更好地讨好受众,获得高的收视回报和商业回报。同样,在神舟五号、六号、七号飞船发射直播中,一些自然科学工作者在参与电视节目时,语言谨慎,每个人都只谈自己研究的狭小领域的东西,超出这一领域就不敢随便说。倒是一些管理者、科普作家、主持人、社会工作者,"不知者不为过",在电视镜头前滔滔不绝,那些按照传播标准组织起来的通俗、诙谐的语言,将很多观众固定在了电视机前。

传媒追求商业利益,追求在新闻报道中快人一步,高人一等,会给公众提供多样和多元的信息。在市场经济环境下,传媒只有实现了经济效益,才能更好地发挥它的社会效益。然而,传媒在业务活动中,不能过于商业化,把传媒事业简单等同于"文化工业"。阿多诺曾经对文化工业进行过激烈的批判:"文化工业在大众传媒和日益精巧的技术效应的协同下,大肆张扬带有虚假光环的总体化整合观念,一方面极力掩盖严重物化的异化社会,一方面大批量生产千篇一律的文化产品,来将情感纳入统一的形式,纳入一种巧加包装的意识形态,始终将个性无条件淹没在平面化的社会方式、时尚化的消费行为,以及肤浅化的审美趣味之中。"[1]

(四) 宣传价值

新闻媒体是舆论宣传的重要工具与载体,任何新闻媒体都有一定的政治背景和办报(台)方针,都表现出强烈的政治倾向、利益取向和价值取向。所以,新闻媒体在选择新闻时,还要考虑宣传价值,选择那些最能传播观点、说服公众的新闻去传播。我国媒体主要是党和政府创办的,媒体报道必须要站在党性立场上,坚持四项基本原则,学会在"多种声音"、"没有声音"的情况下,按照党的纪律和组织原则发言,旗帜鲜明、理直气壮地宣传党和政府的方针和政策。

正因为我国媒体是宣传的重要阵地,所以,党和政府一直对媒体进行有效的管理。在制度性的规范下,我国媒体十分依赖官方信息,记者、编辑会按照党和政府的政策、纪律自我审查,确保传播内容不偏离宣传轨道。媒体在坚持正面宣传为主的方针时,一定要注意协调好群众满意和宣传需要的关系,不能完全按照领导意图来选择新闻,放弃媒体的新闻价值。

(五) 新闻法规

发展社会主义民主、建设社会主义法治国家,是我国治国的基本方略,也是

---

[1] 许正林:《欧洲传播思想史》,上海三联书店2005年版,第280页。

实现社会主义现代化的重要目标。新闻传播活动是社会大系统中的一个子系统，它应该受到相关法规的调整与规范。新闻法规是新闻传播活动所应该遵守的法律和规范，它是指导新闻工作健康发展的法律保证。新闻媒体在选择新闻时，一定要坚守法律的边界，不能损害公共利益、法人利益和公民利益。我国虽然没有专门的新闻法，但是，新闻传播活动中需要遵守的法律规范，散落在《宪法》《民法通则》《刑法》等基本法、专门法中。随着社会的进步，人们的权利意识不断觉醒，新闻传播尤其要尊重个体的人格权。人格权是法律赋予自然人和法人的，是为维护生存和尊严所必须具备的人身权利。我国《宪法》和法律确认公民的人格尊严、人身自由和生命、身体、健康、名誉、隐私、肖像、姓名等方面的权利，都属于人格权范畴。人格权是人权的重要内容，属于绝对权，新闻传播活动不能侵犯公民的人格权。

新闻法规所包含的内容相当广泛，那种一味强调新闻法，并把新闻法当作唯一的新闻法规的认识是不全面的。新闻法规不仅指新闻法，而且包括《刑法》《民法典》等各种法律条文。新闻法规是选择新闻的重要标准。但是，记者在依据新闻法规选择新闻时，要防止两种极端。一种是为了避免法律上的纠纷，不敢触及利益集团，绕开重大而敏感的问题；一种是带着"提高知名度，不怕犯错误"的思想，利用一些违规违纪的行为，炒作自己，引起公众注意。新闻法规既保护新闻活动的自由，也限制新闻活动的自由；在法制化的社会里，新闻传播活动必须要遵守法律规范。

新闻选择极其重要，新闻选择的过程也极其复杂。新闻选择是对新闻传播者政治、经济、文化、社会和新闻素养的全面、综合的检测。新闻选择的标准有新闻价值、个体价值、经济价值、宣传价值和新闻法规，但是，在具体的新闻活动中，新闻传播者并不是将所有的价值标准都用上，而是根据媒体性质、新闻性质进行有机组合，以一种或多种标准来选择新闻。如媒体在报道重大政治新闻的时候，往往会忽略个体价值、经济价值，而是按照宣传价值去进行选择；而在报道明星轶事的时候，则不大考虑宣传价值。当新闻传播者有了相关的价值选择标准时，就会在采访、写作、编排等环节，自觉地将这些标准运用于新闻生产的全过程，从而使最终的新闻产品满足媒体预先设定的目标群体的需要。

第七章　新闻传播受众

新闻传播受众是新闻传播过程中的信息接收者,是读者、听众、观众和网民等新闻内容的接收者的总称。我国过去没有"受众"(audience)这个集合性词汇;传播学传入我国后,香港学者余也鲁将"audience"译成"受众"引进内地,该词很快在新闻与传播学界得到了广泛的运用。在新闻传播活动中,受众往往观察不到,正如阿勒(Allor)认为的,"受众的存在是无可名状的,它不存在于任何真实的地方,只存在于分析性的话语中"[1]。尽管受众具有抽象性,但是受众在新闻传播活动中具有重要作用。在现代传播环境下,受众已经从毫无主动性的"靶子",变成具有能动性的新闻传播主体;他们是新闻传播存在的理由,也是新闻传播需要达到的目标。

第一节　受众的地位和权利

新闻媒介在诞生之初就要面对自己的受众,新闻媒介的进步是和媒介受众观的变革紧密相连的。早期的一些新闻传播者坚持"传者本位论",对拥有的话语权非常自信,天真地认为"受众是一群没有判断能力,文化水平低下,欠缺主见并随波逐流的愚民"[2]。然而,随着新闻传播事业的不断进步,很多学者和从业者将受众和传播者同时看作是传播的主体,认为受众拥有信息接收的主动权,传媒要想获得满意的传播效果,必须要尊重受众在传播中的地位,满足受众的信息需求。

一、受众在新闻传播中的地位

受众是一个随着人类传播手段的变化,内涵不断充实和变化的概念。在古

---

[1] 〔英〕丹尼斯·麦奎尔:《麦奎尔大众传播理论》,崔保国、李琨译,北京:清华大学出版社2006年版,第306页。
[2] 周爱群、胡翼青:《受众研究的理论与实践》,南京:江苏人民出版社2005年版,第4页。

希腊和古罗马的城市中,一般都有一个剧院或竞技场,所以早期的受众主要是指公共剧院、歌舞表演、体育竞赛中的观众。早期的受众是世俗性公共事件的观赏者,他们是城市生活的典型现象,带有明显的商业色彩。现代传媒的发展,使受众概念有了新的变化,报纸、杂志、电影、广播、电视、电子出版物等创造了各自的消费者或爱好者。随着网络和多媒体技术的发展,受众的队伍越来越庞大,受众的社会特征越来越多样化。从总体上看,现代受众和古代受众相比,数量更为庞大,分布更为分散,更为个性化和私人化。在大众传媒发展的早期,受到传播媒介的种类和新闻传播手段的限制,传播者处于优越的传播位置,他们可以按照自己的需要确定传播的目的、步骤及传播的内容和方式,受众往往只是传播者施加影响的对象和目标。

传者中心论很快受到经验主义传播学者的批评。随着新闻传播事业的发展,受众不再是消极的信息接收者,而是积极地寻求自己需要的信息;对自己不感兴趣、不需要的信息,受众往往会毫不犹豫地将其抛弃。1964 年,美国学者鲍尔(R. A. Bauer)提出"固执的受众"(the obstinate audience)的概念,认为受众总是顽强地、任性地挑选新闻。20 世纪 70 年代,卡茨等人提出了"使用与满足"(uses and gratifications)理论,认为受众掌握着信息传播的主动权,而媒介则是被动的,大众传播媒介的信息传播,应最大限度地适应受众的要求。

新闻传播是一个复杂的、有序的信息运动过程。在这个过程中,传者和受众占据着渠道的两端,但是这两端不是单线的作用与被作用的关系,而是一个作用与反作用的关系。无论"传者中心论"还是"受众中心论",都在一定程度上弱化了一方,提升了另一方的重要性。新闻传播是在一定的社会原则指导下进行的职业活动,新闻传播者不可能完全按照受众的口味来报道新闻,新闻传播者在传播活动中理所当然地享有主动权。正是从这个意义上来看,新闻传播活动是一个"双主体"活动,传者和受众在新闻传播活动中,同样具有重要位置。

当受众不再被认为是"被动的靶子"的时候,新闻传播者必须要树立正确的受众意识,在坚持客观报道的前提下满足受众的需要。在市场竞争异常激烈的今天,新闻媒体必须要全面认识受众,把握受众的特点,树立正确的受众意识,这样才能够强化新闻传播的效果。从现代新闻传播的实践来看,受众在新闻传播活动中占有举足轻重的地位。

(一)受众是传播效果的检验者,决定新闻媒体的内容选择

媒体的发展有其必然规律,而这个规律是不以传播者的意志为转移的。从微观上看,新闻传播的内容是由传播者决定的,传播者的意图直接决定传播内容的取舍。这使很多传播者误认为"受众是靶子",传者在传播过程中处于绝对的

强势地位,他们能够通过内容的强制播放或议程的巧妙设置来左右受众的思想。然而,当我们从宏观上来考察传媒的发展规律时发现,媒体的发展是由受众的需求决定的,受众是新闻传播效果的直接检验者。媒体的新闻传播要满足受众需要的规律,是媒体发展的自然规律,是不以人的意志为转移的客观存在;它不以传者的意志为转移,甚至也不以受众的意志为转移。媒体的微观发展是片面的、暂时的、偶然的,而媒体的宏观发展是全局的、长远的、必然的,受众在新闻传播中的重要地位是历史发展规律赋予的,不是受众自身的觉醒和定位。

正因为受众的需要决定着传媒的发展,是新闻传播效果的直接检验标准,所以媒体的内容必须要按照受众的要求去选择。对于一次简单的新闻传播活动来说,受众是新闻传播活动的终端,是新闻传播内容的被动接收者,然而,在持续的新闻传播活动中,受众对新闻传播内容的态度,必将通过各种反馈渠道影响传播者。这种影响有些是传者主动搜集的结果,有的则是传者被动地接受。如过去我们的一些机关媒体,整天报道各地的形象工程、政绩工程,新闻只是取悦于少数领导干部,而忽视了广大群众。然而,随着社会的进步,可供受众选择的报道内容增多,机关媒体的模式越来越受到冷落。受众对媒体的好恶影响到媒体的生存,也直接影响到媒体对内容的选择。近年来,媒体上电视直播、舆论监督、娱乐新闻等内容的增多,就是媒体针对受众需要所进行的业务改革。随着受众越来越成熟,他们的欣赏品位也越来越高,媒体越来越需要对新闻进行客观、公正、及时、准确的报道,这样才能给受众提供更好的服务和指导。

(二)受众是新闻产品的消费者,决定新闻媒体的风格定位

新闻传播虽然属于上层建筑范畴,但新闻产品具有商品性,也是一种商品。商品具有价值和使用价值。价值是凝结在商品中的无差别的人类劳动,而使用价值是指商品能够满足消费者某种需要的属性。一个物品要想成为商品,它首先必须具有使用价值,没有任何使用价值的东西,谁也不会去买它,也就不能成为商品。新闻传播活动的存在是为了满足人类传播信息的需要,是人类聚合个体力量实现社会化生存的重要手段。随着人类社会的进步,今天的新闻传播事业已经发展成巨大的产业,新闻产品越来越把满足受众的需要作为自身努力的一个目标。我国在计划经济年代,新闻媒体是由党和政府来办的,媒体是事业单位,媒体的日常运转经费几乎全部来自财政拨款。在媒体资源非常匮乏、媒体掌握着话语权的时候,媒体传播什么内容受众便获得什么内容,受众没有多少选择机会。然而,改革开放后新闻传媒的改革和发展,大大拓宽了新闻传播的渠道,受众的选择不断增多。同时,政府在媒体管理体制上不断改革,很多地方政府在财政压力下,纷纷给当地媒体"断奶",这也使各地媒体不断由纯粹事业型向事

业与产业兼具型转变。走向市场就等于选择了竞争,在市场压力下,很多媒体都把赢得受众作为业务发展的重要指标。现代媒体的一个主要收入来源是广告,而广告主在投放广告时,也要根据媒体的发行量和收视率,对媒体的媒体价值、版面价值、时段价值进行认真评估,有选择地购买,将有限的广告费用在刀刃上。

在市场中谋求发展的媒体,必须要考虑受众的兴趣和爱好,这样才能得到受众的认同,获得良好的社会效益和经济效益。在激烈竞争的市场中,任何一家媒体都不可能通吃。要想在媒体竞争中取得自己的优势,媒体必须充分利用自身有限的资金和物质资源,从市场细分入手,确立目标市场,然后进行市场定位,形成与众不同的风格。如南方报业传媒集团就是以"品牌媒体创新力量"为轴,形成了文化传播的"七色彩虹",即集团的七大业务:平面媒体、网络媒体、移动媒体、文化出版、文化会展、文化实业和传媒的社会公益活动。南方报业传媒集团不仅七大业务有具体分工,各有自己的目标市场,而且各个业务领域内部的媒体也各有分工,各有特色。如《南方日报》坚持"高度决定影响力"的办报方针,以其不可替代的权威性强、公信力高、品质高的主流新闻和深度报道,铸就高品位的大报风范,成为广东地区唯一主打高端读者群的政经大报。《南方周末》在1984年2月12日刚创刊的时候,就自觉承担起"作为党报的补充"的使命,目前它的创办者更将这种"补充"定位在"启蒙"上——做沟通知识分子和大众的桥梁,对读者进行科学与民主的启蒙。《南方都市报》以"拒绝平庸,追求卓越"为办报理念,深入城市生活,引领时代风尚,紧追经济热点,捕捉大众焦点,成为城市市民最喜闻乐见的都市报。该报秉持公正、坚持良知的社论和不拘一格的时评成为推动社会进步的一股力量。还有《21世纪经济报道》、《南都周刊》等媒体,都有各自清晰的定位。一家媒体能否在市场中站住脚,主要看它是否有特色,是否能满足受众的需要。南方报业传媒集团以其敏锐的市场观察力和高度的社会责任感,既实现了良好的经济效益,又获得了目前其他媒体无法替代的社会效益。受众是多样的,新闻媒体也应该以多样的风格,满足不同文化层次、不同需要层次的受众的需要。媒体只有根据受众不断增加和变化的文化需要改进传播内容,才不会在激烈竞争中被淘汰。

(三)受众是新闻传播的参加者,决定新闻媒介的变革方向

新闻传播不是传者的单向活动,而是"传—受"双方的协同互动。早期传播学界流传魔弹论,认为受众是被动的靶子,媒体传播的内容就像子弹一样,只要射出就能够将受众击中。然而,随着传媒事业的发展,新闻传播学者越来越发现,受众是有既有倾向的主动的人,他们可以有选择地接触新闻媒体,可以有选择地接受传播内容,也可以对传播内容有选择地进行理解。传播者对受众地位

的重新认识，使新闻媒体越来越重视按照受众的接受标准来加工传播内容。然而，传者与受众分处于新闻传播的两端，传者是明确的，受众却淹没在芸芸众生之中。为了能够尽可能地把握受众的兴趣、态度和意见，新闻媒体越来越重视受众调查。除了媒体通过主动的受众调查、收视率调查、发行量调查等来了解受众的心理特征和行为特征外，受众自身也可以通过读者信件、舆论评价等方式主动反馈自己的意见。这些通过各种渠道向媒体反馈的意见，影响着媒体的内容制作、风格定位和变革方向。

过去，我国媒体普遍将自己看成是宣传的喇叭，不仅垄断了媒体市场，而且垄断了媒体内容。在没有危机感的工作状态下，很多媒体认为只要自己吹响冲锋号，受众就会像士兵一样持枪跟着媒体前进。再加上行政力量过度而频繁地干预媒体日常事务，使得媒体习惯于当"传声筒"，缺乏改革的决心和动力。直到今天，由于媒体管理体制改革的相对滞后，一些媒体依然固守着传统的思维模式，新闻报道缺乏创新和活力。

（四）受众是信息权利的持有者，影响新闻媒体的监督力度

围绕信息传播能够衍生出一系列公民权利。过去，人们常常把与信息相关的权利理解为传播者的权利，然而，随着新闻传播事业的发展，传播场域不断向社会开放，社会公众不仅可以通过信息反馈影响传播者的行为，而且可以直接参与传播，自己生产传播内容。当我们考察人类新闻传播历史时可以发现，新闻传播的诞生就是人类信息交换的需要，而不是少数人控制其他人的思想的需要。所以，从根本上来看，与信息相关的权利是公民的权利，它应该属于每一个公民。过去，公众因为时代背景和物质条件的限制，不能够很好地使用新闻媒体，而现代传媒环境的变化，使每个公民都有了实现自身权利的物质基础。从新闻传播发展趋势来看，媒体控制是特定的历史现象，实现公民信息权利是历史的必然的根本的规律。媒体之所以有力量，就是因为媒体可以反映社会舆论，可以对公共权力进行有效监督。在西方国家，媒体被称为"第四势力"，记者被称为"无冕之王"，无论是政界还是商界都不敢小视媒体的力量。

我国的国情和西方社会有根本的差别，政府和媒体在根本利益上没有分歧，都是代表公众利益的重要力量，所以人们习惯于把我国媒体称为党和人民的喉舌，或国口和民口。但是，在社会的局部领域，少数腐败分子和利益集团还在侵犯公众的利益。社会的和谐稳定不是静止的、固态的，而是动态的，社会主义和谐社会的建立还需要媒体对公共权力、利益集团和社会现象进行监督，通过舆论力量来矫正社会发展过程中的越轨行为。媒体的监督不是媒体从业人员的监督，而是社会舆论监督；媒体的力量来源于媒体能够代表广大人民的声音，来源

于媒体能够快捷、准确地揭示社会真相,来源于媒体能够对社会舆论进行理性的引导。

二、受众在新闻传播中的权利

受众在新闻传播中所享有的权利是公民的基本权利之一,国家应该逐步为公民实现信息传播权利提供坚实的物质保证。在人类发展历史上,生产力总是从低级状态向高级状态不断发展,并且呈现出加速度的趋势。生产力的发展是一切社会进步的物质基础。随着生产力的快速发展,公民的权利意识不断觉醒,尊重公民在新闻传播中的各项权利成了历史发展的必然趋势。今天,受众在新闻传播过程中所享受的基本权利主要包括接近权、知情权、表达权、监督权等。"尽管受众在现实中很难彻底享有这些权利,尽管受众本位只是一种理想状态,但受众在传播中的权利越来越明确,这是不争的事实。"①

(一) 接近权

接近权(the right of access to mass media)是指公民或组织利用传媒接收信息、发表言论以及开展各种社会和文化活动的权利。传媒接近权将社会公众视为权利主体,要求媒体向一般民众开放,允许公众自主参与媒介传播。接近权最早是由美国学者 J. A. 巴隆提出的,1967 年他在《哈佛大学法学评论》上发表了《接近媒介——一项新的第一修正案权利》一文,首次提出了"媒介接近权"的概念。1973 年,他又出版了《为了谁的出版自由——论媒介接近权》一书,该书对接近权进行了系统的论述。巴隆认为,《宪法第一修正案》规定的言论自由属于每个社会成员,而不是作为私营企业的传媒;在传媒越来越集中的情况下,社会应该将接触媒体的权利真正交还给公众。我们知道,美国宪法规定了公民拥有言论自由的权利,然而,这种权利在实现的过程中有个致命的障碍,那就是在传媒过度私有化的情况下,表达自由成了大资本的言论自由,普通公众被排斥到知情权、表达权之外,享受不到宪法规定的权利。媒介接近权的核心内容就是要求传媒向公众开放,促进信息被公众充分地接触和认识。知情权的概念已经提出四十多年了,虽然它还没有被明确地写进法律条文,但是在传播实践和司法实践中已经体现出它的价值:一是社会成员在受到传媒的攻击或诽谤时,有权要求媒体刊播道歉声明,恢复名誉。目前在司法实践中,已经积累了无数关于公众人物指控媒体侵犯隐私、捏造事实的案例。二是能够在付费的前提下允许公众刊播意见广告。在政治选举中,西方国家的媒体刊登选举人的意见广告是一项重要

---

① 周爱群、胡翼青:《受众研究的理论与实践》,南京:江苏人民出版社 2005 年版,第 16 页。

的业务。三是在多频道的有线电视系统中规定,必须开设允许受众自主参与的开放的频道。现在,一些国家已经把开设开放频道作为颁发电视执照的附加条件。媒介接近权是保障公民言论自由的主要手段,是知情权、表达权、监督权实现的前提,也是保证公民参政议政的重要前提。

我国是社会主义国家,传媒基本上是国有体制,因此从理论上看传媒能够被广大人民群众利用。然而在实际的传播实践中,还是存在着损害公众接近权的案例。2009年4月16日,新疆某实业投资公司因为受到媒体的批评,于是禁止当地《都市消费晨报》进入旗下所有楼盘,其中涉及73个小区,1.4万订户。在舆论监督过程中,被监督方有利用媒体进行回应和申诉的权利,媒体有允许批评对象向公众作出解释的义务。但是,像这种利用手中的物业管理权强行破坏报纸的发行渠道的做法,严重地侵害了广大订户的媒体接近权。目前网络、手机等新媒体的崛起,使公民的接近权得到了很好的物质保障,因而出现了一大批"公民记者"。2000年,韩国记者吴延浩创办了全球第一家公民新闻网(www.ohmynews.com),并提出了一个响亮的口号:"每个人都是一名记者"(every citizen is a reporter)。2005年7月7日,伦敦的地铁发生爆炸,最早的新闻是现场目击者用手机发布的。今天,在我国,"越来越多的人倾向于借助网络平台发表自己的见闻,BBS、博客、播客、移动互联网、即时聊天工具等成为主要载体,这些内容已成为公民新闻的最主要的来源"①。然而,我国的极少数地方官员还没有跟上时代发展的步伐,一些地方政府在面临突发性事件、遭遇到网络的围追堵截后,直接的反应就是对网站进行过滤和封堵。这种缺乏法律意识、利用行政权力简单阻碍公众接触相关媒体的做法,同样是侵犯公众接近权的行为。

(二) 知情权

知情权(right to know)又称知悉权、资讯权、信息权、知晓权等。作为公民的一项基本权利,知情权指的是公民知悉、获取社会公共领域的信息,以及与本人相关的信息的自由和权利。"在新闻传播领域,(知情权)特指受众通过媒介获取上述信息特别是公共生活信息的权利。"② 知情权是现代社会生活中最重要的公民权利之一,然而在相当长的时间内,知情权没有获得明确的概念,在新闻自由的提出者和立法者那里,并没有单独的"知情权"概念,知情权更多地以隐含的方式附属于公民的其他权利之中。在近代资产阶级民主思想家的著作和一

---

① 石磊:《从公民新闻看传媒接近权的实现路径》,http://www.chuanboxue.net/list.asp?unid=5384。

② 李良荣:《新闻学概论》,上海:复旦大学出版社2005年版,第223页。

些早期资产阶级民主革命的文献中,"知情权"有所反映,如法国的《人权宣言》等。瑞典是较早在法律上明确知情权的国家,它于 1776 年通过立法确定了政府文件向人民公开的原则。

一般认为,最早提出"知情权"概念的是美国记者肯特·库柏(Kent Cooper)。库柏是印第安纳人,14 岁开始就为当地报纸做报道工作。1910 年,库柏被美联社任命为通讯主管,1920 年升任总编辑助理,1925 年出任美联社总经理(executive director),1948 年退休。库柏主持美联社时期,提高了美联社的工作效率和新闻质量,这使他在美联社的发展史上留下了很深的印记。在第二次世界大战中,美国对新闻界也实行了战时管理。1942 年 1 月 15 日美国政府颁布的《美国报刊战时行为准则》(Code of Wartime Practice for the American Press)严格规定:"所有印刷品不得刊登有关军队、飞机、舰船、战时生产、武器、军事设施和天气的不适当的消息。"① 同时,在第一次世界大战结束时停止的军方新闻检查制度,在第二次世界大战中又得到了恢复,并且这种控制还延伸到广播电台。政府和军方掌握着大量的公共信息,但是其保密措施和检查制度严重影响了报刊对新闻的报道,也影响到公民对信息的接触。正是在这样的背景下,库柏在 1945 年 1 月 23 日的一次讲话中,严厉斥责了官方的保密制度。他指出,"公民有权利接触全面、准确地呈现出来的新闻。如果不尊重知情权,那么在一个国家或是在世界上就不可能有政治自由"② 。库柏提出的知情权概念逐步在不同的国家和社会获得了广泛的认同,并逐渐成为国际社会公认的公民的基本人权之一。二战后,美国联邦最高法院通过判例确认了知情权。目前已有很多国家在相关立法中保护公众的知情权,如 1951 年芬兰的《政府文件公开法》、1966 年美国的《信息自由法》和 1976 年的《阳光下的政府法》、1981 年日本的《情报公开权利宣言》等。

知情权是政治民主化的必然要求和结果。知情权具体包括政治知情权、社会知情权、司法知情权和个人信息知情权等内容。政治知情权指的是公民依法享有的知悉国家事务、政府行为以及国家机关工作人员的活动,了解国家政策、法律法规的权利。社会知情权是指公民依法享有的知悉有关社会形势、社会现象、社会问题和社会变化的信息的权利,如商品信息、物价水平、股市行情、社会新闻等。司法知情权是指公民依法享有的知悉法律法规、司法程序、治安案件、

---

① 〔美〕迈克尔·埃默里、埃德温·埃默里:《美国新闻史》,展江主译,北京:新华出版社 2001 年版,第 399 页。
② 宋小卫:《美国〈情报自由法〉的立法历程》,http://www.148cn.org/data/2006/1007/article5501.htm。

审判过程、审判结果的权利,庭审公开、证据公开、判决公开都属于司法知情权范围。个人信息知情权是指公民依法享有的了解涉及本人相关信息的权利,如自己的出生情况、亲生父母等。政府是公共生活中最重要、最权威的机构。政府出于治理的需要,一方面掌握着大量的公共信息(如国家事务、政府行为、领导人活动、政策法规等),另一方面也会从私人领域获得大量与私人有关的信息(如个人隐私、商业秘密、医疗记录等)。掌握着大量公共信息和私人信息的政府必须要尊重公民的知情权,在不损害国家利益的前提下,要及时公开政府的相关信息,允许媒体采访、报道公共信息,并接受个体申请查询个人信息。

知情权需要有信息公开制度来保障,仅有知情权而没有信息公开制度,知情权的实现是很困难的。我国相关政策和法律中虽然没有对公民的知情权作出具体规定,但是涉及了知情权的内容。我国《宪法》第二条规定,"中华人民共和国的一切权力属于人民"。人民不是抽象的主体,它是由全体公民组成的,每个公民对于国家发生在政治、经济、社会、文化等各个领域内的重大事件以及与自己生命财产相关的一切信息均享有神圣不可侵犯的知情权。中国共产党在十三大期间就提出"重大问题让人民知道,重要决策经人民讨论",之后我国的信息公开制度不断发展,并取得了一定的成就。"以前,查阅政府文件只是部分人的特权,老百姓了解政府政策和法规的渠道非常有限,现在老百姓从媒体上看到了更为开明、具有服务意识的政府……"① 自2003年"非典"以来,全国各级政府都在积极推行政府信息公开制度,设立新闻发言人,政府正在积极主动地向公众公开行政信息,使公众的知情权得到了比较好的保障。现在每遇突发事件,政府发言人都能够勇敢自信地面对记者,能够在第一时间内发布信息,相关负责人也能够在事件现场接受记者采访,回答公众的疑问。信息渠道的拓宽,使政府和人民的距离近了,人民有了真正的"主人"的感觉,民众情绪变得更加理性、客观。

(三) 表达权

表达权是指公民在法律规定或认可的情况下,使用各种媒介或方式表达自己的意见和观点,而不受他人干涉、约束或惩罚的权利。在新闻传播领域,表达权主要指的是新闻媒体可以自由地表达媒体的观点和意见以及公民通过媒体表达他们的观点和意见的权利。表达权具有以下特点:第一,表达权属于人权的核心内容,是其他精神权利实现的前提。在人权谱系中自由权居于核心地位,自由权包括精神自由权、经济自由权和人身自由权。精神自由权又可分为内在自由

---

① 陈明:《知情权对我们意味着什么》,http://news.xinhuanet.com/newmedia/2004-06/14/content_1523549.htm。

权和外在自由权;精神的内在自由权包括思想自由、良心自由、信仰自由和学术自由的权利,精神的外在自由权主要指的是表达权。精神的内在自由权只有通过外在的表达权才能传达给社会,才能实现其价值和意义。第二,表达权是属于宪法范畴的权利,是民主政治的本质。因为表达权是公民行使其他权利的重要前提和保障,所以各国宪法和国际人权文件都将表达权作为公民的一项基本权利加以确认和保障。表达权是一个国家民主政治的构成要素和基础,它对于公民正常、健康的生活、工作、学习及国家的民主法治建设都有重要的意义。第三,表达权可以通过各种媒介来表达,但是现代传媒是表达权实现的最佳渠道。表达权是一种信息沟通的权利,每个公民可以通过口头、书面、行为等各种方式来表达自己的意见、情绪和看法。在信息化社会,小范围的信息交流没有足够的影响力;只有在产业化、职业化的现代传媒上发表,个体的意见才能酝酿成强大的社会舆论,并对社会发展产生影响。第四,表达权是公民参政议政的重要方式,是政府决策的重要参考。在社会主义国家人民能够当家做主,能够参政议政,但是人民参政议政最主要的方式就是能够各自表达自己对公共生活的看法。无数个体表达的意见相互碰撞、交流、融合,最终形成民意,民意对政府的行政将有很大的影响力和约束力。对于政府来说,尊重公众的表达权,尊重民意、倾听民意,就可以提高政府决策的科学性,也能够分散政府决策的社会风险。

表达权是新闻自由的核心内容,各国宪法都非常重视对表达权的保护。美国《宪法第一修正案》的第一条就是:"国会不得对以下事项立法:确立宗教或者禁止宗教的自由活动;限制言论自由或者出版自由;剥夺人民和平集会或向政府请愿申冤的权利。"我国《宪法》第三十五条规定:"中华人民共和国公民有言论、出版、集会、结社、游行、示威的自由。"中共十六届六中全会明确提出了"表达权"概念,在中共十七大报告中再度把"表达权"列为公民四项权利(知情权、表达权、参与权、监督权)之一,并强调要依法保护。但是,从总体上来看,我国对公民表达权的保障还存在不足:一是在国家政治生活中还没有达成共识,表达权在政治上还没有得到足够的重视;二是缺乏法律的刚性保护,行政权、司法权对表达权的保护匮乏;三是由于公众的现实训练有限,整个社会还缺乏基本的表达权意识。随着中国社会民主化进程的加快,公众实现表达权的意识也在不断增强,中国人正在从"不会说、不能说、不敢说"向熟练地发出自己的声音的方向进步,公民的参政热情普遍提高。

(四) 监督权

监督权是指公民依法享有的对国家机关和社会生活中出现的违反公共道德或法律法规的行为进行批评和揭露的权利。监督权的权利主体是广大公民,监督权的客体主要是公共权力。监督权是公民参政议政中一项不可缺少的内容，只有实行民主监督，才能改进国家机关和国家机关的工作人员的工作，鼓励广大公民关心国家发展，为国家发展献计献策。"政府信用是政府对公众诚实守信，就是政府要对公众负责，正确运用公共权力，赢得公众信任和拥护。"[①] 目前，我国已经形成了一整套的对公共权力进行监督的监督体系，主要包括党内监督、行政监督、司法监督、人大监督、政协监督、群众监督。在这六种监督中，前五种都是以强制性的公共权力为后盾，是权力对权力的监督，只有群众监督没有强制性权力背景，它只是通过公共舆论来对被监督者或管理者产生精神和心理压力，从而纠正和处罚不良现象。群众监督虽然可以通过组织程序、行政程序、司法程序去表达，但是最主要的表达渠道还是大众传媒。

我国是社会主义国家，宪法和法律都保障了人民当家做主的权利，而保障人民的监督权是人民直接参与国家管理的重要方式。过去我们因为受到"左"的思想的影响，公共权力的运作没有被纳入法律的视野，更没有被纳入舆论监督的视野。改革开放三十多年来，我国人民的公民意识不断觉醒，中国人民已经习惯于运用监督权来审视政府、观察社会。"从农民代表当面'要求'总理，到民间环保组织督促政府治污，再到网络反腐频频亮剑，公民监督、社团监督、舆论监督等已在中国普遍展开。广泛意义上的监督权，成为对政府权力的强大制衡力量。"[②] 随着网络媒体的繁荣，人民行使监督权有了更好的表达渠道，在近年发生的华南虎事件、黑砖窑事件、躲猫猫事件、杭州飙车案等案件中，民间舆论对公共权力的监督显示了群众监督权力的强大。在舆论监督力量越来越强大时，各级政府也在积极推动政务公开，积极主动地接受舆论监督，在吸纳民意的基础上搞好政府的工作。然而，少数地方官员思想还是比较落后，试图动用一切力量来封锁围堵所谓"负面新闻"，结果反而导致传闻盛行，使地方政府陷入更大的被动。2009年6月，郑州规划局某副局长在接受中央人民广播电台记者采访的时候反问记者："你准备替党说话，还是准备替老百姓说话？"这种将党和人民的利益完全对立、不愿接受媒体监督的思想，将会给党和人民的事业带来灾难。

监督权最主要的含义是对公权力的监督，但是，目前我国的监督权还有另一层含义，那就是对新闻媒体的监督。媒体作为社会公器，整合和传播公共信息是其无法推卸的责任，所以无论什么国家、什么属性的媒体都有一定意义上的公共

---

① 姜晓秋、陈德权：《公共管理视角下政府信任及其理论探究》，载《社会科学辑刊》2006年第4期，第41页。

② 符永康：《60年民主进程：公民擦亮"中国眼睛"监督权大行其道》，http://news.xinhuanet.com/politics/2009-06/25/content_11596441.htm。

性。然而,在商业化的浪潮中,媒体对经济利益的追求越来越迫切,此时如果仅仅依靠媒体的自律是不够的。因此,社会公众除了监督公共权力之外,还应该对媒体进行监督,甚至对媒体监督进行监督。

第二节 受众特征与媒体定位

新闻媒介具有双重属性,即商品性和意识形态性。报刊刚刚出现的时候,人们更多地将报刊当作宣传品,用以传播一定的思想和观念。当新闻传媒发展成一个巨大的产业后,新闻的产业性、商品性凸显了出来。在传媒竞争异常激烈的今天,新闻媒介必须要深刻地把握受众特征,进行准确的市场定位,才能够获得良好的市场价值,实现经济效益和社会效益的双丰收。今天的传媒人既要有市场思维,也要有价值思维。一家媒体不可能通吃市场,只能锁定特定的目标群体,为他们提供优质的资讯服务;同时,在受众素质不断提高的情况下,媒体同样需要跟踪特定目标群体,在社会发展过程中显示自己的精神力量。

一、现代传播环境下的受众特征

受众是新闻学与传播学研究的一个重要对象,任何一种传播都是为了满足特定受众的需要,没有受众的传播是不完整的传播,是没有意义的传播。在传媒竞争越来越激烈的今天,受众的地位和重要性变得越来越突出。受众的概念很简单,但是它的内涵把握起来却非常难:有时受众指的是作为集合体的大众,有时受众指的是特定的社会群体,有时受众仅仅被看作是特定传播中的个体……为了使新闻传播获得理想的效果,新闻传播者必须要加强受众研究,根据自身的需要选择特定的受众。概括起来,受众具有如下特点:

(一)受众数量庞大,分布广泛,与媒体之间存在社会距离

当我们把传媒当作一个行业来看的时候,受众的数量是庞大的,他们分散在社会各个角落,彼此并不认识,也不可能认识。近年举办的世界性体育比赛,如奥运会、足球世界杯等,动辄就有几十亿观众同时收看。体育比赛的电视观众几乎分布在所有国家,他们的种族、性别、年龄、职业都各不相同,他们彼此也并不相识,但是却成了同一电视节目的观众。正是因为受众分布广泛,所以受众与媒体之间存在着一定的社会距离。所谓受众与媒体之间的社会距离是指受众和媒体的消息源、把关人相隔遥远,无论通过什么方式,他们都无法实现有效的直接接触。媒体虽然可以通过受众调查来了解受众的信息接收行为,受众也可以通过反馈渠道对媒体提出自己的要求和看法,但是这种反馈和沟通只能是片断的、

局部的、近似的、模糊的，媒体无法真正准确地把握全体受众的心理特征。社会距离的存在，使媒体工作的难度增加了，现在大多数媒体都在进行自己的受众调查，期望在了解受众的情况下，开拓自己的市场空间。

(二) 受众具有个体差异性，可以分为不同的层次和类别

早期人们把受众理解为没有差异的个体的集合，认为受众是被动的靶子，可以接受媒体的控制与操纵。但是，随着传媒事业的发展和传媒竞争的加剧，媒体从业者越来越认为将受众理解为没有差异的集合是没有任何意义的。从整体上看，受众是庞大的、非个人化的、匿名的，然而在具体探讨传播效果的时候，受众却是个人化的、小规模的。社会类别论(Social Categories Theory)认为，可按年龄、种族、收入、教育、职业、居住地等，把人们划分为不同的社会类别。美国传播学者梅尔文·德弗勒提出了"个人差异论"(Individual Differences Theory)，将受众的个体差异概括为五项内容：(1) 个人心理结构不同；(2) 先天禀赋与后天习性不同；(3) 学习后所形成的态度、价值观与信仰不同；(4) 个体接触社会后所形成的观点不同；(5) 通过学习而形成的固定素质不同。正因为存在这些差异，所以受众可以被分为不同的层次和类别；在同一层次和类别上，受众具有相似的社会经验、情趣、爱好和习惯，他们不仅不是非理性的、被操纵的个体，而且可以自由选择媒体，并进而决定媒体的定位和风格。

(三) 受众都处在一定的社会关系之中，深受群体规范的影响

"社会关系是人们在共同的社会活动过程中所结成的物质关系和思想关系的综合。"[①] 人类社会的形成是人与人、人与团体、人与社会相互作用和双向运动的过程，脱离了社会关系，人就蜕变成动物，人类社会就不复存在。社会关系就像一张网一样，将所有的人都网络其中，从而将纷繁复杂的社会联结成一个整体。受众作为社会的一个成员，同样处在人类社会复杂的社会关系之中，并以地区、兴趣、爱好等为基础呈现出社群和团体的特征。社会关系按照不同的角度、不同的层次可以分成不同的类别。按照层次来划分，可以分为高层次的生产关系、中层次的具体社会关系(如政治关系、经济关系、宗教关系等)和低层次的人际关系(如父子关系、师生关系、上下级关系等)；按照社会关系的要素来划分，可以分为个人与个人的关系、个人与团体的关系和团体与团体的关系；按照社会关系的纽带来划分，可以分为血缘关系、地缘关系、业缘关系、趣缘关系和志缘关系等。由于受众都是在一定的社会关系中生存，都有自己的"生活圈"，所以受众所处的社会关系对其信息接收行为会产生重要的影响。举例来说，近年来，随

---

① 奚从清、沈赓方：《社会学原理》，杭州：浙江大学出版社1994年版，第111页。

着中国高等教育不断国际化,境外高校纷纷到中国内地来抢夺优秀生源,促进了整个社会对高考制度的再反思,高考改革形成了舆论热点。在关于高考改革的讨论与争议中,中学生、学生家长、中学教师、高校教师、教育主管部门的官员等各类人群,各有各的看法,各有各的期待。正是因为每个人所属的群体不同,所面对的社会关系不同,所以各自的看法相差很大。

受众每天都要接收各种传播内容,他们对传播内容的反应也是千差万别的。但是,对于具有共同生活经验和社会关系的受众来说,他们一般对相同的传播内容具有相似的反应。1940年是美国的总统选举年,为了考察大众传播的竞选宣传对总统选举结果的影响,保罗·拉扎斯菲尔德(Paul F. Lazarsfeld, 1901—1976)等人在俄亥俄州伊里县进行了一次专门调查,并在调查的基础上出版了影响深远的著作《人民的选择》(The People's Choice)。在调查中,拉扎斯菲尔德等人发现,大众传播媒体上出现的竞选宣传并不是选民投票行为的决定因素,选民的投票行为取决于其"既有政治倾向指数"(Index of Political Pre-dispositions)。所谓既有政治倾向,是受众在特定的社会经济地位、居住地区、宗教信仰和社会关系基础上形成的已有的政治态度。当媒体宣传的内容与受众已有的政治态度相一致的时候,受众会强化自己已有的政治观点;而当媒体宣传的内容与受众已有的观点相反的时候,受众经常会拒绝选择、接受传播内容,甚至将媒体传播内容作反向的理解来支撑自己的观点。

(四)受众具有传、受二重性,随着传媒技术的发展,受众使用媒介的能力越来越强

在传媒发展的初期,很多传播者把受众等同于品位低下的大众,甚至指责媒体上传播的内容是低劣的东西。当传者忽略了受众的主体地位时,很容易将受众理解为被动的靶子。然而,在早期媒介研究起步之时,一些学者已经发现受众使用媒介往往是以他的需求、品位和兴趣为基础的,这使人们得以从受众的角度重新审视传播内容,并且形成了一个非常有影响的受众理论——"使用与满足说"。早在20世纪40年代,研究者就开始对报纸和广播节目为何受到大众欢迎进行研究,尤其是肥皂剧和益智节目。研究者发现,广播肥皂剧之所以受欢迎,是因为它们"提供了劝导和支持的来源、家庭主妇或母亲的模式,或是提供了'通过欢笑与泪水释放情绪'的时间"[1]。然而,随着大众传播事业的发展,受众的主体地位越来越突出。自70年代以后,很多学者认为广大受众有权参与传播

---

[1] 〔英〕丹尼斯·麦奎尔:《麦奎尔大众传播理论》,崔保国、李琨译,北京:清华大学出版社2006年版,第328页。

过程,可以通过传播媒介自由发表意见,而大众传媒则应该成为受众发表意见的论坛。1974年,传播学者E.卡茨等人发表了《个人对大众传播的使用》一文,将受众的媒介接触行为概括为一个"社会因素+心理因素→媒介期待→媒介接触→需求满足"的因果连锁过程,提出了"使用与满足"过程的基本模式。1977年,日本学者竹内郁郎对这个模式做了若干补充,绘制成下图。

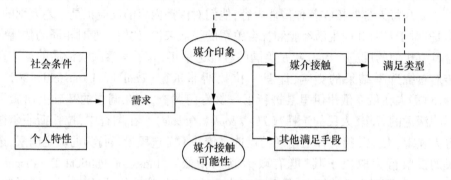

图7-1 "使用与满足"过程的基本模式①

郭庆光对该图作了如下解释:(1)人们接触传媒的目的是满足他们的特定需求,这些需求具有一定的社会和个人心理起源。(2)实际接触行为的发生需要两个条件:其一是媒介接触的可能性,即身边必须要有电视机或报纸一类的物质条件,如果不具备这种条件,人们就会转向其他替代性的满足手段(如寂寞时去找人聊天等);其二是媒介印象,即对媒介能否满足自己的现实需求的评价,它是在以往媒介接触经验的基础上形成的。(3)根据媒介印象,人们选择特定的媒介或内容开始具体的接触行为。(4)接触行为的结果可能有两种,即需要得到了满足或没有得到满足。(5)无论满足与否,这一结果将影响到以后的媒介接触行为,人们会根据满足的结果来修正既有的媒介印象,在不同程度上改变对媒介的期待。② 在使用与满足理论中,受众是新闻传播的积极参与者,他们的需要直接决定着媒介的内容,也决定着媒介传播的效果。到了网络传播时代,使用与满足说更能概括今天的新闻传播状况。现在的受众不仅通过手和脚投票,选择媒体和传播内容,而且可以直接通过网络发表自己对新闻事件的看法,甚至是直接发布新闻。所以从社会学意义上来看,单纯的"受众"已经找不到了,

---

① 转引自郭庆光:《传播学教程》,北京:中国人民大学出版社1999年版,第184页。
② 郭庆光:《传播学教程》,北京:中国人民大学出版社1999年版,第184页。

"'受众'这个词所指代的对象都已经不复存在"①。正是技术进步为受众提供了更多、更好的利用媒介的机会,受众使用媒介的能力不断增强。

二、现代社会环境下受众的需求

人的一切活动都是由一定的动机引起的,动机是直接推动个体活动以达到一定目的的内部动力,是人们为了满足某种需要而采取行动的念头。需要是指生命体对某种目的的渴求或欲望,人们的动机是由需要激发的,需要驱使个体趋向某个目标就转变为动机,即动机是由需要转化而来的。在信息传播过程中,受众接收信息不是被动的、无目的的,他们总是根据自己以往的经验和现实的需要,对信息进行鉴别和理解。我国的改革开放虽然是渐进式的,但是经过三十多年的历程,人们的思想观念和国家的政策制度都有了巨大的变化。当前,整个社会经济发达,教育普及,受众有更多的时间接触媒体,媒体的虚拟生活已经成为受众生活的一个重要组成部分。人们的需要系统不是一成不变的,它会随着社会环境的变化和受众认知能力的提高而不断变化。具体来说,受众的信息需求状况呈现出以下变化:

(一)受众的生活范围拓宽,信息需求的欲望更加旺盛

在原始社会,人类生活在相互隔绝的封闭的小环境中,靠亲身感受就能够对环境进行认知和把握。当人类进入文明时代后,空间的阻碍逐渐被打破,人们的生活方式、生产方式和交往方式不断地社会化、跨国化和国际化,不同人群之间的相互关联性不断加强。早在中世纪晚期,政治、经济上的联系就已经将远东、中亚和欧洲联结到了一起。近代,随着欧洲的地理大发现和新航线的开通,整个世界被真正地联系在了一起,人类开始真正进入国际化时代。到了今天,在不断发展的科技革命和生产国际化的推动下,各国经济的相互依赖、相互渗透日益加深,阻碍生产要素在全球自由流通的各种壁垒正在不断消失,人类真正进入全球一体化时代。全球化大大拓展了人类的活动范围,每个国家的生产、生活都与世界有着千丝万缕的联系。在全球化时代,"人们听着强节奏的黑人音乐,看着西方大片,吃着麦当劳午餐和当地的烹调晚餐,穿着日本的巴黎时装和香港的'式样翻新的'服装"②。在不断变化、日新月异的世界面前,人们越来越需要及时、准确地了解世界的最新变动,求新、求变的心理更加强烈。了解自己生活的环境,通过获得必要信息验证自己所处的环境,这是受众的本能的、自然的心理。正是全球

---

① 〔英〕丹尼斯·麦奎尔:《麦奎尔大众传播理论》,崔保国、李琨译,北京:清华大学出版社2006年版,第305页。
② 〔挪〕托布约尔·克努成:《国际关系理论史导论》,天津人民出版社2004年版,第268页。

受众求知欲的增强,使全球传播事业呈现出异常繁荣的局面。

我国在"文化大革命"前对外政策走向了极端,把维护民族利益与所谓世界革命联系起来,人为地将自己封闭和孤立在世界的大门之外。改革开放后,中国打开了封闭已久的大门,敞开胸怀,走向世界。经过三十多年的改革开放,中国已经深深地融入全球化时代,中国人的生活也在快速地与世界接轨。"今天的中国受众,求知欲更强,敏感度更高,眼界更开阔,这给新闻媒介的发展带来了良好的机遇。"① 当代中国人不仅经济生活、社会生活、政治生活全球化,就是文化生活也逐渐与世界同步。2009年6月25日,美国流行歌坛巨星迈克尔·杰克逊(Michael Jackson)因心脏病突然发作去世,终年50岁。若类似事件发生在改革开放前,它对中国人的生活不会产生任何影响。但是,在全球化时代的今天,报纸、广播、电视、网络中到处是关于迈克尔·杰克逊的报道,铺天盖地的文字、图片、视频表达了中国人对这位巨星的怀念。从国内受众对迈克尔·杰克逊的纪念可以看出,中国人的文化生活已经和世界同步,世界最新的文化娱乐信息同样是中国受众渴求的信息。

图7-2 永远属于流行音乐的迈克尔·杰克逊②

(二) 受众的决策机会增多,需要大量参考性信息

从社会决策和社会保障角度来看,我们正在经历一个从单位人到社会人的转变过程。在计划经济年代,每个人都被固定在计划经济体制中,是名副其实的单位人。社会生产任务由国家计划下达,生产出的产品由国家统一调配,家庭住

---

① 李良荣:《新闻学概论》,上海:复旦大学出版社2005年版,第213页。
② http://image.baidu.com/i?ct=503316480&z。

房是单位分的,医疗保障、社会福利等都由单位来提供,甚至家庭纠纷也需要找领导解决。当整个国家的政治、经济和社会生活都由计划来安排时,政府成了一切权力的拥有者,普通群众丧失了决策权。即使在农村,农民也必须固守在土地上,离开了生产队农民将一无所有。改革开放后,中国人逐渐获得了社会人的自由,能够自由地流动,自由地选择职业。然而,当我们获得了身份自由后,社会风险也接踵而来。在计划经济年代,国家包办一切,公众没有决策风险,能够享受最基本的社会保障。然而,当人们作为社会人进入市场经济社会后,由于客观环境的变化,其所承受的社会风险也在不断加大。当代中国人需要面对择业风险、投资风险、养老风险、疾病风险、职业伤害等多样化、复杂化、国际化的人生风险。相对于越来越强大的人类整体力量来说,个体抵御社会风险的能力却在不断减弱。

面对不断加大的人生风险,人们必须要认清形势,积极地评估风险,理性地作出人生决策,以便规划好自己的人生。过去农民只在土地上劳作,不会遇到多大的职业伤害和社会风险;然而,随着大量农民的离土离乡,农民工同样需要了解更多的社会信息,以便作出工作决策,如他们要了解打工目的地的经济发展状况,选择适合自己的工种等。对于城里人来说,由于内外环境的变化,需要人们做决策的问题越来越多,如孩子上什么学校、选择什么单位、如何投资房地产和股市,等等。至于那些直接从事公务活动、商业活动的政府官员、企业家更需要不断搜集各种信息,以便作出合理的政策决策和投资决策。

(三)受众的社会分层加剧,信息需求更加趋向多元化

社会上存在着许多不平等的现象,一些社会成员因为占有较多的社会资源和财富而处于社会的上层,另一些社会成员则因为占有的社会资源和财富非常有限而处于社会的底层。这种由于社会不平等而使社会结构分成高低有序的若干等级层次的现象就叫社会分层。马克斯·韦伯认为,社会分层是由财富、地位和权力三个要素决定的。社会分层是一种普遍的社会现象,也是西方社会学研究的重要课题。以金斯利·戴维斯(Kingsley Davis)和威尔伯特·莫尔(Wilbert Moore)为代表的功能学派认为,"社会不平等不仅是不可避免的,而且事实上对于社会的正常运转也是必要的"[①]。社会分层的积极功能体现为它能够通过各种社会报酬(财富、权力和名望等)激励社会成员努力工作,从而可以推动社会像自然界进化过程那样,逐渐演进。以 M.图明为代表的冲突学派认为,"不平等并不是社会运行必不可少的。它是强大群体对弱小群体剥削的结果。强大群

---

① 〔美〕戴维·波普诺:《社会学》(第十版),李强等译,北京:中国人民大学出版社1999年版,第256页。

体决定着哪些人将占据哪个职位以及谁将得到什么报酬"①。冲突学派甚至认为社会分层归根到底是由不公平的分配制度决定的;社会分层能够激发社会底层对社会上层的不满和仇恨,甚至导致社会动荡、骚乱或变革。社会分层已经成为全球各国的普遍现象,各国必须接受这个现实,并且尽力去缩小层级之间的差距。

我国在计划经济年代,社会结构非常简单,只有工人、农民、干部和知识分子等几个群体,社会成员的财富和地位的差距不是很大。在一大二公的时代背景下,个人利益没有任何独立存在的可能和余地,人们甚至到了忘记了个人利益的程度。改革开放后,国家逐渐在体制的空间内对个人利益给予了最大限度的承认和肯定。正是对个人合理、合法利益的肯定,激发了中国人的主动性、积极性和创造力,社会生产力获得了巨大发展。然而,因为分配制度不完善,随着社会生产的发展,随之而来的就是社会快速分层,过去简单的几个阶级的划分已经难以适应中国的国情。如农民,就有农民工、农民企业家、农村基层干部、乡镇企业管理人员、个体工商户等若干群体,而这些群体的生活状态、收入差距都很大。在城市,工人阶级、干部阶层和知识分子阶层也在不断分化,中国的社会结构进入历史上最复杂的时期。与社会分层相对应,受众对媒体的需求也呈现出多元化,北京、上海、广州、西藏等地的受众因为政治、经济地位不一样,对媒体内容的需求也不一样。党报适合于各级领导干部阅读,《南方周末》在知识分子阶层受欢迎,地摊小报虽然层次不高但是却自有其发行市场。社会利益的多元化带来了社会文化、社会信仰、社会价值、社会伦理的多元化,媒体不可能再像计划经济年代那样做传声筒,多元化的时代要求媒体也必须分门别类,为不同的群体提供话语平台和承载空间,实现不同社会群体在传媒领域的和谐共处。

(四) 受众的公民意识觉醒,渴望了解更多的公共信息

人类社会的发展是沿着"从血缘到契约"的轨迹不断演化的:在远古时代,血缘是联结社会组织的基本纽带,之后在人类的历史发展过程中逐渐由浓重变得淡薄;契约从远古时代开始萌芽,但是随着人类社会的发展却逐渐由淡薄变得浓重。启蒙运动提出了社会契约理论,认为政府和人民之间是一种契约关系,国家的主权在民。在欧洲中世纪,人民被看成"臣民",并被认为天生卑贱,理应受到统治阶级的剥削和压迫;而近代以后,人民被看成享有一定权利的公民,他们有权挑选自己的管理者;到了当代社会,人们普遍认为政府和人民之间不再是统治与被统治的关系,而是服务与被服务的关系。现代意义上的民主表现为一种

---

① 〔美〕戴维·波普诺:《社会学》(第十版),李强等译,北京:中国人民大学出版社1999年版,第257页。

自上而下运动的权力,它是在政治管理系统中处于被管理地位的多数人对处于管理地位的少数人的制约。这种制约表现为:选择由谁充当管理者;影响政府的决策和政策执行。没有制约的政治管理就是专制的政治管理;衡量一种民主制度的发达程度,主要看被管理者对管理者的制约状态。公民为了有效地监督公共权力,有效地参政议政,必须要得到足够的公共信息,这样才能在充分思考的前提下,形成理性的社会舆论。

在计划经济年代由于受到官僚主义的影响,我国社会主义民主发育并不完善。改革开放以来,我国人民的经济生活水平提高很快,人们的生活有了较大的改善,再加上教育的普及,人民的公民意识逐渐觉醒,更加自觉地维护自身权益,并将注意力更多地转移到政治生活上来,对国家的政治进步提出了更高的要求。"如果在一个尔虞我诈、弱肉强食的环境中,人们绝不会以理性的论证来解决相互之间的冲突。"① 2009 年 6—7 月闹得沸沸扬扬的"绿坝风波",也反映出公众知情权意识的强化。工信部推出绿坝软件是保护青少年健康成长的重要举措,然而,由于事前没有充分履行告知义务,没有充分尊重公民的知情权和参与权,把好事办成了尴尬事。同样在 2009 年的 6—7 月,公众对 29 岁的湖北某市市长的特别关注,也显示出对公共信息的渴求。"干部年轻化"是我们一直倡导的理念,公众的质疑不是反对干部年轻化,而是针对干部选拔机制。相信只要政府官员的选拔机制更加公开透明,公众一定能够接受更多的年轻干部走上基层领导岗位。

(五)受众的欣赏水平提高,需要媒体的内容更加精致

人类的消费可以分为两大类,一是物质消费,一是精神消费。20 世纪中叶以前,人类的历史都是残酷的生存竞争的历史。在物质资源非常匮乏的时代,人们需要花更多时间、更大精力去解决生存问题、温饱问题。进入 20 世纪后期以来,首先是北方国家,后来是南方国家开始相继解决温饱问题。当生存问题、温饱问题解决后,人们更加注重追求精神生活的质量,因此当代社会给传媒发展提供了强大的物质基础和时代背景。然而,大众传媒在给受众提供内容的时候,也在不断地重新塑造受众,提高了受众对传播内容的要求。自然界充满了 X 射线和无线电波、紫外线和红外线、高频和低频声波等各种刺激,但是并不是任何强度的刺激都能引起我们的感觉,如落在皮肤上的尘埃我们是觉察不到的。心理学上用感觉阈限(sensory threshold)来描述感觉系统感受性的强弱,那种刚刚能够觉察到的最小刺激量叫作绝对阈限。其实,人类对大众传媒内容的接收也受

---

① 汪行福:《走出时代的困境》,上海社会科学院出版社 2000 年版,第 185 页。

到感觉阈限的影响:当传媒不发达的时候,媒体内容只要稍有进步就会引起受众的良好反应;而在现代传媒环境下,媒体内容必须相当精致,才能吸引受众的眼球。也就是说,随着媒体环境的变化,受众针对媒体的绝对阈限值不断提高,媒体制作的内容对受众的刺激如果达不到最小量,是无法引起其兴趣的。媒体对受众需要的满足进一步提升了受众的欣赏品位,生产出了具有更高素质的受众,并为媒体的进一步发展提供了变革的动力。受众对媒体内容的要求分为两部分,一是对媒体内容质量的要求,一是对媒体内容形式的要求。传媒领域有一句行话叫"内容为王",但是在激烈竞争的时代,内容不是传媒吸引受众的唯一要素,内容只有和形式很好地结合,才能真正生产出精致的传播内容。

当代精神文化消费的一个重要特点就是视觉文化的崛起。应该说,人类对世界的理解主要依赖视觉,但是在印刷文化时代,视觉功能没有得到充分的发掘,语言的线性特征创造的是一种理性、抽象的文化。然而,电子传媒诞生后,人类的视觉功能被快速地开发,到了今天,我们已经不折不扣地进入了一个视觉文化时代,人类文化正在由语言主导向图像主导转变。在视觉文化时代,图像的复制变得越来越简单,图像的传递也变得越来越便捷,人类社会变成了"景观化的社会"。饱受视觉形象冲击的受众,对感官刺激、视觉造型的要求不断提高,眼光越来越挑剔,视觉欲望不断攀升。雕塑、建筑、影视等视觉艺术的繁荣,正在让人类的消费行为变得越来越具有可视性,并且还逐渐改变着人们对世界的认识。有这样一个故事:一位学者到一个美术馆的地下室看美术展,看完后他坐下喝咖啡,突然发现他的桌边坐着个老太太,再仔细一看,老太太不是真人,而是一尊非常逼真的蜡像。由于老太太的像太真实了,以至于这位学者从咖啡馆出来后,走在大街上产生了幻觉,感觉街上的人是假的,整个世界都是假的,只有那尊蜡像是真的。这虽然是个比喻的说法,但却深刻地反映出影像艺术的繁荣对人类社会的影响,人类正在创造一个全新的生活空间——虚拟世界。正是从这个意义上来说,媒体不仅要给受众提供精神消费的内容,而且要为受众建构一个新的生活空间。

三、现代受众环境下媒体的受众定位

受众不仅数量庞大、分布广泛,而且他们对媒体内容的需求随着社会环境的变化不断变化。传播的目的是告知受众一定的信息,最终达到影响或控制受众的目的。现在很多媒体都有自己明确的功能定位:宣传国家的方针政策、对群众进行舆论引导等。但是,如果媒体的内容受众不感兴趣,媒体再好的定位也只能是"上面热下面冷"、"领导热群众冷"。媒体定位包括受众定位和功能定位,任

何一家媒体只有在深入了解了目标受众,然后进行准确的定位后,才能在激烈竞争的媒介市场上占有一席之地,才能有效地实现社会效益与经济效益。

(一)受众的细分

人以类聚,物以群分。受众表面上看是一个整体,但是内部却存在着很大的群体差距,不同受众的媒介接触机会、媒介接触时间、媒介接触类型、媒介接触行为和媒介接触目的都不同。我们按照不同的标准,可以将新闻传播受众划分为不同的类别。

从人口统计学角度出发,我们可以按照性别、年龄、职业、地域、婚姻状况和受教育水平等标准,将受众划分为不同的次属群体。如果我们按照某个标准对受众进行分类,就可以深入把握不同受众群的媒体接触心理和接触习惯。如,从性别角度来看,女性观众一般更愿意观看情感类的节目,而男性观众对体育节目的热衷程度远远超过女性。施拉姆等人在受众研究中提出了空想型接触和现实型接触的概念,他们把受众接触电视媒体和印刷媒体的时间,作为划分两种类型的接触的重要标准。空想型接触是一种被动性较强的媒体接触行为,受众接触媒体的目的是忘却现实,逃避恐惧和不安,或沉湎于情感,消闲解乏,寻求快乐,获得即时的报酬。具有空想型接触行为特点的受众接触电视的时间在所有受众平均线以上、接触印刷物的时间在所有受众平均线以下。空想型受众以女性为多,年龄以中年为多,学历以中等以下为多,职业以蓝领工人、家庭主妇为多,而且这类受众往往收入比较低,外出机会少,缺乏协调倾向。现实型接触是一种能动性较强的媒介接触行为,受众基于现实原则勇敢面对生活,他们接触媒体是为了获得足够的信息来努力克服恐惧和不安,获得长期的报酬。具有现实型接触行为特点的受众接触电视的时间在所有受众平均线以下、接触印刷物的时间在所有受众平均线以上。现实型受众中男性较多,青年人、高学历者、白领工人较多,而且他们收入高,外出机会多,具有协调倾向。[①] 因为媒介环境发生了很大变化,施拉姆等人的研究已经没有直接的指导意义,但是,他们从人口统计学角度对受众接触媒体的行为进行划分的方法,依然可以帮助新闻传播者研究受众的特征。

按照受众接触的媒介的类型,我们可以把受众分为报刊的读者、广播的听众、电视的观众和网络的网民等。这里需要指出的是,网民不是一个严格的受众概念,在网络传播中网民既是网络信息的接收者,也可以向网络发布自己采集的信息和得出的观点。网民是一个比其他受众类型更加难以把握的人群,新闻传播研究应该加强对网民的研究。在现实生活中,没有谁只是某一特定媒体的受

---

① 宋林飞:《社会传播学》,上海人民出版社1994年版,第159—160页。

众,受众都是同时接触多种媒介的受众。

按照受众接触媒介的确定性划分,可以将受众分为现实受众和潜在受众。现实受众是指那些已经接触了媒介并能够主动地利用媒介的受众。潜在受众是指那些具有正常的媒介接触能力,但是尚未接触、使用媒介,或只是零星地接触、使用媒介的受众。从理论上来看,任何国家具有正常的阅听能力的人都是新闻媒体的受众,但是由于某些主观或客观的原因,有很多受众处于潜在状态,没有转变为现实受众。在科技和经济快速发展的今天,很多国家的国民都已经全部成为媒体的现实受众,因此从总体上看,现实受众和潜在受众的划分意义已经弱化。但是,如果我们单就某一家媒体来说,现实受众和潜在受众的划分是非常有价值的。《南方周末》一度把"启蒙"作为自己的定位,在知识分子和大众之间架起一座桥梁,实现了对读者的科学与民主启蒙。《南方周末》把高校大学生定位成它的重要读者群,但是,通过调查发现,在一些高校的大学生群体中,只有人文专业的学生关注《南方周末》。为了把潜在受众转变成现实受众,钱钢在主持《南方周末》期间,曾经策划过"《南方周末》高校行"活动,直接深入各地大学开拓报纸市场,取得了比较好的效果。

与现实受众相关的还有一个"隐在受众"的概念,这是接受美学上的一个概念。创作者在创作自己的作品之时,就已经对作品的读者进行了设定,作品本身就已经隐含了读者的需要和期待,甚至这种被设定的"读者"还能够影响作家对作品的创作。在新闻传播过程中,同样存在隐在受众。"受众所能发挥的作用,有的已被新闻传播者事先设计在媒介的制作及新闻作品的构思之中了。换言之,受众收受新闻信息时,可能产生的思维定式或行为定式,已经隐含于作品的内容之中了,而这种内容是由新闻传播者依据主题需要而经过精心选择与制作的。由此可见,'隐在受众'实际上是由新闻传播者和新闻接收者共同制造出来的。"[①]

按照传播对象的明确程度来划分,可以将受众分为核心受众和边缘受众。在竞争越来越激烈的传媒市场上,不可能靠一家媒体、一个栏目包打天下。特定的媒体或栏目总是对受众进行细分,然后根据某个特定群体的心理特征和兴趣爱好来设计自己的内容和风格。被媒体设定的,能够稳定、长期地接触某一特定内容的受众就是该媒体或栏目的核心受众;核心受众之外的受众则被称为边缘受众。如《大风车》栏目的核心受众是幼儿园和小学的孩子,但是很多大中学生、孩子的父母和其他成人观众也偶尔会收看该节目,他们就是《大风车》的边

---

① 童兵:《理论新闻传播学导论》,北京:中国人民大学出版社2000年版,第145页。

缘受众。

除了以上的划分方式以外,不同目的的研究者还可以根据其他各种标准对受众加以分类。如可以根据媒介接触频率将受众分为稳定受众和不稳定受众。刘建明认为,当新闻资源不能完全按照市场规则来配置,而是有时按照政治要求和社会等级来分配时,受众也可能存在严格的等级序列。如果我们按照新闻传播的方式、渠道和范围等要素划分受众等级,可以把受众分为特权受众和平民受众。那些在新闻来源、信息占有量和媒介工具使用上不受限制的受众就是特权受众;而在新闻来源、信息占有量和媒介工具使用等方面受到很多限制的受众叫平民受众。"在民主制度下,受众完全一样,不论是市长还是平民,也不论性别、种族、阶级和地区,受阅信息不受任何限制,自然不存在任何差别,只要出钱,就可以自由地购买和消费自己所需要的信息。"①

(二)媒体的受众定位

传媒行业是以智力为基础的文化产业,现在的媒体越来越多,传媒市场的竞争也越来越激烈。在这一背景下,媒体必须要有明确的定位,定位准了媒体就有可能发展壮大,定位错了或没有定位的媒体必然没有前途。媒体定位主要分受众定位和功能定位两个方面。所谓受众定位就是媒体为了获得稳定的市场销路,在深入的市场调研的基础上选择媒体的核心受众,然后根据核心受众的特征对媒介产品(可以是整个媒体的内容,也可以是媒体的部分内容,如报纸的栏目、电视的节目等)的内容选择和报道风格进行总体设计的过程。在传媒由"大众化"向"分众化"和"小众化"发展的趋势下,一家媒体只有进行明确的受众定位,才能在市场中获得满意的经济效益和社会效益。受众定位就是媒体主动寻找市场的过程,它主要包括寻找和评估市场机会、对市场进行受众细分、选择适合自己的目标受众和进行受众定位四个步骤,其中最关键的一步就是对受众进行细分。受众细分要依据一定的细分变量来进行,一般受众细分的变量主要有地理变量、人口变量、心理变量和行为变量等四类。

1. 地理细分。地理细分就是媒体按照受众所在的地理位置以及其他地理变量(如城市规模、居住密度等)来细分传媒市场。任何地方都有潜在的受众市场,但是,不是所有的媒体都能进入任何地区开发自己的受众。一般来说,媒体覆盖的地理区域越大,市场机会可能越多,但是市场开发的成本和风险也越大。中国和印度是世界上人口密度最大的国家,所以很多国际性传媒都将这两个国家作为巨大的潜在市场来开发。凤凰卫视是近年崛起的重要华语电视台,该台

---

① 刘建明:《当代新闻学原理》,北京:清华大学出版社2003年版,第262页。

从创办之初就把自己的视野辐射到全球。1996年创建伊始,凤凰卫视董事会就提出了"传播中华文化,联系全球华人"的办台宗旨,经过多年发展,凤凰卫视在跨国拓展中取得了令人瞩目的成绩:中文台能够在中国、日本、东南亚、澳大利亚、新西兰和中东地区播出;电影台每天24小时以中文或英文配中文字幕在祖国大陆和香港、台湾等地区播出;欧洲台通过英国、法国、德国、荷兰的有线电视网播送,覆盖欧洲25个国家;美洲台与美国最大直播卫星网平台DirecTV合作,通过DirecTV网络向北美百万华人提供来自中国的普通话节目;资讯台在全球3个洲8个城市(包括纽约、洛杉矶、华盛顿、伦敦、北京、上海、深圳、台北)设立了直播站,每天24小时以普通话连续播出世界时政和经济新闻。凤凰卫视之所以要走跨国发展的道路,是因为他们通过市场调查发现,久居海外的华人、华侨都有一个梦想:希望"看到由中国人、从中国人的视角制作的电视节目,让他们听到由中国人、用中国话、根据中国人的传统理念和文化对大千世界的种种事件进行的报道和解释"①。而内地的很多媒体,还难以承受跨国发展的风险,也没有跨国发展的"天时、地利、人和"的条件。目前,我国媒体的跨地区发展和跨国发展还有很多隔离墙,我国传媒要想真正走出去,还需要花大力气来拆除这些隔离墙。

2. 人口细分。人口细分是媒体按照人口变量(年龄、性别、收入、职业、受教育水平等)对受众进行细分。和其他变量相比,人口变量容易测量,所以人口变量成为受众细分最重要的变量。媒体在对受众进行人口细分的时候,往往采取"多变量细分"的方式划分市场,如很多媒体在进行受众调查时都把年龄、性别、收入、职业、受教育水平等变量作为重点调查对象,通过调查受众的人口构成来矫正媒体的受众定位。2001年1月1日创刊的《21世纪经济报道》的受众定位主要就是按照人口细分的方式进行的,报社确定的核心读者是企业决策层、合伙人、公司中层以上管理者、专业人士及政府高级官员。像这种带有明确的行业色彩的报刊、栏目,都有按职业、专业进行受众细分的痕迹,如中央电视台经济频道的很多节目就是面向专业财经人士的。《南都周刊》每周两期,一期是《娱乐报道》,一期是《生活报道》。《娱乐报道》的读者对象是18—38岁的人群,他们被认为是及时行乐的享受一族。《生活报道》团结的是28—48岁的成功人士,他们被认为上有老下有小,社会责任重,社会地位高,工作稳定,有较高的文化素养。中央电视台的《大风车》节目是按照年龄来定位的,《女友》杂志的定位则有

---

① 刘其中:《香港凤凰卫视实现跨国传播的启示》,载郑保卫主编:《论媒介经济与传媒集团化发展》,北京:中国人民大学出版社2003年版,第99页。

很强的性别倾向。

3. 心理细分。心理细分是按照受众的社会阶层、生活方式和个性特征来对受众进行细分。依据人口变量，只是对受众进行简单的细分，要想真正把握受众接收信息的习惯，还需要对受众进行心理细分。受众的生活方式可以用活动、兴趣和意见来测量。打不打高尔夫球，追不追星属于活动；对不同内容的喜好程度属于兴趣；意见则是受众对社会生活、社会事件的看法。湖南卫视是省级卫视中做得较好的一个频道。1997年7月11日，该台在地方台率先开播了娱乐节目《快乐大本营》，坚持把娱乐作为电视台的重要传播内容。2002年，湖南电视台给湖南卫视的定位是"锁定年轻，锁定娱乐，锁定全国"；2003年，湖南卫视将定位深化为"资讯、娱乐为主的个性化综合频道"；2004年，湖南卫视进一步明确频道理念："打造最具活力的中国电视娱乐品牌"；2005年，则干脆提出"快乐中国"的品牌定位。湖南卫视获得成功，主要就在于它能够抓住当代年轻人的社会心理，通过彰显"青春、靓丽、时尚"拉近与年轻人的距离，从而获得频道最核心的受众群。年轻人涉世未深，对未来世界充满了好奇和幻想，他们崇拜明星，追求时尚，渴望一夜成名。这些年轻人固有的心理特征恰恰是综艺节目定位的心理基础。湖南卫视的《快乐大本营》、《超级女声》、《快乐女声》、《快乐男声》等节目，既契合了年轻人的心理，也通过健康的立意对年轻人的成长有所引导。《读书》是一份非常有影响的杂志，目前已经有相当一批知识分子将它看作自己的思想阵地。鉴于《读书》的高端定位和明确的学术倾向，其栏目设置和文章选择，不得不考虑读者的心理特征。《magazine·名牌》杂志的核心读者是拥有高学历、高收入和较高地位，以男性为主的社会精英群体。该杂志强调"精致而不世俗，高雅而不高深"，强调爱、梦与担当，呼吁精英复兴的价值观。该杂志的受众定位比较多地考虑到受众的心理特征。

4. 行为细分。行为细分是指媒体根据受众媒介接触频率、接触时间、接触类型，以及受众对媒体的忠诚度、对内容的满意度等行为变量对受众进行细分。如有的受众是某家媒体的铁杆受众，有的则是"过客"。有的受众主要看报纸，有的主要看电视，有的主要时间是在上网。受众接触媒体的主要目的有五种：得到知识、获取新闻、消遣、娱乐和进行社会参与。对很多媒体的节目和栏目策划来说，必须要根据受众的接收行为对受众进行细分，以便使传播的内容有的放矢，真正满足受众的需要。广播一度被人们认为是夕阳媒体，然而随着汽车的普及，全国各地的交通台普遍繁荣。广播借助交通台实现的复兴就是媒体人根据受众行为对市场进行细分的结果。

任何一家媒体在进行受众定位的时候，应该注意这样几个问题：首先，应该在对媒介市场进行深入的调研的基础上进行受众细分,选择那些容易识别的受众作为媒体的核心受众。其次,是媒体所选择的目标市场具有可进入性,媒体在现有的财力、物力、人力和政策空间允许的范围内,能够进入选定的市场。再次,应该考虑媒体所选择的受众市场是否具有足够的容量和赢利的可能性,论证该市场是否有开发的价值和意义。最后,考虑媒体所选定的受众市场是否具有相当程度的稳定性,是否能使媒体制订和逐步落实中期和长期的营销计划,有效地开拓和占领市场,获得预期的利益。

受众的需要是多样的,正因为这一点,才使新闻传播事业的发展有了前进的动力。在传媒竞争异常激烈的今天,各类媒体都要重视对受众的调查研究,把握受众心理特征、思想特点和社会情绪的变化,提供更加丰富和有特色的媒体内容,满足不同文化层次、不同需要层次的受众的需要。衡量一家媒体的受众定位是否准确,主要有三个指标,即受众的信任度、满意度和忠诚度。受众的信任度是受众对媒体传播内容的信赖程度。受众的满意度衡量的是媒体传播内容满足受众需求的程度,以及受众对媒体传播内容的评价。受众的忠诚度是受众主动选择媒体的概率和对媒体依赖的程度,受众忠诚度高的媒体能够让受众形成阅读和收听、收看依赖,使受众在相当时期内始终保持接触媒体的内容。受众定位主要是按照受众的需要和期待来确定媒体的内容选择和风格定位。一家媒体的成功除了有赖于准确的受众定位之外,还要做好一项同样重要的工作,即进行媒体的功能定位。关于这方面的内容,我们将在下一章探讨。

第八章　新闻传播的功能

新闻传播对社会发展具有强大的作用力量,并且这种作用力随着媒体的进步不断增强。对新闻传播功能的认识程度决定人们利用新闻传播的自觉性、主动性和目的性的强弱,也决定媒介服务于社会的质量与效果。功能是事物本身所具有的一种属性,是某一事物所能发挥的有利作用或效能,具有自然性、普遍性和稳定性的特点。新闻传播的功能就是新闻媒体所具有的能够影响人类社会现实与历史的作用。任务是一个和功能相近的概念,任务是带有主体性的、指定的工作,是功能在一定时间、地点、条件下的具体化,具有社会性、阶级性和流变性的特点。为了更加深入地理解新闻传播的功能,我们首先应该搞清楚功能和任务这两个概念。在任何国家,传媒的功能都是一样的,但是在资本主义制度和社会主义制度下,新闻传播的任务却有很大的差别。

第一节　新闻传播的一般功能

只有认识了新闻传播的功能,才能更好地利用新闻传播为人类服务。在传媒发展史上,很多学者和政治家都对新闻传播的功能进行了研究,提出了很多精辟的见解。1948年,美国政治学家和传播学家哈罗德·D.拉斯韦尔(Harold D. Lasswell)在《传播在社会中的结构与功能》一文中,将传播的功能概括为监视环境、协调反应、传递遗产三项。1957年,美国社会学家赖特在《大众传播:功能的探讨》一书中,又在此基础上增加了娱乐功能。拉扎斯菲尔德与默顿认为传播有三种功能:社会地位授予功能、社会规范强制功能和麻醉精神的消极功能。施拉姆在1982年出版的《男人、女人、讯息和媒介:理解人类传播》[①]一书中,从政治功能、经济功能和一般社会功能三个方面对大众传播的社会功能进行了概括(如表8-1所示)。

[①] 该书英文书名为 Man, Woman, Messages and Media: Understanding Human Communication,1984年新华出版社出版的中文版将书名译为《传播学概论》。

表 8-1　传播的社会功能①

传播起什么作用		
政治功能	经济功能	一般社会功能
监视(收集情报)	关于资源以及买和卖的机会的信息	关于社会规范、作用等的信息；接受或拒绝它们
协调(解释情报；制定、传播和执行政策)	解释这种信息；制定经济政策；活跃和管理市场	协调公众的了解和意愿；行使社会控制
社会遗产、法律和习俗传递	开创经济行为	向社会的新成员传递社会规范和作用的规定
		娱乐(消遣活动，摆脱工作和现实问题，附带地学习和社会化)

马克思主义经典作家们也曾对新闻传播的功能发表过大量的论述。马克思和恩格斯认为："报刊按其使命来说，是社会的捍卫者，是针对当政者的孜孜不倦的揭露者，是无处不在的耳目，是热情维护自己自由人民精神的千呼万应的喉舌。"② "报纸最大的好处，就是它每日都能干预运动，能够成为运动的喉舌，能够反映出当前的整个局势，能够使人民和人民的日刊发生不断的、生动活泼的联系。"③ 列宁曾经将报纸的功能概括为"集体的宣传员、鼓动员和组织者"。下面我们根据前人的认识成果，将新闻传播所具有的社会功能概括如下：

一、守望环境的功能

新闻传媒是公众的耳目，它能够延伸人们的感觉器官，扩大人们的感知视野，从而能够帮助人们更好地认识环境、应对环境。施拉姆在探讨大众传播的社会功能时提出了"社会雷达"和"工作地图"的概念，这两个概念可以帮助我们更好地认识新闻传播的守望功能。在现实生活中，初到一个陌生城市的人如果能够有一张准确的城市地图，就能够比较方便地找到自己所要去的目标，并且能够选择最佳路线快速到达目标。其实我们生活在世界上也需要一张社会地图，这张社会地图就是我们对生活环境的认识。李普曼认为，"我们每个人都是生活、

---

① 〔美〕威尔伯·施拉姆、威廉·波特：《传播学概论》，陈亮等译，北京：新华出版社 1984 年版，第 33 页。
② 〔德〕马克思、恩格斯：《〈新莱茵报〉审判案》，转引自吴飞主编：《马克思主义新闻传播思想经典文本导读》，杭州：浙江大学出版社 2005 年版，第 137 页。
③ 〔德〕马克思、恩格斯：《〈新莱茵报·政治经济评论〉出版启事》，转引自郑保卫主编：《马克思主义新闻经典论著导读》，北京：中国人民大学出版社 2007 年版，第 52 页。

工作在这个地球的一隅,在一个小圈子里活动,只有寥寥无几的知交。我们对具有广泛影响的公共事件充其量只能了解某个方面或某个片段",而"我们的见解不可避免地涵盖着要比我们的直接观察更为广泛的空间、更为漫长的时间和更为庞杂的事物"①。也就是说,人的认识能力是有限的,而人类赖以生活的环境却是广泛的,李普曼认为媒体制造的"拟态环境"帮助人类克服了认识上的缺陷,使我们的认识达到了更加广阔的领域。李普曼所说的"拟态环境"实际上和施拉姆提到的"工作地图"是相似的概念。因此,我们可以给社会地图下一个这样的定义:所谓社会地图,就是公众通过社会传播获取环境变动的信息,然后在大脑中对信息进行归类、整合所形成的关于社会环境的局部或总体认识。

人类的生活离不开环境,谁的社会地图画得准确,谁就可能选择最好的社会定位,在社会上获得良好的发展机会。社会地图的绘制需要不断获取环境变动的信息,这就需要收集信息的社会雷达。"我们每天修改我们的工作地图,在越是不熟悉地点位置和缺乏经验的时候,就越是依赖我们的社会雷达。"② 施拉姆认为,大众传媒的一个重要功能就是做社会雷达,帮助在夜雾中航行的船长判断船的位置,判断对面是谁,岩石和暗礁在哪里,驶向安全港口的航道在哪里?拉斯韦尔在《传播在社会中的结构与功能》中有这样的描述:"在动物社会里,社会成员扮演着专业分工的角色。有的负责环境的监视,担当'哨兵',在距离动物群较远的地方活动,监视着周围环境。一旦发现威胁,就立刻大声吼叫起来。运动着的动物群,一听到'哨兵'的吼叫声、啼鸣声、尖叫声,便会应变并迅速地行动。"③ 新闻传媒的社会雷达功能是最基本的功能,它能够帮助公众守望环境,使公众能够根据环境的变化,及时调整社会行为。当然,如果社会雷达被人操纵,也可能产生操纵性传播。

当代社会,科技进步、经济发达、环境污染、社会不公、贫困蔓延、种族冲突和生存危机等矛盾错综复杂地交织在一起。一方面,世界已经进步到相当发达的程度;另一方面,环境的变化越来越让人难以把握,人类失去了宁静的田园生活,进入了激烈竞争、极度焦虑和不安的时代。在这个时代,大众传媒理应做好"瞭望哨"、"社会雷达",帮助公众守望、监测环境,绘制准确的社会地图。为了承担起守望环境的功能,新闻媒体应该以最快速、最准确的方式,将新近世界变动的

---

① 〔美〕沃尔特·李普曼:《公共舆论》,阎克文、江红译,上海人民出版社2002年版,第65页。
② 〔美〕威尔伯·施拉姆、威廉·波特:《传播学概论》,陈亮等译,北京:新华出版社1984年版,第34—35页。
③ Harold D. Lasswell, "The Structure and Function of Communication in Society,"转引自郭建斌、吴飞主编:《中外传播学名著导读》,杭州:浙江大学出版社2005年版,第126—127页。

信息传播给更广大的社会公众,满足公众对环境作出判断的要求。

二、社会协调的功能

人类社会是一个建立在社会分工基础上的有机体,社会各个部分只有有效地协调和统一,才能健康、有序地运行。人类的行为往往是非理性的、无个性的活动,而人类的行动则是理性的、有个性的、受价值观支配的活动。当社会成员都能按照一定的价值取向行动时,社会成员之间就能实现互动,从而显示出人类社会的集体力量。社会成员之间的信息协调和价值观的统一,主要是通过信息交流(包括人际传播、组织传播、大众传播等)实现的,其中新闻传播是进行社会协调和社会整合的一支重要力量。在第一次和第二次世界大战期间,新闻媒体被认为是对受众进行有效操纵和管理的重要工具。在第二次世界大战中,同盟国对新闻媒介的有效使用,曾被认为是法西斯主义失败的一个重要原因。二战结束后,人们不再盲目相信媒体传播的效果,但是媒体对营造社会舆论、影响社会行为,甚至对国际关系、国际权力斗争都有强有力的影响。在全球一体化的时代,社会的复杂性明显增强,新闻媒体已经成为世界的神经,对整个世界的协调和整合具有重要的作用。新闻媒体社会协调的主要任务是:(1)对政治、经济、军事、文化等领域的活动进行及时报道,并在此基础上给公众提供合理的解释和引导。(2)阐述人类社会发展的理想和国家发展的目标,将社会成员的力量凝聚到社会共同理想上。(3)针砭时弊,惩恶扬善,维护健康的社会价值观念,维持社会有序地运行。(4)对社会现象进行评价。(5)及时发现社会问题,化解社会矛盾,发动整个社会齐心协力共同解决社会问题、战胜社会危机等。

新闻媒体进行社会协调有两种方式,一种是强制式协调,一种是自愿式协调。强制式协调指的是部分社会成员(通常是统治阶级、权贵集团)凭借优先的媒介使用权,按照特定的价值标准选择社会信息,强制新闻媒体进行有利于特定集团利益的社会协调。自愿式协调指的是媒体按照职业标准自由选择和发布信息,社会公众在获取信息后经过自由讨论,最后达成意见和行动的一致。西方国家自文艺复兴以后,各国统治阶级都采取强制性社会协调的方式,通过垄断报刊进行政治宣传,传播统治阶级的政治观点和价值观。在我国,梁启超最早提出报纸的"喉舌论",他在《论报馆有益于国事》(1896年)一文中说:"无耳目,无喉舌,是曰废疾。……其有助耳目、喉舌之用,而起天下之废疾者,则报馆之为也。"媒体不仅要成为国家的耳目喉舌,也要成为人民的耳目喉舌。然而,我国媒体从业者在一个时期里,将"喉舌论"作了片面的理解,结果使媒体成了"传声筒",只有上情下达,没有下情上达。

随着传媒事业的进步和信息产业的发展,世界各地之间的联系更加广泛、频繁,全球化向新闻传媒提出了更高的要求。今天,新闻信息对于获得财富和权力至关重要,谁能够及时获得信息,谁就能抢占商业和政治的先机,从而获得现代社会的主导权。与人类对媒体的依赖程度增强相一致,人类自身的独立意识、权利意识也在增强。在这一情况下,社会主导者应该更多地尊重受众的权利,在公众自愿的基础上进行社会协调,尽可能地减少强制协调的行为。现代社会的公民在人格和法律上都是平等的,媒体应该尽可能地满足受众进行思想交流的愿望,澄清事实,消除隔阂,让受众在观点的公开市场上去寻找真理。世界各国都将新闻传播媒介作为社会整合的重要工具和渠道,然而,媒体是否能够发挥社会协调和社会整合功能,还要看公众对政府和媒体的信任程度。如果政府仅仅考虑统治集团的利益,频繁干涉媒体的新闻报道,甚至为了宣传的目的隐瞒真相、牺牲真实,最终必然引起公众对政府和媒体的信任危机,社会协调必然无法实现。1933年,在大萧条时期就任的美国总统富兰克林·罗斯福为了提升美国人民生活的信心,曾在广播电台开设了一个著名的节目《炉边谈话》(fireside chat)。在该节目中,罗斯福运用高超的宣传技巧,在和美国人民聊天的过程中,树立了他们对未来的信心,这对美国走出大萧条起了重大的心理推动作用。目前,我国正在致力于建设和谐社会,党和政府需要通过媒体传达国家的方针政策,协调社会利益,解决社会矛盾,指导民众行动,建立有序、健康、和谐的社会。为了实现这一伟大目标,各级政府应该积极改进传播技巧,在尊重新闻传播规律的基础上,重建公众的现代价值观。

新闻宣传需要坚持党性原则、受众原则、常态原则、分流原则、真实原则,既要坚持党和国家的宏观导向,又要坚持受众的微观导向;应该站在时代前沿,反映时代精神,在提供多元、多样的信息的基础上,引导公众作出理性判断。

三、社会变革的功能

新闻传播具有形象的权威性、覆盖的广泛性和传播的及时性等特点,所以能够在很短的时间内形成强大的公共舆论。公共舆论对社会变革具有重要的精神鼓动力量,它能激发公众积极投入社会活动、政治活动,推动国家向现代化、民主化方向发展。社会变革包括社会结构的变化和制度安排的变革。为了更加立体地了解媒体对社会变革的作用,我们将社会变革分成参政议政、舆论监督、社会变革和政治革命四个层次。

(一) 参政议政

新闻媒体可以帮助公民参政议政。现代媒体拥有先进的技术设备和庞大的从业者队伍,每天都在进行大规模的职业活动。多层次、多类别、多渠道的媒体格局,为公众提供了信息交流的平台和意见交锋的论坛。民主的本质就是要实现人民当家做主。随着社会的进步,人民的民主意识、法律意识不断加强,依法治国、参政议政的能力不断提高,此时政府应该积极创造公民参政的条件,保证公民能够通晓国家大事。公民参政议政可以有行政和司法渠道,但是通过媒体参政议政是一种最方便、最经济的方式,有时也是最有效的方式。

(二) 舆论监督

媒体可以进行舆论监督,维护社会正义,制约公共权力。在日常的社会生活中总存在一些阴暗的角落,在这些角落不同程度地存在着丑恶、罪恶和腐败的现象,而新闻传播可以通过舆论评价,鞭挞罪恶,制约公共权力,维护社会的公平和正义。在西方国家,新闻媒体被认为是除立法、司法、行政之外的第四权力,能够对公共权力实施舆论监督。改革开放以来,我国民主政治有了很大的发展,但是纳税人的权利保障和税收、财政收入的快速增长之间还存在明显的反差,如果我们能够加强媒体的舆论监督,将有利于政府积极探索公共职能的转变。随着网络等新媒体的出现,党和政府正在以开放、睿智的作风接受舆论监督,引导公共舆论的理性表达。在温州购房门、云南"躲猫猫"事件、陕西华南虎照片风波、山西黑砖窑事件、杭州富家子弟飙车案等一系列公共事件中,网络显示出强大的舆论监督力量,同时在监督中建立和完善了沟通机制。

(三) 社会变革

媒体可以为思想辩论提供场所,引发并推动社会变革。中国自1978年开始进行了伟大的改革开放事业。改革需要破除陈旧的思想,需要建立新的思想基础,而改革开放的思想基础就是在关于真理标准的讨论中确立的。1978年5月9日,《光明日报》以"特约评论员"的名义,隆重推出了《实践是检验真理的唯一标准》这篇文章,文章针对"两个凡是"强调指出:一种理论是否正确地反映了客观现实,是不是真理,只能通过社会实践来检验。当天,新华社全文播发了该文。次日,《人民日报》、《解放军报》等报纸又进行了全文转载。此后,在全国形成了广泛热烈的讨论,否定了长期束缚人们手脚的教条主义与个人崇拜,恢复了实事求是的作风,迎来了思想解放的曙光。同样,在1991年,《解放日报》曾经以"皇甫平"的名字先后刊发了四篇文章,在全国引起了姓"社"姓"资"的讨论,为市场经济体制的确立和发展扫清了道路。3月2日的《改革开放应有新思路》一文指出:"改革开放是我们须臾不可分离的法宝,改革开放是上海摆脱困境、求得振兴的唯一出路。"3月22日,《开放的意识要更强一些》一文指出:"邓小平同志对九十年代上海的开放寄予厚望,上海要把改革开放的旗帜举得更高,浦东开发要更快更好更大胆。"应该说,在"文化大革命"后的每一次社会变革中,媒体都起到了巨大的推动作用,为社会变革提供了坚强的思想保障。

(四) 政治革命

媒体可以促成舆论交锋,从而引发政治革命。政治革命需要思想理论作指导,需要通过舆论来组织群众,所以新闻媒体可以通过组织群众、宣传革命思想,促进革命运动的发展。1848年初,欧洲大陆爆发了大规模的革命运动,马克思和恩格斯于6月1日出版了"革命无产阶级最好的机关报"——《新莱茵报》,该报从创办的那一天起就成为宣传革命纲领和路线的有力工具。《新莱茵报》最突出的宣传特点就是紧密配合形势,为完成各个阶段的革命任务而斗争。1905年8月,在孙中山的领导下,兴中会、华兴会、光复会等革命团体联合在日本组成了中国同盟会,成为领导中国革命运动的中心。同盟会成立后,为了宣传其政治纲领,于11月26日在东京创办了《民报》。《民报》宣传了孙中山的"三民主义",与《新民丛报》围绕"革命"与"保皇"进行了大论战,不仅宣传了革命思想,而且为革命准备了干部队伍。现代社会的街头政治和颜色革命,更加注重运用媒体组织群众,进行政治斗争。

四、培养教育的功能

新闻传媒是"开放的学校",是"公共的图书馆",它不仅能够向受众传递各种新闻信息,而且可以向受众传递政治、经济、文化、娱乐等各方面的知识。可以说,今天的传媒已经成为学校教育的重要补充,甚至它对公众的影响力,丝毫不亚于学校对公众的影响力。在媒体分众化的今天,很多媒体自觉地把教育功能作为自身的定位之一,积极通过传媒对大众进行知识教育。中央电视台科教频道有句广告词:"知而获智,智达高远。"确实,因为大众传媒不间断地传播各种知识,社会公众的知识水平普遍得到了提高,新闻传媒也因此而受到社会的赞扬。媒体传播的知识主要包括提高人们物质生产能力的知识、拓宽社会与人文视野的知识和培养公众正确的价值观的知识。媒体的教育功能不仅体现为传承人类文化遗产,而且体现为传播人类创造的最新精神成果,提高公众适应自然、改造自然的能力。

新闻媒体的培养教育功能最主要地体现在人的社会化过程中。社会化是指人们在社会实践中逐渐学习参与社会生活的知识、技能和规范等社会文化,然后根据社会文化确定的标准来塑造自身作为社会成员的角色,并将社会文化内化为心理要素,决定以何种方式参与社会活动的过程。人的社会化是人向社会运动的起点,是在社会文化的熏陶下由自然人成为社会人的过程;社会化过程从人的出生开始,并贯穿于人的一生;社会化具有社会强制性、主观能动性和终身持续性的特点。能够对人进行社会化的客观环境主要有家庭、学校、单位和同辈群体、大众传媒。在一般情况下,人的社会化的主要环境随生活空间的变化而改变;当一个人处于儿童时期,家庭是社会化的主要场所,家庭成员的人际交流使儿童形成对社会的最初认识;进入学龄期后,学校的影响和教师的作用逐步上升到首要地位,学生将从学校教育中学到系统的社会规范、价值标准和生活技能等方面的知识;当人们结束学校教育开始自己的职业生涯后,工作单位成了人们社会化的又一个主要场所,在这里,人们学习职业技能,建立和处理新的人际关系,并将职业规范内化到自我的价值体系中。从前,同龄群体和大众传媒虽然是社会化过程中重要的因素,但在一个人的成长过程中不占主导地位。然而,随着工业化、信息化时代的到来,家庭、学校和工作单位都被大众传媒侵入,媒体以家庭保姆、电子伴侣、工作伙伴等各种方式,占据了人们的大量时间,解构了人们传统的社会化环境,甚至突破了传统社会化过程中的人伦和道德底线。传统的社会化过程中长者的故事、老师的教诲、领导的开导的权威性,正在被媒体提供的铺天盖地的信息所消解。

媒体在人的社会化过程中主要有以下一些作用:(1)媒体拓宽了人的视野,完善了人的知识结构,丰富了人的个性品质。在传统的家庭教育和学校教育中,传授的知识量有限,人的学习主动性不足,因此,信息接收效果也受到影响。而在传媒发达的时代,媒体信息铺天盖地,人们具有充分的接收信息的主动权,视野大大开阔,知识结构不断丰富,个性也呈现出多样化发展趋势。(2)媒体发展了人的阅读技能,提高了人的理解能力,提升了人的素质。在大量的媒体信息面前,人们接收到来自社会不同角落的信息和从不同角度阐释的观点,需要不断进行选择和判断。在长期的选择和判断过程中,人的理解能力、批判意识得到强化,总体素质得到了提升。(3)媒体强化了社会成员的公共意识,价值观的多元化得到了社会的承认。在大众传媒的作用下,个体之间的互动性增强,私人的认知体系朝向公共认知体系转变,公众对公共事务更加热心。由于媒体提供了广阔的表达平台,公众在对公共事件进行评价时价值观的表达越来越多元,社会对多元价值观的接受能力提高,对非主流价值观的宽容度不断提高。(4)随着新媒体的进步,媒体的社交性增强,人们在虚拟空间内生活的时间不断增多。报纸、广播、电视传播的内容可以成为人们进行社交的重要工具,但是它们的功能还不够突出。当然,大众传媒的发展也给人的社会化过程带来一系列问题,如主流价值受到冲击、媒体引发的暴力事件增多、人们正在遭遇心理和生理早熟等,这些问题都需要加以解决。

新闻媒介在社会化过程中的重要作用早就引起了一些学者的重视,以美国学者 G. 格伯纳为代表的"培养"理论研究就主要研究传媒对人的社会化的重要影响。20 世纪 60 年代,美国社会的暴力和犯罪问题十分严重,美国政府因此成立了"暴力起因与防范委员会"来研究应对策略,格伯纳的"培养分析"(cultivation analysis)研究就是在该委员会的赞助下进行的。该研究的两个重点是:分析电视上的凶杀和暴力内容与社会犯罪之间的关系;研究电视传播内容与公众对于社会现实的认知和态度之间的关系。研究的最终结论是:在第一方面,电视暴力内容对青少年犯罪具有"诱因作用"(trigger effect),但是总体上两者之间没有必然联系;在第二方面,电视暴力内容强化了人们对社会危险程度的判断,而且接触电视的机会越多的公众,不安全感越强。之后,格伯纳等人根据一系列调查研究结果得出结论:大众传媒提示的"象征性现实"对人们认识和理解世界具有巨大影响力,它会导致公众心目中描绘的"主观现实"与实际存在的"客观现实"之间出现很大的偏差,而且这种影响不是短暂的,而是长期的、潜移默化的"培养"过程。培养理论看起来很有道理,但是人的社会化是一个复杂的过程,中间还有许多中介性变量,所以单纯从符号结构、受众行为和受众观点之间寻找因果关系,还有很多不严谨的地方。但是,这种理论对我们认识大众传媒在人的社会化过程中的作用还是有很大帮助的,这也是很多学者依然重视培养研究的重要原因。

五、消闲和服务的功能

作为精神内容,新闻传播还具有服务和消闲的功能。服务功能是现代媒体业务拓展的重要领域,如提供商品信息、天气预报、法律咨询、购物向导等内容。消闲主要是提供能够被大众消费的娱乐内容,如体育节目、综艺节目、选秀节目和影视剧等。

人类的消费可以分为物质消费和精神消费两种。随着社会的发展和物质生活的不断丰富,人们有了更强的物质基础和更多的时间资源去消费精神产品,而大众传媒是重要的消闲解乏的工具。弗洛伊德认为,人们行为的目的是追求幸福,而追求幸福的目的则是为了获得"极其快乐的感觉"。大众传媒因为它的工业化生产、家庭式观看、影像式呈现的特点,成为大众闲暇时最大的聚合场所,填补了大众生活中无聊的时间,成为大众生活中最大的干预者。大众传媒因为既要满足公众的文化需要,又要获得满意的市场价值,所以其内容多是重复的、肤浅的、煽情的,这也是人们把大众传媒所创造的文化归为"大众文化"、"通俗文化"或"流行文化"的重要原因。在传媒发展的早期,大众文化曾经带有比较多的负面含义，但是，随着人类对生存价值的重新认识，大众文化因为能够满足绝大多数人的文化需求，所以逐渐获得了自己的文化地位，尤其是产业地位。今天，无论是精英阶层还是普通大众，都要或多或少地接触大众传媒上的娱乐内容。

我国过去把媒体的娱乐内容当作洪水猛兽，当作小资产阶级的东西。改革开放后，经济发展带来了人们生活的富足，当物质进步缓解了人们的生存危机后，人们的内心深处就出现了对娱乐的渴望和向往。对高雅文化的追求是人类精神消费的"正道"，然而对大多数普通人来说，他们难以时时用严肃的心态来欣赏阳春白雪的东西，而更愿意在工作之余、在疲惫之时，放松身心，享受娱乐。正是大众心理的导向造就了大众文化的繁荣，媒体主导的大众文化不仅抢夺了大量的受众，而且使其他的文化形式也自觉地向通俗文化靠拢，或者是借鉴通俗文化的形式来改造自身，即使是精英文化，它的血统也不是那么纯粹了。

今天，报纸、广播、电视、网络上的各种娱乐内容，丰富了大众的业余生活，给人们紧张的社会生活带来了茶余饭后的谈资。然而，"我们的天性决定了我们的强烈享受感只能产生于对比，而不能产生于事物的一种状态中。因此，我们幸福的可能性已经被我们本身的气质所限制了"①。媒体上的娱乐内容不断提升受众的欣赏品位，并进一步使得很多媒体在充满激烈竞争的环境中，不断突破受众的心理底线，通过社会越轨来迎合受众。如现在很多媒体对"性"特别钟爱，只要出现相关新闻，立刻争相转载。又如，西方电视界流行真人秀节目：他们有的把人扔到荒芜的小岛，让他们过茹毛饮血的原始生活；有的让青年男女在摄像机的监控下，上演爱情争夺战；有的要求参赛选手吃下凝固的血液、发臭的芝士、用饱含胆汁的面包糠制成的比萨饼等恐怖食物；有的让美女在装有数千磅鱼内脏的容器里，找到发酵的鱿鱼胆，并将它吃掉……而更令人担心的是，目前国际新闻界正在流行"裸体新闻"热。1999 年 2 月，加拿大诞生了世界上第一个网络脱衣新闻节目"赤裸新闻"；之后不久，俄罗斯 M1 电视台开办"赤裸裸的真相"节目，开创了电视裸体播报的先河。之后，世界各地掀起了裸体播报的热潮，保加利亚、英国、意大利、美国、韩国等国先后制作出相关节目，通过电视、网络、手机等传播渠道传播。新闻界人士普遍认为，裸体新闻报道品位低下，以色情为噱头，侮辱了新闻工作者的尊严。

"无节制地满足一切需要是最动人心魄的生活方式。但是，这意味着把享

---

① 〔奥〕西格蒙德·弗洛伊德：《文明及其缺憾》，傅雅芳、郝冬瑾译，合肥：安徽文艺出版社 1987 年版，第 16 页。

乐置于谨慎之前,这样做很快就会带来恶果。"① 追求狂欢、及时行乐虽然可以帮助人们逃避工作压力和生活痛苦,但是它却是一种鄙俗的人生哲学。如果媒体纯粹为了商业目的,一味迎合受众需要,必然会给社会带来负面影响。生物学家做过一个实验:将一只老鼠放到带有 A、B、C 三个金属柄的玻璃罩中。当老鼠碰到 A 柄时,玻璃罩中会出来食物;碰到 B 柄时,玻璃罩中会出来饮料;C 柄是一个带电体,当老鼠碰到 C 柄时既没有食物,也没有饮料,但是电流会刺激老鼠的下丘脑,使它产生快感。当老鼠发现了 C 柄的秘密后,忘记了吃喝,不断地触摸 C 柄,结果快乐而死。这个实验表明,追求快乐是动物的一种本能,但是如果追求快乐违反了自然规律就必然会带来灾难。目前,传媒业的过度商业化已经成为一个值得人们关注的社会问题。

六、经济促进的功能

新闻传媒属于上层建筑领域,但是随着社会的发展,新闻传媒在经济基础领域也有了自己的位置,成为国民经济的一个重要组成部分。新闻传媒促进经济发展的功能体现在两个方面:一是通过媒体的内容传播,间接作用于经济领域,产生经济效益;二是直接作为传媒产业,在经营中创造利润,为国民经济做贡献。

从经济学产生之初,传媒与经济就有着紧密的联系。二百多年前经济学能够在英国发轫,媒体有很大的功劳。亚当·斯密的《国富论》、李嘉图的《政治经济与赋税原理》是经济学的经典文献,它们都是在媒体争论的基础上写成的。而有"第一个真正的经济学家"之称的穆勒,是由财经记者成长为经济学家的。在现代经济环境下,任何组织和个人都要及时了解经济信息,并在此基础上进行经济决策。媒体内容传播对经济发展的作用主要表现在这样几个方面:通过收集和发布信息,帮助经济部门搞好经营决策;预测经济形势,帮助经济部门认识和把握经济走势;监督市场秩序,帮助政府和企业纠正经济生活中的偏差;为经济部门发布商业广告,实现商品和服务的供销见面。

从国际范围来看,传媒业已经发展成为一个巨大的产业,国际风险资本纷纷进入传媒领域,跨国的巨型传媒集团不断出现。我国过去将新闻传媒看作是意识形态领域的重要部门,主要由国家来办。但是,今天的中国传媒已经发挥了它的产业功能,成为国民经济的重要组成部分。有数字显示,"2006 年中国传媒产

---

① 〔奥〕西格蒙德·弗洛伊德:《文明及其缺憾》,傅雅芳、郝冬瑾译,合肥:安徽文艺出版社 1987 年版,第 17 页。

业总产值约为4236.56亿元"①。坚实的经济基础,使我国媒体的其他功能更加多样化和稳固。

新闻传播的一般功能是指整个新闻传播事业所承担的社会功能。一家媒体往往没有可能也没有必要承担新闻传播的所有功能,这就牵涉到媒体的功能定位问题。上一章我们提到的受众定位主要是从受众角度来考虑媒体的定位,而功能定位则主要是从传播者角度来考虑受众定位。理想的媒体定位必须要将受众定位和功能定位有机地结合起来,在传者与受众之间寻找到最大的公共区域,这就是媒体最好的业务领域。无论从传媒竞争还是从传播效果来看,一家媒体最好以二三项功能为主,先稳定核心受众,然后在力所能及的范围内兼顾其他功能。如我国各级党报的功能基本上是"信息+宣传+赢利",湖南卫视《快乐大本营》节目的主要功能是"娱乐+赢利",中央电视台《百家讲坛》节目的主要功能是"知识+娱乐+赢利"。媒体或节目在进行功能定位时,需要考虑的因素很多,如媒体的所有权、管理体制、国家法律、受众兴趣等,最后要在深入的调查研究和严密论证的基础上选定媒体的功能类型。

第二节 新闻传播与社会舆论

舆论是一个与新闻传播非常相近的概念,我国公众对媒体功能最直接的感受是媒体能够反映舆论、组织舆论和引导舆论。我国的报纸、广播、电视等传统媒体都具有国有身份,所有权归国家所有,所以人们又习惯于把媒体称为舆论机关。然而,舆论和新闻毕竟是两个不同的概念,我们只有搞清楚舆论的内涵,才能更好地发挥媒体对社会发展的作用。在日常生活中,我们往往会听到很多关于舆论的俗语,如,"人言可畏"、"得民心者得天下,失民心者失天下"、"一言兴邦,一言丧邦"、"我们的工作要以群众满意不满意、高兴不高兴为标准"等。确实,舆论是社会的公意,是促进政治、经济、文化发展的重要力量,社会越是进步,舆论的作用越显重要。

一、舆论的概念和主要特征

李普曼在《公共舆论》中指出:"对舆论进行分析的起点,应当是认识活动舞台、舞台形象和人对那个活动舞台上自行产生的形象所做的反应之间的三角关

---

① 崔保国:《2007年:中国传媒产业发展报告》,北京:社会科学文献出版社2007年版,第5页。

系。"① 这里的"活动舞台"应该是客观世界,"舞台形象"是客观世界的变动,而人"自行产生的形象"就是对客观世界的认识和评价。因此,舆论至少要包括三个要素,即主体、客体,以及主体对客体的评价。从这三个基本要素出发,结合当代社会舆论发展的现状,我们可以给舆论下这样的定义:舆论是在特定的时间或空间范围内,公众对特定的公共事务公开发表的、消除个人差别的、多数人的信念、态度、意见和情绪的总和。

舆论是意见传播中的概念。个人意见与他人意见在交往中相互碰撞、交流、融合,最后形成一个共同意见,这就是舆论。因此从舆论主体的特征来看,舆论包含两个层面的内容,即个体与群体的关系、群体与整个社会共同体的关系。舆论发展最初只表现出第一层面的关系,直到国家出现后,社会上产生了私有财产,产生了阶级,因此也就出现了群体与社会的关系。认真观察舆论发展的历史和舆论形成的机制、舆论的影响力,我们发现舆论具有以下一些特征:

(一)舆论的背景是特定的时空

舆论作为公共意识,首先是特定的时空环境的产物,具有鲜明的民族性和时代性。舆论离不开特定的社会情境,不同民族的民族特征、文化习惯、社会结构、生活方式,对舆论的产生具有重要的影响,这些影响就是李普曼所说的"刻板成见"。舆论作为意识范畴的东西,同时又是一定时代社会生活的反映。时代不同,社会生活也有很大的差别,因此舆论的表现形式也不一样。特别是近现代以来,在大众传媒的影响下,舆论产生的空间得到了放大,舆论的扩散速度得到了加强,舆论的影响范围越来越大,舆论成了社会生活中最活跃、最强大的一支力量。

现代社会的发展越来越快,因此舆论的变动也不断加快。如改革开放以来,我国人民的对外交往活动不断增多,思想观念日益进步,公共舆论对传统社会的弊端有了深刻的反思,从而推动了社会改革的步伐。社会上出现过大量的舆论中心,像"实践是检验真理的唯一标准"、"尊重知识、尊重人才"、"恢复高考"、"让一部分人先富起来"、"经济特区"、"反对资产阶级自由化"、"利用外资"、"社会主义市场经济"、"家庭联产承包责任制"、"中国特色"、"一国两制"、"三个面向"、"和平与发展"等,这些都曾经是推动社会进步的重要舆论。

同一个社会问题,在不同的历史时期,也会有不同的舆论表现。如在改革开放前,我国一直被国际社会认为是一个一穷二白、经济落后的国家,因此中国的商品不会对任何国家的贸易构成威胁,而中国人却对外国商品抱有无限的热情。

---

① 〔美〕沃尔特·李普曼:《公共舆论》,阎克文、江红译,上海人民出版社2002年版,第14页。

然而改革开放后,随着我国经济不断发展,中国在国际贸易舞台上越来越成为举足轻重的国家,中国的商品进入了世界的各个角落,影响着各国人民的日常生活。当我们陶醉于发展成就的时候,中美、中欧贸易摩擦却暴露出来,"中国威胁论"的论调也由美国逐渐扩散到欧洲。从中国经济的发展过程中我们看到,西方社会主流舆论原本不重视中国的经济,然而,随着时代的发展,"made in China"却成为他们的一块心病。中国原本与欧洲有着传统的友好关系,但是随着中欧贸易出现问题,中欧关系也出现了新的变化,这些都反映到中国国际交往的舆论环境中。

(二) 舆论的主体是理性的公众

舆论的主体是公众。《现代汉语词典》认为,公众是"社会上大多数人"。这种解释比较简洁,但是在理解舆论主体的时候却还是有点模糊。20世纪初,法国社会心理学家G.塔尔德为"公众"下了定义,认为公众与"人群"、"群众"不同,它的内聚力来自精神的沟通和平等的交流。社会是一个大的群体,随便在社会群体中挑选"大多数人",并没有实在的意义,人们提到"公众"的时候,往往是在评价具体事件的时候。因此,作为一个集体性概念,舆论学上使用的公众,指的是自在的对于外部社会有一定的共同知觉或相近看法的人群。

与"公众"相近的概念还有"公民",公民是一个法律概念。历史上,人们对"公民"的解释也有多种,如:(1) 指古代为公之民,即从事公共事务治理的人。《韩非子·五蠹》中有"是以公民少而私人众矣"[1]。(2) 指君主之民,公家之民。《古列女传·齐伤槐女》中有"(婧)对曰:'妾父衍,幸得充城郭为公民。'"[2] (3) 指公共土地上的居民。康有为《大同书》乙部第三章有"凡未辟之岛皆谓公地,居者即为公民"[3]。(4) 亚里士多德在《政治学》中说:"凡有权参加议事和审判的人,我们就可以说他是那一城邦的公民。"[4] (5) 卢梭在《社会契约论》中说:"个别地作为权力的参与者,就叫作公民。"[5] 而在现代意义上人们所说的公民,通常是指具有一国国籍,并依据宪法和法律规定,享有权利和承担义务的人。

"公民"与"公众"相比,有一个身份的认定,即"公民"往往具有国籍,而"公众"却没有这样的限定,是一个意义更开放的词汇。张杨乔在《声张自我的艺术》中指出,公众具有以下特征:(1) 公众是自在的、不依他人的关系而自存在;

---

[1] 陈秉才译注:《韩非子》,北京:中华书局2007年版,第273页。
[2] (汉)刘向:《古列女传》,北京:中华书局1985年版,第159页。
[3] 康有为:《大同书》,郑州:中州古籍出版社1998年版,第115页。
[4] 〔古希腊〕亚里士多德:《政治学》,吴寿彭译,北京:商务印书馆1965年版,第113页。
[5] 〔法〕卢梭:《社会契约论》,何兆武译,北京:商务印书馆1982年版,第26页。

(2)公众既抽象又具体,在一般的社会环境中它是一个抽象概念,而在特定的舆论状态中,它却是具体的;(3)公众是一个未经组织的开放系统;(4)公众具有间接的归宿性,且因其有具体性的一面,可以被划分为各种不同的类型。我们在谈论公众时,往往是在一国的环境下去谈的,因此,在多数情况下"公众"和"公民"有相当程度的交叉,在交叉区域内,两个概念往往被人们相互串用。

舆论是在抽象公众的大背景下具体社会人的公意,因此,舆论的主体是公众。柏拉图说过,"如果一个国家的公民各想各的事,各有各的小算盘,全然不顾国家乃至国内同胞的死活,那么,这个国家很可能就会处于无序状态,也就牵不起团结的纽带了"①。在探讨舆论主体的时候,我们必须要确定,只有公众关注集体利益、放弃一己私利的时候,他们的一致意识才能称为"舆论"。从这个意义上说,舆论的主体不是一般的公众,而是"理性公众"。理性公众是指以精神的沟通和平等的交流为基础、在一定程度上能自由参与社会评价的理性化的社会单位。理性公众行为目标明确,具有一定的意识指向性,能够最大限度地实现自我利益和社会交流。现代社会的公众应该有自主意识,有充分的知情权,这是成为舆论主体的前提条件。同时,舆论中心也主要在大城市,因为那里人口密集,人的素质较高,因此容易形成舆论氛围。

当代社会,网络迅速发展,成为公众一个重要的社会论坛,也为舆论的形成打开了一个方便的通道,使舆论向民主化的方向进一步迈进。然而,在网络空间内,一些人带着肮脏的目的,发表不负责任的言论。在网络中,有些人在严肃地探讨一些社会问题;也有一些人偏要唱反调,故意将问题庸俗化,这样的言论永远不能成为舆论,只是个别人个人原始欲望的张扬,充其量只能算是谣言。

(三)舆论的客体是公共性事务

舆论的指向是公共事务,即公共事务是舆论的客体。"舆论作为公众意见是社会评价的一种,是社会心理的反映,它以公众利益为基础,以公共事务为指向。"② 所谓公共事务(public affairs),指的是涉及多数人的共同利益、能够使公众产生共同兴趣的社会现象、社会问题和社会事件。公共事务的本质是社会矛盾在现实生活中的反映。公共事务与公众的切身利益直接相关,因此公众就有热情来认真对待,并发表自己的看法,期望自身利益得到维护,或得到最大程度的尊重。

近年来,医疗问题在社会上形成了舆论热点,媒体大量报道,公众热烈讨论,

---

① 〔古希腊〕柏拉图:《理想国》,张子菁译,北京:西苑出版社2003年版,第41页。
② 李良荣:《新闻学概论》,上海:复旦大学出版社2001年版,第47页。

甚至发生激烈的争论,这是因为医疗问题牵涉到千家万户,牵涉到每一个公民。公共舆论最先关注的是医价、药价问题,因为医药品价格不断上涨,让很多家庭看不起病。随后,公众又抱怨医院的服务质量和服务水平无法满足患者的需要,医患纠纷不断出现,媒体大量加以报道。其后,公众在此基础上又在反思因为医疗问题而导致的社会问题。在城乡,有很多家庭因病致贫,另一些家庭因病返贫,医疗问题成为中国社会进步的一个障碍。计划式管理和市场化运作,使少数医院只顾经济效益,忘记了社会责任,医疗行业的道德伦理受到舆论的质疑。人们在思考:在全球普遍实行福利化医疗制度的情况下,中国医疗是应该实行市场化体制,还是福利化体制? 正因为医疗问题是公共事务,因此,每个公民都有参与讨论的热情,因而这一问题构成社会上的强势舆论,它的存在一定程度上为政府的医疗改革提供了民间智慧,也加快了医疗改革的步伐。

随着全球化时代的到来,人们生存的物质空间和精神空间都得到了拓宽,人们的社会交往摆脱了国家的束缚,在全球平台上实现了利益的联系。全球化思想有四个出发点。麦克卢汉在1964年出版的著作《理解媒介》中,以文化学为出发点提出了"地球村"(global village)的概念。麦克卢汉从技术决定论的观点出发,指出媒介的发展缩小了空间距离,使世界微缩成一个村庄。曾任美国总统卡特的国家安全顾问的布热津斯基,1969年出版了著作《两代人之间的美国》。在该书中,他从政治学的观点出发,正式提出了"全球化"概念,指出世界正在向全球化方向发展,能够解决世界冲突的外交策略,不再是"大炮外交"而是"网络外交"。20世纪70年代初,联合国在斯德哥尔摩召开了"和平与发展"会议,会上提出环境、生态问题必须要从全球角度出发来解决,并提出"全球化思维,地方化行动"的口号。有"管理学之父"之称的彼得·德鲁克,在其1993年出版的著作《后资本主义社会》中从管理学角度出发,认为整个世界成了一个超级市场,国家和民族成为全球化最大的敌人,并预言随着技术工艺的发展,国家和民族将会消失。由全球化思想的发展历程我们可以看出,全球化已经不再是表层的意识流动,而是牵涉到经济、政治、文化等各个方面的深层变革。这种变革的直接结果就是在国际范围内人类共同利益越来越多,国与国的交往和联系也越来越紧密。利益的交织和交往中的摩擦,使当代世界成为最复杂的世界,国际舆论的影响力也越来越大。

过去,我们总感到中国与西方世界是两个世界,我们只要不和他们交往,他们就不会影响到我们的经济、政治和文化。但是,进入20世纪90年代以后,我们发现中国与世界的联系越来越紧密,中国离不开世界,世界也离不开中国。美国"9·11"事件后,中国股市受到了很大的影响;伊拉克战争爆发,国内油价一路上涨。在全球化的背景下,中国人的视野开阔了,思考问题的方式也日益国际化和多元化,很多国际事务成了中国人的"公共事务"。

(四) 舆论的内容是意识的集合

舆论是社会的整体知觉和集合意识,不仅是主体的语言表达,而且是主体的信念、态度、意见和情绪表现的总和。作为舆论内容的集体意识并不是个体意识的简单叠加,而是在意见交流过程中,各种不同的意见相互碰撞、融合、妥协,最终形成一致的意识倾向。舆论正是通过信念、态度、意见和情绪等心理品质表达公众对世界的看法。

信念是人们在社会化的过程中,从外部环境和自身实践中获得的关于现实世界的图像、信条和价值观,它是人们判断事物的较为牢固的标准。每个人一生下来就处在一个特定的社会结构中,该社会结构给人的社会化打上民族和文化的烙印,从而使个体具有了带有社会结构特征的坚强信念。李普曼看到了信念对舆论的影响作用,因此他提出了一个类似的概念——"固定成见"。所谓固定成见是指社会公众在先于公共事务之前头脑中就已存在的相对固定的观念,它不受具体事件因素的影响,是个人信仰、世界观等观念的综合。他认为:"我们在寻求比较公众的见解时往往坚持我们的成见,除了节省精力之外,还有另一个原因。成见系统也许是我们个人传统的核心,是对我们社会地位的保护。"[①] 也就是说,信念在舆论形成过程中至少有两个作用:一是自然省力。当个体碰到外部公共事务的变化时,第一反应是从经验系统中拿出评价标准,不经思考地进行直接判断。除非个体有了预设目标,或外界具有某种强制力,否则人们不会排斥"固定成见"。二是认定社会身份。人是社会性动物,人的社会化过程,就是在一定的社会环境中学习该社会的社会人标准。当人们碰到外部事务的时候,信念可以反映个体的文化身份和社会地位,从而确定个体在社会中的位置。因此,"信念在舆论本身的各种存在形式中处于核心位置,也是在受到外界刺激后,进行逻辑推论的大前提"[②]。如涉及中日问题、台湾问题、中外贸易摩擦问题时,我们的第一反应是维护民族利益、国家利益。

人们都有自己的信念,在公共事务面前,总是坚信某种观点是正确的,并用它来支配自己的行为。信仰是信念的特殊形式,它能调动人的全部身心,去坚持某个观点,并为某项事业艰苦奋斗。历史上一些人为了坚持真理、坚持理想,往往视死如归,用生命捍卫自己的信仰。当然,没有根据的盲目信仰也是可怕的,

---

① 〔美〕沃尔特·李普曼:《公共舆论》,阎克文、江红译,上海人民出版社2002年版,第77页。
② 陈力丹:《舆论学——舆论导向研究》,北京:中国广播电视出版社1999年版,第15页。

如罗素在《社会改造原理》中对第一次世界大战进行了反思。他认为,当时德国人、各国政府成员、非德国人、非外交界的人,都轻易接受了战争。人们盲目"相信不真实的事情,而不相信真实的事情","有许多事情,并没有足以使人相信的很好的理由,但是我们大家都信以为真,这是因为在下意识里,我们的本性渴望着某种行动,而这些行动就产生于这些信仰,使本来不合理的事情被看成为合理。"[1]

态度是建立在信念之上的较为表层的心理结构,是外界刺激与个体反应之间的中介,它是由认知、情感和意向三个因素构成的。认知因素规定了态度的对象,情感因素是个体对特定对象的内心体验,意向是个体对对象的反应倾向,即行为的准备状态。1999年5月8日,北约袭击了我国驻南斯拉夫大使馆,女记者邵云环壮烈牺牲,新婚夫妇许杏虎、朱颖血洒他乡。事件发生后,中国人民沉浸在悲痛和愤怒中。在社会舆论中,公众首先对事件进行认知,然后在情感上对三位烈士沉痛哀悼,对北约暴行义愤填膺,在行为指向上用各种形式表达了强烈的抗议和严厉的谴责。

态度的表现形式是多种多样的:意见通过言语直接传达公众的态度;情绪通过细微的肢体语言表达公众的态度,如目光、沉默或某种动作等;游行示威等则是通过规模行为来强烈地表达公众的态度。因此,根据态度的不同表现,我们可以把舆论分为显舆论、潜舆论和行为舆论等。

(五)舆论的扩散是公开的传播

舆论是一种社会评价,但是这种评价不是由单个人完成的,而是通过集体意识体现的。社会纷繁复杂,每个人的思想和意识都不一样,因此,要想使分散的个人意见形成群体性的公众意见,必须要经过公开的社会讨论和交流。同样,已经形成的公共意见,也只有在广泛交流的过程中,才能发挥它的影响力。无论是产生过程,还是扩散过程,舆论都必须得到公开传播,舆论必须自始至终在公共领域内传播,并对公共事务发挥作用。

舆论传播需要传播渠道,而公共论坛是舆论传播的主要渠道。公共论坛是社会成员、公众团体能够自由发表意见,各种意见能够自由交流的公共空间。公共论坛是开放的、虚拟的时空环境,并不一定是实体性的存在。现代社会主要的公共论坛有民间沙龙、团体会议、大众传媒、民意机关等。公共论坛是意见自由交流的场所,人们可以就共同关心的问题,理性地发表自己的看法,各种意见在相互交流、得到修正后,最终形成一致的公共舆论。

---

[1] 〔英〕罗素:《社会改造原理》,张师竹译,上海人民出版社2001年版,第2页。

(六)舆论的效应是利益的调整

公众发表看法的公共事务,都是近在眼前、迫切需要解决的问题。公众热烈讨论公共事务的目的,是期望问题得到解决。不对客体产生影响的言论不能叫舆论,顶多是无足轻重的议论。公共舆论具有强大的力量,它要求社会必须要作出反应,并引导它向顺应公众利益的方向发展。从这个意义上来说,舆论的现实效果是要求社会对利益作出调整,尊重公共利益,实现自身的和谐发展。

然而,在不同社会和不同历史时期,作为解决舆论问题的单位的国家机构,往往对舆论的认识并不充分。在历史上,很多专制政权视舆论为水火,对舆论不是采取引导的方式,而是采取打压的方式。期望借助外力强制扑灭舆论是一种幻想,舆论只能被引导,而不会被消灭。确实,在历史的某个时期,当舆论受到专政政权的打压时,可能会平息,但这种平息是暂时的潜伏,而不是永远地消失。一旦事物有了新的发展,舆论在新发展的刺激下,会以更加猛烈的方式爆发出来,并可能引起公众采取极端行为进行反抗。

马克思主义认为,政治是经济的集中表现,是阶级斗争的表现形式,是管理国家公共事务的行为和活动。国家政权从事政治活动就是对公共事务的管理,而管理公共事务应该尊重公共舆论,尊重公众利益,这样才能使政权真正为民所用。新中国成立后,执政党一直提倡走群众路线,大兴调查研究之风,关注群众的情绪,尊重人民的意愿,这在根本上就是对舆论的尊重。然而,我们也应该看到,由于受到极"左"思想的影响,在新中国成立后很长一段时间内,对舆论的态度还不够端正。邓小平同志曾经告诫,"一听到群众有一点议论,尤其是尖锐一点的议论,就要追查所谓'政治背景'、所谓'政治谣言',就要立案,进行打击压制,这种恶劣作风必须坚决制止。毛泽东同志历来说,这种状况实际上是软弱的表现,是神经衰弱的表现"①。因此,我国各级政府应该把人民的利益放在第一位,倾听群众的声音,及时解决舆论所反映出来的问题,维护社会的长期稳定。

我国的经济发展走的基本上还是高能耗之路,经济越发展,对能源的需求就越强烈。改革开放后,随着我国经济增长速度加快,能源紧张的局面越来越显现出来。能源紧张带来了煤矿开采行业的繁荣,但是由于我国煤矿行业技术装备差,生产环境恶劣,再加上一些其他因素,矿难不断发生。2005年,广东兴宁矿难在结束抢险工作后,新华网曾经发了一篇消息。

新华网兴宁8月29日电(张肆文　林军强)　经过23天日夜抢救,鉴于被困矿工生还无望,抢险工作又面临较大安全隐患,广东兴宁市大兴煤矿"8·7"

---

① 《邓小平文选》(第2卷),北京:人民出版社1994年版,第145页。

特别重大透水事故抢险救援指挥部29日16时30分召开新闻发布会,正式宣布放弃救援工作。

据指挥部新闻发言人何剑清介绍,二十多天来,全体抢险救援人员坚决贯彻落实党中央、国务院指示精神,坚持只要有一线希望,就决不轻言放弃的工作方针,全力以赴开展救援工作。但由于大兴煤矿地质情况复杂,矿井透水量巨大,开采系统混乱,透水后井下原有巷道和设备遭到破坏,随着水位下降,追排水到一定深度后,有关工作变得越来越困难。近两天井下出现数次垮塌现象,直接威胁抢险人员的人身安全。专家指出,进一步开展抢险救援存在无法排除的安全隐患,如按现有方案继续强排水,会造成新的安全事故,风险很大且无实际意义。决定于29日终止抢险救援工作。这次事故被困矿工123人全部遇难,只找到其中6具遗体。①

在兴宁矿难后,人们纷纷议论煤炭行业的安全生产问题,并呼吁国家对煤炭行业进行严格整顿。在矿难发生后,国务院总理温家宝及时赶到现场,布置抢险工作。国务院随后出台了严格的措施,要求各地党政干部限期退出在各地矿山的股份。政府的积极作为,尊重了公共舆论,也为防止重大矿难继续发生做了很多防范工作。

二、舆论的社会功能

舆论产生后就时刻影响着社会,反作用于人的思维与行动。舆论的社会功能指的就是公共舆论对人类社会生活所产生的积极作用与消极作用。舆论作为群体意志,随着社会发展越来越受到人类自身的重视,社会发展将更多地考虑到公共利益。因此,舆论对社会发展的作用也变得越来越明显。

(一)舆论的社会褒扬功能

舆论是公众对社会事件的评价。人类的本性是善良的,在任何时候都会对正确的、美好的东西加以肯定和赞扬,而对于错误的、丑恶的东西则给予谴责和鞭挞。舆论对正面事物的肯定,使社会正义得到张扬,社会的光明面得到了体现,人们也在褒扬的氛围中更加明确了人生目标和价值追求。褒扬性舆论给美好事物以正面的评价,同时以先进人物的事迹来影响、感染其他社会成员,推动社会的进步和发展。当然,社会在宣传先进典型、先进事迹的时候,要考虑到公众的接受心理。英雄人物从根本上来说还是普通人,我们不能把他们盲目拔高,使之脱离普通群众,变成公众难以学习的"神"。因此,我们的正面宣传,必须是

---

① 参见 http://news.xinhuanet.com/newscenter/2005-08/29/content_3418264.htm。

引导公共舆论,而不是强迫公共舆论向宣传思想低头,尤其不能以牺牲事实和社会责任感为代价,来人为地制造先进典型。

(二) 舆论的道德规范功能

美国社会心理学家 G. 奥尔波特认为,人的社会存在包括三重形式,即实际的存在、想象中的存在和暗指的存在。所谓暗指的存在,是指个人由于其在社会组织中的地位和文化团体中的会员身份而进行的许多活动。也就是说,每个人在社会上都承担一定的角色,而针对每个角色都有明确的社会规范,以便确认这一角色。道德是调整人与人之间、人与社会之间关系的行为规范的总和,它同时是评价人们行为的标准。道德有别于一般的人文精神,它是内心认可或在外界约束下习惯性遵守的规则、理想的方式等。道德规范是指道德对人的思想与行为的约束力,它是社会规范中最重要、最普遍,也是最基本的一种规范形式。道德问题不能靠法律调节,往往要借助舆论的力量。社会成员道德水平的提升除了依靠社会舆论的规范外,还离不开一个公正、合理的社会赏罚机制,即调动经济、政治、行政、法律等多种现实手段,以利害为中介来引导行为主体选择社会所期望或接受的行为。社会赏罚利用的是人的需求心理,通过对社会成员现实需要的满足或剥夺来促使其接受社会所要求的价值观念和行为方式。有了社会赏罚机制的配合,舆论的是非评判将更有效果。只要卑鄙无耻的行为能够得到冷落、处罚,正直坦率的行为能够得到赞美、奖赏,社会道德就一定会复苏。我们千万要警惕社会奖赏机制的颠倒、混乱,否则它不但不能起到证明示范的作用,反而可能得到相反的结果。

(三) 舆论的社会价值整合功能

价值观是人的思维定式、思想倾向和人生态度的集中表现,是一定社会环境下人们的生活态度和世界观的总和。价值观是社会的灵魂,每个社会、社会中的每个人都有自己的价值观。价值观不是自然形成的,而是公共舆论长期交流、融合之后的结果。社会结构可分为宏观结构和微观结构。宏观结构指的是国家、民族、阶级等;微观结构指的是单位、社区、学校、家庭等。宏观结构的社会与个体的相互作用是间接的,微观结构的社会与个体的相互作用则是直接的。"一般认为,宏观结构的社会通过微观结构的社会对个体发生作用,个体也通过微观结构的社会对宏观结构的社会发生作用。"① 任何人一降生,即落入具体的家庭,随后是学校、社区、单位,而这些组织也处于特定的政治、经济、文化交织的社会关系之中。在这些组织中,个体不断社会化,不断取得组织的价值观。价值观

---

① 时蓉华:《社会心理学》,香港:中华书局(香港)有限公司1997年版,第2页。

是舆论的一种表现形式,是经个体间的不断交流、共同讨论而整合形成的。

舆论的社会价值整合功能是指通过公众的意见交流,在消除个体意见差异的基础上,对原有的社会价值观念和社会规范体系进行调整,从而建立起一种新的体系的过程。舆论的社会价值整合功能包括社会心理整合、社会意见整合、社会道德整合和意识形态整合几个方面。社会心理整合主要是引导公众心理倾向于主流社会所主张的精神目标;社会意见整合是对公众意见加以引导,在舆论的压力下实现舆论一律;社会道德整合是规范公众的社会行为;意识形态整合是在更高层次上对公众的精神面貌进行整合,从而塑造民族心理和民族文化的面貌和特征。

(四)舆论的社会监督功能

"人民的情绪、意见以至行为构成了社会运动的发声器,它时时预报社会的进程或险境,似乎是一种'天理'的昭示。"[1] 当今时代是一个开放的民主时代,舆论监督是一种重要的社会监督,它是指社会公众对社会公共事务和公共权力机关的偏差进行批评和制约。没有监督的权力容易产生腐败,绝对的权力可能产生绝对的腐败,而"舆论监督有助于消除社会丑恶,预防精神道德堕落和工作错误,是社会的防腐剂"[2]。目前,舆论监督主要是通过媒体来实现的。媒体不仅是一个文化机构,也是社会的脊梁,它应该主动地监督各种社会权力,曝光社会阴暗面,宣扬民主与正义。

三、新闻媒体的舆论引导

新闻传播最主要的功能是传播信息,给公众绘制社会地图。然而,媒体报道不可能做到绝对客观。媒体是有主人的,记者是有立场的,新闻媒体在传播新闻时必然有自己的倾向性。这种倾向一方面可以通过对新闻事件的选择和新闻议程的设置表现出来;另一方面可以通过直接发言、阐述媒体或媒体所代表的政党观点表现出来。由于媒体在舆论引导中具有重要作用,所以任何国家、任何集团都不会轻视媒体的舆论引导和舆论监督功能。在现代社会,新闻媒体是重要的舆论机关,既是舆论形成的载体与领袖,又是社会主导者引导和控制舆论的手段和工具。

(一)新闻媒体在舆论传播中的作用

现代新闻媒体与公共舆论的形成具有一种天然的、密切的联系。舆论的产

---

[1] 刘建明:《天理民心》,北京:今日中国出版社1998年版,第1页。
[2] 刘建明编著:《舆论传播》,北京:清华大学出版社2001年版,第276页。

生可以简单地分为信息的刺激、观点的扩散、意见的整合三个环节,而新闻传播在舆论形成的每个环节都能够发挥作用。正因为新闻媒体在舆论传播中具有重要作用,所以中国共产党各个时期的领导人都曾经指出,新闻事业是党的生命的一部分,是无产阶级的舆论宣传工具。新闻媒体在舆论传播中的作用主要体现在以下方面:

1. 通过对新闻事件的报道引发舆论。舆论是公众对于特定公共事务的看法,因此,客观发生的新闻事件是舆论形成的主要触发因素,任何人要想形成意见必须要得到相关的公共信息。如果媒体在短时间内集中地对某个事件进行报道,就可能引起广大受众的关注,从而形成强大的舆论场。1962年,罗杰斯对农业科技推广进行了研究,并发表了研究报告《创新与扩散》。该报告根据新事物的普及过程将大众传播分成两个方面:一是作为信息传递过程的"信息流",二是作为效果或影响的"影响流"。信息流是一级的,即信息由媒体"流"向一般受众;而影响流则是多级的,经过了人际传播中许多环节的过滤。新闻传播中的"信息流"仅仅对受众起到"告知"的作用,告诉公众他们身边发生了什么事情;但是新闻传播的"影响流"却能够在受众中形成意见交流和碰撞,最后形成公共舆论。改革开放以来,我国媒体对真理标准的讨论、小岗村包产到户、发展第三产业、中国入关等的报道,都曾在社会上引起强烈的反响,引发了舆论热潮。

2. 通过报道群众意见反映舆论。舆论是在一定范围内通过意见碰撞最后形成的一致意见。小范围的舆论影响力有限,不能对社会产生较大的作用。新闻媒体因为覆盖面广、公开程度高,所以是舆论的理想载体和放大器。媒体对分散的、局部的意见的报道,能够在更大范围内形成讨论,从而形成对社会有更大影响力的舆论。从媒体的社会责任来看,反映舆论是媒体的重要职责,也是媒体取信于民的重要保证。

3. 通过对报道议程的设置引导舆论。在一般情况下,公众分散的舆论既有符合社会发展方向的,又有保守的;既有反映全体人民利益的,又有反映少数人特殊要求的;既有理性的,又有情绪化的;既有正确的,又有错误的。舆论传播过程呈现的复杂结构给媒体的舆论引导提供了机会。媒体在公众中具有足够的影响力、公信力和权威性,媒体公开、明确地表示支持什么、反对什么,将对公众产生积极的影响,最终将舆论引导到理性的轨道上来。从新闻传播实践来看,任何媒体都无法做到绝对中立和客观,媒体的报道和评论总是体现着特定阶层的意志,因此媒体的日常报道体现了舆论引导功能。在伊拉克战争期间,美国媒体实际上成了美国政府和军方的宣传工具,新闻自由和客观报道成了战时状态的奢侈品,美国国内几大电视网都无一例外地倒向了布什政府一边。为了隐藏战争的残酷性,美国媒体精心编织好听的话语对战争情况进行包装,平民伤亡被称为"连带的破坏",军事轰炸被"削弱对方实力"所取代,在美国军方所举办的记者招待会上,很多记者甚至一时很难破译这些语言密码。

(二)新闻媒体进行舆论引导的一般原理

舆论是公众的意见,在民主社会中,任何政府和媒体都不能剥夺人民的话语权,不能以牺牲真实、封锁消息、强制灌输等方式进行舆论引导。所谓舆论引导,就是社会主导者通过传播特定的信息和意见,影响公众对公共事务的关注与评价,最终使公共舆论朝着符合社会规范和道德准则的方向发展。公众素质的提高和公民意识的觉醒,要求舆论引导必须遵循科学的传播原理,这样才能够真正达到目的。目前,舆论引导依据的主要原理有以下一些:

1. 议程设置理论。议程设置理论对舆论引导具有重要的指导意义,因为它直接探讨了媒介如何引导或转变舆论。1963年,美国政治学家科恩发现:报纸或许不能直接告诉读者怎样想,却可以告诉读者想些什么。1972年,美国传播学者麦库姆斯(McCombs)和肖(Shaw)在《舆论季刊》上发表了《大众传播的议程设置功能》一文,明确提出了议程设置理论。我们每天会碰到很多事件和问题,我们每个人心中都有一个无形的"议事日程表",随时记录着我们对当前各类事情重要性的判断,以及对解决的先后次序的认识。媒体往往不能直接改变受众的观点,但是却可以通过议程设置来影响公众对事件重要性的排序。媒体设置的议程对受众的影响表现在三个层面:(1)认知层面。新闻事件经过媒体报道后,公众才感知到事件的存在。(2)次序层面。媒介重点报道的内容将可能成为受众重点思考的内容。(3)显著性层面。媒体特别处理、赋予特别含义的报道往往被受众认为具有重要性。议程设置理论是对媒体影响受众对环境的认知的概括,它是李普曼的"拟态环境",是拉斯韦尔关于大众传播"环境监测功能"的理论的深化。议程设置理论考察了大众传播对公众认知环境的重要作用,揭示了大众传播背后的控制问题,但是它没有研究议程背后复杂的权力关系,也没有具体考察什么样的议题会被媒介纳入议程。我国媒体属于国家所有,我们不但不否定媒体的舆论导向功能,而且还将舆论导向作为一项重要任务。议程设置理论对我国媒体的舆论引导工作具有重要的启发和指导意义。

2. 沉默的螺旋理论。当多数人持有一致的观点时会让少数人产生心理压力,少数人为了避免被社会孤立会放弃自己原有的观点。随着时间的推移,多数人的意见越来越强,少数人的声音逐渐微弱,最终强大的舆论生成。这种强者的声音越来越强、弱者的声音越来越弱的螺旋式变化过程被称为"沉默的螺旋"。沉默的螺旋理论最早是由德国女社会学家诺埃勒-诺依曼(Noelle-Neumann)提出的。诺依曼早在1965年研究德国议会选举时就注意到了"沉默的螺旋"现象,1974年她在《传播季刊》上发表的一篇论文中明确提出了"沉默的螺旋"的概念。沉默的螺旋理论的主要内容包括:个人意见的表达是一个复杂的社会心理过程,个人在发表意见时总会对"意见气候"(opinion climate)进行观察,当发现自己的意见属于"少数"或"劣势"时,一般会屈从于环境压力而保持沉默或附和;意见的表明和沉默的扩散是一个螺旋式的传播过程,形成一方越来越大声疾呼,而另一方越来越沉默下去的螺旋式过程;大众传播可以通过营造意见环境来影响和制约舆论。

3. "一面理"和"两面理"。1941年12月7日,日本突袭珍珠港;12月8日,美国和英国对日宣战;12月11日,德、意向美国宣战。美国正式加入第二次世界大战。为了对战争时期的舆论宣传进行研究,美国陆军部新闻与教育署于1942年调集了一批社会学家和心理学家组成了一个研究所,其中社会学家斯托夫兰任研究所主持人,心理学家霍夫兰担任心理实验室主任。美国是一个多民族国家,军队士兵构成复杂。为了让美国士兵了解反法西斯战争的正义性,陆军部新闻与教育署邀请著名导演拉法兰·卡帕拉拍摄了《我们为何而战》系列纪录影片。为了研究影片的传播效果,霍夫兰选择了《英伦之战》等四部影片对入伍士兵进行了实验。实验结果表明,大众传播具有信息告知作用,但是不能改变人们的强硬态度。之后,霍夫兰等人又对"一面理"和"两面理"进行了研究,实验结果表明:在有争议的问题上,对有知识的人讲"两面理"比只讲"一面理"更容易说服他们;对文化水平较低、对问题不大了解的人,才能用"一面理"加以说服。这一实验结论推翻了纳粹所信奉的"谣言重复一千遍就是真理"的陈旧宣传术。①

4. 亚里士多德的说服理论。早在两千多年前,亚里士多德就发现了传播技巧的重要性。虽然他生活的时代没有现代传媒,但是他对修辞和演讲的研究对今天的舆论宣传具有重要意义。亚里士多德认为,演讲和说服的成果取决于三个要素:演讲者的品质、能够引起听众兴趣的内容和论点本身的可证明性。演说者的品德是所有说服手段中最有力的,演讲的首要条件是让听众相信传播者;"说服是通过讲演使听众动感情而产生效果的,因为我们是在痛苦或欢乐、爱和恨的波动中作出不同的决定的";"当我们(以逻辑的证明或适合于某一情况的其他手段)显示了关于某种观点的必要之点的真理,不论是真实的还是貌似的,

---

① 张隆栋:《大众传播学概论》,北京:中国人民大学出版社1993年版,第28—30页。

那时论点本身才会产生效果。"①

5. 诉诸感情和诉诸理智。舆论传播的话语风格有"感性"和"理性"两种，但是在什么情况下诉诸感情，在什么情况下诉诸理智呢？西方很多学者一直关注这方面的研究，但是始终没有一个令人满意的答案。有时幽默、亲民可能会打动一些受众，但是也可能被另一些受众理解为作秀；有时低调表达被认为专业水平不高，而高调表达又被认为是有宣传企图。"某些研究和大量的实验表明，动感情的呼吁较之有逻辑的呼吁更可能导致态度的改变。然而，在实际上是很少把这两者分开的⋯⋯亚里士多德是主张把感情的呼吁和逻辑的论据两者兼用的。有经验的律师尽可能作法律的论辩，但他们并不排斥唤起感情的做法。"②在舆论传播中动感情可以赢得普通大众的认同，使传播者成为受众的"自己人"，但是感情式的表达只能引起不稳定的表层认识与态度改变，而且容易激起理性公众的抵触。理性认识能够获得稳定的深层认识与态度改变，但是理性表达往往又过于严肃、沉闷，因而难以被普通大众所接近。因此，舆论引导的最好方式是将两者结合起来，"动之以情，晓之以理"，至于"感情"与"理智"的比例分布，需要传播者在不同环境中去把握。

舆论引导是一个非常复杂的心理引导过程，需要有先进的理论去指导。在新闻与传播事业发展史上，很多学者出于不同的目的做了大量调查研究和控制实验，提出过很多有见地的理论，这些理论对我国的舆论引导具有很强的借鉴意义。只有掌握了先进的传播理论，舆论引导才能走上科学、正确的轨道。

（三）新闻媒体舆论引导的主要原则

对社会舆论进行引导是我国政府和媒体的重要任务，也是决定我国社会主义事业成败的关键。1996年，江泽民在视察《人民日报》时指出："舆论导向正确与否，对于我们党的成长、壮大，对于人民政权的建立、巩固，对于人民的团结和国家的繁荣富强，具有重要的作用。舆论导向正确，是党和人民之福，舆论导向错误，是党和人民之祸。"③ 这段话清楚地表明，新闻媒体的舆论引导工作与党的事业休戚相关。

舆论引导不是中国的专利，在任何国家都可能因为要维护国家和民族的利益，而对舆论进行积极的引导，使舆论按照本阶级的价值标准发展。美国在伊拉

---

① 〔美〕威尔伯·施拉姆、威廉·波特：《传播学概论》，陈亮等译，北京：新华出版社1984年版，第219—220页。
② 同上书，第228—229页。
③ 江泽民：《视察人民日报时的讲话》，载新闻出版署办公室：《中国新闻出版工作者职业道德手册》，北京：新华出版社1997年版，第2页。

克战争中也曾运用过舆论战来瓦解萨达姆政权的军心和民心。2003年,当伊拉克战争打响后,美国政府和军方加紧了对媒体的控制。在幕后强硬的管制下,美国媒体的客观真实让位给了政府和军方的战略意图。为了对随军记者进行控制,国防部还搞了个"随军采访规则",内容包括:对飞行员和炮手的采访,必须在他们完成任务后才能进行;记者传送新闻的时间和地点要服从现场指挥;未经许可不得使用手电筒、摄影摄像灯光;对临时限制的报道内容,记者不得报道。规则中还列举了14项允许报道的内容和28项禁止报道的内容。允许的有:友军兵力概要、受害情况,以及攻击结束后对攻击目标、位置、执行任务士兵(需得到本人许可)的报道等。禁止的内容有:未公开的军事设施名称、军队的具体位置、作战计划、敌方电子战效果以及伤病员的姓名、照片等。[1] 在政策的操纵下,我们所熟悉的世界级的美国电视机构,如三大电视网(ABC、CBS、NBC)、CNN、FOX等等只按美国人的视角来选取和播出新闻,致使美国老百姓对阿拉伯世界、全球民众对战争态度的了解相当有限。在整个战争期间,美国媒体实际上成了政府操纵舆论的工具,总统布什和国防部长拉姆斯菲尔德不断利用电视来瓦解萨达姆军队的战斗力。3月19日晚,在战争快要开始的时候,为了获得民众的支持,美国的一些电视台反复播出关于萨达姆罪行的纪录片,把萨达姆描绘成残酷迫害老百姓的恶魔,并展示伊拉克人已对他恨之入骨,盼着美军去解放他们。[2] 在五角大楼的"指使"下,美国媒体在战争开始后经常编造谎言:一会儿说萨达姆死了,一会儿又说萨达姆还活着。战争第二天,美国媒体就报道说伊拉克第51步兵师师长及属下共8000名官兵已向美军投降,后来证明这根本是杜撰。

舆论是公众意见的整合,是人民共同的声音。随着公民素质的提高和公民权利意识的觉醒,舆论引导的工作越来越难做。当代各国政府都承认人民是国家主权的主体,如果没有舆论的支持,政府、法律、媒体都将丧失存在的合法性。所以,新闻媒体要想做好舆论引导工作,必须要有科学的态度,应用辩证的方法,在科学精神的指导下引导舆论,帮助人民树立积极的价值观,激发人民的工作和生活热情。具体来说,应做到以下几点:

第一,舆论引导要尊重人民的权利和智力,在科学精神指导下还原真相。舆论是民意,是政府合法性的来源,因此,政府和媒体应该尊重舆论、敬畏舆论。舆论引导必须要站在公共利益的立场上,要能够用真相去还原事实,这样才能使政府和媒体获得公信力和权威性,才能真正达到目的。在现代社会,媒体必须要尊

---

[1] 任毓骏:《美国新闻不自由》,载《环球时报》2003年4月2日。
[2] 丁刚:《战况冲击美国人心理》,载《环球时报》2003年3月26日。

重人民的公民权利和智力水平,必须要在科学逻辑的基础上还原事件真相,然后在认真分析和透彻说理的基础上对舆论进行引导。举例来说,奥运圣火的传递原本满载着13亿中国人的骄傲和梦想,然而,在伦敦、巴黎等地却多次遭到藏独分子的破坏,甚至在旧金山不得不临时改变传递路线。那些流亡分子其实人数并不多,但是他们煞费苦心营造的形象、柔软的身段、高超的宣传手腕却骗取了不少西方人的同情。这一事例表明,面对全球一体化的背景和中国日益发展壮大的现实,我们一定要提高舆论引导的技巧,更好地向世界展示中国的民主和进步。

第二,传播机构要深入了解不同媒体的特征,充分有效地占领舆论阵地。现代的媒体环境与传统媒体环境有很大的区别。在20世纪90年代之前,大众传媒主要包括报刊、出版、广播、电影和电视等,这些媒体的体制是公有制,国家掌握着媒体的所有权。尤其是报纸、广播、电视媒体等都是事业单位,媒体领导通过行政任命,被纳入行政干部管理和流动体制,因此党和政府可以比较方便地对媒体进行管理。然而,网络、手机等新媒体出现后,媒体所有权开始分散,新媒体与政府失去了共生的基础,政府的管理难度猛增。同时,利用新媒体不再是专业人员从事的专业活动,普通公众也加入了信息发布的行列。新媒体的崛起扩大了传统的舆论阵地。然而,我们的一些管理部门没有跟上时代前进的步伐,依然用管理传统媒体的方式来管理新媒体,结果反而给舆论引导工作带来了更大的麻烦。新媒体是在现代物质基础上成长起来的媒体,它适应了新的经济基础。公共管理是上层建筑,上层建筑必须适应经济基础的发展而改变。现在少数人采取的通过网络封堵来控制舆论,甚至掩盖事实真相的做法,是落后于经济基础的管理方式。网络是新生的舆论阵地,如果主流舆论不能占据网络空间,其他思想和观点必然去填补这个空间。网络传播具有很强的反抗信息遮蔽的作用,如果传统媒体在关键时刻隐约其词,甚至装聋作哑,就可能导致新媒体中的流言盛行。面对新媒体,上级管理部门和媒体从业者都要换脑筋,跟上时代发展步伐,对现有的舆论引导方法进行调整和完善,这样才能实现国家的长治久安。

第三,舆论机关应该熟悉信息传播规律,利用先进理论指导舆论传播。信息传播是一种职业活动,有它自身的传播规律和传播特点,舆论引导必须在尊重舆论规律的基础上,主动利用传播理论来指导工作。具体要求有以下几点:(1)舆论传播必须以真实为前提。宣传部门应该确立现代舆论观,尊重社会共享价值,及时、准确地公布信息,不能为别人犯的错误买单。(2)舆论引导要掌握时机。在现代舆论环境下,传统媒体应该抢在第一时间发言,发挥首因效应,为新媒体提供权威的信息和舆论材料。传统媒体对问题的聚焦要适度,不能视而不见,也不要一哄而起,要在政府工作的重点和老百姓关心的热点的交叉部分找切入口。(3)舆论引导多说两面理。现代公众素质不断提高,获知信息的渠道不断拓宽,此时媒体应该向公众说两面理,使他们能够冷静、理性地面对社会问题。比如,2008年西方国家对奥运圣火传递的阻挠,一度引起了中西文化的碰撞,形成了激烈的舆论交锋。一些媒体的不适当炒作,反而使少数国人的"爱国情绪"变了质,他们由抵制家乐福发展到辱骂在家乐福工作的中国工人,由对抗西方的少数"反华势力"发展到对抗整个西方世界,结果反而给奥运会的举办、国家的稳定带来了负面的影响。爱国必须理性,爱国也要爱真理,媒体在碰到类似事件时,一定要用冷静、理性的话语来引导公共舆论。(4)舆论引导要有逻辑力量。人类是理性的动物,只有逻辑论证才能说服别人,情绪化的抗议、空洞的口号不会赢得别人的理解、同情和支持。在重大事件中媒体之间应进行善意的辩论,参与的媒体多了,说谎话、制造假新闻的媒体的市场份额就必然减少。(5)发挥舆论领袖的作用。在舆论引导过程中,各级党和政府的领导是最重要的舆论领袖。在媒体特别发达的年代,西方国家已经迎来了"新闻政治"的时代,很多政府官员会主动接近媒体,利用人格魅力引导舆论,塑造官员与政府的良好形象。而我国很多官员却不懂得利用媒体传播自己的政见,甚至遇到问题时逃避记者的追踪。

第四,引导舆论必须要认真收集、研判舆情,及时化解社会矛盾。舆论是社会的表层意识和流动意识,是社会心理的集合,是公共行为的准备状态。社会学上常用"困境意识"和"行为反应"来解释社会行为。当人们遭遇到经济困境、政治困境、社会困境时,总会强烈地表达自己的意见,并向往通过社会变革走出困境。任何政府要想维护自身的统治,必须要充分利用媒体了解民情、听取民声、体察民意,及时收集、研判舆情,按照舆论规律,依照法律规定疏导社会意见,及时解决社会问题。

舆论引导有"堵"和"疏"两种办法。从舆论效果角度看,政府引导舆论更应该采取"疏"的方式,给舆论一个良好的社会空间,让各种意见能够进行对话、辩论和交流,最后在碰撞中形成具备科学性、合理性、可行性的意见。

第三节 新闻传播的负面效应

任何事物的发展都有它的两面性,新闻传播也不例外。现代新闻媒体已经深入到社会生活的各个领域,它们促进了信息的流动,推动了政治、经济和文化的发展,丰富了人们的精神生活,使人获得了更全面的发展。然而,在另一方面,媒体对生活的全面干预也给人类社会带来了一系列问题,新闻传播诱发或助长的一些不良社会行为和媒体发展产生的负面影响,已经成为人类社会的突出问题。早在20世纪30年代,法兰克福学派就发展了一种针对文化与传播的批判方法,并创造了"文化工业"一词来指大规模文化生产的工业化过程和驱动这一过程的商业法则,之后他们还用"电视毒品"、"制造幻觉"、"文化工业"等概念,对传媒的意识形态化、内容的低劣化等进行了尖锐的批判。

一、过度商业化消解了媒体的社会功能

在西方自由主义传统中,新闻传媒被看成是"对行政、立法、司法三权起制衡作用的第四种权力,享有高度的自治,而受众也可以根据自己的需求自由地选择各种传播媒介,自主地决定或赞成,或反对,从而形成观点的自由市场"①。然而,随着传媒的过度商业化、工业化、产业化,媒体的第四权力弱化了,形成"观点的自由市场"的意识被"市场交换原则"所取代,媒体的任务不再是丰富人民的文化生活,而是为公司赢得更多的利润。在激烈的市场竞争中,很多媒体将广大受众简单地看成顾客和消费者,受众在闲暇时间欣赏媒介产品,而媒介则将受众的"眼球"以另一种商品的形式,打包卖给了广告客户。由于屈从于外部市场压力和经济压力,一些媒体单纯计算受众的数量和购买力,从而使日常运作偏离了人们对媒体的价值期待。《华尔街日报》的一位编辑威廉·彼得·汉密尔顿曾经极端地说:"报纸是私人企业,它不欠公众任何债务,公众也没有赋予它特权,它完全是业主的私产,他冒着风险销售自己的产品。"②

媒体过度商业化后,更多地考虑自身利益,整天盯着市场,目的是抓住公众的兴趣,制作出有市场价值的商品。媒体为了免遭政治风险,可以向权力妥协,放弃舆论监督,可以向金钱让步,接受企业公关,它们不再报道尖锐的话题以免使一部分受众不愉快。在国内,一些电视台为了获得经济效益,在娱乐节目、社会新闻领域展开了激烈的竞争,而放弃了对时事问题的关注。"故事化"是新闻节目取悦观众的主要手段,现在一些电视台抓住一点小事,就像写小说那样进行编撰、制造悬念,完全忘记了新闻的真实性和客观性准则。对于这种严重违背新闻工作原则和社会伦理的做法,一些新闻人不但不感到羞愧,反而认为是自己的创造。一些媒体的管理者,一开口不是谈媒体的社会责任,而是谈自己的广告收

---

① 许正林:《欧洲传播思想史》,上海三联书店2005年版,第247页。
② 〔美〕克利福德·G.克里斯蒂安等:《媒体伦理学》(第五版),蔡文美等译,北京:华夏出版社2000年版,第32页。

入、经营收入,似乎经济效益是媒体唯一的考核指标。凤凰卫视记者周轶君曾经在《锵锵三人行》节目中谈了自己在中东采访的感受:他们曾经冒着很多风险,在中东战场上拍到了很多真实的现场画面,但是,在编辑新闻片的时候,她却经常面临两难抉择:一方面,现场血淋淋的画面非常震撼人心,能够带来很高的收视率;另一方面,她感到面向全球观众传播死者的画面,似乎又太残酷了。有一次,她在以黎冲突中拍到一个孩子死亡的画面,但是在编节目时却放弃了这个画面。在市场化的浪潮中,新闻节目也难以完全与经济效益脱钩,这确实是新闻传播事业的一个悲哀。在美国新闻界,因为戏剧性和紧张感是编辑们所需要的东西,所以很多记者学会了模仿好莱坞影迷杂志的写作方法,甚至不惜对正在发生的事件进行歪曲报道:"平静变成了暴风雨来临前的平静,沉默则变成了迫近冲突的沉默,时间的流逝变成了不祥的停滞。"①

二、媒体内容的低俗化诱导了犯罪行为

媒体过度商业化导致了传媒市场的激烈竞争,媒体的激烈竞争又导致了媒体内容的低俗化。当代社会是一个消费主导的社会,娱乐性、商业性和消遣性是当代社会的消费逻辑。为了提高视听率,一些媒体简单迎合受众的需要,媒体内容变得越来越低俗,甚至成为一种社会公害。我国媒体近年纷纷模仿西方媒体搞真人秀节目,一些电视台因为没有考虑到中西方文化差距,结果陷入了追求感官刺激的误区,遭到了社会各方面人士的强烈批评。2004年5月,《勇者总动员》节目就因场面过于不雅而遭到广电总局批评,被要求进行自查,全力整改。又如以戒毒为主题的《魔戒》节目,"迫于舆论压力,湖南电视台公共频道已将直播改为录播,有选择地公开一些生活场面"②。

美女经济是媒体低俗化的一个重要表现,各类媒体都将美女当成"胡椒面",哪里人气不旺就向哪里撒。现代世界各国选秀活动风行,已经发展成一个庞大的娱乐产业。在委内瑞拉,选秀是头号工业,各类选美比赛满足了不同年龄段美女的选美需求,该国甚至还专为4—9岁的女孩设置选美比赛,真可谓选美"从娃娃抓起"。该国即使在48小时内发生两次政变,坦克在街道上横行,电视台也没有停止播出选美比赛。现在这种选秀风刮到了国内,各电视台像着了魔一样,纷纷举办各类比赛。当然,欣赏人体美本身没有错,但是选美活动太多太滥,确实会对青少年的健康成长产生误导,并会在一定程度上污染社会环境。

---

① 〔美〕新闻自由委员会:《一个自由而负责的新闻界》,北京:中国人民大学出版社2004年版,第34页。
② 陈净植、黄兴华:《探访"魔戒大院"》,载《中华新闻报》2005年8月17日。

关于媒体与暴力犯罪、性侵害等的因果关系，严肃的新闻传播学者一直没有得出确定的结论，他们认为很多犯罪行为的发生是多种社会因素造成的，媒体只能是其中的一个因素。但是关于媒体引起犯罪的相关报道却非常多。1977年，美国佛罗里达州一个十几岁的年轻人罗尼·赞奥拉，枪杀了一个82岁的邻居老太太，并抢走了她的415美元，然后和他的朋友去迪士尼寻欢。后来在法庭上，赞奥拉的辩护律师提出：他的当事人是"不由自主地沉迷于电视"的受害者，在他成长的15年里共看了5万个关于电视谋杀的节目，当他在枪杀受害者时，他不确定是在看电视节目还是在犯罪。一个因无知而上瘾的人在沉迷的状态下产生的行为，应该不负有法律责任。① 显然，陪审团不可能同意律师的看法，但该案件对电视的批判却是明显的。1973年9月23日，美国一家电视台播放了名为《星期日之夜》的电影。这个节目描绘的是几个少年虐待狂，将汽油浇在妓女身上，然后点火焚烧。影片播放两天后，一群青年在波士顿将一名年轻妇女拖到空地上毒打一顿后，用汽油烧死了她。影片播放三周后，佛罗里达州的一群青年在三名还在沉睡的流浪汉身上浇了汽油，然后点上火，其中一名流浪汉被当场烧死。认为媒体内容与暴力犯罪之间有联系的人认为，媒体在娱乐节目中虚构的、在新闻节目中报道的反社会行为，一旦进入传播流程就可能成为少数人模仿的榜样，成为犯罪的诱因。而持反对意见的人认为，媒体诱发的犯罪仅仅是个别现象，犯罪行为的发生还受到社会环境的影响。对于大多数人来说，大众传媒不仅不会引发不可接受的社会行为，反而为"反社会行为"提供了一个无害的出口，即通过感官满足与想象宣泄了侵犯的欲望，缓解了心理紧张状态。②

三、媒体对现实的虚构模糊了社会价值观

　　传媒铺天盖地的信息传播，并非对社会现实的简单描绘，而是为公众虚构了一个"拟态环境"。拟态环境使公众思考问题的视角发生改变，并将消费价值植入公众的大脑，模糊了整个社会的价值观。法兰克福学派早就指出，大众传媒按照商业规律批量生产、机械复制，消除了文化的启蒙价值和精神生产的独创性，导致了文化的异化和物化。文化工业最大的危害是：它灌输了虚假的需要和幸福意识，操纵了人们的日常生活，使人们沉浸在消费的幸福感和当下的感官满足中，成为失去反抗欲望的单面人。在传统社会中，政治家是人生观、价值观的权威

---

① 〔美〕克利福德·G.克里斯蒂安等：《媒体伦理学》（第五版），蔡文美等译，北京：华夏出版社2000年版，第267页。
② 宋林飞：《社会传播学》，上海人民出版社1994年版，第142页。

制定者,他们经常为人们提供高尚的精神追求;然而,当今记者和商人成了意识形态的首领,他们通过鼓吹精神和物质的消费,深深地影响着当代人的人生追求。

现代媒体内容是按照现代化和城市化的标准制作的,其中充满着制作者对现实和未来生活的想象。然而,很多受众在接受媒体内容时,往往把媒体虚构的世界等同于现实世界。影视业的繁荣为公众制造了无数崇拜的偶像,使人类进入到一个泛偶像化的时代。电视上的那些明星有的光彩照人、气质高雅,有的学富五车、雄韬伟略,有的容貌出众、前卫性感……各行各业的明星给公众带来了成"星"的幻想,使很多人模糊了理想和现实的界限。湖南卫视推出的《超级女声》一度让很多孩子神魂颠倒,她们期望绕过艰苦的人生打拼,通过选秀一夜成名。当审美泛滥导致公众审美疲劳后,媒体上又出现了"审丑潮流",通过颠覆传统制造另类偶像。网络红人木子美、流氓燕、芙蓉姐姐等,已经突破了文化生产的禁区,通过消费人的尊严来获得自恋与被恋。2008年到2009年之间,网络上不断出现各种艳照门、未成年暴力视频等,这些东西一出现就受到了公众的强烈谴责。然而,具有讽刺意味的是,相关的内容却在谴责声中获得了更大的点击率,相关情景更是以加速度的形式被人们在现实生活中复制、传播。现代媒体对消费观念、娱乐观念的引导,极大地调动了公众的感官热情,一些人正在通过一次次冲破道德底线来获得越轨的快感。

媒体对受众的影响还表现在"媒介迷"和"媒介成瘾"现象上。所谓媒介迷是指在媒介的宣传鼓动下,对媒介活动,尤其是媒介人物倾注了高度情感的受众。这些受众为了获得替代性满足,总是期望尽可能地保持与媒介或媒介人物的接触。媒介迷的存在使媒体获得了稳定的受众,也让明星和追星族之间沟通了感情。但是,媒介迷所付出的代价和获得的满足通常是不成正比的,他们对媒体或明星所投入的感情通常不可能得到回报。因此,当媒介迷沉迷一个阶段后,会逐渐冷淡曾经倾注感情的对象,并最终选择放弃。媒介成瘾是指受众并非因为工作原因而过度地使用媒介,混淆真实与虚构之间的区别,减少与社会接触的机会,沉湎于虚拟世界而不能自拔的社会现象。"上瘾是指消费欲望严重依赖于曾经消费的物品"[1],媒介成瘾同样使成瘾受众对媒介形成强烈的依赖。媒介成瘾是一种对健康非常有害的行为习惯,它往往使人丧失了现实生活中的进取心,使人脱离现实社会,变得萎靡不振,甚至作出反社会的行为,增加社会成本,造成社会危害。目前,电子游戏、网络传播使很多青少年沉湎其中,使他们偏离

---

[1] 〔美〕保罗·萨缪尔森、威廉·诺德豪斯:《经济学》(第16版),萧琛译,北京:华夏出版社1999年版,第69页。

了社会教育方向,严重地影响到他们的身心健康。媒介成瘾已经成为一种社会不能忽视的心理疾病,目前很多医疗机构正在研究如何治疗媒介成瘾。要想减少媒介成瘾的案例,个人、社会和媒体要共同努力,关心青少年的成长,多在现实生活中开展有意义的活动,从而使青少年感受到生活的丰富多彩,用现实的快乐替代虚拟的快乐。

四、媒体对司法活动的干预导致媒体审判

新闻自由和司法公正是民主社会的两大基石,也是保障民主与人权的最主要手段。但是,新闻自由和司法公正是两个相互独立的价值体系,当不同的主体依据不同价值对同一事件或同一利益形成相对的立场和要求时,就会出现价值冲突。新闻媒体能够进行舆论监督,并因此被人们看成第四权力。但是媒体的力量只是从社会影响力方面来考察的,在法律上媒体没有作出裁决的法定权力。舆论监督是通过群众的道德力量,对被监督者造成心理压力;媒体揭露的问题要想得到解决,必须要履行行政或司法程序。为了保证人民参与公共事务管理和对司法活动进行监督,我国相关法律法规规定:人大通过的各项法律法规要通过媒体公布;媒体通过报道立法、司法、执法等活动满足公众的知情权;司法机关应该坚持审判公开、警务公开、检务公开,接受群众的监督等。

司法独立也是国际公认的基本法治原则。司法独立在本质上要求司法权排除任何外在权力的干预,保证案件审理的客观、公正、廉洁和高效。媒体的本质不是维护正义的组织,而是传播信息的组织,媒体没有得到法律的授权,也没有足够的专业知识去进行裁决。媒体审判就是新闻媒体通过对案件的提前报道形成强大的舆论氛围,干预和影响司法机关对相关案件的审理和判决的现象。在美国,法官可以利用多种法律手段来消除媒体报道的不利影响,以保证司法审判的公正性。这些手段包括:"(1)推迟审理案件直至产生偏见的危险消除(同意诉讼延期);(2)如果有关的报道尚未充斥整个州,将案件转移到另一县区(同意审判地点的变更),或从另一县区引进陪审员——一种极少利用但是是合法的选择(同意陪审团候选人的变更);(3)监督对陪审团候选人的预先审核,以确保对被告的清白与否抱有先入之见的候选人不能入选;(4)隔绝证人或至少警告他们在作证之前不要听从媒介对于诉讼的报道;(5)命令重新审理(属于极端措施且不合司法机关之意);(6)发布限制性命令,禁止案件的所有当事人

向媒介做带有倾向性的陈述(限制言论自由的命令)。"①

目前,我国司法没有完全独立,司法改革还需要深化。当司法遭到行政干预的时候,司法独立和公正就可能让位于政治考量;同时当司法带上行政痕迹后,司法机关的自信心、权威性和公信力都可能受损。司法改革的不深入和媒体的快速发展,使社会舆论的力量得到了空前的放大,司法受到的干预越来越大;而少数司法机关办案粗糙,更强化了所谓舆论的"合法性",致使我国媒介审判的案例越来越多。媒体与网民没有系统的法律知识,也没有先进的侦破手段,当公共事件由情绪化的舆论来裁决时,这和法治的精神、理念是背道而驰的。当民众为个案的成功而欢呼时,媒体审判、舆论审判却导致人们对法律失去信心,对政府信用失去信心。我们的社会需要舆论监督,我们的社会也需要司法独立,这就需要我们在行政改革、司法改革、媒体改革方面多做工作,力争让三方力量回归到正常、理性的博弈中来。

五、信息流动的失衡形成信息霸权

随着新闻传播技术的不断进步,媒体传播的信息已经无法用数量来计算;但是,当我们进入信息时代,"信息沟"(information gap)却越来越显著。新闻信息是一种权力资源,具有较高社会地位的人可以通过垄断信息,强化自身的政治、经济或社会权力,进而维护自身的权威位置。1970年,美国明尼苏达小组②在一系列实证研究的基础上提出了知沟(knowledge gap)理论。他们认为:由于社会经济地位高者通常能比社会经济地位低者更快地获得信息,因此,大众媒介传达的信息越多,这两者之间的知识鸿沟也就越有扩大的趋势。后来的一些传播学者把知沟理论发展成为"信息沟"理论,他们认为在信息社会,信息本身就是财富,信息获得的不均衡是造成社会权力不平等的重要原因。随着信息内容的专门化和获得信息渠道的私有化,人们之间的信息差距将会加大,最终形成信息富人(information-rich)和信息穷人(information-poor)的两极分化。③ 从获得信息的绝对值上看,今天的人们已经获得了超过以往任何时代的社会信息。然而,现代社会是一个信息爆炸的社会,当社会信息来源不断丰富的时候,城市比乡村更加

---

① 〔美〕T. 巴顿·卡特等:《大众传播法概要》,黄列译,北京:中国社会科学出版社1997年版,第136—137页。
② 明尼苏达大学的 P. J. 蒂契纳(Tichenor,新闻与大众传播系副教授)、G. A. 多诺休(Donohue,社会学系教授)和 C. N. 奥利娅(Olien,社会学系助教)曾多次合作进行学术研究,因此被人们称为"明尼苏达小组"。
③ 郭建斌、吴飞主编:《中外传播学名著导读》,杭州:浙江大学出版社2005年版,第224—225页。

快速地进入了信息化时代。蒂契纳认为,知识沟的产生不仅与受众接触媒介的机会和学习知识的经济条件有关,而且和受众的传播技能、知识储备、社会交往范围、信息选择能力、理解记忆能力等因素有关。因此,在新的传播环境下,"占有丰富信息、具有较高处理信息技巧与更多资源的人群将会更加凌驾于信息匮乏者之上"①。信息沟的存在造成了强势群体与弱势群体之间、发达地区与落后地区之间的断裂,使弱势群体越来越边缘化,也使社会时刻受到不安定因素的威胁。

不同社会阶层对新闻信息的占有、理解和利用程度不同,可以产生信息穷人和信息富人,而信息在不同国家之间流动的失衡也会导致信息穷国和信息富国的出现。第二次世界大战结束后,西方国家迅速地编织起了一个笼罩全球的舆论网,借助电波不断地向第三世界播报按它们的意志编排的新闻,以配合它们的政治攻势。由于它们的传播技巧高超,商业包装"天衣无缝",那些以娱乐、综艺、表演等形式出现的"电视罐头",向第三世界各国人民的意识中灌输了西方社会的生活方式和意识形态。从内容上来考察,西方广播电视传播很少报道第三世界国家在政治、经济和社会发展方面所取得的进步和成就,反而过分渲染发展中国家内部的种族纷争、政治动乱、经济困难和自然灾害,从而损害了它们的形象和地位。西方国家的影视节目强化了欧洲中心意识,仿佛欧洲的历史才是真正的历史,而亚洲等其他地区没有历史。美国对世界影视文化市场的影响主要体现在美国生活方式的展示上,那眼花缭乱的娱乐设施、五光十色的城市风情、漂亮的衣着、豪华的建筑诱发了人们对这片陌生的土地的幻想。丰富的物质生活是最有说服力的文化现实,西方影视文化的输入,使第三世界的人们改善生活的期望值大大提高,从而助长了脱离实际的高消费和盲目追求西方式民主的作风,最终只能导致财富、知识和信息的两极分化。在传播越来越国际化的时代,由于信息流动具有单向性,许多国家和民族的文化正在遭受严重的威胁,以西方国家为主的文化霸权主义正在世界抬头。

---

① 〔英〕丹尼斯·麦奎尔:《麦奎尔大众传播理论》,崔保国、李琨译,北京:清华大学出版社2006年版,第388页。

第九章 新闻媒介的管理与运行

今天的媒体越来越像大型企业,它不仅是一个社会公共机构,也是一个巨大的产业。媒体规模的膨胀使媒体的管理和运行变得更加复杂。媒体是意识形态的工具,因此各国政府必然要对媒体进行一定的管理。同时,政府和媒体又要对媒体内部的管理机制进行设计,通过积极有效的运行方式,创造良好的经营效益。

第一节 新闻制度与新闻体制

新闻传媒是具有重大影响力的舆论机关,世界上任何国家都非常重视对其的管理。但是,因为社会制度的差别,不同的国家对新闻媒体的管理方式是不一样的。新闻制度是在一定历史条件下所形成的国家管理新闻传媒的制度体系,它决定着新闻事业发展的基本方向,影响着新闻事业基本功能的发挥。"新闻体制指新闻事业的机构设置、隶属关系、经济核算、法律责任、权限规定,以及新闻机构内部管理制度等方面的体系和制度的总称。"[①] 社会制度是指在特定的社会活动领域中围绕着一定目标形成的具有普遍意义的、比较稳定的和正式的社会规范体系。新闻制度是社会制度的一部分,是新闻事业的基本制度,它主要反映国家对新闻事业基本性质的规定;新闻体制则是在一定的新闻制度下所形成的媒体的内外制度体系,是新闻制度在媒体组织中的具体化。新闻体制是社会制度、新闻制度在新闻传播领域的反映。下面我们分别从新闻制度和新闻体制两个方面,来探讨不同制度条件下新闻事业的性质与运行。

一、新闻制度的四种理论

新闻制度是国家对新闻事业的管理制度,它直接决定着新闻立法、新闻政策和新闻运行。关于新闻制度的有影响力的学说是"传媒的四种理论"。1956 年,

---

① 邱沛篁:《新闻传播手册》,成都:四川大学出版社 2004 年版,第 136 页。

美国传播学者弗雷德里克·S. 西伯特(Frederick S. Siebert)、西奥多·彼得森(Theodore Peterson)和威尔伯·施拉姆出版了《传媒的四种理论》(*Four Theories of the Press*)一书，从理论上对世界各国的新闻制度进行了分类，探讨了社会政治制度与新闻控制和新闻自由的关系。新闻传播学界认为，传媒的四种理论开了比较新闻学的先河，揭示了新闻媒介与社会的关联，曾被美国新闻学荣誉学会授予研究奖章。① 施拉姆等人在冷战思维的指导下划分出的传媒的四种理论，不可避免地带有资产阶级学者的一些偏见，但是它构建了20世纪新闻学研究的主题和基本理论体系，是20世纪西方新闻理论的一个最重要的突破。虽然传媒的四种理论有其先天的缺陷，也有随时代发展而表现出来的不足，但是，它作为一个有见地的理论创建，对我们深入理解不同国家的新闻制度具有一定的参考价值。

（一）传媒的威权主义理论

在《传媒的四种理论》中，威权主义是用"authoritarianism"一词表示的，这个词曾经被很多学者译为"集权主义"、"极权主义"，而2008年戴鑫翻译的版本将其译为"威权主义"。目前在政治学领域，"authoritarianism"通常被译为"威权主义"，而"totalitarianism"则被译为"极权主义"。在极权体制(totalitarian regime)下，政治权力对社会进行全面渗透与"泛政治化"，体现出全能主义控制的特征，因此，在现代，极权主义带有一定的贬义色彩。《传媒的四种理论》中使用的"威权主义"涵盖了从古至今包括"极权主义"在内的非自由主义意识形态。但是，在"20世纪以前，沟通还是如此的缓慢和困难，以至于多数专制统治者无法有效或完全控制他们治下的领土。他们可以要求并得到外部对他们统治的服从和对他们权威的承认，然而即便是路易十六也无法控制法国的一切事情。平民百姓继续主宰着他们的私人生活。相反，20世纪的极权主义国家意欲对他们控制下的人民进行改造，并对人的生活和活动的各个方面进行管制"②。在极权体制下国家和社会是合一的，而在威权体制下虽然政治经常渗透到社会生活中，但国家和社会的界限没有完全消失。所以，从这个意义上看，将"authoritarianism"译为"威权主义"更有助于我们对传媒制度的理解，不至于把过去的"威权主义"和现代的"极权主义"画等号。

传媒的威权主义的理论前提是：个人只有作为社会成员才能发挥他的全部

---

① 〔美〕弗雷德里克·S. 西伯特等：《传媒的四种理论》，戴鑫译，北京：中国人民大学出版社2008年版，《译者序言》，第1页。
② 同上书，第14页。

潜能,个人只有通过团体才能达到自己的目的。国家作为团体组织的最高表现形式,其价值高于个人价值,如果没有国家,个人只能停留在原始状态。所以国家对个人的全面发展至关重要,国家有权决定它的目的和实现这些目的的手段。只有社会成员协调一致,国家才能顺利地为所有人的利益服务。正因为这种理论能够被统治阶级所接受,所以在大众传媒发展的早期,大多数国家都自动地采纳了威权主义理论,即使在现代社会,一些国家标榜传媒的自由主义理论,但是在实践中仍然会受到威权主义理论的影响。所以,"在有关传媒与社会关系或政府关系的四种理论中,威权主义理论的历史最悠久,传播的地域也最宽广"①。英国的都铎王朝、法国的波旁王朝、西班牙的哈布斯堡王朝都曾经将威权主义作为媒介管理制度的理论基础。

  传媒的威权主义理论在媒体管理方面的主要应用是:(1)推行印刷许可制度,保证媒体支持和促进政府的政策。在大众传媒发展的早期,政府通常以消极的方式来控制传媒。如16世纪英国的都铎王朝规定,只有不危害国家安全的人才能享有印刷专利权,才能依靠对印刷业的垄断获得利润。到了后期,政府以更加积极的姿态来参与信息传播,利用大众传媒。在17世纪和18世纪,大多数威权政府都出版了代表政府的"官方"刊物。(2)推行新闻审查制度,媒体刊发的材料必须首先得到官方的许可或批准。在16世纪,西欧一些国家为了对特殊领域(如宗教和政治领域)的出版物进行把关,建立起了新闻审查制度。到了17世纪末,传媒事业的发展极大地加重了新闻审查官们的负担,再加上新闻工作者变得更加善于应变以及民主原则逐渐建立,一些国家的审查制度逐渐灭亡了。(3)对违反公论或现行法律的行为提起诉讼,禁止媒体对当权者或政府制度进行批判。传播者遭到指控的两个主要罪名是叛国罪(treason)和煽动罪(sedition)。"英国从未广泛使用叛国罪来迫害印刷商和出版商。只有三个印刷商因出版危害国家安全的材料被处死刑,他们处于不同的时代,一个在16世纪,一个在17世纪,还有一个在18世纪。"②(4)推行特种营业税制度,通过限制出版物的利润额来控制媒体。特种营业税制度在18—19世纪很盛行,英国的"知识税"在19世纪上半期曾是一个引起激烈争论的政治问题,最终在1861年被废除。统治阶级认为:如果一家媒体在经济上获得成功,必然相应地减少对政府资助的依赖,也更加倾向于激烈地批评政府事务。而征收广告、发行等特种税,可

---

  ① 〔美〕弗雷德里克·S.西伯特等:《传媒的四种理论》,戴鑫译,北京:中国人民大学出版社2008年版,第1页。
  ② 同上书,第15页。

以在不干预编辑业务的情况下达到对媒体的控制。(5) 威权主义者能够容忍媒体传播与其政治原则不同的意见,但不能容忍公然鼓动推翻其政权。威权主义者"拥有法西斯主义所没有的度量"①,他们允许媒体质疑政治机器,但是不可以质疑操纵这个机器的人。伊丽莎白一世在16世纪允许甚至鼓励人民广泛讨论当时的重大问题,只要不怀疑她最后的决定权就行。

(二) 传媒的自由主义理论

传媒的自由主义理论的核心是资产阶级自由主义的观点,它的理论前提是:"人是理性的动物,人本身就是目的。个人的快乐和幸福才是社会的目标。人作为一个有思想的生物,有能力组织周围的世界,作出促进自身利益的决定。虽然人们不常使用上帝赋予的理性力量来解决人类问题,但从长远看,人们通过个人决策的积累推动了文明的产生。"② 传媒的自由主义理论的主要观点有:(1) 言论出版自由是人的天赋权利的一部分,人类有足够的理性分辨事物的正误善恶,政府不能剥夺人们接近和了解他人观点的权利。自由主义理论强调个人的重要性,相信人的理性能力和天赋权利,认为言论、出版自由是天赋的、不可剥夺的。(2) 政府应该给认真诚实的人享受不受新闻审查的自由,而保证社会成员获得尽可能多的幸福的一个主要办法,就是给予这些社会成员自由思考和行动的权利。一个人即使他的观点有错,只要他不是故意欺骗,而是本着自己的理性和良心发言,社会就应该允许他把自己的观点公布在全民族的普遍理性之前。(3) 传媒的根本目标是通过提供各种事实和观点作为判断的基础,来揭露真相,协助解决政治和社会问题。自由主义提倡公众完全沉浸在事实和观点的信息洪流中,这些信息可能一些是真实的,一些是虚假的,还有一些是二者皆有的。(4) 传媒要想在民主社会中发挥正确的功能,必须不受政府控制;相反,传媒拥有对政府的监督权,要防止政府超越自己的权力边界。(5) 现代自由主义理论认为,在"观点的自由市场"(open market of ideas)上,各种观点自由竞争,最后在不同观点的"自我修正过程"(self-righting process)中产生出真理。每个人都有说话的自由和表达的自由,社会应该给不同观点同样的权利,政府不应该支持或参与任何一方的争执。当观点被公开表达和自由竞争的时候,真实的和正确的东西会保留下来,虚假的和错误的东西会被抛弃,真理本身会得到越来越多的人的支持,最终通过自我修正取得胜利。

---

① 〔美〕弗雷德里克·S.西伯特等:《传媒的四种理论》,戴鑫译,北京:中国人民大学出版社2008年版,第18页。

② 同上书,第31页。

报刊的自由主义理论是伴随着资产阶级革命和资产阶级政权而不断发展起来的，期间很多思想家都作出了或多或少的贡献。但是，自由主义理论毕竟是在资本主义制度下产生的，它和资本主义的政治和经济制度有着千丝万缕的联系，在实践中维护的是私人资本的利益，是资产阶级的自由权利。正如恩格斯所说：在一切以资本和金钱为转移的条件下，"出版自由就仅仅是资产阶级的特权，因为出版需要钱，需要购买出版物的人，而购买出版物的人也得要有钱"①。实际上，当传媒的自由主义理论在资本主义新闻事业中被应用时，也遇到了无法克服的困难，带有很多乌托邦的成分。

（三）传媒的社会责任理论

传媒的社会责任理论是在20世纪40年代逐渐流行的理论，它在很大程度上是对自由主义思想的重新嫁接，是对自由主义理论的修正和发展。西方新闻界之所以要对自由主义理论进行修正并提出社会责任理论，是由当时特定的社会环境决定的。第一，新闻传媒对公众的重要性大大提高，但是，传媒的集中度却越来越高，少数大企业垄断了观点的公开市场。第二，自由主义理论强调了公众的自由表达权，却忽视了公众的知情权，也没有要求出版商承担道德责任。第三，很多传媒为了自身的利益不断触犯社会道德准则，新闻传媒的活动遭到了公众越来越多的谴责。第四，随着新闻事业的发展，新闻界吸收了一些有原则、有教养的人，他们对新闻事业的反思成为社会责任理论产生的内部动力。正是由于媒体的操守不断滑坡，因而公众逐渐对"绝对自由观念"和"观点的自我修正"不再乐观，相当多的美国人甚至开始要求传媒必须要制定一些业务标准，否则，他们将要求立法来干预媒体的自由。当时，美国人对大众传媒的批评主要包括：(1)传媒运用其巨大的权力来为自己谋福利。(2)屈服于大广告公司，让广告商控制社论和内容。(3)传媒抵制社会变革。(4)传媒的时事报道通常关注的是煽情、肤浅的东西，而忽视重大事件，娱乐节目常常缺乏实质内容。(5)传媒危害社会公德。(6)传媒无须任何理由就可以侵犯个人隐私。(7)传媒被垄断集团控制，阻碍后来者进入，危害了自由而公开的观点市场。②

传媒的社会责任理论认为：在现代社会，传媒已经成为人们接收和交换信息和观点的重要工具，为此，新闻界必须要担负起新的公共责任，"只有将公民权

---

① 《马克思恩格斯全集》(第2卷)，北京：人民出版社1957年版，第648页。
② 〔美〕弗雷德里克·S.西伯特等：《传媒的四种理论》，戴鑫译，北京：中国人民大学出版社2008年版，第66—67页。

利和公众利益纳入自身,新闻自由才能继续成为出版者的一项权利"①。传媒的社会责任理论能够成为一个全新的、完整的理论,美国新闻自由委员会做了很大的努力,他们出版了两部重要的著作——新闻自由委员会的报告《一个自由而负责的新闻界》(*A Free and Responsible Press*)和该委员会一名成员威廉·E.霍金(William E. Hocking)所著的《新闻自由:原则框架》(*Freedom of the Press: A Framework of Principle*)。按照新闻自由委员会的要求,新闻媒体应该承担的社会责任包括:对当天发生的新闻事件,必须要在其意义情境中进行真实、全面和智慧的报道;新闻传媒应当成为一个交流评论和批评的论坛;新闻传媒要投射出组成社会的各群体的典型画面;新闻传媒有责任对社会目标与价值进行呈现和阐明;新闻传媒要为公众接触当日消息提供渠道。

社会责任理论在20世纪40年代中期问世后,不仅得到美国新闻界的普遍认同,也开始风行西方各国。社会责任理论与自由主义理论相比有一个不同,那就是社会责任理论主张新闻自由不是绝对的,自由伴随着一定的义务,享受新闻自由权利的媒体必须要承担一定的社会责任。这里需要提出的是,社会责任理论并不是对自由主义理论的否定和抛弃,社会责任理论的核心还是自由主义理论,只不过社会责任理论根据资本主义发展的社会现实,对传媒的自由主义理论进行了某些修补,从而在一定程度上缓和了西方媒体与公众、政府之间的矛盾。

(四) 苏联的媒介传播理论

《传媒的四种理论》是由四篇论文构成的,其中传媒的威权主义理论和传媒的自由主义理论的作者是西伯特,传媒的社会责任理论的作者是彼德森,而著名传播学者施拉姆在书的最后部分对苏联的社会主义传媒理论进行了研究。1917年,俄国十月革命取得胜利,建立了世界上第一个社会主义国家,随后,苏联党和政府建立起社会主义的新闻事业。施拉姆认为,苏联的传媒理论包括这样一些内容:新闻传媒是党和政府的工具,它的任务是促进工人阶级和世界共产主义的进步;新闻传媒是国家职能的一部分,它不仅要向人民提供信息,而且还起到发动群众的作用;新闻传媒最重要的一项功能是促进国家的统一;新闻传媒具有政治揭露的功能,它能够揭露生活中发生的一些事情,"撕掉敌人的假面具";新闻传媒的基本任务是集体的鼓动员、宣传员和组织者;新闻传媒的经营者需要承担巨大的社会责任,传媒要实现社会主义性质的言论自由。当然,苏联在社会主义

---

① 〔美〕新闻自由委员会:《一个自由而负责的新闻界》,展江等译,北京:中国人民大学出版社2004年版,第9页。

建设时期,因为受到"左"倾思想的影响,新闻媒体的报道内容出现过过度集中于党和政府的现象。施拉姆等人站在西方资产阶级的立场来评价苏联的新闻理论,也存在有失公允和客观之处。

二、世界各国的新闻体制

新闻制度是对传媒、政府和公众关系的规定,它主要规范媒体的运营方向;而新闻体制是新闻制度在不同媒体中的具体化,它和媒体的日常经营、管理紧密联系。如果从传媒的所有制结构来看,我们可以把世界各国的传媒划分为政党媒体、私营媒体、国有媒体和公有媒体四种新闻体制。正是因为所有制不同,不同新闻媒体在具体的业务运作中的表现也各不相同。

(一)政党媒体

政党媒体是由政党出资创办或控股的媒体,因为这种媒体的所有权掌握在政党手中,所以媒体的日常运行受到政党组织原则的影响,并体现政党的纲领和路线。在西方资本主义世界,报刊第一次作为重要的精神力量被公众广泛关注的时期就是政党报纸时期。这个时期的资产阶级政党为了推翻封建政权,建立和巩固资产阶级共和国,曾经通过直接创办报刊,或通过给报刊提供津贴来控制报刊,左右舆论。当资产阶级政权巩固后,西方迎来了自由主义报刊时期,政党报刊逐渐衰落。但是作为一种媒体所有制形式,今天政党媒体在世界上还广泛存在,有的还发挥着非常重要的影响。政党媒体的特点如下:

1. 政党媒体的主持人是由政党委派的。政党媒体是政党的一个重要部门。政党为了能够控制、掌握舆论工具,一般都会直接任命政党媒体的主持人,让其负责媒体的经营和管理,代表政党对媒体进行把关。1894年,孙中山创立了中国第一个资产阶级革命团体——兴中会。为了宣传兴中会的革命纲领,1900年1月25日,在孙中山的领导下,兴中会在香港创办了中国第一份资产阶级革命报刊。因1895年广州起义失败后,港英当局禁止孙中山入境,所以孙中山派自己的战友陈少白前往香港主持报务。同时,孙中山还亲自在日本购买办报设备,物色记者,并取"中国者中国人之中国"之义,为报纸确定了名称——《中国日报》。

2. 政党媒体的运营经费主要来自政党。政党之所以能够控制媒体,就是因为他们掌握着政党媒体的所有权。列宁1900年12月24日在德国的莱比锡创办的《火星报》,是俄国社会民主工党的中央机关报,它担负着建立俄国马克思主义政党的任务。但是,《火星报》的经费特别紧张,发行又是免费的,为了让报纸能够持续出版,列宁在各地培养的代办员承担着一个重要的任务,那就是组织工人为报纸捐款,号召每一个读者给报纸以物质上的支持。在社会主义国家,因为共产党是执政党,所以执政党的媒体运营经费主要是由国家财政来支付。

3. 政党媒体的主要职能就是成为政党的宣传工具。政党媒体的目标不是赢利,而是充当政党的喉舌,宣传政党的方针、路线和政策。世界各国在革命时期,各政党创办的媒体,主要任务就是成为政党的鼓动员、宣传员和组织员。在西方竞争激烈的政党政治中,政党媒体也致力于宣传自己的政治路线和执政理念。美国独立战争即将结束时,十三州解散了大陆议会,成立了联邦政府(1781—1789),这个政府是一个各州的联盟。1787年,联邦政府召开制宪会议,制定了宪法。但是,因为宪法中没有保障人权的条款,资产阶级民主派拒绝批准宪法。于是,当时围绕宪法的批准形成了两个党派:以汉密尔顿为首的资产阶级右翼支持批准宪法,形成"联邦派";以杰斐逊为首的资产阶级民主派反对批准宪法,形成"反联邦派"。联邦派为了宣传自己的政治主张,于1789年4月15日创办了《合众国公报》(先在首都纽约出版,1791年迁往新首都费城)。1793年,他们又创办了另一份报纸《智慧女神报》。反联邦派也于1791年在首都费城创办了《民国公报》,宣传他们的政治思想。

4. 政党媒体是政党的精神支柱。任何政党都会把政党媒体看成是党的精神武器,会利用媒体团结党员、组织党员,甚至发动党员采取一致行动,完成政党的共同事业。在资本主义政治选举中,政党媒体的主要目标就是广泛宣传自己的纲领,让政党精神深入人心,团结本党同志,影响中间选民。同样,列宁创办的《火星报》、《真理报》都曾经是革命同志的精神大本营。

这里需要指出的是,在一些西方国家,目前很多政党已经没有自己直接控制的媒体了,但是,他们并不会因此而放弃对本党纲领的宣传。今天,在一些国家虽然没有政党媒体,但是有很多有政党背景的媒体;这些媒体表面上不偏不倚,实质上却替特定的政党鼓与呼。美国的民主党虽然没有自己的机关报,但是它的政治主张却经常出现在《纽约时报》、《华盛顿邮报》、《民族报》、《新闻周刊》等报刊中。

(二) 私营媒体

私营媒体是私人独资或合资创办的媒体,合资媒体通常以股份制形式出现。自19世纪30年代美国的廉价报纸出现后,政党报纸很快走向了衰落,私营的、面向大众的商业化媒体逐渐成了西方国家的主导性媒体。今天在西方很多国家,私营媒体是媒体所有制形式中最主要的一种。美国是具有代表性的实行私营媒体体制的国家,除了少量的公共电视台外,所有的报纸、广播、电视等都是私营的。私营媒体的特点如下:

1. 董事会是私营媒体的最高权力机构。私营媒体的资产都是属于私人的,但现代传媒已经变成了大企业,单个人拥有资本往往无法适应现代传媒发展的需要,所以大多私营媒体都实行股份制。对于股份制公司来说,它的最高权力机构就是董事会。董事会对全体股东负责,并行使重大决策权:挑选媒体的管理者,制订媒体的经营计划和投资方案,制订媒体的财务预算、决算和利润分配方案等。如新闻集团的董事长默多克每周都要查看新闻集团全球各地媒体的财务报表,分析新闻集团在各国的经营情况。而时代华纳与美国在线的合并,就是两大公司董事会谈判的结果。现在很多西方私营媒体的投资人并不直接参与媒体经营,而是通过董事会挑选职业经理人来经营媒体,因此,董事会可以直接任命媒体的主要负责人。

2. 私营媒体具有很强的市场化意识。私营媒体是私人投资创办的,而资本的本性就是要赢得利润,所以私营媒体具有强烈的市场化意识。它们习惯于按照市场规则运作,通过制作出受众满意的内容来获得发行量、视听率,进而获得更多的广告回报和开发相关产品的回报。西方媒体除了在内容和广告上竞争外,还特别重视品牌的开发,重视媒体的价值延伸。如开发体验式商店:围绕电视网、频道、节目、主持人品牌进行全面开发,服装、运动器材、生活用品、饰品等应有尽有,商店内的装修也体现了电视的特点。美国很多电视台将演播室做成透明的,只要观众付钱,他们就可以观看电视台的直播过程。在CNN,只要付十几美元,你就可以看到大牌主持人的风采,看到拉里·金穿过的服装,看到工作人员隔着玻璃忙碌的身影,看到记者从战争前线带回的弹壳……你还可以在摄像机前,运用抠像技术进行自行展示、发挥。[①] 当然,高度商业化使得在很多国家都出现了高级报纸和大众化报纸的分化。大众化报纸注重娱乐性、生活性和社会性,有的内容甚至还很庸俗。但是,对于高级报纸来说,它们将读者锁定在政界、商界和知识界,以发表严肃的政治、经济新闻为主,同样获得了市场空间。

3. 私营媒体之间的新闻竞争异常激烈。新闻是媒体竞争的一大法宝,也是媒体公信力和权威性的重要来源。为了能够获得公众的信任,私营媒体的编辑、记者具有非常强的敬业精神,他们会深入事件现场,以独特的视角挖掘独家报道。在西方电视网的调遣部,编辑们时刻在调遣摄制组、记者和设备到新闻现场,"当调遣部的编辑绝对要有后勤专家的才能;必须熟悉飞机的时刻表、通信

[①] 高顺青:《美国电视媒体一瞥:"强人"是这样铸成的》,载《视听界》2006年第6期,第85页。

卫星如何运用、与各地方台和有关外国电视网联系的途径"①。正是激烈的新闻竞争,使一些私营媒体的记者需要付出更大的努力,去寻找价值更大的新闻。在2003年伊拉克战争期间,CNN的非随军记者通过独立采访,为CNN的新闻竞争添彩不少。CNN记者在伊拉克北部边境采访时,每天晚上只能睡在冰冷的水泥地上,吃饭的时候只能蘸着辣椒吃金枪鱼罐头。当地人称CNN记者是"爱好和平的冒险者","正在进行着一段不太和平的冒险"。② 我们在电视上看到的激烈的战争场面、伊拉克油井燃起的熊熊烈火,大都是美国记者深入到战争的腹地、油井的边缘拍摄的。为了拍到这些具有震撼力的画面,一些记者甚至付出了生命的代价。

4. 私营媒体拥有独立的发言权,能够对政府进行批评监督。私营媒体因为没有政府投资,和政府没有共生的基础,所以,它们一般都会标榜自己的客观公正和不偏不倚。有的媒体为了讨好受众,将自己包装成"民意代表",抨击政府的纲领和政策,尤其对政府的丑闻更是不遗余力地进行揭露。美国历史上的"水门事件"就是由《华盛顿邮报》的两位记者揭露的。最近一些年来,西方政坛频发领导人丑闻,各国媒体以少有的热情,炒作本国领导人的绯闻。美国前总统克林顿的性丑闻,曾经是美国各类媒体的"黄金题材",默多克甚至将它看成是新闻集团赢利的又一艘"泰坦尼克号"。2009年,意大利媒体又将他们爱出风头的富翁总统贝卢斯科尼变成了娱乐新闻的焦点,媒体关于他的性丑闻的报道引起了全球受众对政治人物道德素质的争论和思考。但是,无论贝卢斯科尼是厌烦、沮丧、还是愤恨,他只能抱怨媒体的出格,而无法直接命令媒体停止对他的"隐私侵犯"。另一方面,现在一些大的传媒集团会或明或暗地影响政局和政治权力的更迭。一些政府部门和官员则通过暗中发放津贴等形式,拉拢、收买一些媒体,宣传自己的政策。

5. 私营媒体的竞争带来了媒体的高度集中。随着资本主义的深入发展,资本主义逐渐从自由竞争过渡到垄断竞争阶段。在垄断竞争的市场中,大资本占据着优势位置,有着无限的风光,而那些小媒体则随时面临生存的危机。在美国,很多城市出现了一城一报现象,传媒竞争表现出"赢者通吃"的特征。在广播电视领域,多数电视台已经分属到大大小小的电视网,美国三大广播网CBS、NBC和ABC分别拥有电视台200家左右,在美国1200多家商业电视台中,有近800家是三大广播公司的附属台。在世界传媒市场,像时代华纳、新闻集团、迪

---

① 施天权等:《当代世界广播电视》,上海:复旦大学出版社1991年版,第19—20页。
② 姚利:《我们每天睡在水泥地上》,载《环球时报》2003年3月26日。

士尼集团、贝塔斯曼集团等传媒集团,业务覆盖传媒的各个领域,已经成为具有国际影响的跨国传媒集团。这些巨无霸传媒集团,不仅垄断了传媒产业市场,也深深影响着世界文化市场,甚至影响着各国的意识形态。

(三) 国有媒体

国有媒体是由国家创办或控制的媒体,所以国有媒体也被称为官方媒体、政府媒体。国有媒体的资产属于国家和政府,所以国有媒体代表国家和政府的观点,宣传国家和政府的对内对外政策。以苏联和中国为代表的社会主义国家的媒体基本上是国有体制,社会主义国家的报纸、广播、电视等传统媒体基本上都是国有身份,近年出现新媒体后,媒体的所有制结构才有所改变。即使在西方资本主义国家,也不同程度地存在着国有媒体,有的国家只有广播电台是国有媒体,有的国家广播电台和电视台是国有媒体。国有媒体的特点如下:

1. 国有媒体的所有权主要属于国家。所有权是最主要的话语权,谁掌握了媒体的所有权,谁就拥有了该媒体的话语平台,谁就能够利用媒体对社会舆论进行引导。国有媒体是政府创办的,政府要想控制这些媒体,必须牢牢地把握媒体的所有权。

2. 国有媒体的负责人由政府直接任命。国有媒体是政府事业的一部分,因此,为了使国有媒体更好地为政府服务,其负责人是由政府任命的。在我国,媒体领导人不仅由政府任命,而且还享受一定的行政级别。政府任命的媒体负责人一方面管理媒体的日常事务,包括采访、编辑、发行、播出和广告等,另一方面还要代表政府对媒体刊播的内容进行把关,保证媒体的报道内容和报道方向正确。"美国之音"隶属于美国新闻署,是一家专门向全世界宣传美国政府政策的官方媒体,其领导人直接由美国国务院任命。

3. 政府资助是国有媒体重要的经济来源。对于国有媒体来说,政府资助是其收入的最主要来源。政府对媒体的资助有多种形式。一种是直接投资,即政府直接从财政中划拨资金给媒体。如1990年,美国新闻署的经费预算为将近7亿美元,其中拨给"美国之音"的就有1.72亿美元。第二种是通过视听费支付。视听费作为一种刚性的税收,其实就是政府财政的钱,只不过是专款专用罢了。第三种是给政策不给钱。如我国的一些地方政府为了提高媒体的经营效益,往往会给媒体一些特殊政策,如免税、允许进入高利润行业等,这其实就是对媒体的直接资助。经过多年以市场化、产业化为目的的探索,我国媒体的收入来源已经实现了多样化,但是政府的资金和政策支持,依然是媒体的重要生存基础。

4. 国有媒体是政府的喉舌,需要完成政府的宣传任务。政府之所以创办和管理国有媒体,目的是让媒体保持鲜明的意识形态倾向,能够长期不变地宣传政府的政治理念和价值观。我国媒体在长期的新闻报道实践中非常注重舆论导向功能的发挥:牢牢把握正确的舆论导向,坚定大局意识,维护国家稳定和民族团结;注重深入实际,注重新闻报道的社会效果,努力把人们的思想和社会的注意力引导到正确的认识上来;把握好热点和焦点问题,不把"热点"和"焦点"等同于批评和揭露报道,在报道时反映主旋律,为公众释疑解惑;讲究宣传的艺术性和引导的实效性,突出宣传党和政府在解决前进中出现的问题时所做的工作,努力避免宣传中可能出现的负面效应。

5. 国有媒体要受到政府的审查。新闻传播工作是一种社会职业,有其特有的规律和行业标准。对于新闻工作者来说,他们总想按照自己的标准来选择和报道新闻,这就容易造成媒体标准和政府标准的不一致。里根任美国总统期间曾经大刀阔斧地对美国新闻署进行调整,期望强化对"美国之音"的控制,结果在美国引起了广泛的争议,最终里根总统"强化宣传方针的短暂尝试以遭到工作人员的抵制而告终"[1]。随着新闻传播者职业意识的增强,政府对媒体的管理只有更加精细,才能保证媒体舆论和政府意图的一致。对于世界各国的国有媒体来说,它们会受到来自政府的各种形式的审查,如事前审查、审读、审听、审看等。

(四)公有媒体

公有媒体,也称公共媒体、公营媒体,是由社会公共机构创办的、被全体公民所有的、以公共利益为价值取向的媒体。公有媒体以英国广播公司(BBC)、日本放送协会(NHK)和德国广播联盟为代表,它们都是在相对严格的公共服务的要求下运营的。目前,世界上还没有所谓的"公营报纸",但大多数国家都有公营电台、电视台,它们多是教育类的电台、电视台。公有媒体的特点如下:

1. 公有媒体的管理机构具有相对独立性。公有媒体的管理机构是一个具有公共性质的管理委员会,这个委员会通常由社会各阶层人士组成,并得到议会的任命,但是,只要这个管理委员会成立后,就具有相对独立的决策权,政府不能随便干预管理委员会的工作。1923年到1925年期间,英国的希可斯委员会与克劳弗德委员会向英国政府提交了一个研究报告,报告认为无线电频率是公共资源,国家应该将它授予公益团体经营。报告建议议会应该制定法律成立一家公共广播公司,为全体公民提供公共服务,而广播公司享有在内容制作上的独立决策权。1927年1月1日,英国王室颁布"皇家章程",把民营的英国广播公司

---

[1] 〔美〕迈克尔·埃默里、埃德温·埃默里:《美国新闻史》,展江主译,北京:新华出版社2001年版,第437页。

(BBC)公营化,赋予其垄断经营权。BBC 的最高领导机构是董事会,董事会的成员由政府提名,女王任命,任期 5 年。董事会有权撤换总经理以下的任何人,董事会任命的总经理主持日常事务,宣传、财政及人事等重大问题由董事会和总经理讨论决定。BBC 在节目编排、经营上都可以保持相对独立,不受政府干预。

2. 公有媒体具有半官方机构的性质。公有媒体名义上既不属于私人,也不属于政府和政党,是一个独立的公共机构。然而,公有媒体享受了政府给予的资源垄断特权和来自政府的政策支持,所以公有媒体和政府总是保持着千丝万缕的联系,可以说具有半官方的性质。公有媒体对政府部门和官员会有一些批评和揭露,但多是"小骂大帮忙"。日本的 NHK 决策机关是经参众两院同意设立的、由经内阁总理大臣任命的 12 名成员组成的经营委员会。NHK 自称不受政府的控制,不受任何党派观点的影响,但是,它和 BBC 比起来与官方的关系更加微妙,是典型的"半官方的宣传机构"。BBC、NHK 在对国外的广播中,则明确表示分别代表英国和日本政府通过时政新闻阐述官方的见解。

3. 公有媒体的主要经济来源依靠政府。公有媒体强调它的公共性质,强调它们不能像商业化媒体那样,以营利为目的。公有媒体的收入来源主要依赖政府:一是政府的直接拨款,二是政府特许的执照费,很多公有媒体还有一定的经营收入。现在 BBC 的收入来源主要有政府拨款、收取电视执照费、出售节目;此外,在不附带影响其广播宗旨的条件时,BBC 也接受社会赞助和捐款。NHK 的主要经济来源是视听费,不足的部分由政府拨款。NHK 每年要通过邮电省向参众两院汇报工作,每年的预算、决算、事业计划和实施情况都需经过国会审议和批准。

4. 公有媒体的节目强调对公众负责。公有媒体的运营经费来自政府和人民,所以,公有媒体一般不播广告,节目强调社会责任感,对公众负责。1925 年,BBC 的首位总裁约翰·瑞斯(John Reith)在向克劳弗德委员会述职的时候曾经表达过这样的观点:"公共服务肯定不能只用于娱乐的目的。广播有责任在最大程度上给尽可能多的家庭带来所有的人类知识、努力和成绩中最优秀的部分。对高水准道德的维护——避免粗俗与伤害——是至关重要的。公共广播应该引导公众的品位而不是去迁就它……"[1] BBC 在英国国内一贯坚持公共立场,它的电视节目呈现出一种家长式的文化责任感,注重陶冶大众的情操;而在国际报道中注重客观公正的立场,因而享有很高的国际声誉。但是,BBC 过于追求"教育责任"、提升观众品位的做法,让其远离了被该台认为是"流行的"和"低俗的"东西,从而在"高级的"和"低级的"文化之间制造了鸿沟,导致收视率不断下滑。

---

[1] 〔英〕大卫·麦克奎恩:《理解电视》,苗棣等译,北京:华夏出版社 2003 年版,第 188 页。

1990年,英国新的广播法案出台后,促进了电视行业的竞争,但是英国社会又对BBC是否应该放弃它的"保守风格"产生了很大的争议。确实,在媒介商业化的浪潮中,公有媒体都面临着"严肃过分,活泼不足"的问题,但是,是否公有媒体就应该向商业媒体靠拢,也是一个存在广泛争议的话题。

第二节 媒体的管理与运行模式

媒体是一个社会组织,它处在整个社会大系统中,需要发挥作为一个信息传播组织的功能。为了保证媒体功能的发挥,政府或出资人必须要对媒体进行有效管理。这种管理需要通过一定的组织架构来实现,这种架构就是媒体的管理模式。另一方面,媒体要完成自己的任务,也必须要建立起内部的运行机制,需要通过内部的组织架构来确立各部门的权力、责任、控制与协调关系。媒体内部的运行也是一种内部管理,但是为了便于叙述,我们将其称为媒体的运行模式。媒体的管理和运行合理、有序、高效,才能保证媒体的健康发展,才能发挥媒体的社会功能。

一、新闻媒体的管理模式

传媒属于上层建筑领域,是精神文化的生产部门,任何国家都面临着如何对新闻媒体进行管理的问题。同时,现代媒体的出资人大多不再直接插手媒体的日常事务,但是他们会通过行使自己的股东权力,来管理和控制媒体。在现代组织中,管理信息必须要在组织架构中有序传递,才能保证其准确和到位。不同的媒体因为所有制性质不同,决策和领导机构的管理模式也不同。下面我们分别对不同所有制的媒体的管理模式进行介绍。

(一)董事会管理模式

创办私营媒介的国家,政府一般声称不干预媒体正常的业务活动,因此,表面上国家对媒体不行使直接的行政管理权。在私营媒介发展的初期,很多媒体的规模小,结构简单,媒体老板可以既当编辑,也任经理。随着私营媒体不断地发展壮大,媒体老板没有精力再直接管理媒体,而是开始招聘管理人员对媒体进行管理,媒体的采编和经营出现了分离。1871年,英国的《泰晤士报》实行总编辑制,老板专门聘请学识渊博的人任总编,实行编辑独立的方针,采编与经营开始分离。到19世纪末,《泰晤士报》又设立了总经理的位置,全面负责报社经营活动。这样,老板就成了社长或发行人,在他的下面再分设总编辑与总经理。到了今天,西方私营媒体已经发展成股份制公司,吸纳社会资本壮大媒体实力。在股份制公司中,由控股最多的家族代表组成董事会,再由董事会聘请媒体主持人(社长或发行人),于是就形成了一种典型的媒体管理模式(见图9-1)。

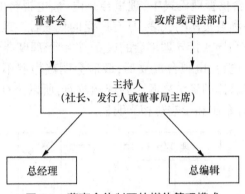

图 9-1　董事会体制下的媒体管理模式

从图 9-1 中我们可以看出,表面上看私营媒体是独立经营的,政府对媒体没有任何管理,但是,任何国家对传媒不可能不进行管理,只不过一些国家对私营媒体进行管理的手段比较隐蔽罢了。媒体管理除了审查制外,还有追惩制。很多西方国家没有直接管理媒体的政府部门,但是,国会制定了很多法律对媒体进行规范,只要媒体触犯了相关法律,政府可以通过法律的手段来进行制裁。美国被认为是媒体最自由的地方,但是,政府还是通过各种手段对媒体进行约束或管制。1982 年,里根总统曾经说服国会在制定《情报人员身份保护法》时规定,无论什么人做了泄露合众国情报人员身份的任何事情,只要法官认为他们有理由知道他们的行为的危害性,无论他们所使用的原始材料是公开的,还是保密的,都将构成一种联邦犯罪。有人按照国会通过的这一条款对 1982 年之前的新闻报道进行调查,结果发现约有 80 多部(篇)较重要的书籍和新闻文章的作者,可以依据该条款被联邦政府指控。

如果不考虑政府隐性的管理,则私营媒体的管理主要分三个层次,即董事会、主持人、总经理和总编辑。具体管理关系为:董事会(通常是董事长)任命媒体主持人,媒体主持人再任命总经理和总编辑。总经理主要负责媒体的经营业务;总编辑主要负责媒体的采编业务。由于赢利是私营媒体的主要目标,所以总经理的位置比总编辑的位置要重要。不过很多媒体为了保证其公信力,一般严格要求编辑与经营分离。在具体的管理过程中,很多董事长兼任主持人(如新闻集团董事长默多克同时兼任新闻集团总裁),其他董事兼任总编辑、总经理,从而使管理权与所有权更好地结合在了一起。

（二）社会化管理模式

公有媒体通常被人们称为半官方的媒体，它实行的是社会化的管理模式（见图9-2）。在社会化管理模式中，理事会是电台、电视台的最高决策机构，它吸收了各党派和各利益集团的代表，具有广泛的代表性。政府在社会化管理模式中的作用主要是领导或指导理事会的成立，并赋予理事会合法地位，给予媒体垄断资源的特权。电台、电视台成立后，政府会明确声明不干预媒体的日常运作，但是，由于公有媒体的经济来源主要依赖政府，所以公有媒体还是会受到政府的牵制，有时这种牵制和影响还相当明显。

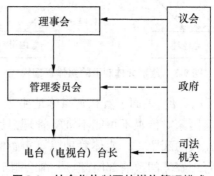

图9-2　社会化体制下的媒体管理模式

在英国、日本和德国的公有电视机构中，理事会是一个具有公共性质的社会机构，它是按照议会有关文件的要求在议会的监督下成立的。理事会一般由较大的民间团体和议会中各政党的代表组成，他们的代表身份需要得到议会的批准，并有一定的任期。理事会成立后负责制定媒体的章程、决定媒体发展的基本方向，并向管理委员会推荐台长。管理委员会是在理事会领导下成立的直接监督媒体的管理部门，该部门同样具有社会性质，成员由社会知名人士、专家、技术人员等组成。管理委员会可以任命台长，与台长签订工作合同，审查媒体的财务报告和工作报告，监督媒体播出的内容。台长是媒体的直接责任人，它领导媒体日常的采编业务和经营业务，并代表媒体直接参与其他社会事务。在这种管理模式中，议会直接干预理事会的成立。理事会成立后，虽然政府、议会等权力机关声称不再干预媒体，但是因为公有媒体与政府有直接的利益关系，所以公有媒体播出的内容，还是受到来自政府的相当多的压力。同样，实行公有媒体制度的国家，依然可以运用法律手段来对媒体的工作方针和内容播出进行管理。

（三）行政化管理模式

党营媒体和国营媒体实行的都是行政化管理模式（见图9-3），即政党和国家直接任命媒体的领导人,政党权力和国家权力会参与到媒体的日常事务中,包括经营和采编。在行政化管理模式中,媒体是党和国家事业的一部分,有的媒体日常活动经费来自政党或政府,有的媒体活动经费部分来自政党或政府,有的媒体没有享受到政党和政府的直接投入,但是却能够享受政党和政府给予的优惠政策,利用公权力的帮助向社会获取利益补偿。媒体的主持人是由政党和政府直接委派或任命的,主持人一般被看成政党和政府中的重要官员,享受一定级别的干部或行政待遇。因为这种管理模式体现了政党或政府对媒体的直接管理,所以,在媒体的日常活动中,主持人一定要协调好媒体和资产所有人(政党或政府)的关系。

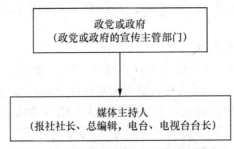

图9-3 行政化体制下的媒体管理模式

上面我们介绍的三种媒体管理模式,只是在不同的媒体体制下通常的管理模式。在具体管理实践中,不同国家因为各自的制度环境、历史环境和文化环境不同,媒体的管理模式也会根据各国具体情况,做一些细微的调整,但是总体模式是相似的。值得注意的是,在董事会管理模式和社会化管理模式中,公共权力声称不直接干预媒体的活动,即使干预也会走司法程序,通过议会或法院来对媒体施加压力。应该说,这种通过司法程序管理媒体的做法更隐蔽、更巧妙,也更有欺骗性。而在行政化管理模式中,公共权力可以直接干预媒体的活动,这种干预有的是有司法根据的,有的是根据行政性法规进行的,有的是根据领导人意志临时而为的。通过行政化管理模式,政党或政府能够更加细微、更加直接地管理媒体,使媒体体现政党或国家的意志。

二、我国媒体的管理模式

在资本主义世界,私有和公有媒体总是否认自己的党派立场,标榜媒体以"超党派"、"超阶级"、"非党性"和"不偏不倚"的立场来报道新闻,这在一定程度上显示了资产阶级和资本的虚伪性、欺骗性。而社会主义国家的媒体,公开申明自己的党性立场，明确表示代表广大人民群众的利益和意志。我国是实行人民民主专政的国家，媒体是国家事业的一部分，是引导舆论的重要工具。在我国，报纸、广播、电视等传统媒体都属于国有资产，是党和政府的喉舌。为了保证媒体的健康发展，党和政府对媒体进行了合法、有效的管理。中国共产党始终代表中国先进生产力的发展要求，始终代表中国先进文化的前进方向，始终代表中国最广大人民的根本利益。中国共产党始终高度重视对新闻事业的建设、领导和管理。因为中国共产党是执政党，所以在我国无论是党委创办的媒体，还是政府创办的媒体，经费主要来自政府财政。党中央和地方各级党委是新闻媒介的最高决策机关，具体领导、管理各级媒体的党委部门是中共中央宣传部和地方各级党委宣传部。同时，还有新闻传播和广播电视行政管理部门，对新闻媒体进行行政事业性管理。

（一）报社的管理模式

我国报社的管理模式目前有两种：一种是社长负责制（见图9-4），一种是总编辑负责制（见图9-5）。所谓社长负责制是指由党的各级组织部门任命的社长是报社的最高行政首长，社长作为报社的法人代表和党委书记共同领导报社的工作。一般来说，社长更多负责具体业务，党委书记分管党委、人事和纪律监督。现在一些地方，为了便于媒体的集中管理，通常由一人兼任报社社长和党委书记，这种做法可以提高报社作出重要决策的效率。

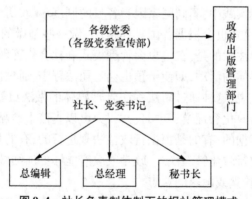

图9-4　社长负责制体制下的报社管理模式

社长负责制通常还有两种模式：一种是编委会领导下的社长负责制，一种是党委会领导下的社长负责制。在这两种体制下，编委会或党委会是新闻单位的最高决策机构，社长是最高行政首长。编委会领导下的社长负责制，由编委会全面领导和监督新闻单位的编辑、经营、行政后勤部门的工作，社长负责召开编委

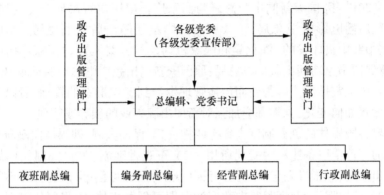

图 9-5 总编辑负责制体制下的报社管理模式

会会议,主持新闻单位具体实施编委会的决策。党委领导下的社长负责制,由党委全面领导和监督新闻单位的编辑、经营、行政后勤部门的工作,社长负责召集党委会会议,具体贯彻执行党委会的各项决定,主持新闻单位的日常工作。社长下面主要有三个执行部门:总编辑负责报纸的采编业务,总经理负责报社经营,秘书长管理行政、后勤和对外联络等业务。

总编辑负责制是指由党委组织部门任命的总编辑担任报社的最高行政首长,通常总编辑在编委会领导下主持新闻单位的日常工作,并负责召集编委会会议,具体组织实施编委会的决策。总编辑负责制是新中国成立初期学习苏联党报管理模式后设立的,是我国计划经济时代报社普遍的管理模式,在具体操作中,又衍生出党委会领导下的总编辑负责制的模式。目前,总编辑负责制的模式还被大多数报社采用。

(二) 政府的新闻出版管理

党委宣传部是我国新闻出版的最高管理部门,它代表党委和政府直接对媒体进行管理,任命媒体的主要领导人,对媒体的日常工作进行监督、管理。党委对新闻出版事业的管理主要侧重于政治管理、思想管理。随着社会的进步和新闻事业的发展,对新闻出版事业进行事业管理、行政管理变得越来越重要。对全国报刊出版事业进行管理的最高国家机关是国家新闻出版署,在省、自治区、直辖市是地方新闻出版局。新中国成立以来,国家根据时代发展的需要,不断对新闻出版管理机构进行改革。1949 年 11 月,中华人民共和国新闻出版总署成立,直属政务院领导;1952 年 2 月新闻总署撤销,1954 年 11 月出版总署撤销。1982 年 7 月,文化部设立出版事业管理局;1986 年该局改称国家出版局,直属国务院。1987 年 1 月,国务院直属新闻出版署成立;2001 年,新闻出版署改为新闻出版总署。2013年,国家新闻出版总署与国家广播电影电视总局合并,组建国家新闻出版广播电影电视总局,不久更名为国家新闻出版广电总局。2018年3月,根据中共中央印发的《深化党和国家机构改革方案》,组建国家广播电视总局,不再保留国家新闻出版广电总局;原国家新闻出版广电总局的新闻出版管理职能划入中央宣传部。因为新闻传播管理牵涉到意识形态的管理,所以无论它的机构设置如何变化,党委都会加强对新闻出版事业的领导或管理。

世界各国媒体的创办制度大致有四种:(1)保证金制,即媒体向政府交纳一定数额的保证金以备违法时受罚所用;(2)审查批准制(许可证制),即媒体向政府提出申请,经批准登记、取得许可证(执照)后方可创办,未经许可不得擅自出版;(3)注册登记制,即只需向政府注册即可创办媒体,不需要任何部门的批准;(4)追惩制,即媒体无须得到政府的批准,也不用登记,但是媒体违法后需要接受惩罚,为此报刊上必须刊登发行人的姓名、地址等,以备查找。① 我国的报刊管理目前实行的是审批制。2005年9月30日新闻出版总署发布的《报纸出版管理规定》中规定创办报纸、设立报纸出版单位应该具备以下条件:(1)有确定的、不与已有报纸重复的名称;(2)有报纸出版单位的名称、章程;(3)有符合新闻出版总署认定条件的主管、主办单位;(4)有确定的报纸出版业务范围;(5)有30万元以上的注册资本;(6)有适应业务范围需要的组织机构和符合国家规定资格条件的新闻采编人员;(7)有与主办单位在同一行政区域的固定的工作场所;(8)有符合规定的法定代表人或者主要负责人,该法定代表人或者主要负责人必须是在境内长久居住的中国公民;(9)法律、行政法规规定的其他条件。除此之外,还须符合国家对报纸及报纸出版单位总量、结构、布局的规划。

我国报刊登记在1989年7月1日之前采用的是"全国统一刊号"。自1989年7月1日起,经国家技术监督局批准,凡是经出版管理部门批准出版的报刊,登记时一律改用"中国标准刊号"登记制度。中国标准刊号的结构由两部分组成:一是以ISSN(International Standard Serial Numbering)为标识的"国际标准刊号";一是以CN为标识的"国内统一刊号"。国内统一刊号由报刊申请所在地的省级出版管理部门负责分配;国际标准刊号由国际连续出版物数据系统国家管理部门负责分配。获得国内统一刊号、属公开发行范围的报刊,可再申请国际标准刊号。目前我国出版发行的期刊标准刊号大都同时标有国际标准刊号和国内统一刊号,而正式出版发行的报纸大多数只标示国内统一刊号。为了做好对"内部资料性出版物"的管理,我国设有"内部资料准印证"申请登记制度,并同

---

① 魏永征:《新闻传播法教程》,北京:中国人民大学出版社2002年版,第217页。

样给内部资料准印证进行了编号。

政府新闻传播管理部门除了负责创办报刊的审批、登记之外,日常的监督管理活动还包括:对报刊办报、办刊的方向、宗旨的管理(主要通过审读和年检进行),对报刊出版程序的管理,对报刊质量的管理,对违规违纪报刊给予警告,以及会同有关部门打击非法出版物等。

(三) 广播电视机构的管理模式

相对于报纸来说,我国对广播电视的管理模式又有所不同。报社主要是受党委宣传部管理,新闻出版管理部门的管理力度较弱。而对于广播电视机构来说,一方面党委宣传部会对电台、电视台进行直接管理,另一方面政府的广播电视行政管理部门(国务院直属的广播电影电视总局、省级政府直属的广播电视厅、市级以下政府直属的广播电视局)也对电台、电视台进行管理(见图9-6)。同新闻出版行政管理部门对报社的管理相比,广播电视行政管理部门对电台、电视台的管理更加直接、日常、细致。新闻出版管理部门与报刊社不存在上下级关系(新闻出版部门自己创办的报刊除外),它对报刊的管理只是事后管理;而广播电视管理部门则要对广播电视事业进行全面领导,甚至直接介入日常的播出管理。广播电台、电视台实行台长负责制,这种负责制又可分为编委会领导下的台长负责制和党委会领导下的台长负责制两种。

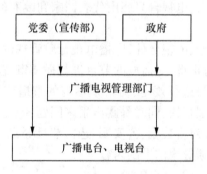

图9-6　广播电视机构的管理模式

这里需要指出的是,在政府机构改革中,一些地方政府为了精简机构,加强对广播电视的管理,实行了局台合一的政策,即广播电台、电视台合并,广播电视局的局长直接兼任广播电视台台长,尤其是在一些县级行政区域内,基本实现了局、台"两块牌子,一套班子"的管理模式。

(四) 政府的广播电视管理

目前,我国的广播电视管理实行的是双重领导,行政管理工作归政府领导,宣传工作归党委宣传部领导,但相比之下,各级党委宣传部对广播电视行政管理部门及下属的电台、电视台的管理更为直接和深入。在国家层面,管理广播电视事业的最高行政机构是国家广播电视总局。国家广播电视总局的主要职责是:贯彻党的宣传方针政策,拟订广播电视、网络视听节目服务管理的政策措施,加强广播电视阵地管理,把握正确的舆论导向和创作导向;负责起草广播电视、网络视听节目服务管理的法律法规草案,制定部门规章、行业标准并组织实施和监督检查,指导、推进广播电视领域的体制机制改革;负责制定广播电视领域事业发展政策和规划,组织实施公共服务重大公益工程和公益活动,指导、监督广播电视重点基础设施建设,扶助老少边贫地区广播电视建设和发展;指导、协调、推动广播电视领域产业发展,制定发展规划、产业政策并组织实施;指导电视剧行业发展和电视剧创作生产,监督管理、审查广播电视节目、网络视听节目的内容和质量,指导、监管广播电视广告播放等。

和报刊的创办相比,国家对广播电视设台主体的要求更为严格。国务院2002年修订并发布的《广播电视管理条例》第十条规定:"广播电台、电视台由县、不设区的市以上人民政府广播电视行政部门设立,其中教育电视台可以由设区的市、自治州以上人民政府教育行政部门设立。其他任何单位和个人不得设立广播电台、电视台。""国家禁止设立外商投资的广播电台、电视台。"这条规定表明,在我国,广播电台、电视台只能由代表国家和政府的广播电视管理部门开办和管理。

除了设立广播电台、电视台外,广播电视行政管理部门还负责对节目制作、播出、传送的权力进行审批,对播放的节目进行播前审查,对转播的节目进行规定,对禁播、限播的节目进行规定,对群众参与的直播节目进行审批与管理等。近年我国电视事业发展很快,同时暴露出很多问题,因此,对电视的管理条例越来越多、越来越细。如对古装剧、公安剧、选秀节目等,都曾做了很具体的规定,保证电视屏幕能够传播健康向上的内容。

三、新闻媒体的运行模式

在不同所有制下,资本和权力对媒体的管理有比较大的差别,然而,不同体制的媒体内部运行模式却大同小异。随着传媒业务的发展和媒体规模的不断扩大,媒体需要根据分工的原则,设立若干职能部门,分别专门承担相应的职能。

(一)报纸的运行模式

对于报纸来说,无论各国情况有多少差异,采编和经营总是媒体的两项重要业务，而且它们的运行模式大致相同。以美国为例，较大报纸具有代表性的报社内部运行模式如图 9-7 所示。

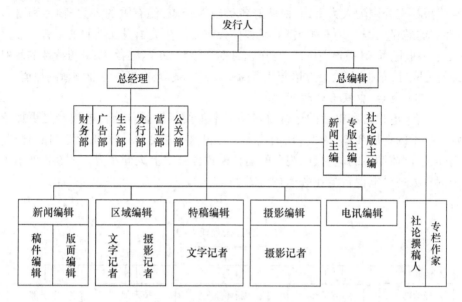

图 9-7　美国较大规模报社的内部运行模式

在美国较大规模的报社中，新闻主编是最重要的岗位，全面负责各类新闻的采访、稿件编辑和版面设计。新闻主编之下视报社规模，再分不同的编辑。新闻编辑负责稿件编辑和版面编辑；区域编辑可分国际新闻编辑、国内新闻编辑和本地新闻编辑，一些大报则直接设各区域主编来分管各区域新闻的采访与编辑。特稿编辑主要负责篇幅较长的解释性报道、调查性报道，以及其他类似的特殊稿件。摄影编辑主要负责新闻图片的拍摄和编辑。电讯编辑主要是对来自通讯社、辛迪加以及本报驻各地记者发来的电讯稿进行编辑。

专版主编主要负责各种类型的专版的编辑。美国现代报纸版面越来越多，有的一出就上千版，但是，报纸的新闻内容是有限的，无法填满所有版面。对于各家报纸来说，除了广告、新闻、社论等内容外，还有五花八门的专版，如体育专版、家庭生活专版、时尚娱乐专版等。对于美国媒体来说，报纸还有一个非常重要的版面，那就是社论版。社论版汇集社论、读者来信与专栏文章等言论，有基本的、稳定的版面格局和风格，这是很多报纸普遍的规范和制度。如美国《每日新闻》社论版名为"思想与观点"、《华尔街日报》的两个言论版都取名为"意见"，加拿大《多伦多明星报》第一个言论版叫"社论与意见"。

美国报社的运行过程显示出这样一些特点：总编辑领导各位主编，各主编领导各位编辑，各编辑再领导各位记者。这种纪律严明、分工合理的运行模式，有利于报社充分调配人力资源，协调好各类新闻资源，使有限的人力、物力和财力资源能够创造更大、更好的经济效益和社会效益。在美国报社供职的记者一般分三类：一般记者，其报道范围广，写作题材不受限制；专职记者，以采访特殊的政府部门为职责；专业记者，经过培养从事商业、科学、城市、军事等专业领域的报道。①

（二）电台、电视台的运行模式

电台、电视台和报社的运行模式的一个重要区别是：电台、电视台是更加依赖于技术的传播载体，因此，在内部运行模式中，需要对技术进行专门的管理。同样，不同体制下的电台、电视台的运行模式也基本上大同小异。图9-8展示了美国较大规模电视台的业务运行模式。

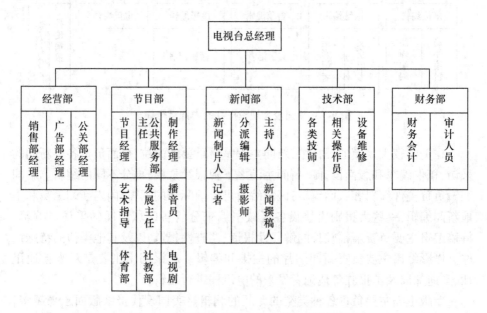

图9-8　美国较大规模电视台的内部运行机构

在这种运行模式中，经营部负责电视台的经营与创收。销售部不仅要销售本台制作的电视产品，还要到市场上购买本台所需的电视产品和资源，如体育比赛、文艺演出等重大活动的转播权等。广告部的主要任务是为广告客户提供

---

① 童兵：《中西新闻比较论纲》，北京：新华出版社1999年版，第94页。

优质的服务,开拓电视台的广告市场,增加广告收益。公共关系部的职责是向社会推广电视台的形象,协调好电视台与社会的关系,提升电视台的地位,为电视台的节目制作和广告开发创造良好的人际环境。节目部主要负责各类节目的创作、制作和播出,以及在辛迪加市场购买适合于本台播出的电视节目。新闻部是电视台一个核心的部门,它每天需要调动大量的记者、主持人、摄影师等到新闻现场,及时采访和报道新闻。新闻部是电视台品牌建设的重要环节,只有在新闻节目领域具有影响力的媒体,才能在电视市场中拥有核心竞争力。技术部主要负责电视网的网络建设,采访、编辑和播出设备的检验和维修,保证电视台的节目能够准时、清晰地播出。财务部则负责媒体的资金筹集、调度、使用和管理,以及对电视台内设部门的资金使用进行跟踪审计。

四、我国媒体的运行模式

我国的媒体都是国有事业单位,过去仅仅承担着宣传和导向任务,媒体内部运行体制很简单。改革开放以来,我国媒体不断地探索走向市场的道路,媒体的功能逐渐多元化。经过20世纪90年代以来市场化的熏陶,我国媒体一方面保留了一些计划经济年代运营的痕迹,另一方面也在不断地适应市场,对内部运行机制进行调整。今天我国媒体的运行模式,也在不断地向国外市场化媒体学习和靠拢。

(一) 我国报社内部运行模式

受传统报社运行模式的影响,今天我国报社的编辑部门的设置,基本上还保持着与党政机构的对接。从总体上来看,目前我国报社内部的结构主要分成三大块:一是行政管理序列,这个序列的部门主要是对报社内部进行有效的行政管理,并使报社的各项行政工作与党政机关有效接轨;二是采编业务序列,这个序列的部门是报社的核心业务部门,它的主要任务是完成新闻的采写、编辑和排版任务,保证按期出报;三是事业发展序列,这个序列的部门的主要任务是搞好经营业务,并向传媒市场拓展报社的发展空间。下面是《人民日报》的内部运行和管理模式图。

(二) 我国电视台内部运行模式

我国电视机构的内部运行模式,同样既保留了计划经济年代的行政化管理痕迹,也表现出市场经济年代的管理变革。和报社相比,电视台多出一个技术部门,负责对电视台的技术设备进行使用、管理和维护。图9-10是中央电视台内部运行结构图。

图 9-9 《人民日报》内部运行模式①

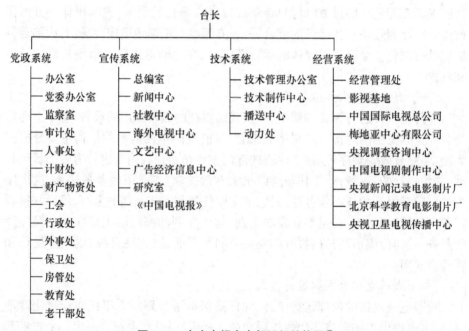

图 9-10 中央电视台内部运行结构图②

---

① 谭云明：《传媒经营管理新论》，北京大学出版社 2007 年版，第 67 页。
② 同上书，第 68 页。

五、新闻媒体的经营

新闻媒体既要实现社会效益,也要获得一定的经济效益,而且经济效益是社会效益的物质前提和保证。改革开放三十多年来,我国媒体在市场竞争中不仅获得了可观的经济效益,而且大大提高了传播技能。加入世界贸易组织后,我国媒体不仅要应对国内激烈的竞争,还面临着和国外媒体同台竞争的压力。竞争不仅没有使我国媒体受到伤害,反而使很多媒体提高了生存能力。目前,报纸之间的竞争主要表现为发行与广告方面的竞争。报纸是特殊的商品,它必须经过二次营销才能完全收回成本,实现赢利。由于报纸的发行量是广告的基础,所以各家报社都会在发行上激烈竞争,使用各种手段扩大报纸的发行量。广播、电视机构的竞争主要表现为收听率和收视率上的竞争,竞争的目的同样是增加电台、电视台的广告收入。随着我国传媒不断市场化,传媒市场中的竞争主体越来越多,报纸、广播、电视在扩容,新媒体不断出现,媒体竞争变得越来越激烈。为了在激烈的市场竞争中立于不败之地,很多媒体集思广益,不断丰富信息的内容,提高服务的质量,使受众能够更加方便地接收到媒体传播的内容。还有的媒体利用自身的品牌优势和资本优势,不断向多种经营的方向发展。

第十章 新闻自由和社会控制

新闻自由是公民的一项最基本的权利,也是公民其他自由权利的源泉,是其他自由权利得到实现的前提条件。对于新闻传播来说,新闻自由是新闻传播事业得以存在和发展的理由、动力和归宿。然而,任何自由都不是绝对的、无条件的,媒体在追求新闻自由、享受新闻自由的时候,必须要承担一定的社会义务,必须注意自由权利的合法边界。同时,社会在对媒体进行社会控制的时候,也应该掌握好"度",不能为了一己私利,动用权力和资本剥夺公众的知情权、表达权,剥夺公众自我教育、自我管理的机会。

第一节 新闻自由的历史演变

新闻自由既是新闻传播者从事新闻传播的自由,也是现代公民精神交往自由、言论自由、思想自由等人身权利在新闻传播中的体现。新闻自由包括接近权、知情权、表达权和监督权等人身权利。思想自由的前提是能够自由交流信息和观点,通过自由的思考得出理性的结论;言论自由则表现为公民能够自由表达自己的观点。可以说,新闻自由是现代公民的一项最基本的人权,是民主政治的基石。在人类思想史上,新闻自由概念的产生和成熟是人类文明的巨大进步,它为新闻事业的成熟打下了基础。在 21 世纪,新闻自由几乎得到所有国家的承认,各国都通过宪法或其他普通法,直接或间接地声称和保护新闻自由。新闻自由是从言论自由、出版自由逐渐发展演化而来的,按照刘建明的说法,"新闻自由是由 16 世纪罗马教皇实行原稿审查制度产生的,经历了从古典到近代的演变,形成了现代新闻自由思想"[①]。

一、出版自由之前的相关自由

新闻自由是近现代新闻事业发展的产物,是近现代才出现的一个宪法性概

[①] 刘建明:《当代新闻学原理》,北京:清华大学出版社 2003 年版,第 350 页。

念。然而,在人类发展史上,新闻自由所包含的一些权利,则早已有之。新闻自由不是凭空而出的一种自由,它是人类在漫长的历史发展中,追求思想自由和人的权利的产物。"不顾权威、不顾他人的成见而发表意见的自由,在现在虽已成了固定不移的原则,但我想在古代只有很少数宁死不屈的人才能根据理性以争取这种自由。"① 在"出版自由"概念被提出来之前,古人就已经在追求言论自由、表达自由等各种自由权利,只不过当时没有明确地提出口号罢了。

(一) 古希腊、古罗马时期的言论自由

古希腊大约在公元前11世纪—前9世纪期间开始由氏族社会向奴隶制社会过渡。公元前8世纪—前6世纪,铁器使用瓦解了氏族社会,工商业发展更加速了阶级分化,奴隶制国家最终形成。当时,奴隶制国家是以一个城市为中心、包括周边若干村镇的小国,因此被叫作"城邦"(city-state,或译城市国家),其中最强大而有代表性的是斯巴达和雅典。在城邦,古希腊人试验了言论自由,所以一些西方学者认为,古希腊人是"思想自由和言论自由的创造者"②。在罗马共和国时代后期和罗马帝国早期,对思想自由没有多少限制。

在古希腊,荷马崇拜和僧侣制度还未建立起来,希腊人自然地享有了一定的言论自由,这时色诺芬可以不受惩罚地对荷马的权威进行攻击。城邦时代体现言论自由最具代表性的活动就是公民大会。在古希腊城邦,君主生活风光不再,市民生活却得到发展,城邦公民享有直接参政议政的权利,而公民大会是城邦最高的权力机关。公民大会在城市广场举行,每两三个月举行一次,年满20岁的公民就可以在公民大会上发表意见,提出法案,参与制定城邦法律。正是这种原始的"参与式政治",一定程度上保障了当时城邦公民的表达权。

古希腊、古罗马时期的思想自由并非当时人的自觉,没有得到逻辑论证和政策保障,城邦从未从政策角度强制推行过思想自由、言论自由和宗教自由。在当时特殊的历史和文化背景下,城邦公民把这些自由当成了像空气一样自然的东西,他们在无意中享受了这些自由,并没有对它多加关注与思考。在无意识状态下享用的自由实际上是没有保障的、不牢靠的自由。即使在城邦时代,那些没有财产的贫苦农民和没有获得公民身份的人,也无法参加公民大会,去表达自己的政治主张。只有在思想自由遭受迫害后,人们才能意识到它的精神价值,才会在理性高度建设思想自由的系统理论。古希腊、古罗马早期朴素的言论自由思想和实践,经历过中世纪黑暗的宗教势力压迫后,终于显示出精神价值,用理性的

---

① 〔英〕J. B. 伯里:《思想自由史》,宋桂煌译,长春:吉林人民出版社1999年版,第3—4页。
② 同上书,第9页。

光芒照耀了全世界。

（二）中世纪宗教对言论自由的压制

从公元5世纪末西罗马帝国灭亡(476)，到17世纪中叶英国资产阶级革命爆发(1640)为止，是西欧封建社会时期。其中5世纪末到14世纪是西欧封建社会形成、发展和繁荣的时期，历史上称为"中世纪"。雅典的言论自由是短暂的、有局限的繁荣。在漫长而黑暗的中世纪，教会实行了历史上最严酷的思想言论控制制度，他们漠视公众的表达权，利用酷刑打击异端邪说，控制和操纵人民的思想和舆论，建立起教会无上的权威。教会在初期严禁异端是有原因的，当时基督教内部出现了几种异端，它们确实导致了教会危机，动摇了基督教的基础。后来，这种打击异端的做法被扩大化了，成了钳制舆论的重要工具，从而确立了基督教在精神事务上的统辖权。宗教裁判所甚至招募人民为它服务，责令人人都要担任告发者，命令任何人只要知道关于异教的事，必须要向宗教裁判所报告，否则将要受到世俗和宗教的双重惩罚。严刑峻法使教会成了思想文化领域的最高权威，教会教条同时就是政治信条，圣经词句在各法庭中都有法律效力。政治、法律、哲学、文学都不过是神学的旁支或分支，任何不合正统的思想学说都被斥为"异端"，并被禁止传播。

（三）文艺复兴时期对自由思想的期望

从14世纪到16世纪末叶，是欧洲封建社会瓦解和资本主义生产关系形成时期。15世纪君士坦丁堡沦陷后，一些懂得希腊文的学者带了古希腊的著作逃到西方，给西方的文化带来了新的养料，使资产阶级利用古代文化创造了资产阶级文化。因此，人们把这一时期称为"文艺复兴时期"。"高强度的压迫必然导致反抗，表达权的兴起在西方无疑伴随着宗教信仰的自由而来。"[①]文艺复兴运动激发了人民自由地表达政治、宗教和艺术思想的欲望，给黑暗的宗教统治带来了破坏性力量，并最终形成西方的自由运动。

文艺复兴时期人民对自由思想的渴望，是由这样一些原因推动的：资本主义的萌芽带来个体觉醒，个体逐渐从中世纪的梦境中苏醒；宗教改革造成一个神学权威分裂成许多神学权威，普通教会的权威受到很大打击；新教国家的兴起使教会权力落入君主之手，教会的不宽容主义得到不同程度的修正。正当教会势力危机四伏的时候，一种新的传播技术登上了历史舞台，它加速了中世纪的灭亡，直接推动了文艺复兴的发展。这个强大的技术力量就是印刷术。1450年，德国人古登堡发明了金属活字印刷术，这使文艺复兴的"危险思想"传播得更远更

---

① 萧瀚：《表达权是基本人权》，http://www.xici.net/b616371/d60587064.htm。

广。为了堵住进步思想的传播,1501年,教皇亚历山大六世制定了出版检查法,禁止未经批准的印刷物出版。在法国,亨利一世规定,未经官方许可,擅自印刷出版物的人将被判死刑。正是罗马教皇对出版物的禁止,激起了人民对出版检查的反对,因而产生了争取出版自由(freedom of the press)的呼声。在欧洲封建王朝颁布的扼杀出版物的禁令中,最著名、最有影响力的是英国的都铎王朝在1586年颁布的《星法院法令》,该法令成为此后欧洲各国上百年出版禁令的范本。

二、古典出版自由的产生与演变

科学技术和社会生产力的发展,使理性力量从隐蔽地、缓慢地反对宗教权威,走向了公开地、急速地向宗教权威挑战。当新兴的资产阶级开始登上历史舞台时,他们不仅和封建势力、宗教势力进行政治斗争,而且和这些保守势力进行着激烈的思想斗争,并提出了出版自由的系统思想。古登堡发明的活字印刷术,使人类知识不再是特权阶级的财富,引起了西欧封建统治者的极大恐慌,他们严格限制书籍、小册子和报纸的出版,通过国王和宗教组织垄断印刷技术。英国在都铎王朝时期,实行严格的"出版特许制度"(1538年),颁布了臭名昭著的《星法院法令》。严格的思想控制引起了新兴资产阶级的强烈抗议,使他们试图扫除思想压制的努力更加坚决,最终打开了新闻自由思想的大门。

(一)弥尔顿的出版自由思想

在新闻传播思想史上,约翰·弥尔顿(John Milton,1608—1674)的名字是和出版自由、言论自由紧紧地联系在一起的,它是古典新闻思想的创始人。"正是他在360多年前,第一个系统地提出了反对封建专制、维护人类天赋权利的出版自由观念。"① 弥尔顿的出版自由思想是传媒自由主义理论的基础,也是近代资产阶级新闻传播的思想基础。约翰·弥尔顿是英国杰出的思想家和诗人,在英国革命中他站在独立派的立场,以政论和小册子为武器,向君主政体和封建国教开火。弥尔顿是"天赋人权"和"主权在民"思想的最早倡导者,是近代自然法学派的奠基人之一。他的自由思想主要集中在《论出版自由》(1644)、《偶像破坏者》(1649)和《为英国人民辩护》(1650)等著作中。

在克伦威尔执政期间,弥尔顿进入政府任职,专门处理外交文件。1642年,弥尔顿和鲍威尔·玛丽结婚,但这位贵族姑娘不习惯严肃而清净的家庭生活,婚

---

① 张昆:《中外新闻传播思想史导论》,上海:复旦大学出版社2006年版,第72页。

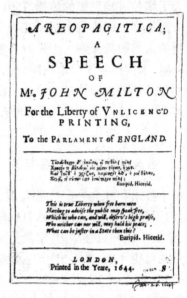

图 10-1　约翰·弥尔顿与 1644 年出版的《论出版自由》的封面

后一个月就趁省亲的机会一去不回。① 受此变故的影响,弥尔顿想到了英国人的离婚问题,于是他一连写了三篇论离婚的小册子。1643 年 2 月,弥尔顿未经许可出版了《论离婚》,遭到了议会的强烈谴责。1644 年 11 月 24 日,弥尔顿被召至国会答复质询,在这次质询中他发表了著名的演说——《论出版自由》,强烈抗议国会全面恢复检查出版物的法令,提出通过自由、公开的讨论来决定观点的胜负。弥尔顿探讨的通过"自由讨论"来保证言论自由的主张,标志着新闻自由理论的创立。当年 11 月,弥尔顿再次故意不征求书刊检查机构的同意,印刷了这篇演讲,以示对书刊检查制度的蔑视。

《论出版自由》主要论述了这样一些内容:

1. 通过对书籍的精神功能的赞颂,高度评价了人类思想自由的价值。弥尔顿认为书籍像一个宝瓶,保存了作者智慧中最纯净的精华。书籍不是死的东西,它包藏着生命的潜力,就像神话中的龙齿一样,繁殖能力极强。很多人的生命可能只是土地的一个负担,但是一本好书却将杰出人物的宝贵心血珍藏了起来。即使最没有价值的小册子对聪明人也比《圣经》对于笨人要有用一些。"杀人只

---

① 1645 年,在朋友的劝和下,玛丽回到了弥尔顿身边,并为弥尔顿生下了三个女儿。1652 年,玛丽在生最小的女儿时不幸身亡。1656 年,弥尔顿又娶了温柔贤德的嘉德琳·胡德科克,婚后一年半,第二任妻子又死于产褥。

是杀死了一个理性动物,破坏了一个上帝的像;而禁止好书则是扼杀了理性本身,破坏了瞳仁中上帝的圣像。"① 弥尔顿高呼:"自由是一切伟大智慧的乳母。它像天国的嘉惠,使我们的精神开朗而又高贵。"② 我有自由来认识、抒发己见,并根据良心作自由的讨论,这是一切自由中最重要的自由。

2. 通过对出版许可制度的历史回顾,批判了出版检查制度的罪恶。弥尔顿认为对出版界的检查是"一场大屠杀"。他认为一本书在来到世界上之前,要比有罪的灵魂更可怜地站在法官面前受审,它们在来到世上之前就在阴森黑暗的环境中,接受过地狱法官的审判。弥尔顿还用了形象的比喻来讽刺宗教机构的出版许可令:有时在一篇标题页上可发现五条出版许可令,一唱一和,"就好像几个秃头僧侣在点头互相恭维一样,而作者则只能莫名其妙地站在旁边"③。书籍中本身就包含着美德与罪恶,我们无法通过检查制度将罪恶从书中消除。应当注意到我们消除了多少罪恶,就会破坏同样多的美德,因为德与恶是一体,消除其中之一,便会把另一个也一起消除了。弥尔顿还指出,无论检查官的精力多么旺盛,学识多么渊博,品格多么高尚,他们都无法去阅读所有的出版物,在这样的情况下,让检查官在作者标题页后面签字,将是对作者、对书籍、对学术尊严与特权的一种莫大的污辱。真理和悟性不能像商品一样被垄断,也不能像商品那样被交易,否则对整个国家来说将是一种污蔑和损害。弥尔顿还告诫各位议员,如果我们又像宗教法庭那样实行许可制,只能让人认为我们胆小如鼠、疑神疑鬼,企图再度对学术进行暴君式的统治,新教徒们会感到我们不是推翻了主教制度,而是把主教统治来了个改头换面。

3. 世界的善和恶是无法分开的,只有认识和观察了恶,才能辨别错误、肯定真理。"在这个世界中,善与恶几乎是无法分开的。关于善的知识和关于恶的知识之间有着千丝万缕的联系和千万种难以识别的相似之处。"④ "使我们纯化的是考验,而考验是通过对立物达到的。"⑤ 对于恶的认识与观察对构成人类美德十分必要,对辨别错误、肯定真理也十分必要。如果善不敢大胆与对手见面,而是在与恶的赛跑中偷偷溜掉,那么这样的善是没有生机和活力的幼稚孩童,它不是一种纯真的善,而是外表涂了一层白色的善,是一个出世未久的幼童。为此,弥尔顿提倡采取兼容并包的方法去阅读书籍。弥尔顿呼吁让真理和虚伪交

---

① 〔英〕弥尔顿:《论出版自由》,吴之椿译,北京:商务印书馆1958年版,第5页。
② 同上书,第44页。
③ 同上书,第11页。
④ 同上书,第16页。
⑤ 同上书,第17页。

手吧,谁又见过真理在放胆交手时吃过败仗?

4. 人是理性的动物,有充分的能力做正确的判断和探讨每一件事。弥尔顿认为出版自由是人民与生俱来的权利与特权,上帝不会把人民限制在一切已经规定好的幼稚状态下,而是让他们运用理智去自己选择。只要人们心灵纯洁,知识是不可能使人腐化的。"一个聪明人就像一个冶金者一样,能从一堆矿渣似的书中提炼出金子来,而一个笨人拿着一本最好的书和不拿书同样是一个笨蛋,也就是说纵使限制笨人读书也无补于他们的愚笨;那我们就没有理由因为要限制笨人而剥夺聪明人在增加智慧方面的任何便利条件。"① 如果真理被绑架,它就不会再说真话,或者只说顺情的话,它就会变成各种各样的形态,而不现出自己的原形。

(二) 洛克的思想自由学说

约翰·洛克(John Locke,1632—1704)是英国唯物主义哲学家和政治思想家。洛克出生于律师家庭,父亲信奉清教,曾站在国会军方面参加过英国内战。洛克的政治思想主要是为光荣革命所确立的立宪制度辩护,他批判了"君权神授"论,论述了君主立宪制度的合理性。在思想自由方面,洛克不是一个纯粹的自由主义者,他强调理性的自由,反对无政府状态。在《论政府》、《人类理解论》和《论宗教宽容》等著作中,洛克阐述了他的思想自由学说。

首先,洛克认为个人拥有自由权利,但这种权利不是天赋的。人在自然状态下是自由而平等的,享有不可剥夺的生存权、自由权和财产权。洛克在《人类理解论》中提出了言论自由的合法性,他说:"人心爱真理,胜过眼睛爱美丽",无论人们的见解犯了怎样的错误,它只能让理性作为唯一的向导,不能盲从权威。地球上没有一个高于一般人的权威来判定是非,人们只能依据理性而共同生活。在《政府论》中,他反对君权神授,强调人的权利的不可剥夺性,认为政治统治必须要得到人民的同意,没有征得同意,任何人都不能被要求放弃自己的权利。洛克同时也批判了天赋观念,他认为理性和道德都不是天赋的,事实上并不存在一切人类所"共同承认"的原则,善恶等是非观念都是在后天经验的基础上形成的。洛克指出,虚假的天赋观念论是教会神学家和经院哲学家别有用心地制造出来的,以使人民在"盲目信仰的情形下","更易于受他们的支配,更易于受他们的利用"。

其次,洛克认为,自由是一种能力,人们只能通过理性思维才能把握。洛克认为,自由需要理性来调和,没有理性的指导就没有权利和自由,没有理性的自

---

① 〔英〕弥尔顿:《论出版自由》,吴之椿译,北京:商务印书馆1958年版,第20页。

由只是一种许可,并可能导致混乱和暴力纷争。而理性对自由的把握受到"能力"的限制,一个有能力的人就可以按照自己的意愿来思想或不思想,运动或不运动,这样他才能说是自由的。洛克把人类所能感知的外界事物的性质分成两类:第一性质与第二性质。第一性质指物体的"广延、形相、运动、静止、数目"①等;第二性质指的是当物体的"微细部分"作用于人的感官时,所产生的颜色、声音、滋味等方面的观念(感觉),这些感觉就是物体所具有的各种"能力"。洛克认为,自由这种"能力"不能离开心灵来选择,自由只能属于有思想之物。当一个人的思想或行为是在自己意志的支配下,同时这又是他的能力所及,则这个人是完全自由的;相反,当他的思想或行为超越了自己的能力范围,不能服从于自己的意志,那么他只能被"必然"所支配。

再次,洛克强调自由不是绝对的,理性是自由的约束力。洛克认为,自由不是绝对的,它总是存在于特定的社会情境中。人的安康需要秩序来维护,无政府状态是不可取的,理性是自由最好的约束力。是否能够对自由进行理性管理,是人类与野兽的一个重要区别。洛克认为自然状态有三个缺点:第一,缺少一种确定的、规定了的、众所周知的法律作为人们判断是非的标准和解决纠纷的共同尺度;第二,缺少一个有权威的能依照法律来裁判争端的公正的裁判者;第三,缺少权力来支持正确的判决,使它得到应有的执行。因此,洛克主张人类要脱离自然状态,建立政府和法治,来保证有序、和平的生活和个人的财物。洛克对自己设想的"至上的权力"十分小心,他将其置于立法者手中,并强调要为大多数人服务。为了使权力不被滥用,洛克还提出了国家的立法权、执行权和对外权的分离的思想。

(三)孟德斯鸠的言论自由思想

弥尔顿强调出版自由的天赋性,认为言论出版自由是人类与生俱来的权利;洛克则从理性的角度认为思想自由是一种能力,从而提出了有限自由的说法。到了18世纪,著名启蒙运动思想家孟德斯鸠则依据法律框架,对古典新闻自由做了全面的总结,使新闻自由思想更上了一个台阶。

查理·路易·孟德斯鸠(Charles Louis de Secondat Mont Squieu, 1689—1755)出生于法国吉伦特省波尔多市附近的一个贵族世家,是18世纪上半叶法国杰出的启蒙思想家、社会学家、资产阶级国家学说和法学理论的奠基人。他的主要著作有《波斯人信札》、《罗马盛衰原因论》和《论法的精神》等。其中,《论法的精神》是孟德斯鸠的一部最重要、影响最大的著作。在这部著作中,作者全

---

① 全增嘏主编:《西方哲学史》(上册),上海人民出版社1983年版,第569页。

面系统地论述了他的哲学、政治、法学、宗教、经济、历史等方面的思想。在这本书里,孟德斯鸠对天赋自由观进行了批判,提出了自由的法治思想,为现代新闻自由奠定了理论基础。孟德斯鸠关于言论自由的思想有以下内容:

自由不能为所欲为、不受约束,自由要以法律为依据。在一个法治的社会中,"自由只能是人们有权做应当做的事,而不是被迫做不应做的事"。"自由是有权做一切法律所允许的事情。但一旦某个公民能做法律所禁止的事,那他就不再拥有自由,因为同样地,其他人也会有相同的权力。"①

言论自由应该得到保障。思想自由是人的一种权利,法律几乎不能因为言语而判人死刑。言语不能构成犯罪的证据,因为它只是停留在思想里,大多数情况下它本身并没有意思,而是通过言语的语调传达意思。要让人民享受自由的话,就应该使每一个人能够想说什么就说什么,公民可以说或写一切法律所没有明文禁止说或禁止写的东西。

言语如果和行为结合起来参与了犯罪行为,就具有犯罪性质,必须受到制裁。言语和行为结合起来具有行为的性质,如一个人跑到公共广场上煽动人们造反,这个人就犯了叛逆罪。在这一活动中,言语已经和行动结合了起来,并加入到了行动中,因此,它必须要接受处罚。但是,此时处罚的不是言语,而是使用这些言语的犯罪行为。言语只有在准备、随从或紧跟一种犯罪行为的时候,才构成犯罪。

文字比言语更能被永久保存,通常情况下也不能被当作犯罪的证据。孟德斯鸠认为:"文字较之言语具有某种更永久的东西。但它们只要并非为叛逆罪而准备的话,那也不能被当作犯叛逆罪的证据。"② 孟德斯鸠还认为,讽刺文章可以用来反对权贵,消除人民的不满情绪,这就是今天社会学中所说的"社会安全阀"的作用。"讽刺能把一般怨恨转为嬉笑,安慰心怀不满者,减弱对高官的嫉妒,增强人民对痛苦的忍受力,使他们对身受的痛苦一笑了之。"③

三、近代新闻自由的发展与成熟

17世纪之前的欧洲,各国统治阶级依然竭力促进新闻自由的发展。但到了18世纪,欧洲已处于由封建社会向资本主义社会转型的时期,当时社会、政治、经济、思想文化等领域新旧力量的碰撞十分激烈,在全欧范围内发生了被称为

---

① 〔法〕孟德斯鸠:《论法的精神》(一),许家星译,北京:中国社会科学出版社2007年版,第347页。
② 〔法〕孟德斯鸠:《论法的精神》(二),许家星译,北京:中国社会科学出版社2007年版,第447页。
③ 〔法〕孟德斯鸠:《论法的精神》(一),许家星译,北京:中国社会科学出版社2007年版,第347页。

"启蒙运动"的思想文化革新运动。伴随着资产阶级政权的建立和巩固以及资产阶级对出版自由的追求和斗争,很多国家逐渐接受了出版自由思想,相继取消了报刊审查制度。

资产阶级的强大势力,使争取新闻自由多次获得成功:1695年,英国废除了特别审查令,取消了报刊许可证制度和事前检查制度,近代新闻自由的原则在英国建立起来。1766年,瑞典也废除了报刊审查制度,并于1838年终止了出版后的检查和惩罚制度。1789年,法国公布了具有纲领性质的《人权宣言》,其中的第十条是:"意见的发表只要不扰乱法律所规定的公共秩序,任何人都不得因其意见,甚至是宗教的意见而遭到干涉。"第十一条是:"自由传达思想和意见是人类最宝贵的权利之一;因此,各个公民都有言论、著述和出版的自由,但在法律所规定的情况下,应对滥用此项自由负担责任。"1791年,法国第一部宪法吸收了《人权宣言》的内容,规定了保护表达自由的条文,这是世界上第一次在成文宪法中对表达自由作出了保护性规定。但是因为法国局势的动荡,这些规定无法真正得到落实。

"从18世纪至19世纪末,西方报业争取报道政治问题、批评政府官员的自由,被称作近代新闻自由,这一思想贯穿资产阶级政治革命的整个历史时期。"[①]出版自由、新闻自由的思想起源于欧洲,但是因为统治阶级的阻挠和资产阶级革命的反复,第一个实现近代新闻理想的却是美国。

(一)美国建国前后新闻自由的法制化

新闻自由要想得到保护和实施,必须要以法制为后盾,没有法制基础的新闻自由是不牢靠的。17世纪中期,经过北美殖民地人民几十年的辛勤劳动,殖民地的经济、文化和教育事业获得了长足发展,这为新闻事业的发展提供了客观条件。在报刊事业发展过程中,北美人民同样为争取新闻自由而努力奋斗。1682年,宾夕法尼亚政府将保护言论自由等公民的权利写入了政府基本法(相当于宪法)。1776年,在独立战争期间,弗吉尼亚宪法规定了保障言论自由的条款,其"权利章"的第十二条规定:"言论出版自由是自由的坚固要塞之一,压制这一自由即是专制政府,这一自由永远不能被限制。"在独立战争前,关于新闻出版自由最著名的案件是1734—1735年的曾格案件。

1733年,约翰·彼得·曾格(John Peter Zenger)在纽约创办了《纽约周报》,为纽约一群商人和地主寻求政治参与权。该报创办后攻击殖民地总督,谴责官僚当局的无能,引起了总督科比斯的愤怒,他指控曾格"对政府进行无耻中伤和

---

① 刘建明:《当代新闻学原理》,北京:清华大学出版社2003年版,第354页。

恶毒谩骂,试图煽动反政府情绪"。在他的操纵下,曾格于1734年11月17日被以"煽动闹事罪"逮捕。1735年8月4日曾格案开庭,当时已经80多岁、年老体弱的安德鲁·汉密尔顿(Andrew Hamilton)被吸引到场,充当曾格的辩护律师。在庭审一开始,汉密尔顿就铿锵有力地说:"我不能认为剥夺人们发表控诉的权利是正当行为,我认为发表控诉是每一个生来自由的人都享有的权利。"在辩护中,汉密尔顿还提出,"在宣布我的当事人是一个诽谤者之前,你还得再做一些工作,你须得证明那些言论本身是诽谤性的,也就是说是虚假的、恶意的和煽动性的,否则我们就是无罪的"①。通过汉密尔顿的辩护,陪审团最后作出了曾格无罪的裁决。曾格案件是殖民地人民争取新闻自由所获得的第一次重大胜利,为报刊批评政府提供了一个合法的榜样,同时该案还在美国新闻诉讼的司法实践中确立了三个基本原则:"第一,诽谤必须是捏造事实,陈述事实不是诽谤;第二,判定诽谤罪要有事实真伪的证据,不能凭空指控;第三,判定出版物是否犯有诽谤中伤或煽惑人心之罪,必须由陪审团作出裁决,不得由法官个人决定。"②

美国革命与历史上其他革命不同的是,它不带有民族色彩,是13个州联合起来共同脱离"远在他处的中央集权"。独立战争爆发后第二年,即1776年,第二次大陆会议通过了由杰斐逊起草的《独立宣言》。《独立宣言》秉持欧洲自然法原则,提出资产阶级最为激进的民主主义原则,表达了美国人民对自由和民主的渴望。美国宣布独立后,各州按照宣言的原则分别制定了州宪法,成立了州政府。1787年在费城召开了由各州代表参加的制宪会议,制定了世界上第一部宪法。从1776年到1787年,美国至少有9个州的宪法规定了保障公民的言论自由,但是,1787年的联邦宪法却没有写入该项内容。在制定宪法的时候,并没有花很多时间考虑普通公民的权利,也没有认真考虑过新闻自由的问题,也许当时宪法起草者认为"各州已经实现了对新闻自由的充分保护"③,所以没有再多花心思去重复规定。然而,这样的宪法出来后,遭到了各州的强烈抵制,保守派看到如果不对公众情绪作出让步,宪法就不可能获得通过。于是,宪法制定者在宪法之后增加了十四条修正案(俗称"人权法案"),这样宪法才在各州逐步获得通过。《宪法》十四条修正案的第一条内容是:"国会不得制定关于下列事项之法

---

① 〔美〕迈克尔·埃默里、埃德温·埃默里:《美国新闻史》,展江主译,北京:新华出版社2001年版,第44页。
② 黄瑚:《新闻法规与职业道德教程》,上海:复旦大学出版社2004年版,第48页。
③ 〔美〕迈克尔·埃默里、埃德温·埃默里:《美国新闻史》,展江主译,北京:新华出版社2001年版,第74页。

律:(一)确立宗教或禁止宗教自由。(二)剥夺人民言论或出版之自由。(三)剥夺人民和平集会及向政府申冤请愿之权。"①

经过一系列案例实践、政治斗争和法律制定的过程,新闻自由逐渐在美国走上了制度化、法制化的轨道。

(二)杰斐逊的新闻自由思想

托马斯·杰斐逊(Thomas Jefferson,1743—1826)出生于弗吉尼亚种植园主家庭,他博学多才,政治阅历丰富。他本人认为自己终身引以为自豪的事情有三件:一是起草了《独立宣言》,二是制定了弗吉尼亚宗教自由法令,三是创建了弗吉尼亚大学。杰斐逊一生信奉新闻自由"至上论",他虽然反对滥用自由,但是却笃信新闻自由不可压抑。杰斐逊既是思想家也是行动家,他曾做过美国第一届联邦政府的国务卿、第三任总统。他在长期的政治生涯中,不仅写下了许多关于新闻自由的论述,而且在自己的政治活动中积极推行新闻自由。杰斐逊的新闻自由思想主要包括以下内容:

言论自由是人的天赋人权,政府应该以法律保障一切人的言论自由。杰斐逊在《独立宣言》的原稿中写道:"人人生下来就是平等的和独立的,因而都应该享有与生俱来的、不能转让的权利,其中包括生命的保存、自由和追求幸福的权利。"②杰斐逊主张政府必须以法律保障一切人的言论自由,人民有权自由地评论政府、批评政府,即使这个批评不对,政府也不应该加以禁止。1787年12月20日,身在巴黎的杰斐逊致函麦迪逊,对制宪提出具体建议:"现在我来告诉你哪些事情是我不喜欢的。第一,缺少一个权利法案,它明确无误地规定信仰自由、言论自由……人民有权用权利法案来对抗世界上无论哪个政府——全国政府或地方政府,任何一个公正的政府都不应予以拒绝或停留在推理上。"③

新闻媒体是重要的信息来源和向导,它必须不受政府控制才能在民主社会中发挥作用。1786年,杰斐逊在给克瑞博士的信中指出:"自由权利的保证,基于新闻自由;这种自由不能限制,也不能丧失。"④他还说过一句著名的话:"如果无报纸而有政府与无政府而有报纸二者之间必选其一,我将毫不犹豫地选择后者。"⑤杰斐逊在执政时给了美国媒体充分的自由,但是美国媒体对他的攻击

---

① 李剑鸣、章彤编:《美利坚合众国总统就职演说全集》,天津人民出版社1997年版,第504页。
② 转引自中国美国史研究会:《美国史论文集》,北京:三联书店1980年版,第176页。
③ 转引自《表达权——中国政治生活的一个关键词!》,http://bbs.gscn.com.cn/archiver/tid-2626.html。
④ 转引自李瞻:《新闻学》,台北:三民书店1961年版,第176页。
⑤ 转引自中国美国史研究会:《美国史论文集》,北京:三联书店1980年版,第190页。

和谩骂也最激烈。但是,杰斐逊对新闻自由的滥用,没有采取多少限制措施。1804年,杰斐逊在联邦派报纸的攻击下,依然高票连任总统,这更加强了他对新闻自由的信念。1823年11月4日,杰斐逊在给法国友人的信中写道:自由报刊"是开化人类的心灵,促进人类成为理性、道德与社会动物的最佳工具"[①]。

报纸是民主政治中不可轻视的公共监督者,它可以促进社会的和平改革。杰斐逊认为自由报刊应该成为对行政、立法、司法三权起到制衡作用的第四种权力。他曾经致函华盛顿总统:"没有任何政府应该不受监督,凡有新闻自由的地方,没有任何人的意见,可以毫无限制。"他说:"我甘愿将自己作一项伟大的试验,以证明一个廉洁、公正而得到人民信任的政府,即使荒唐报纸的谎言也不能将其推翻。"[②] 在第二任总统的就职宣誓中,杰斐逊宣称一个政府如果经不起批评就应该倒台,而联邦政府的真正力量就在于愿意让公众批评,并且能够经得起批评。

杰斐逊认为,人是可以由理性和真理支配的,人民有智慧,经得起新闻自由的滥用。1787年,他在给卡林顿的信中写道:"我相信人民的正确判断力将永远被看作是最精锐的军队。他们也许一时被引入歧途,但是很快就将自我纠正过来。"他在第二任总统就职宣誓中指出:"在上届政府期间,那些旨在干扰政府工作的新闻界,把炮口对准我们狂轰滥炸,其放肆和大胆真是达到了极点。""对付这些攻击,完全可以借助于各州用以惩治造谣诽谤行为的法律所保有和提供的有益处罚手段,但在我们出任公职期间,承担公共义务乃是更为重要的当务之急,所以就把那些攻击者留给了公众的愤怒与谴责去惩处。"[③]"公众在全面听取有关各方的意见后,自会作出判断,对虚假的推理和观点加以匡正。"[④]

(三) 密尔的新闻自由思想

约翰·斯图亚特·密尔(John Stuart Mill,1806—1873)是英国19世纪唯心主义哲学家、资产阶级自由主义的典型代表人物之一。17、18世纪,随着资本主义的发展,英国的自由精神逐渐成长为成熟的自由主义。在经济方面,自由主义以市场的统治权和"利益集团的自然协调"为基础,主张自由放任主义。在政治与法律方面,19世纪的自由主义者最大的问题是处理好政府权力与个人自由之间的关系。自由主义者以维护个人权利和自由、限制政府权力为坚定不移的原则。《论自由》是密尔自由主义思想的代表作,体现了19世纪50年代英国资产

[①] 转引自李瞻:《新闻学》,台北:三民书店1961年版,第95页。
[②] 同上书,第94页。
[③] 李剑鸣、章彤编:《美利坚合众国总统就职演说全集》,天津人民出版社1997年版,第29页。
[④] 同上书,第30页。

阶级的要求。密尔以实用主义者的立场来看待自由，他认为自由是成年人按照自己的意愿进行思考和行动的权利，只要他的这种做法不会危害到其他人。"良好的社会应该是这样一个社会：尽可能多的人享受尽可能多的幸福。社会保证其成员为此作出最大贡献，一个主要的办法就是给予这些社会成员自由思考和行动的权利。"① 他还全面论证了言论自由与个性解放对人类社会文明的巨大作用，抨击了宗教、世俗专制制度对人类精神活动的戕害，为西方自由主义理论彻底战胜集权主义思想做了最后一搏。

《论自由》第二章的题目是"论思想自由和讨论自由"。在第二章的一开头，密尔就将在他之前人们争取思想自由的过程分成了两个阶段：第一个阶段是保护"出版自由"阶段，因为它是"反对腐败政府或暴虐政府的保证之一"②；第二个阶段是当立法机关不能与人民利益一致的时候，当行政机关强迫民意接受某种教义或某种论证时，人民有权反对这样的立法机关和行政机关。密尔期望保护出版自由阶段已经过去，现在人民拥有的反对政府的权力也不需要再加论证，因为之前已经有很多思想家成功地论证过。密尔假定现在正处在政府和人民利益完全合一的阶段，那么无论政府、人民，还是政府和人民都没有权力压制不同的声音，压制权力本身是不合法的。这里密尔有一段话曾被《传媒的四种理论》引用，作为密尔主张的"个人表达意见"的代表性文字：

> 假定全体人类减一执有一种意见，而仅仅一人执有相反的意见，这时，人类要使那一人沉默并不比那一人（假如他有权力的话）要使人类沉默较可算为正当。如果一个意见是除对所有者本人而外便别无价值的个人所有物，如果在对它的享用上有所阻碍仅仅是一种对私人的损害，那么若问这损害所及是少数还是多数，就还有些区别。但是迫使一个意见不能发表的特殊罪恶乃在它是对整个人类的掠夺，对后代和对现存的一代都是一样，对不同意于那个意见的人比对抱持那个意见的人甚至更甚。假如那意见是对的，那么他们是被剥夺了以错误换真理的机会；假如那意见是错的，那么他们是失掉了一个差不多同样大的利益，那就是从真理与错误的冲突中产生出来的对于真理的更加清楚的认识和更加生动的印象。③

密尔用他深刻的思辨逻辑论证了思想自由对于人类福祉的重要性，为此他

---

① 〔美〕弗雷德里克·S.西伯特等：《传媒的四种理论》，戴鑫译，北京：中国人民大学出版社2008年版，第37页。
② 〔英〕约翰·密尔：《论自由》，许宝骙译，北京：商务印书馆1959年版，第18页。
③ 同上书，第19—20页。

提出了四个基本观点:(1) 压制了某种观点等于压制了真理;(2) 一个错误观点可能包含达到全部真理所必需的那一点点真理;(3) 即使人们通常接受的观点是全部真理,他们也习惯于将这种观点作为一种先入之见而不是在理性的基础上对它加以掌握,除非他们被迫要维护这一真理;(4) 通常被接受的观点如果不一次次地与其他观点论辩,就会失去活力,失去对人们行为和性格的影响力。密尔认为思想、言论自由是人们发展个性和智慧以促进社会进步的必需,真理是在讨论中被发现和完善的,新闻出版自由提供了自由讨论的机会,也提供了人们认识真理的机会。密尔相信只有通过自由的言论,才能全面实现人的价值,使其成为真正意义上的人。

近代新闻自由理论和古典新闻自由理论相比,已经由原来的感性的、枝节的论述,转为较为理性的、系统的论述,尤其是经过资本主义国家的推行,新闻自由能够落实到新闻传播实践中,逐渐走上了法制化轨道。综观近代新闻自由理论,它的核心观点主要包括这样一些内容:(1) 新闻自由是人的一种天赋权利,是人的其他权利实现的基础和条件;(2) 新闻自由能够发挥舆论监督功能,能够消除政治专制和思想垄断;(3) 新闻自由允许人民自由交流信息,人民可以在观点的碰撞中增加智慧;(4) 新闻自由包含人们说错话的自由,对不同观点的压制就是压制真理;(5) 新闻自由不仅要受到法律的合理限制,也要受到个人理性的节制。

第二节 新闻自由的主要内涵

从弥尔顿提出"freedom of press"以来,传媒经过数百年的发展,不再仅有书籍和小册子,因此,对"freedom of press"的对应中文翻译,也相应出现了"出版自由"、"报刊自由"、"报业自由"等不同译法。但是,当我们在研究新闻传播事业的时候,"freedom of press"最理想的译法应该是"新闻自由"。那么什么是新闻自由呢?所谓新闻自由就是公众运用传播手段传递新闻信息和交换社会意见的自由,新闻自由在法律上表现为每个公民所拥有的一项政治权利,但在实践中则经常表现为新闻媒体搜集、发布、传播和收受新闻信息的自由。新闻自由通常包含接近权、知情权、表达权和监督权四项基本公民权利,由此在媒体领域还衍生出采访权、创制权和传播权等二级权利。

这里需要特别提醒,新闻自由不是新闻媒体的自由,而是包括新闻媒体从业人员在内的所有公民的自由,只不过新闻媒体在日常工作中有条件实现他们的新闻自由。有人认为新闻媒体可以代表人民行使新闻自由权利,这也是个误解。

很多国家的宪法明确规定,公民的新闻自由权利不可转让。新闻自由是现代公民的一项基本政治权利,是一个国家政治民主的重要标志,保障公民的新闻自由也是宪法的一个基本原则。因为新闻自由能够增加公民的政治智慧,推动政治民主,扩大政治参与,实现民主政治,所以世界上大部分国家至少在表面上接受了新闻自由的观念。为了使新闻自由真正得到保障,各国都将新闻自由的相关内容写进了基本法。我国《宪法》第三十五条明确规定:"中华人民共和国公民有言论、出版、集会、结社、游行、示威的自由。"因此,在我国,新闻自由不仅是新闻界或新闻工作者的权利,也是每一个公民或法人不可侵犯的权利。

一、国际社会的新闻自由观

新闻自由的思想最早起源于西方,但是,随着全球一体化时代的到来,西方的新闻自由思想逐渐向全球传播,并得到了各国人民的认可,形成了一个带有世界性质的新闻自由观念。虽然各国因为政治体制、文化传统和意识形态有差距,对新闻自由的理解不一样,但是新闻自由中的一些基本思想,还是被人类普遍接受。第二次世界大战以来,国际社会关于新闻自由的思想,集中体现在一系列关于新闻自由的国家文件和联合国文件中。其中最有代表性的是 1966 年联合国大会通过的《国际人权公约》及其三个子公约:《经济、社会、文化权利国际公约》、《公民权利和政治权利国际公约》和《公民及政治权利国际盟约任择议定书》。我国于 1997 年 11 月签署了《经济、社会、文化权利国际公约》,并于 2001 年 2 月经全国人大常委会批准。1998 年 10 月又签署了《公民权利和政治权利国际公约》,目前尚待全国人大常委会批准。《公民权利和政治权利国际公约》的第 19 条对表达自由进行了完整的表述:

1. 人人有权持有主张,不受干涉。

2. 人人有自由发表意见的权利,此项权利包括寻求、接受和传递各种消息和思想的自由,而不论国界,也不论口头的、书写的、印刷的、采取艺术形式的或通过他所选择的任何其他媒介。

3. 本条第二款所规定的权利的行使带有特殊的义务和责任,因此得受某些限制,但这些限制只应由法律规定并为下列条件所必需:

(1) 尊重他人的权利或名誉;

(2) 保障国家安全或公共秩序,或公共健康或道德。[1]

---

[1] 联合国大会:《公民权利和政治权利国际公约》,载白桂梅、李红云编:《国际法参考资料》,北京大学出版社 2002 年版,第 105 页。

从新闻自由在全世界的实现程度来看,目前国际社会关于新闻自由的观点主要有这样一些内容:新闻自由是现代公民最基本的权利,国家应该通过立法保障公民的新闻自由;新闻自由最核心的问题是批评政府的自由,公民通过讨论政治得失实现民主参与;新闻自由不是绝对的、万能的,新闻自由还要受到各国法律的限制;新闻自由在公民的日常生活中表现为接近权、知情权、表达权、监督权等具体的公民权利,当他们创办媒体时还表现为创办权、采访权、编辑权、制作权等相关权利,等等。

在全球一体化时代,国际舆论之间的互动增强了,这使"传统的观点市场变成了巨大的超级市场"①,也使得新闻自由在全球的实现有了一定的联动效应。在民主社会,人们有说话的自由,说对了大家都来听,说错了可以不听,或者进行批评和反驳,只有专制者才害怕人民的声音,即使人民说对了也是错的,必须要加以压制。正像法国作家伏尔泰所说的:我不同意你说的话,但是我愿意誓死捍卫你说话的权利。在当代世界,全球人民都在小心呵护着新闻自由,防止和反对压制新闻自由。只有新闻自由得到保护,人类的精神空间才会开阔,人类的智慧才能更好地被发掘。

然而,新闻自由也不能是无限制的自由,各国法律保护公民的新闻自由、出版自由和言论自由,但是这种保护不能危及社会秩序,达到放纵的程度,所以新闻自由同样有它的权利边界,一旦越过了这个边界,就必然要受到相关法律的干预。美国《宪法第一修正案》在保护新闻自由方面树立了一个比较好的典范,但是在具体的司法实践中还出现过其他一些补救性原则。如1919年美国大法官奥利弗·霍姆斯在申克诉美利坚合众国案中确立了著名的"明显而即刻的危险"原则,他在判决书中写道:"对言论自由最严格的保护,也不可能保护在剧院里谎呼失火而引起恐慌的人。哪怕仅仅说一些可能导致暴力结果的话也不能得到保护。……问题是,在每个案例中,其所使用的言辞是否处于下述情形下的使用,即它是否会导致明显而当前的危险;并且其所使用的言辞是否具有这样一种性质,即这种危险可能导致实质性的罪恶,其程度达到国会有权制止的地步。"②目前这一原则经过历代大法官的阐释和运用,已经在使用中变得越来越完备。

---

① Stanley J. Baran, Dennis K. Davis, *Mass Communication Theory: Foundation, Ferment and Future*, 清华大学出版社2003年版(影印版), p.4.
② 〔美〕杰罗姆·巴伦、托马斯·迪恩斯:《美国宪法概论》,刘瑞祥等译,北京:中国社会科学出版社1995年版,第186页。

二、马克思主义新闻自由观

应该说,目前在世界上,占据意识形态主导位置的还是西方发达国家,因此,在某种程度上看,国际社会的新闻自由观一定程度上代表了西方资产阶级新闻自由观。我国是社会主义国家,主流的价值观是马克思主义,我们的新闻事业也是以马克思主义新闻观为指导的新闻事业。对于我国新闻从业者来说,只有深刻把握了马克思主义新闻观,才能让新闻事业在社会主义建设中承担起必要的社会功能。

(一) 马克思的自由报刊思想

马克思和恩格斯不仅是马克思主义思想的创始人,还是两位杰出的新闻传播工作者。他们在学术研究和革命实践中,不断利用报刊传播马克思主义思想,指导无产阶级革命运动。马克思和恩格斯的新闻思想经历了民主报刊思想、工人报刊思想和党的报刊思想三个不断提高的发展阶段,这三个阶段分别是以《莱茵报》、《新莱茵报》和《社会民主党人报》为革命活动与报刊活动中心的。在《莱茵报》时期,马克思还是一个革命民主主义战士,他的报刊思想主要还是民主报刊思想,当时马克思和恩格斯主要从自由报刊和人民报刊两个角度阐述了他们的民主报刊思想。马克思论述自由报刊思想的文章主要有《第六届莱茵省议会的辩论(第一篇文章)》、《〈莱比锡总汇报〉的查封》、《评普鲁士最近的书报检查令》等,其中以《评普鲁士最近的书报检查令》最著名。马克思在这篇文章中呼吁废除书报检查制度,还给人民真正的自由与民主。在行文中,马克思展示了他文情并茂的才华和慷慨激昂的辩才。该文不仅是马克思政治性报刊活动的发端,还系统地阐发了他的自由报刊思想。《评普鲁士最近的书报检查令》主要阐述了以下思想:

第一,马克思认为普鲁士的写作活动正在受到各种无理的约束,无能的书报检查官一直在进行非法的主管精神机关的活动。马克思毫不留情地指出普鲁士国王虽然下诏,明确反对使写作活动受到各种无理限制,但是这样的法律却根本没有得到落实,新闻出版物依然受到种种未经许可的限制。普鲁士政府不负责地挑选无能的检查官来管理公众的精神行为,这个公众的精神的主管机关一直在进行非法活动,他们的权力甚至比罗马的书报检查官还要大。马克思认为,书报检查的过错不在书报检查官,而在"书报检查制度骨子里隐藏着一种用任何法律都无法消除的根本缺陷"。马克思提醒人们,不能只关注检查官而忽略了制度,因为虚伪自由主义惯用的手法是:"在被迫让步时,它就牺牲人这个工具,而保全事物本身,即制度。"①

第二,马克思认为新法令用所谓的"严肃和谦逊"的笔调来限制人们的出版自由,阻挠了人们对真理的探讨。普鲁士检查令要求书报检查不得阻挠人们对真理作"严肃和谦逊"的探讨,实际上是规定了作者只能用"严肃和谦逊"来写作。对于真理的探讨来说,"严肃和谦逊"的笔调只是一种形式,是转移人们注意力的莫名其妙的第三者。如果作者始终保持"严肃和谦逊",当他们探讨真理的时候便不是直奔真理,而是东张西望。

马克思认为真理像光一样,它很难谦逊,"谦逊是使我寸步难行的绊脚石"②。马克思认为,"真理是普遍的,它不属于我一个人,而为大家所有;真理占有我,而不是我占有真理"③。如果法律允许我写作,却不允许我用自己的风格写作,只能用给定的风格和表情写作,这将使一个正直的人为这种无理要求感到脸红,宁愿把自己的脑袋藏到罗马式的长袍中去。马克思淋漓尽致地批驳了新法令的虚伪性:"你们赞美大自然令人赏心悦目的千姿百态和无穷无尽的丰富宝藏,你们并不要求玫瑰花散发出和紫罗兰一样的芳香,但你们为什么却要求世界上最丰富的东西——精神只能有一种存在形式呢?我是一个幽默的人,可是法律却命令我用严肃的笔调。我是一个豪放不羁的人,可是法律却指定我用谦逊的风格。一片灰色就是这种自由所许可的唯一色彩。每一滴露水在太阳的照耀下都闪现着无穷无尽的色彩。但是精神的太阳,无论它照耀着多少个体,无论它照耀什么事物,却只准产生一种色彩,就是官方的色彩!精神的最主要形式是欢乐、光明,但你们却要使阴暗成为精神的唯一合适的表现;精神只准穿着黑色的衣服,可是花丛中却没有一枝黑色的花朵。精神的实质始终就是真理本身,而你们要把什么东西变成精神的实质呢?谦逊。"④

第三,马克思批评了书报检查制度的虚伪性和两面性,批评该制度表面上似乎给人民无上的报刊自由,实际上却通过巧妙的方式限制了报刊自由。普鲁士政府在颁布新法令的时候,并没有废除旧法令,实际上导致了新旧法令交织使用的状况。马克思指出书报检查令规定书报检查官可以允许人们坦率地讨论国内事务;而旧的检查令中却规定不能"对任何国家中存在的图谋推翻国家制度的政党作赞许的叙述"。法令中规定在书报检查中,"与宗教的一般原则相违背的

---

① 《马克思恩格斯全集》(第1卷),北京:人民出版社1995年版,第109页。
② 同上书,第110页。
③ 同上。
④ 同上书,第111页。

一切均应杜绝,不管个别宗教党派和国内允许存在的教派的见解和教义如何"①。马克思认为这个观点是反宗教的,因为每种宗教都有它的特殊本质,只有有了这种特殊的规定性,它才是真正的宗教。检查令还说:"凡以轻佻的、敌对的方式反对一般的基督教或某一教理的行为,均不应容忍。"② 马克思指出检查令给人的假象是:似乎对宗教进行某些攻击是许可的。而明眼人一看便知,"对宗教的一般原则,对宗教的本质,以及对特殊事物的攻击,都是敌对的。攻击宗教只能采取轻佻的或者敌对的方式"③。"对于宗教,既不能用敌对的方式去攻击,也不能用轻佻的方式去攻击,既不能一般地去攻击,也不能特殊地去攻击,这就是说,根本不许攻击。"④

第四,马克思指出新法令强调"倾向"是实行书报检查的主要标准,这种追究倾向的法律取消了公民在法律面前的平等。检查令规定,"对政府措施所发表的见解,其倾向不是敌对的和恶意的,而是善意的"⑤。 这种规定让作者成了最可怕的恐怖主义的牺牲品,遭到检查官们的制裁。凡是不以当事人的行为本身而以他的思想作为主要标准的法律,实际上是对非法行为的认可。追究倾向的法律不仅要惩罚我所做的,而且要惩罚我在行动以外所想的,这种法律是对公民名誉的一种侮辱,是一种危害我的生存的法律。追究思想的法律不是国家为它的公民颁布的法律,而是一个党派用来对付另一个党派的法律。追究倾向的法律取消了公民在法律面前的平等,使一些人有权干另一些人无权干的事情。

第五,马克思指出新法令在禁止发表"使用侮辱个别人的词句和进行毁灭其名誉的判断的作品"的名义下,剥夺了报刊批评与监督的权利。书报检查令还规定"凡怀疑个别人的或者整个阶级的思想的作品,使用党派名称和进行类似人身攻击的作品,也同样不得发表"⑥。这些规定导致的结果是:"既不准报刊对官员进行任何监督,也不准报刊对作为个别人组成的某一阶级而存在的机构进行任何监督。"⑦ 他指出,由于这些规定,新法令实际上是对可怜而虚弱的日报施加新压迫的命令,它剥夺了报刊应该享有的权利,也使报刊失去了目前已经享有的东西。

第六,马克思指出,新法令强调必须由"完满无缺的人",即在"学术才能、地

---

① 《马克思恩格斯全集》(第1卷),北京:人民出版社1995年版,第115页。
② 同上书,第116页。
③ 同上书,第117页。
④ 同上。
⑤ 同上书,第120页。
⑥ 同上书,第124页。
⑦ 同上书,第125页。

位和品格"各方面为官方认可的人担任编辑,这一规定带有很大的欺骗性。马克思认为,新法令的这种规定剥夺了报刊出版者本人的意志。根据报刊检查令,政府的先见之明、当局的异常谨慎和洞察能力,都应当同内在的、主观的、不由外界决定的品质有关。新法令规定编辑必须要具有学术才能、地位和品格。"学术才能是一般要求,这是多么明显的自由主义啊!地位是特殊的要求,这是多么明显的非自由主义啊!把学术才能同地位拉扯在一起,这又是多么虚伪的自由主义啊!"① 然而,学术才能和品格是极其不确定的东西;相反,地位却是一种极其确定的东西。于是,地位就成了决定编辑人选的绝对决定性标准;也就是说,谁有地位,谁就能担任报纸和杂志的编辑。

在这篇文章中,马克思一方面揭露了普鲁士政府迫使作者"强颜欢笑"的书报检查令的危害,另一方面表达了对言论出版自由的追求和呐喊。马克思把出版自由当作天赋人权,把报刊当作人类理性的最自由的表现。这深深受到启蒙精神的影响,带着很深的黑格尔的痕迹。在以后的革命事业中,马克思的民主报刊思想逐渐发展为工人报刊思想和党的报刊思想,但是他一直没有放弃对出版自由的追求。恩格斯谈到《社会民主党人报》时指出:当时报纸"得到了出版工作中一般所能有的两个最有利的条件",第一个条件便是"绝对的出版自由"。②

(二) 我国社会主义新闻自由思想

1949年中华人民共和国成立以来,我国新闻事业取得了长足的发展,并在实践中形成了具有中国特色的社会主义新闻自由思想。西方资产阶级新闻自由思想是在资产阶级与封建势力的斗争中提出来的,具有典型的资产阶级特色,它不适合中国的国情。我国的新闻自由思想是在马克思主义的基础上,总结我国的新闻实践和国际新闻斗争的经验而得出来的。我国社会主义新闻自由思想主要包括以下内容:

1. 新闻自由是一种建立在一定经济基础之上的政治权利,它是具体的不是抽象的。新闻自由作为一种政治权利,离不开一定的经济基础,它的产生、性质及其形态都要受到一定经济基础的制约。资产阶级新闻自由是建立在私有制经济基础之上的意识形态,是服务于大资本的思想观念。在资本主义国家,虽然统治阶级整天高喊新闻自由,然而,对于普通劳动者来说,他们没有条件、没有资本去创办媒体,新闻自由实际上成了大资本的专利。列宁在批驳为资产阶级自由辩护的资产阶级代表人物时,曾经指出:"文明的先生们,你们忘记了一件小事

---

① 《马克思恩格斯全集》(第1卷),北京:人民出版社1995年版,第129页。
② 《马克思恩格斯全集》(第22卷),北京:人民出版社1965年版,第89页。

情,忘记了你们的自由是写在把私有制法定下来的宪法上的。问题的实质就在这里。"① 社会主义新闻自由是建立在公有制经济基础之上的自由,是劳动人民当家做主后在新闻传播活动中享受的自由权利,它得到了社会主义经济基础的保障。

2. 新闻自由的提出和发展都是历史的产物,它要同社会历史的发展相一致。新闻自由是在一定的历史阶段产生的,又随着历史发展而不断地发展、变化。在资产阶级与封建主义斗争的过程中,新闻自由曾经被作为资产阶级和无产阶级共同的政治口号,指导了资产阶级民主革命。然而,当资产阶级夺取政权后,新闻自由成了资产阶级独享的政治权利。在社会主义革命时期,新闻自由是无产阶级向资产阶级争取政治权利的重要内容。在不同的历史阶段,新闻自由的表现形态是不一样的。当社会历史环境发生变化时,享受新闻自由的真正主体也在发生变化。新闻自由的历史性告诉我们,新闻自由无法超越特定的历史发展阶段,我们必须要在特定的历史阶段去考察新闻自由。目前,我国处于社会转型期,国内国际环境还相当复杂,这时候我们谈到新闻自由,必须要联系中国国情,而不能超越历史发展阶段追求不切实际的自由。

3. 新闻自由作为一种政治权利不是绝对的、无条件的,而是相对的、有条件的。权利与义务总是相伴而生的,享受一定的权利就必然要承担一定的义务。新闻自由是一项政治权利,当公民在享有这个权利的时候,必须要承担一定的义务。这就是说,新闻自由不是绝对的、无条件的,任何人在享受新闻自由的时候,总要受到党纪、国法、社会道德等因素的制约。在资本主义国家,资产阶级在给人民一定的新闻自由时,还制定了一系列法律,控制新闻发布权和新闻信息的来源,从而对新闻活动进行管理和约束。我国是社会主义国家,也需要根据人民民主原则对新闻事业进行必要的管理,保证新闻自由的实现不以损害他人的权利为代价。我国《宪法》第五十一条规定:"中华人民共和国公民在行使自由和权利的时候,不得损害国家的、社会的、集体的利益和其他公民的合法的自由和权利。"

4. 新闻自由不是新闻媒体独享的权利,而是包括传者与受众在内的全体公民都享有的政治权利。在日常的新闻传播活动中,很多人都有一个误解,认为新闻自由是新闻媒体和新闻记者所应该享有的权利,而忽视了普通公民也是新闻自由的权利主体,他们同样享有新闻自由。具体到每一个具体的新闻活动中,既有信息的传播者,也有信息的接收者,传者能够享受新闻自由,受众同样应该享

---

① 《列宁全集》(第29卷),北京:人民出版社1963年版,第317页。

受到新闻自由。对于传者来说,他有采访权、创制权和传播权,他们必须要将受众的需要放在首位,努力给受众提供准确、及时、客观、公正的新闻信息,从而使受众的知情权、表达权、监督权等公民权利得到实现。

当然,我们在谈到社会主义新闻自由的政治范畴、历史范畴、法律范畴和传播范畴的时候,也要防止思想的片面性,不能用一种观点排挤另一种观点。我们认为新闻自由建立在一定的经济基础之上,但是不能以此来反对甚至是否定新闻自由;在谈到新闻自由的历史性时,既要防止滥用新闻自由,也要防止压制社会主义新闻自由。不能用世界上没有绝对的东西这一观点来否认新闻自由,因为不承认新闻自由就谈不上保护新闻自由,更谈不上发展新闻自由。社会主义新闻自由观是建立在马克思主义基础上的,我们一定要深入把握马克思主义新闻观的内涵,并在此基础上发展好社会主义新闻事业。

第三节　新闻媒体的社会控制

新闻自由是新闻媒体社会功能正常发挥的重要保证,新闻事业最理想的状态就是合法地享受到充分的新闻自由。然而,新闻媒体是处在社会大环境中的,新闻事业也只是社会大系统中的一个子系统,当新闻事业在运转的过程中,它必然要和社会各个方面发生相互作用,这样媒体之外的力量对新闻事业就有一定的制约作用。这种制约作用更多地表现为对媒体的社会控制。所谓新闻媒体的社会控制是指社会上的不同组织或势力通过各种方法和手段,对新闻媒体的信息获取、内容传播和传播方式等施加压力和影响,使新闻传播活动符合施压者自身利益和愿望的活动。今天,新闻传播事业已经发展成巨大的产业,在权利和利益的作用下,新闻媒体每天需要面对来自不同方向的压力:政府官员需要将自己的意志加给媒体,商业机构通过利益链条插手新闻制作过程,少数新闻记者甚至为了一己私利蹂躏新闻自由……过去媒体的社会控制主要来自公共权力,而现在媒体还要面对来自商业领域的巨大压力。

媒体的社会控制可分为自控和他控:自控主要是新闻传播行业对新闻传播行为的自我控制,而他控则主要是社会机构对新闻媒体施加的压力和影响。自控属于媒体职业道德范畴,我们这里主要探讨媒体受到的"他控"。我们知道,任何国家都不可能存在绝对的毫无限制的新闻自由。目前,各国对媒体进行社会控制的主要手段有行政控制、法律控制、利益控制和声誉控制等几种方式。

一、行政控制

行政控制主要是运用行政手段对新闻事业进行管理与约束。行政力量是公权力,因此能够对媒体进行行政控制的只能是政府、政党和政治团体,它们通过自己手中的行政权力,可以对新闻媒体的新闻报道活动进行直接或间接的控制。对媒体进行行政控制的方式有以下几种:

1. 利用新闻管理部门管理媒体。很多国家都成立了专门的政府管理部门,来直接对新闻媒体进行管理,甚至是直接创办媒体。如"美国之音"就是美国新闻署直接创办和主管的,它始终宣传美国政府的政策,代表美国政府报道国际新闻。对"美国之音"来说,它所享有的新闻自由的程度取决于美国政府和美国新闻署的施舍。在我国,新闻传播事业都纳入了国家行政管理范围,报纸、广播、电视、网络、手机等媒体都有相关的行政管理部门。同时,中国共产党作为执政党也对新闻事业进行必要的行政管理,以保证社会的稳定与和谐。

2. 制定一系列新闻管理政策。新闻政策是政府和执政党针对新闻事业的管理而制定的行政性规章,它一般分长期新闻政策和临时新闻政策两种。长期新闻政策"主要是对新闻传播业的总体发展战略、新闻传播的总体方针和原则以及新闻传播行为的准则或规范等作出规定"[1]。我国对各种新闻媒体创办资格和条件的规定、对媒体传播内容禁载的规定、对新闻媒体主要工作原则的规定等就是长期的新闻政策。所谓临时新闻政策是指"主要根据国家当前面临的特殊情况,对新闻传播原则、方针甚至方式方法等作出的规定"[2]。我国对新闻媒体的行政管理注重对新闻单位的日常管理,因此,各地党和政府、新闻主管部门会在重大节日、重大事件中,给媒体直接下发工作指导性文件,具体规定进行重大报道的方针、原则和具体的运作方式。

3. 健全有效的新闻管理活动。新闻管理活动是政府对新闻事业进行管理的具体活动。这些活动有的是政府新闻管理部门日常的行政执法和行政管理活动;有的是政府借助社会力量对行政管理力量进行的有效补充,如审读、审听、审看、监看等活动。除此之外,新闻管理部门还可以通过领导指示、打招呼、吹风会、电话等方式,对新闻单位的日常活动进行必要的管理。相对于政策管理,有时活动管理有更大的伸缩空间,能够对媒体进行更加柔性的管理。

4. 规范政府的信息发布制度。政府是最重要的公共管理部门,掌握了大量

---

[1] 杨保军:《新闻理论教程》,北京:中国人民大学出版社2005年版,第369页。
[2] 同上。

的公共信息,但是,政府信息的发布却一直是新闻媒体和政府争论的焦点。世界上很多国家都建立了新闻发布制度,通过控制新闻来源来控制媒体舆论。如美国政府发布、"透露"新闻的方法主要有五种:(1)电台、电视台讲话;(2)记者招待会;(3)新闻发布会;(4)单独接见记者;(5)新闻出版。美国的一些政要为了利用媒体引导舆论,经常用小恩小惠来拉拢媒体记者。美国前总统肯尼迪和约翰逊经常单独邀请名记者吃饭、喝酒。卡特和夫人时常邀请新闻界首脑人物及妻子到白宫赴便宴,以联络感情。自2003年"非典"以来,我国各级政府也已经建立起了新闻发布会制度,在重大问题出现时保证第一个发言,保证政府能够以权威的信息面对媒体。

二、法律控制

法律控制就是运用有关的法律对新闻事业进行约束。法律是一个国家社会行为规范的总和,是国家根本利益的保证。从发展趋势来看,依法对新闻媒体进行管理,将是新闻管理最主要的方式,也是最少有争议的方式。目前,世界各国都形成了一套完整的法律体系,这套法律体系中有相当部分牵涉到新闻媒体的管理。这里我们主要对媒介法、保护国家安全的相关法律和保护公民权利的相关法律进行介绍。

(一)直接管理媒体新闻活动的媒介法

我们把对媒体新闻传播活动进行规范的法律叫作媒介法。因为新闻传播活动是一种复杂的社会活动,它牵涉社会政治、经济、文化等各个领域,所以目前还没有一个国家采取单一文本的方式,对媒体所面对的所有社会关系进行规范,媒介法在总体上表现为领域法,即由多个法律文本组成的法律体系。在媒介法中最引人关注的是直接管理新闻采编活动的《新闻法》。目前,世界各国新闻法的存在形式有三种:一是直接以专门法的形式颁布的《新闻法》。欧洲大陆法系国家都采用这种成文法的形式颁布了相关法律,如瑞典的《新闻自由法》(最早是1776年制定的,现行文本是1974年修订的)、法国的《新闻自由法》(1881年)和德国各州的《新闻自由法》。二是以最高法院和上级法院判例形式存在的判例法。英国、美国、加拿大、澳大利亚和新西兰等判例法国家虽然没有成文的新闻法,但是在这些国家的司法实践中却存在着大量的具有司法效力的判例。三是没有单独的成文法,也没有相关判例,新闻法规只存在于相关的法律中,如存在于《宪法》、《民法》和《刑法》等法律中。

新闻法是直接保障新闻自由的法律,但是同时会对新闻自由进行必要的控制。新闻法同样是属于上层建筑的内容,同样由经济基础决定,为经济基础服务。在民主与法治成为世界潮流的时候,法治能够让政府建立起权威和公信力。但是,鉴于我国当前的现实情况,制定新闻法必须把握好权利与义务的关系、自由与限制的关系、耳目与喉舌的关系,因此不能操之过急,匆忙中制定的新闻法是难以真正保障新闻自由的。我国虽然没有专门的《新闻法》,但是却有媒介领域的两部重要法律,即《著作权法》和《广告法》。

(二) 从国家安全角度限制媒体自由的法律

自新闻自由口号提出后,新闻界和政府发生冲突最多的领域就是国家安全领域。美国自建国时起,联邦和州政府就提出要拥有保守秘密的权利,它们的理由是政府透露某些事情会损害公共利益和国家安全,尤其是在军队部署与外交政策领域。1917年美国国会通过的《惩治间谍法》和1918年通过的《镇压叛乱法》(该法1920年废止)都曾把一些媒体送上被告席。后来因为越南战争和"水门事件"造成了美国政府的公信力下降,政府和媒体之间的冲突也越来越大。在伊拉克战争期间,美国军方要求记者和军方签订保密协议,要求记者在军队内部采访时,所有向外发表的信息必须要通过军方的审查。作为回报,军方会对记者开放一些军事行动,甚至给记者提供车辆让其到前线采访。

国家安全关系到国家的存亡,是整个国家和全体人民根本利益所在。为了保障国家安全,我国于1988年制定了《保守国家秘密法》,并于1989年施行,该法对国家秘密的范围以及泄露国家秘密所应承担的法律责任作了系统规定。1993年公布的《国家安全法》规定了国家安全机关的职责和公民的有关义务和权利,以及危害国家安全行为的法律责任。在新闻传播活动中,危害国家安全的行为主要有两种:一是煽动危害国家安全;二是泄露、非法获取、向境外非法提供国家秘密。涉及的主要罪名有危害国家安全罪、泄露国家秘密罪、阴谋颠覆国家罪等。

(三) 从公民权利角度限制媒体自由的法律

每个人在世界上生活的时候都有自己特定的生活空间和人格权利,当个人的存在和行为没有侵犯公共利益的时候,新闻传播不能侵犯个人的权利。人格权是法律赋予自然人和法人的维护自己的生存和尊严所必备的人身权利。公民和法人的人格权一般包括生命权、身体权、自由权、身份权、姓名权、名誉权、隐私权、肖像权、贞操权等权利,在新闻传播中牵涉最多的公民权利是名誉权和隐私权。无论是国内还是国外,新闻媒体牵涉到的新闻官司,大多属于侵犯公民或法人的名誉权和隐私权的范畴。

名誉是对特定人(包括自然人和法人)的社会评价。名誉权是公民、法人享有的应该受到社会公正评价的权利和要求他人不得非法损害这种公正评价的权利。侵害名誉权的主要方式是诽谤和侮辱。我国《宪法》第三十八条规定:"中华人民共和国公民的人格尊严不受侵犯。禁止用任何方法对公民进行侮辱、诽谤和诬告陷害。"隐私是指个人与社会公共生活无关的而不愿为他人知悉或者他人干扰的私人事项。隐私权就是个人依照法律规定保护自己的隐私不受侵害的权利。在社会生活中,因为不同人的社会地位不一样,他们和公共利益的相关程度不同,因此法律对他们的隐私保护程度也不一样。一般来说,政府官员和社会知名人士等公众人物,因为他们的活动和公共事务、公共利益的相关程度很大,所以他们所享受到的隐私权保护要少于普通人。美国的法律规定,政府官员和公众人物,以及与公共事件相关的人不得通过提起法律诉讼来获得隐私权和名誉权赔偿。法律之所以减弱对公众人物隐私权的保护,主要有这样一些原因:一是公众人物本身就是公众关注的对象,选择成为公众人物的人在他们选择之前,就已经做好了部分放弃隐私权的心理准备;二是公众人物已经从公众的关注中获得了足够的社会效益或经济效益,得到了社会尊重和经济回报,而公众的关注不可能不涉及隐私;三是公众人物的生活往往和公共事务、公共利益相关,对公众人物隐私权的保护可以保证公众参与公共事务,使公众对公众人物能够进行必要的监督。

三、利益控制

新闻媒体作为一个独立的社会法人,必然要追求一定的社会利益和经济效益,而社会上一些团体就是抓住了媒体的这一弱点,对媒体进行控制。随着媒体向产业化方向发展,现代媒体大规模的运作需要大量的资金补偿,这使媒体自身追逐利润的动力不断增强。媒体获利欲望的增强给资本进入媒体、控制媒体提供了许多机会。现在媒体上很多新闻都是大公司和跨国公司的公关部门制造出来的,在很多媒体上能够很容易找到广告新闻的痕迹。政府和社会团体对媒体进行利益控制的方式主要有以下几种:

(一) 所有权控制

所有权控制是控制媒体的最重要方式,无论在什么新闻体制下,谁是媒体的老板,谁就有充分的利用媒体发言的权利。西方媒体一直标榜超党派,但是这些媒体报道的观点却深受自己老板的影响。在西方传媒领域,一家和政府走得很近的媒体,往往被认为是不可信的媒体。然而,默多克的新闻集团之所以能够获得成功,一个重要的原因就是他善于和各国政府合作。在澳大利亚,默多克和历任总理关系密切,在英国他支持撒切尔夫人,在美国他又支持卡特和里根竞选。对于默多克的做法,新闻集团内部的普通员工是无法干涉的,因为默多克是新闻集团的董事长,是媒体最大的投资人。同样,泰德·特纳(Ted Turner)创办了

CNN,CNN可以骂任何人,但是不能骂特纳本人。在很多国家,一些政治势力为了宣传自己的政治主张,干脆直接创办媒体,通过所有权直接控制媒体来发言。我国的媒体目前基本上实行的是公有制,国家牢牢地控制着新闻媒体的核心资产,这样能够保证意识形态宣传阵地始终掌握在党和政府手中。

(二) 广告控制

对很多商业化媒体来说,广告是媒体的衣食父母,离开了广告,媒体就难以生存。为了获得广告市场,很多媒体只好用广告客户的标准来取舍新闻内容。美国大报阀亨利·卢斯(Henry Luce)称美国广告协会是美国报刊的"拨款委员会"。他说,美国广告协会"是地球上我唯一要对它负责的法庭"。近年来,我国媒体也在不断地走向市场,广告已经成为我国各类媒体的生命线,而与媒体发展相伴而来的是人们对媒体虚假广告的指责。目前,房地产、医药等领域的广告已经成为虚假广告的重灾区。在房地产领域,开发商、媒体、学者和地方政府共同编织了地产神话;而在医药行业暴利的刺激下,医药虚假广告久治不愈。

(三) 资助控制

有时候,很多团体和企业并不向媒体投放广告,而是直接给予媒体或记者以赞助或资助,从而达到对媒体的控制。这种控制方式往往比广告更隐蔽、弹性更大。现在很多企业除了用广告控制媒体之外,还策划各类新闻来让媒体报道。作为回报,企业可以给媒体赞助,或者直接给相关记者和编辑好处。由于广告以新闻的面目出现,因而更具有欺骗性,读者往往将这些"广告新闻"当作真正的新闻来读。当前,一些社会团体和个人之所以能够控制媒体为其发言,一个重要的原因就是他们能够给相关媒体和记者带来资助。除了直接用资金资助外,还可以用发行等手段资助,如某大企业许诺,只要某家报社能够为其做新闻宣传,他们将订阅该报多少份。在国外,一些政府部门还通过给媒体津贴的方式,收买媒体为政府做舆论宣传,这种津贴有时也俗称"宣传费"。

四、声誉控制

任何媒体在社会上存在都要被公众和社会机构评价,这就是媒体声誉的来源。良好的声誉是媒体获得社会地位、公共权威和经济利益的重要原因,如果一家媒体失去了声誉,它的报道和经营都将会遇到很大的麻烦。在完全竞争的市场经济环境下,一家失去声誉的媒体很可能会被迫退出市场,甚至是破产。因为媒体在乎自己的声誉,所以社会可以以此对媒体进行控制。这主要涉及商业声誉、社会声誉和政治声誉等方面。商业声誉主要是衡量媒体在业务经营、广告经营中是否能够坚守信用,是否能够按时支付物资采购款,给广告客户物有所值的服务。社会声誉主要是通过社会舆论来对媒体进行约束。不同的社会制度和不同的国家,道德观念、道德价值标准是不同的。媒体在报道新闻的时候,一定要考虑到公众的文化心理和道德标准,不能突破公众的道德底线。1901年2月4日,美国《纽约日报》刊登了一首令人震惊的四行诗:"枪弹穿过科贝尔的胸膛,寻遍整个西部不知它飞向何方;它很可能向这里飞来,击中墨金莱,把他送进停尸房。"4月10日,该报社论继续说:"如果坏人和坏制度只有用杀的手段才能去掉的话,那就必须给杀死。"当年9月,美国总统墨金莱遇刺,凶手的衣袋中还装着攻击墨金莱的《纽约日报》。该报这种教唆杀人的恶行,激起了美国人民的公愤。最后,在公众的谴责中,《纽约日报》只好更名为《美国纽约人与日报》。政治声誉同样是政府和政党控制媒体的重要领域,如我国的"五个一工程奖"、"中国新闻奖"等就是重要的政治声誉,它可以对媒体起到重要的价值引导和指向的作用。这里需要提到的是美国的普利策新闻奖。普利策新闻奖自设立以来,经历过世界大战和"9·11"恐怖袭击等重大新闻事件的洗礼,已经成为具有国际性影响的新闻奖。"美国新闻界一贯认为,优先关注人祸和具体地揭露一个个社会腐败行为是它们的基本使命,否则普利策所说的审视'不测风云和暗礁险滩,及时发出警告'的职责将无从行使。"[①] 因此,获得普利策新闻奖的媒体更多地具有社会声誉,而不是政治声誉。

---

① 展江:《2003普利策:继续守望"暗礁险滩"》,载《国际新闻界》2003年第4期,第11页。

第十一章 新闻传播的工作原则

生活在现代社会的人,已经离不开新闻媒体了。我们每天需要从媒体中获知最近发生的新闻,需要根据媒体的报道对环境作出判断,需要不断根据媒体资讯作出行动决策。作为现代社会的神经和纽带,媒体担负着越来越重要的社会功能,并引导现代社会向新的形态发生变革。社会对媒体的高度依赖,需要新闻传媒按照社会要求开展工作,积极地承担起社会责任。媒体的工作原则是指导媒体做好本职工作的重要准则和标准,是媒体社会角色定位的重要根据。在不同的历史时期,媒体的工作原则有所不同。我国的媒体曾经将真实性、指导性、群众性、战斗性和党性作为新闻工作的五项基本原则。随着社会向前发展,这些原则依然没有过时,但是它们的表现方式却发生了变化。下面我们根据当代媒体发展的现状,重点阐述媒体在当前工作中坚持的真实性原则、公共性原则、监督性原则、守法性原则和党性原则。

第一节 新闻传播的真实性原则

新闻从业者常说:真实是新闻的生命。确实,新闻是新近发生的事实的报道,新闻的本质决定了新闻必须要真实。然而,在现实生活中,新闻传播要比定义复杂得多:有时媒体凭空制造出假新闻欺骗公众,有时人们确信为真实的新闻被媒体宣布为假新闻,有时人们感觉应该是"真"的新闻却被权威部门鉴定为假新闻。假新闻已经成为社会的一大公害,它模糊了公众的视线,混淆了是非概念,影响了社会公正,伤害了社会和谐。新闻的本源是客观存在的事实,新闻是客观事实的反映,没有事实就没有新闻。维护新闻真实性才能维护真理,才能维护新闻事业的根基。一家媒体如果不断出现假新闻,必将在人民心目中丧失公信力和权威性。

一、关于"真实"的几个概念

新闻的真实性是指新闻报道能够客观准确地反映客观事物的最新运动和变

化。新闻是一种社会意识形态,从本质上看,新闻同客观存在的社会生活的关系,是一种反映与被反映的关系。因此,新闻的真实性应该包括新闻传播者对新闻事实的客观陈述,还包括新闻传播者对新闻事件的公正评价。在哲学上,真实有三重规定:"一指客体世界本身的运动、变化、发展及其规律性。二指认识的真实性、真理性。在这重含义上,当人的认识反映了客观事物及其规律时即谓'真',否则即谓'假'。三指人所追求的一种境界。在这种境界中,人的思想和行为达到了与规律性的高度一致。"[1] 杨保军将这三种真实概括为存在论意义上的真实、认识论意义上的真实和实践活动中的真实。[2] "真实"似乎很简单,但是它在现实生活中的表现却是多层次的,所以在探讨新闻真实性的时候,人们提出了以下几组真实性概念:

(一)新闻真实与新闻事实

新闻事实是客观存在的事物运动和变化的状态。任何事物都存在于特定的时空环境中,当时间流逝、空间移位后,新闻事实也会随之改变。面对不断运动变化的世界,记者最苦恼的就是他们面对丰富多彩的现实世界,但是无法绝对占有新闻事实。新闻真实是新闻记者对新闻事实的反映,是主观领域的东西,无论记者怎样敬业,无论采访设备如何先进,新闻真实只能是对新闻事实的概貌的反映,只是在一定程度上对客观事实的再现。为了使新闻报道能够真正完成为公众绘制社会地图的任务,新闻真实必须要尽可能地反映新闻事实的每一个细节,必须在新闻事件相互联系的基础上反映新闻事件运动变化的规律。新闻真实总是相对于一定的参照系而言的,它度量的是新闻与其所反映的新闻事实之间的符合程度。因此,新闻真实既有质的规定性,也有量的规定性。质上它与虚假相对立,量上它是有限度、有程度的。

新闻事实是存在论意义上的真实;新闻真实是认识论意义上的真实,既包括对客观事物的具体描述,还包括对客观事物的公正评价。新闻真实具有质和量的规定性,当参照系不同时,人们对新闻真实的判断标准也有不同。因此,过去我们习惯于把新闻真实分成无产阶级新闻真实观和资产阶级新闻真实观,认为:资产阶级新闻真实观受形而上学的影响,主张事实的真实,往往以孤立、片面和静止的观点来认识客观事物和反映客观事物;无产阶级新闻真实观坚持唯物主义,一切从实际出发,真实地反映生活,善于从总体上、本质上以及发展趋势上把握事物的真实性。因为意识形态的差异,在不同政治制度下,人们对新闻真实性

---

[1] 周文彰:《狡黠的心灵——主体认识图式概论》,北京:中国人民大学出版社1991年版,第53页。
[2] 杨保军:《新闻理论教程》,北京:中国人民大学出版社2005年版,第144页。

的认识有一定的差异,但是,随着社会发展和全球一体化的加强,全世界所有的新闻工作者都逐渐形成了崇高的职业意识。在资本主义世界,随着新闻检查制度的取缔和新闻法规的完善,任意曲解事实、进行歪曲报道的做法越来越受到社会舆论的谴责。在激烈的市场竞争中,即使是唯利是图的老板也更加注重传播真实的新闻和受欢迎的节目。应该说,无论是在资本主义国家还是在社会主义国家,人们对新闻真实的最基本认识是一致的:新闻中的时间(when)、地点(where)、人物(who)、事件(what)、原因(why)和经过(how)要经得起核对;对新闻事件的叙述和评价要公正、客观,要经得起人类逻辑思维的检验。

(二) 单个真实和整体真实

单个真实指的是具体到某一篇报道所显示出来的真实;而整体真实反映的是一组报道,或整个新闻传播界所显示出来的真实。世界上的事物处在不断发展和普遍联系之中。任何事物在某一时间点所处的状态,既是前一运动状态的延续,也将影响事物在以后时间点上所呈现的状态。同时,任何事物在整个大系统中,总是和环境中的事物有千丝万缕的联系,它的运动变化总是要受到环境的影响。新闻记者在一次采访过程中,往往只会关注事物的某个局部,只会关注事物的某个发展阶段,因此,当受众接受了媒体的报道内容后,很可能要面对单个真实和整体真实的差别。2009年夏天,北京发生了一起大学生在学校银行持刀抢劫的案件。如果仅就这个案件来看,该学生毫无疑问是个罪犯。然而,中央电视台《新闻会客厅》节目在报道这个案例的时候,却引发了观众更多的思考。通过这档节目,观众了解到:来自江西的这个学生14岁就上了大学,其心理成熟程度难以和同班同学相比;大四后,他因为家庭贫困的原因过早到社会上打工,结果影响了学业,导致课程不及格而无法毕业;经过两年的补修后,该同学丧失了获得毕业证的最后机会,按照规定他将不可能获得大学文凭……当媒体把这个案例放到社会环境中,放到这个学生的成长过程中,观众将获得更多的思考。

单个真实和整体真实的区别,要求新闻媒体不能就事论事,而应该将新闻事件放到社会环境中,去发掘新闻背后的新闻。同时,记者在对待新闻人物和新闻事件的时候,应该用历史的、发展的眼光看问题,不能只及一点不及其余。当然,对整体真实的还原仅靠一篇报道、一家媒体是不够的,因为任何记者、任何媒体无论其报道的立场多么客观,总有自己的视角和偏见。因此,整体真实需要社会允许多种媒体共同介入事件报道,当多种声音报道一个新闻事件的时候,受众便可以在多元信息的互补中获得对事件的客观认识和整体把握。"不存在没有情境的事实,也不存在不受记者意见影响的事实性报道。"① 为了尊重受众的自我判断能力,媒体应该将事实与观点剥离,让受众自己去取舍。这里还需要强调的是:单个真实并不必然地整合出整体真实;同时,整体真实也不能必然地演绎出单个真实。受众在单个真实与整体真实中做判断的时候,还需要加入很多个体思考、论证的因素。但是,如果单个真实出了问题,公众就缺少了谈论真实的基础,整体真实更是无从谈起。

(三) 新闻真实和本质真实

"本质真实"是从文学领域移植到新闻学领域的一个概念。文学是对现实生活的艺术再现和加工,通过塑造典型人物、典型事件以及冲突和悬念,集中地反映社会矛盾,表现时代主题。对于文学作品来说,作品的主题是真实的,它能够反映特定时代背景下不同人的生存状态。如《雷雨》中周、鲁两家的复杂关系和社会悲剧是20世纪初中国社会的一个缩影,真实地再现了当时的社会生活。然而,文学作品中的人物、情节是虚构的,是在现实人物的基础上加工的,这种用艺术形象反映的真实社会生活就是"本质真实"。我国新闻界引入"本质真实"这一概念后,一度认为无产阶级新闻的一大特色就是追求"本质真实"。在"文化大革命"时期,为了追求本质真实,一些人鼓吹"事实要为政治需要服务",稿件中"没有的可以加上去",肆意制造假新闻,颠倒黑白,欺骗群众。现在人们认为"本质真实"的提法是不科学的,认为哲学上本质和现象是一对范畴,本质总是和现象紧密地联系在一起,世界上根本不存在脱离现象孤立存在的"本质"。本质是抽象的概念,只有正确不正确、深刻不深刻之分,不存在真实不真实的问题。另外,新闻工作主要是为公众提供新近发生的事实的报道,它要把世界最新的变化呈现给广大受众,在快节奏、短时间的采访、写作和编辑过程中,新闻工作者能够做到的是尽可能地核实消息来源,保证新闻事实的准确无误。至于新闻是否反映了事件的本质,还需要历史去检验。提供真实情况是走向真理的第一步,但真实毕竟不能等于真理。要想在纷繁复杂的现象中找到带规律性的东西,还需要经历相当艰苦,甚至漫长的过程,这是新闻媒介单独无法承担的任务。正如李普曼所说,"如果要让报纸承担着对整个人类生活进行解释的责任,以使每个成年人都对每个悬而未决的问题产生一种见解,那它们就显得很脆弱,它们必定是脆弱的,在能够想象到的未来,它们将继续是脆弱的"②。

---

① 〔美〕新闻自由委员会:《一个自由而负责的新闻界》,展江等译,北京:中国人民大学出版社2004年版,第12页。

② 〔美〕沃尔特·李普曼:《公共舆论》,阎克文、江红译,上海人民出版社2002年版,第286页。

二、新闻失实的主要表现

假新闻是新闻事业肌体内的癌细胞,一旦社会失去对它的监控,它就会在新闻活动中快速蔓延,严重伤害新闻事业的声誉和公信力。在国际上,假新闻也一直是很多知名媒体百治不愈的顽症。在世界新闻史上,《胜利之吻》曾经被认为是标志第二次世界大战结束的一张照片,这幅照片曾经感动过世界上很多热爱和平的人。然而,近来这张照片也受到很多人的质疑,因为该照片的主人公透露照片拍摄的时间是 1945 年 5 月,距离二战结束还有 3 个月,人们怀疑这张照片是作者杜瓦利埃通过摆拍"创造了历史"。也许人们对《胜利之吻》的怀疑并不恰当,但是这种怀疑背后是公众对新闻界的不信任。新闻事业只有重视自己的信誉,才能真正让公众消除戒备的心理。

图 11-1　曾经让世界人民感动的《胜利之吻》①

随着我国新闻事业的规模不断扩大,假新闻也越来越多。近年出现的有"《背影》落选中学教材"、"学校推行双色校服"这种半真半假的新闻,也有"纸包子事件"这种恶性造假的案件。《新闻记者》甚至每年都要评选十大假新闻排行榜,并声称将给上榜的假新闻发奖。当然,有幸"中奖"的媒体、编辑和记者目

---

①　http://news.xinhuanet.com/world/2005-08/15/content_3355800.htm。

前还没有勇气去领奖。新闻打假必须首先识假,从国内外的情况来看,假新闻主要有以下几种表现形式:

(一)迫于新闻竞争,精心制造噱头

真实性是新闻工作的第一信条,不容任何人亵渎。然而,在激烈竞争的传媒市场中,很多媒体为了获得发行量、收视率、点击率,挖空心思制造噱头,吸引公众的眼球。市场竞争本应强调诚实守信和有序,然而一些媒体抓住一点小事故意放大,或者人为地制造新闻以获得轰动效应。现代传媒已经进入了视觉化、图像化时代。在人们的传统意识中,图像似乎应该是最真实的,然而,随着现代科技的发展,图像造假也越来越恶劣。文字造假人们还有推敲的过程,然而当文字与图像结合的时候,假新闻的欺骗性会更强。2004 年,西安连降暴雨造成了市内道路不畅。7 月 15 日,美联社刊登了一张西安市区水灾的照片,后经确认这张照片是经过电脑处理过的。照片将本来只漫过小腿的水位人为"抬高"到腰部,为了追求图片效果故意夸大了水患。第二天,美联社便开除了这位提供照片的摄影记者。2006 年,以色列和黎巴嫩之间发生了军事冲突,战争给黎巴嫩平民的生命和财产造成了巨大的伤害。为了表现以色列空袭后贝鲁特受摧残的程度,路透社和美联社各发了一张现场图片(见图 11-2)。路透社的图片标明的时间是 2006 年 7 月 22 日,图片说明是:"一名黎巴嫩妇女在查看自己公寓的废墟后痛哭,公寓在以军对贝鲁特南部的空袭中被毁。"美联社图片拍摄的时间是 2006 年 8 月 5 日,图片说明是:"一名黎巴嫩妇女在查看自己贝鲁特郊区被炸毁

路透社图片　　　　　　美联社图片

图 11-2　路透社和美联社发布的照片比较①

---

① http://news.sina.com.cn/z/tupianzj/。

的房子后的反应。"两张在不同时间、不同地点拍摄的新闻图片,主人公却是同一个人。照片发出后,很多网民指责这是假新闻,明显是记者摆拍出来的。

在激烈竞争的媒体环境中,假新闻的一个重灾区就是娱乐报道领域。人们对娱乐新闻、社会新闻往往只注重其娱乐性,而放松了对真实性的要求,于是娱乐新闻造假成风,狗仔队们精心制造的明星绯闻让很多艺人受害不浅,使其经常"人在家中坐,祸从天上来"。这些娱乐新闻有的编造谎言,有的捕风捉影,有的虽事出有因,但记者未获得当事人同意,添油加醋,揭人隐私。现在,新闻业内又流行用"新闻故事化"的手法来播报社会新闻,很多媒体将社会新闻按照文学手法编辑成"民间故事",甚至不惜动用记者、邀请演员去编导"新闻"。可悲的是,很多媒体把自己编导出来的新闻当作成绩,显得非常自豪,认为用文学手法演绎新闻能让电视新闻更好看,更能提高收视率。

(二)追求宣传效果,随意扭曲拔高

任何国家的媒体都不同程度地承担着宣传任务,而当媒体过于重视宣传时就可能导致假新闻的出现。在政治和外交领域,经常有一些词汇具有朦胧性,普通读者是难以读懂其中的奥妙的。尤其在战争中,客观报道是奢侈品,媒体的舆论战成了战争力量的延伸。

在我国,因受到传统新闻观念的影响,很多新闻记者大脑中有很强的"宣传意识"。宣传本身没有错,但是,如果纯粹为了宣传,"配合形势",随心所欲地任意拔高就可能产生假新闻。如果仅仅从意识形态或利益取向出发要求新闻事业,必然将给新闻事业套上枷锁,甚至扼杀了新闻本身。新闻的真实性是马克思主义新闻观的本质要求,新闻只有"真"才有"正",有"真实"才可言"真理"和"正义"。然而,一些媒体和记者把社会主义新闻事业作了狭隘的理解,认为宣传才是媒体的唯一任务,为了配合形势,按图索骥,严重地冲击了正确的新闻价值观,滋长了错误的、恶劣的新闻价值观。少数媒体在错误的新闻观指导下,整天搞所谓的"策划性新闻",精心挑选采访对象,按照传播者的意图去"寻找"新闻,造成了不良的社会影响。

新中国成立后,新闻界受到"左"的思想的影响,为了塑造典型人物、典型事件,任意对某个人、某个事件进行加工,把很多先进人物打扮成"神",而不是人,结果反而削弱了宣传效果。有学者提出过"假事件"的概念,即很多新闻事件不是自然发生的,而是某些人为了某种目的而策划出来的。这种"新闻"是真实的,是对发生的事实的报道,而事件却是"假"的,是自导、自演、自报的。这时的报道已经不是新闻,而成了传媒公关活动的一部分。按一些人的标准,目前媒体上假新闻不多,但假事件却不少。由于马克思主义新闻观的教育在个别新闻单位还不够深入,一些记者在采访的时候,形成了一个习惯性的思路:今天上级开了什么会,下了什么文件,媒体就根据会议和文件精神去找典型;到了采访单位记者就和该单位领导沟通,要求找个会说的领导或员工来接受采访;甚至当采访对象不知道说什么的时候,记者会教他们怎么说……这一套工作流程现在已经变成少数记者的"业务能力",摆拍在某些媒体、某些记者那里,已经变成了"行业标准"。2004年2月,某报社一位摄影记者拍摄的《"非典"时期的婚礼》荣获2003年第47届"荷赛"日常生活类(单幅)三等奖。其后不久,获奖照片中的男主角向媒体投诉,称该作品是经过预先设计和摆拍的,图中当事人只是模特,而非摄影者所说的新人(见图11-3)。

图11-3 涉嫌摆拍的照片《"非典"时期的婚礼》

保证新闻的客观真实是媒体取信于民的法宝。我国台湾的李瞻教授认为,世界上具有最高可信度的报纸是英国的《泰晤士报》(*The Times*)、法国的《世界报》(*Le Monde*)、美国的《纽约时报》(*The New York Times*)与日本的《朝日新闻》(*Asahi Shimbun*)等;可信度高的电视公司有英国的BBC、德国的ARD和日本的NHK等。他呼吁中国的媒体进行改革,力争成为世界上有信誉的媒体。① 李瞻也许有他自己的一套评价标准,但是他的呼吁是真诚的。现在,我们的一些基层官员还有这样的意识:一篇报道只要内容好,有些失实,是瑕不掩瑜,知情者是少数,受教育者是多数。今天,我们已经进入了高度信息化的时代,这种陈旧的宣

---

① 李瞻:《代序:大会发言》,载香港珠海学院:《数位传播语境下新闻文化探讨论文选集》,香港珠海学院,2009年,第3页。

传思维已经跟不上时代发展的步伐。媒体只有按照新闻规律来传播新闻,才能真正担负起宣传任务,才能真正壮大声威,才能真正被广大人民尊重,被国际社会尊重。

(三) 传者业务不精,缺乏堵漏能力

社会越发展,人流、物流、信息流的流动就越快,人与人之间的交往就越频繁,世界也变得越来越复杂。记者是一个社会工作者,是一个杂家,他需要对各行各业都有所了解,对自己擅长的报道领域要有深入的研究,这样才能在复杂的社会环境中判断事件的真伪。记者的生活是丰富多彩的,他们整天和不同的人、不同的事打交道;同时,记者的责任很重大,他们稍不留心就可能导致假新闻的出现。这些假新闻有的是因编辑记者采访不深入、工作不踏实造成的。如在2004年12月30日,加拿大《卡尔加里先驱报》在头版刊发了一张独家印尼海啸照片,引起了巨大的轰动效应。但事后证明,该照片并非"12·26""世纪海啸"的照片,是编辑误把两年前我国钱塘江潮的图片当作海啸照片刊登了出来(如图11-4)。假新闻的出现还可能是因为记者缺乏相关知识,导致对新闻事实和新闻现象的判断失误。尤其在经济报道、科技报道等专业性很强的领域,如果

图11-4 加拿大报纸误将钱塘江潮水当作印尼海啸[①]

---

① http://www.southcn.com/travel/travelzhuanti/dnyhx/sdxz/200501060306.htm.

编辑、记者没有很丰富的专业知识,是很难做好相关报道的。特别要注意的是,当记者缺乏足够的专业知识,又没有进行深入采访的时候,千万不能进行"合理想象"。还有的编辑或记者不假思索、不经核实任意引用别人的材料,或者不负责任地从网络上"扒新闻",无意中成了假新闻的二传手,把新闻采编工作降格为"剪贴工"的行为。

由于新闻传媒在现代社会的影响力越来越大,媒体对社会生活的干预也越来越多,因此,很多人会利用媒体的影响力来达到自己的目的。这时候,如果记者不深入现场,不进行调查研究,没有科学研究的精神,就可能被采访对象牵着鼻子走,导致假新闻的出现。近年来,媒体关于一些部门政策的报道经常被证明是假新闻,如关于娱乐场所收税、油价调整、自来水涨价等的新闻。这些假新闻有的是因记者采访不深入造成的,有的则是少数部门利用媒体进行试探:如果群众反应不强烈,这样的新闻就变成了"真新闻";如果群众反应强烈,相关部门就会宣布这是媒体的炒作,是假新闻。还有个别政府官员和企业高管,在接受媒体采访时竭力夸大自己的成绩,想通过媒体报道达到理想的宣传效果。在报道社会新闻时,很多记者因为"同情"弱势群体,有时对采访对象夸大自己受伤害程度和无辜程度的行为,缺乏应有的鉴别力和判断力,最终导致媒体被利用。目前,中国社会正处在快速转型期,公共论坛中还有很多非理性、非逻辑的声音,新闻媒体的编辑、记者只有不断提高自身的知识修养和业务素质水平,才能拒假新闻于门外。在任何时候,记者都不能成为简单的录音机、复印机,把真理当谎言或把谎言当真理;记者应该成为有正气、有胆识、有思想、有理想的知识分子,要学会在对事实进行思考后形成自己的判断。

(四)传者动机不纯,主动弄虚作假

新闻传播者需要有一定的职业精神,将新闻传播事业当作自己毕生的事业来做,而不能把新闻传播工作当作工具,通过新闻报道寻求不正当的利益。一些假新闻之所以出现,往往就是因为新闻传播者自身立场不坚定,动机不纯。传者动机不纯主要表现在三个方面:一是通过新闻工作谋求政治好处,二是通过新闻工作谋求经济利益,三是通过新闻工作拉拢社会关系。

我国的媒体是事业单位,是党和政府的喉舌,这是我国新闻事业权威性的来源。然而,我们有的新闻工作者却把这种权威性作为谋求私人利益的工具。少数媒体领导没有将媒体工作当作自己的事业,而是乐于在官场中迎来送往,搞"盆景工程"。这种混淆新闻的职业逻辑与政府的行政逻辑的做法,很容易将媒体变成"假大空"的工具。新闻是明天的历史,新闻工作要求新闻传播者对历史负责任,如果媒体的领导者自身定位不准,就必然使媒体产生角色冲突(role conflict),给假新闻的出现提供空间。还有一些记者因为经常和政府官员接触,便期望通过自己的报道谋求自身的政治利益,获得提拔和提干的机会。

在市场经济中,主动寻求经济利益也成了很多媒体的自觉行为。应该说,媒体寻求经济效益本身并没有错,但是媒体不能以牺牲新闻的真实性为代价,为利益集团粉饰,甚至是造假。部门办刊办报是我国的一大特色,过去我国很多媒体依托自身的主办单位的行政权力开展发行和经营业务。然而,随着政府对报刊市场的整顿,很多媒体逐渐与行政权力脱钩,被迫走向市场。一些过去侧重于部门宣传的报刊进入市场后,明显缺乏采编能力和经营技巧,于是少数媒体开始搞有偿新闻,热衷于通过舆论监督来要挟企事业单位。这种以媒体为主体、主动用新闻换利益的做法,虽然是极少数,但是严重败坏了党的新闻事业,给新闻工作抹了黑。还有一些记者,在市场经济环境下不甘心过清苦的生活,利用手中的话语权为广告客户写"广告新闻",甚至公然从事违法乱纪的活动。

受到社会环境的影响,一些新闻工作者还利用手中的新闻话语权来建立自己的社会关系。这些人整天想通过采访官员和名人攀龙附凤;或者在编稿时采用关系稿、人情稿,通过新闻工作为自己拉关系、走后门建立良好的"人脉"。有些新闻工作者自感写的稿子难以经受历史的检验,于是署上笔名,或者干脆用"本报记者"发稿,以割裂作者与稿件后果的责任关系。

上面提到的虚假新闻的四种表现,第一种是市场竞争造成的,第二种是管理体制造成的,第三、第四种是传者主观原因造成的,其中第三种是传者被动造假,第四种则是传者主动造假。

三、对新闻失实的有效治理

新闻失实对社会的伤害是巨大的,它不仅扰乱了新闻从业者队伍,玷污了新闻事业的声誉,而且干扰了市场秩序,破坏了社会诚信,扰乱了社会秩序,甚至践踏了正义,侵犯了人权。新闻是历史的草稿,如果新闻媒体成了假、丑、恶的帮凶,假、大、空的帮闲,那么媒体内容将会成为历史的垃圾。我国媒体是党和人民的喉舌,具有很强的权威性和很大的影响力。媒体为了担负其应有的社会责任,必须要着力报道国内外政治、经济、社会、文化等领域的重要动向,做历史发展主要脉络的记录者,建立起较强的公信力。为此,和新闻失实进行斗争,维护新闻工作的神圣性,将是我国媒体一项长期、艰苦的工作。

对新闻失实的治理,主要应该从这样几个方面进行:第一,要转变各级领导干部的宣传观念,减少行政权力对媒体的干预。少数地方官员没有跟上时代发展的步伐,爱听高调,不听批评,少数官员在介入媒体日常工作时不讲逻辑、不追求事实,导致宣传脱离真实,严重影响到媒体的生存和发展。在碰到突发事件和敏感事件时,政府官员要相信事实能够粉碎谣言,民主的政府不应惧怕真相。第二,要对媒体的管理体制进行改革,让媒体真正成为市场竞争的主体。近年来,虚假新闻多集中在部门报刊中,这些报刊一方面失去了行政依靠,另一方面走向市场乏术,于是只能靠走旁门左道来维持生存,默许各地记者站搞非法创收。而那些真正走向市场的媒体,反而不为一时利益所动,维护自己的声誉,以保护自己的长期利益。第三,要加强新闻法制建设,对新闻行业的违法违纪行为依法惩处。对新闻事业进行依法管理是建设民主国家的必然举措,对新闻报道中出现的诽谤、诬陷等侵权、毁誉的情况,要依照法律对相关媒体和个人进行惩处。第四,应加快《新闻法》的立法进程,使新闻管理真正由行政管理走上依法管理的道路。第五,要加强新闻工作者的职业道德建设,努力提高新闻队伍的职业素养水平。新闻单位要对从业人员进行严格管理和培训,防止新闻队伍出现鱼龙混杂、良莠不齐的状况,教育新闻从业人员在自律和法律的精神指导下从业。中央电视台为了对记者作风进行监督,"要求记者把行风承诺书发送到采访联系单位的网络邮箱中,方便监督"[1]。不说假话是普通人做人的原则,不追捧假话是一个职业新闻人的原则,即使在最困难的时候新闻人都不能在说假话上发明创造。任何时候,新闻工作者都不能放弃坚守,不能以新闻资源和权力去寻租。新闻行业的腐败现象还需要通过政治改革来治理,当社会普遍存在潜规则的时候,如果只要求新闻传媒一个行业不被任何利益驱动,达到完全理想的中立、自由状态是很难的。当整个社会都能够依法办事、依法治国理念得到完全落实的时候,相信新闻行业出现的腐败现象也必然没有生存的土壤。

第二节 新闻传播的公共性原则

在我国,新闻媒体是党和人民的喉舌。改革开放以来,中国社会发生了巨大的变化,社会阶层分化明显,过去单一的"人民"今天已经分化为具有不同利益、不同地位、不同身份的社会阶层。当整个社会越来越走向多元化的时候,媒体不可能只发出一种声音,而应该照顾到各个阶层不同的声音,于是媒体在一定意义上显示了它的"公共性"。从世界范围来看,新闻事业走上职业化道路已经近四百年了,今天的新闻传媒已经成为社会系统中一个不可或缺的子系统。当世界进入信息化时代后,人类已经离不开新闻传媒,新闻传媒变成了人们获取信息、

---

[1] 闻综:《中央新闻媒体采取有效措施杜绝虚假报道》,载《中华新闻报》2005年8月17日。

进行社会决策和参政议政的重要工具。当新闻传媒成为社会的神经时,新闻媒体应该成为社会各个阶层都能使用的公器。

一、媒体与新闻专业主义

新闻专业主义是在近代美国报纸大众化过程中产生的一个概念。美国早期的报人一般都是由没落文人转变过来的写手,他们难以在文学领域作出一番成就,因此通过从事新闻工作来实现自己的写作理想。然而,这种以师带徒的作坊式生产方式,严重制约了新闻事业的发展,也使新闻事业的声誉遭到了社会的广泛质疑。为了使新闻事业真正被社会认同,为了让新闻能够摆脱商业化、煽情化的困扰,以普利策等人为代表的报人积极主张新闻专业主义,力图通过对记者进行职业教育、提高记者的社会地位等方式,使媒体成为一个自由、独立、客观的公共服务部门。1947年,美国新闻自由委员会在《一个自由而负责的新闻界》中正式提倡新闻专业主义:"我们建议新闻界将自己看作在进行一种职业性公共服务。"委员会期望新闻工作能够像法律和医学那样,"无论其单个成员的行为被认为是怎样的,这些职业整体上都接受了本行业所赋予的责任"①。

对于新闻专业主义,不同的学者有不同的论述,李良荣教授对此有过归纳:

> 美国学者阿特休尔将其归纳为四条信念:新闻媒介摆脱外界干涉,摆脱政府、广告商甚至来自公众的干涉;新闻媒介为实现"公众的知晓权"服务;新闻媒介探求真理,反映真理;新闻媒介客观公正地报道事实。阿特休尔认为这"四条信念是美国、西欧和其他实行市场经济的工业国解释新闻媒介问题的根本法宝"。美国记者赫尔顿从一个记者的视角归纳新闻专业理念:提供真诚、真实和准确的新闻报道;必须公正、公平,给予争论各方同等机会,应诚心诚意迅速更正错误。而英国学者塔其曼则把新闻专业理念归纳为一点:新闻的客观性。但是,几乎所有学者都强调了新闻专业理念的一个基本出发点:新闻媒介是社会公共事业(社会公器),必须为公众服务,新闻从业人员必须承担起社会责任。②

从新闻专业主义产生的历史和很多传媒人士对它的论述中我们可以得出结论:所谓的新闻专业主义就是强调新闻媒体应该成为公共服务部门,在真实、全面、客观和公正的原则指导下,为社会大众提供准确的信息服务。新闻专业主义

---

① 〔美〕新闻自由委员会:《一个自由而负责的新闻界》,展江等译,北京:中国人民大学出版社2004年版,第56页。
② 李良荣:《新闻学概论》,上海:复旦大学出版社2005年版,第302—303页。

是美国政党报纸解体后,美国报人对新闻事业庸俗化的救赎,它满足了新闻工作者对"追求真理,服务社会"的职业形象的追求。新闻专业主义者一贯宣称新闻独立于政府、政党,政治上不偏不倚,宣称新闻记者在进行新闻报道时严格忠于事实,宣称国家资助的媒体不服务于政府利益等。在新闻专业主义的影响下,很多媒体纷纷强调它们立场的独立性和客观性:《纽约太阳报》的创刊宗旨为"刊载每天所有新闻";《纽约先驱报》设计出"提供一幅世界的正确图画"的经营理想;雷蒙在创办《纽约时报》时立志要使该报成为"刊载每天发生在世界各地所有新闻的报纸",1896年他的继承者奥克斯更明确提出"刊登一切适宜刊登的新闻"的理念。为了落实新闻专业主义,很多媒体实行新闻部与经营部的完全分离,竭力维护新闻的神圣性。

然而,理想与现实往往相背。西方传媒追求的新闻专业主义理想,往往在政府、市场和垄断集团的压力下被解构。在各种压力下,很多媒体在国内报道中采取"小骂大帮忙"政策,而国际报道中则充满了西方意识形态偏见。意大利著名记者法拉奇曾被西方人誉为"20世纪后期世界历史的见证",然而,她在采访世界政要时也无法做到客观公正,而是带着资产阶级的偏见去采写对西方"不友好"的国际政要。1969年,法拉奇采访越南常胜将军武元甲时,因美国军事上受挫十分懊丧,在采访中拼命为美国和南越打气。在她的笔下,武元甲的形象被丑化了:"他的脸颊臃肿,布满青筋,从而使面容成绛紫色,这不是一张惹人喜爱的脸,绝不是……他那令人兴味索然的面目:大嘴巴、小牙齿、扁鼻子、大鼻头、一头黑发几乎罩住了半个脑袋,前额消失在黑发中……","他的两只小手臂不停地挥动着,表现了一个自吹自擂者的得意神态。"① 1972年,当她采访巴勒斯坦抵抗运动领袖阿拉法特时,又是这样描写阿拉法特的:"第一眼看上去,他并不像一个掌权者或是充满个人魅力的领导人……""他身材矮小……几乎难以支撑住他那粗壮的双腿和那由宽大的臀部、多脂肪的腹部组成的肥硕身躯,在这五短身材之上是一个戴着头巾的小脑袋。"②

新闻专业主义是在西方资本主义土壤中生长出来的一种新闻职业思想,这种思想即使在西方社会也无法兑现。我们是社会主义国家,社会制度与西方国家有很大的差距,因此新闻专业主义在我国还不可能被完全嫁接。但是,新闻专业主义中所提出的"公共服务"概念,对我国当前的新闻事业的改革具有重要的

---

① 〔意〕法拉奇:《风云人物采访记》,柏桦编译,呼和浩特:内蒙古人民出版社1985年版,第62—64页。

② 同上书,第353—354页。

启发意义。随着社会的不断成长和成熟,社会阶层分化更加明显,媒体不可能再用一个声音说话。媒体应该关照不同社会阶层的生存状态和价值观念。"如果人们能够接触到某个特定群体生活的核心真相,他们将逐渐建立起对它的尊重与理解。"①

二、公共性原则对媒体工作的要求

无论是从新闻专业主义的角度,还是从媒体角色定位的角度来看,媒体都应该给公众提供公共服务。2009年7月17日,美国CBS前新闻主播克朗凯特去世,享年92岁。克朗凯特曾担任《CBS晚间新闻》主播近二十年,报道过美国历史上许多重大事件,如肯尼迪遇刺、越战、人类登月和"水门事件"等。他在电视上充满睿智理性的报道风格,为他赢得了"全美最值得信赖的人"的美誉。17日晚,美国总统奥巴马发表声明对克朗凯特表示哀悼,他说:"克朗凯特是告诉我们一天中最重要新闻的人,是在这个不确定的世界中一个确定的声音。他值得我们信赖……他也从未令我们失望。"《纽约时报》称赞他是"电视新闻中可信的声音"和"贴近人民的权威"。曾任克朗凯特制作人多年的唐·休伊特,听到他逝世的消息,对记者说,克朗凯特为电视树立了"黄金标准"(gold standard)。著名传媒专家钱钢教授认为,这个黄金标准就是真相、准确、独立和尊严。钱钢在2009年7月20日《南方都市报》社论版上发表的个论《克朗凯特——黄金标准》对此作了具体解释:

> 真相。克朗凯特说:"一个好记者只有一件事要做——说出真相。"他说出的最大真相,是从前线归来所说的"越南的血战将以僵局结束"。他的报道,最早宣告了约翰逊政府越战决策的失败。
>
> 准确。"准确的事实,简洁的表达,迅速的发布",是克朗凯特对新闻的要求。对新闻稿,他是一个苛刻的核查者,甚至在开播前两分钟,他还向编辑提出疑问,要求核对数据。
>
> 独立。克朗凯特反对媒体管理者给他的晚间新闻节目施加任何压力以迎合政治或者商业的需要。此类事件曾出现在"水门事件"的报道中,哥伦比亚广播公司在压力下有过局部退让,但克朗凯特最终仍成功地将《华盛顿邮报》年轻记者鲍勃·伍德沃德和卡尔·伯恩斯坦的调查,通过电视播出,产生了震撼性的传播效果。

---

① 〔美〕新闻自由委员会:《一个自由而负责的新闻界》,展江等译,北京:中国人民大学出版社2004年版,第15页。

尊严。克朗凯特的报道风格温和、虔诚。他反对花哨、媚俗，也反对为了收视效果，而在采访中故作尖锐、刁难对手。无论是在总统肯尼迪被刺身亡的报道中表现的镇定，还是在总统尼克松引咎辞职的报道中表现的平静、毫无幸灾乐祸之感，都为媒体赢得了尊严。

克朗凯特是新闻专业主义的一个理想化身。今天，在建设社会主义和谐社会的过程中，中国媒体同样可以从克朗凯特身上找到很多可供借鉴的东西。在这个媒介非常发达的信息时代，传统的斗争思维和仇恨思维已经过时了，我们必须要在尊重每个公民的权利的基础上更好地发挥媒体在社会建设中的作用，具体如下：

（一）媒体应该反映不同社会群体的生活画面

在媒介化社会，人们对一个群体的认识深受媒体"刻板成见"的影响。现代社会是多元化的社会，每个群体在整个社会中都有他们的位置，都有存在的社会价值，因此，媒体应该反映不同社会群体的典型画面，塑造他们的正面形象。随着社会的发展和进步，我们身边富人多了起来，官员多了起来，学者多了起来。上流社会和中产阶层的壮大，使我国媒体获得了巨大的生存空间。应该说，目前很多媒体内容都是按照中上阶层的阅读和观赏标准制作的，媒体对中上阶层也以正面报道为主。当我们陶醉于社会发展成就时，媒体不应该忘记生活在社会边缘的群体，如农民工、下岗职工等。这些在社会底层生活的群体，可能是社会财富的创造者，是社会大厦的支撑者，但是媒体对他们的关照少了，甚至把他们定位为社会负面新闻的主角。媒体应该努力接触不同社会群体，为不同社会群体塑造真实的形象，并在不同社会群体中传递尊重和理解。

（二）媒体应该尊重每个公民的尊严与人格

每个人生活在社会上都有自己的位置和尊严，媒体应该尊重每个人的尊严和人格。我国媒体都有一定的级别，有些媒体的记者因为代表的平台更加权威，所以在采访中很容易滋长特权意识。这种唯我独尊的霸道严重伤害了新闻职业道德。在汶川地震期间，有一则图片新闻报道说：5月17日早上7点20分，日本救援队发现了两具遗体，一位28岁的少妇和她怀里两个月大的婴儿双双遇难。见此情景，所有日本救援队员站成两排，默哀片刻后，遇难者遗体才被送走。①《NBC晚间新闻》中对所有暴露死者身体(头、脸、四肢)的镜头都做了滤镜处理，澳大利亚网络媒体在可能引发读者不安的图片出现前标上警示记号。而我们的一些媒体却对死亡和尸体进行了直接的呈现，缺少了一种对死者的尊

---

① 《日本救援队向地震遇难者默哀》，http://news.qq.com/a/20080517/002546.htm。

重和对生命的关怀。又如,2005年3月14日,凤凰卫视《一虎一席谈》探讨了洗脚女李开平"换肾美容"的话题。节目中邀请的一位嘉宾一上场,就给李开平扣上"卖'肾'求容"的帽子。指责困难群体是容易的,有些人甚至认为,指责他们无须承担道德责任,殊不知这种非理性的指责也是一种丑恶。一个具有人文精神和人文关怀的知识分子,才可能成为一个合格的传媒人。

(三) 媒体应该成为不同社会观点交流的论坛

在社会价值多元化的今天,媒体不可能只发表一种思想,只传达一个声音。为了显示客观公正,新闻媒体应该尊重不同观点,给予不同观点以同等待遇。媒体应该打破舆论一律,让不同的观点自由交流与碰撞,最后在观点的公开市场中寻找真理。在一个民主社会,自由宽松的舆论环境是一个有效的安全阀,它能够及时暴露社会矛盾,抚慰社会心理,促进社会稳定。如果媒体不能够传播不同的声音,社会就必然失去创造力,最终导致的只能是恭维话和假话的流行。近年来,南方报业传媒集团异军突起,很多报刊成为公众观点交流的平台。《南方都市报》的社论版更是以反映群众观点和不同声音为己任。如2008年10月30日该报发表的社论《我们迫切需要"自找麻烦"的质检机构》,就另辟蹊径,呼吁质检部门在食品安全问题上承担应有的责任。该文最后一段呼吁:"我们迫切需要能够'自找麻烦'的质检机构,在民众喝下三聚氰胺奶粉、吃下三聚氰胺鸡蛋之前,就能为大家提供安全的保证。在公众信心遭遇持续打击的情况下,其实不需要信誓旦旦的宣言,也不需要三聚氰胺无害的论证,更不需要信息过滤的呵护。公众信心不是任意煽动的虚火,在不能根本改善监管之前,这些都只能是公众看在眼里、记在心里的花言巧语。"

(四) 媒体应该成为监督公共权力的利器

政府不应该不合理地干预媒体的日常活动,要保证媒体能够自由地报道重大事件,使人民充分了解事件真相。但是,媒体对公共权力却要进行必要的监督,使公共权力真正为民所用。在公共意识逐渐觉醒的时代,政府应该通过媒体多倾听人民的呼声。独立公正的新闻事业,是社会监督体系中不可或缺的部分,是保持社会和谐与稳定的一个根本因素,是捍卫社会公正、保证国家安定、保障人民生活的根本手段之一。然而,少数官员没有认清时代发展的特点,混淆了公权与私权的界限,甚至拒绝媒体的监督。陕西省横山区殿市镇胡楼房村,因矿主非法开采煤矿导致当地出现不同程度的地裂地陷,水源枯竭,人畜饮水困难。2009年7月,中央人民广播电台记者采访了横山县委书记。该书记对记者的突然来访显得有些急躁,他说:"你们中央台的记者管的也太多了吧?你问的事我一概不知道。所以,你要我给你说情况,我一概不知道怎么给你说情况嘛?"①媒体是监督公共权力的有效武器,而少数政府官员却害怕监督、不允许监督。在新媒体力量不断壮大的时代,这很容易导致公众对政府的不信任。政府官员一方面不应该低估公众的判断力,在行使公共权力的时候要充分考虑民意;同时也不要认为一有舆论监督天就要塌下来,而是应该积极配合、正确面对。

(五) 媒体应该积极推动社会的民主与进步

新闻事业的核心就是通过持续的信息和观点的交流,不断健全一个社会的民主体制,丰富人民的民主生活,推动社会的民主与进步。新闻媒体不应该成为化妆师,更不能成为邪恶势力的打手,而应该给广大人民提供参政议政的平台,使人民在民主的氛围中生存。只要我们敬畏民意,就一定能够赢得民主的空间;只要我们敬畏科学,就一定能够找到真理。相信在追求民主与进步的道路上,中国媒体将发挥越来越强大的社会功能。

第三节 新闻传播的监督性原则

舆论监督是新闻媒介的一项重要职能,也是推动民主政治建设的重要手段。舆论虽然没有强制性的法律效力,但是它能表达民心的向背,能够用精神的、道义的力量防止公共权力的滥用。现代社会新媒体的崛起,为舆论提供了前所未有的传播载体与讨论空间,使其成为对公共权力进行无形约束的重要力量。

一、舆论监督的重要意义

社会监督是每个公民的权利和义务,也是社会健康发展的保证。社会监督具有多种形式,而舆论监督是社会监督的一种,是社会监督体系中一个重要的手段。我国的社会监督体系目前包括党内监督、行政监督、司法监督、人大监督、政协监督和群众监督等方式。如制定《中国共产党党内监督条例(试行)》的主要目的是:"为加强党内监督,发展党内民主,维护党的团结统一,提高党的领导水平和执政水平,增强拒腐防变和抵御风险能力,坚持党的先进性,始终做到立党为公、执政为民。"在我国,社会监督方式的前五种是以公共权力为后盾的权力对权力的监督,而群众监督没有强制力,目前主要通过舆论监督来实现它的监督功能。所谓舆论监督,就是社会公众(社会成员或社会组织)通过传播媒介对公

---

① 白宇、胡岑岑:《陕西横山官煤勾结:县委书记称中央台记者管太多》,http://shiping.cctv.com/20090721/105557.shtml。

共权力和公共事务运作中出现的偏差行为进行揭露、批评和制约的一种监督机制。舆论监督通常是由新闻机构具体实施的,但是,新闻机构并不是舆论监督的主体,舆论监督的主体是社会公众,新闻机构充其量是作为社会公众的一部分来行使舆论监督的权利,在更多情况下新闻机构仅仅是代表舆论去进行监督。在新媒体环境下,普通公众有了直接发言的机会,舆论监督主体的公共性表现得更加明显。舆论监督的对象主要是公共权力、权力关系、公共事务、公众人物和社会思潮,重点是对公共权力和公共权力运行中产生的权力关系进行监督。

舆论监督虽然没有直接的法律效力,但是它能够通过意见制裁和交往制裁,使监督对象承受巨大的精神压力。舆论监督的理想效果是,被监督者接受社会舆论的审判,然后进行内省,主动改正自己的错误。同时舆论监督也可能引起行政和司法部门的重视和介入,使其运用公共权力对被监督者进行惩处。正因为舆论监督能达到行政和司法监督难以达到的效果,所以前些年有句顺口溜叫"不怕上告,只怕见报"。近年来,舆论环境发生了重要变化,腐败分子更是"不怕上访,只怕上网",网络已经成为舆论监督最主要的工具与载体。舆论监督对现代民主社会的建设具有越来越重要的意义,具体表现为以下几点:

(一)舆论监督能够产生威慑作用

舆论监督是通过公众意见对公共权力和公共事务进行的一种软约束,它虽然没有法律那样刚性的威慑力,但是也能产生让腐败分子害怕的威慑作用。舆论是公众意见,公众散落在社会的每个角落,几乎很难有不公平、不公正的现象能够逃脱人民群众的眼睛。媒体的舆论监督效果真正被群众认识到有电视这一传播媒体很大的功劳。中央电视台创办的《焦点访谈》曾经被民众称为"焦青天",一些有意见无处诉说的人纷纷找到该栏目。在中央电视台的带动下,全国各类媒体先后创办了类似的舆论监督节目和栏目。但是,传统媒体的时段和版面资源是有限的,而且它们生存于其中的体制环境不可能完全摆脱行政力量的干预。于是在媒体能够曝光的领域,国家和群众的利益得到了维护,保证了政府政令的畅通,焦点问题立即得到了重视,并迅速得到解决;而在一些媒体没有或不能曝光的领域,少数人依然我行我素,毫不惧怕舆论。然而,新媒体的出现使舆论监督完全向社会开放,每个公民都可以通过文字、图像和视频,曝光一些社会问题,而且这些言论能够在网上形成快速链接、传播,引发强大的舆论浪潮。这种短时间内就能够形成强大的舆论声势的现象,极大地加强了舆论监督的力度,使少数腐败分子见之胆寒。网络能够真正产生社会威慑作用,对社会健康发展是有积极意义的。当然,我们也不能忽视其负面影响。

(二) 舆论监督能够制约公共权力

公共权力只有得到制约才能真正为公众提供服务,没有制约的权力必然导致腐败。人性是有弱点的,任何人都有占有欲、权力欲和支配欲。当某人拥有权力的时候,如果缺乏必要的监督机制,就可能产生腐败。舆论监督通过群众的眼睛监督公共权力的使用,帮助政府建立自我纠错机制,防止官僚主义的出现。美国很多媒体将监督政府和官员的言行、公开揭露各种社会问题和犯罪现象,作为自己的重要工作。科罗拉多州各地方电视新闻频道都开办有专门的社会问题调查节目,每天在电视屏幕上公布电话号码、电子邮箱,动员公民举报各种问题,电视台负责调查,并保证向公众公布问题的答案。舆论对公共权力进行监督主要表现在两个方面:一是对公共权力本身进行监督,二是对权力运行中产生的权力关系进行监督。

改革开放以来,我国经济和社会发展迅速,然而,因为政治改革进程的相对滞后,我国局部地区还存在一些比较严重的社会问题。多年来,中央政府在积极推动政治体制改革,但是少数部门却从自身利益出发成了政治改革的最大阻力。个别部门将权力与市场结合,公开谋求单位利益、集团利益,严重影响到社会的公平和公正。应该说,我国政府抵制腐败的措施有法律的保证、制度的保证和道德的保证,但是在少数基层地方,腐败分子却能冲破种种防线,制造出很多社会问题,导致县级以下地区群体性事件频发。2009年6月19日,湖南发生了石首事件,6月25日中央电视台的《新闻1+1》节目以《石首,为何再度"失守"?》为题,详细分析了酿成石首事件的原因。主持人白岩松认为,一些县政府在面对社会问题的时候,往往不反思自身,而是将责任推到"多数不明真相的群众"、"少数不法之徒"或"少数别有用心的人"身上。白岩松认为这样的说法很荒唐:既然多数人不明真相,那让他们知道真相不就行了吗?既然是"不法之徒"却没有对他们进行法律处置,证明你还没有证据,没有证据凭什么叫他们"不法之徒"?法律上又没有给"别有用心"定罪的,你怎么能够猜测到人家是别有用心?作为全国县官培训班特聘教师的白岩松,对由一起小事件引起的群体事件非常痛心,而且这个事件就是在培训班刚刚结束后不久发生的。白岩松在节目中不仅指导基层政府如何处理群体性事件,而且一再提醒基层政府一定要注重民意背后的东西,如果不给舆论一个交代,相似的舆论还可能会在其他偶然性事件中聚集,导致悲剧的重演。近年来,电视媒体中一些深度报道和评论节目,从提高党和政府的执政能力角度对公共权力进行监督,对社会发展和民主建设具有积极的推动与指导意义。

（三）舆论监督能够实现公民权利

舆论监督是通过媒体进行的，但它并不是媒体从业人员实行的监督，而是公众心理通过媒体的表达，是公民行使民主权利的有效形式。公民是社会的主人，政府和公民之间是一种契约关系。社会进步使公民的权利意识越来越强，他们更加向往平等与自由的社会，强烈期望能够参与国家管理。公民参政议政有直接参与和间接参与两种方式。直接参与的形式有：通过投票选举领导人，选择自己的代表去履行公民权利，通过听证制度直接参与政府政策的制定等。我国的全国人民代表大会是全世界最大的盛会，人民选举的代表每年齐聚北京商讨国家大事。除了直接参与政治活动和政策制定之外，公民还可以通过自由发表言论来间接参与公共管理。近年来，在个人所得税起征点调整、《物权法》制定等问题上，政府发动媒体组织了广泛的讨论，体现了对公民参政议政的权利的尊重。

舆论监督毕竟是公民的间接参政，因此，它还需要政府行政监督的配合，更需要立法机关在司法上进行保障，特别是要建立必要的答辩机制，保证受到媒体监督的公共机关，必须要出面通过媒体向公众作出解答。近年来，我国党和政府越来越重视媒体的舆论监督功能，能够积极地回应媒体曝光的一些问题，同时积极启动了官员问责制度。这些举措使人民感受到当家做主的幸福，增强了社会责任感，并以更高的热情参与到对国家事务的管理中来。

（四）舆论监督能够建立社会诚信

一般认为，当一个国家的平均 GDP 达到 1000—3000 美元之间，这个国家就处在社会转型期。处在社会转型期的国家矛盾较多，政府的一个重要作用就是重建社会信用，通过率先垂范来弘扬社会正气。舆论监督能够鞭挞丑恶的社会现象，清除社会机体中陈腐与坏死的细胞。只要政府能够充分重视舆论监督的作用，运用它来疏导社会矛盾，消除社会弊端和危害，就能够建立起适合于时代发展要求的社会诚信机制。现在我国少数地方因为贫富差距拉大，社会出现了明显的断裂，富人歧视穷人，穷人仇恨富人，干群矛盾突出。政府可以通过舆论监督促成观点交锋，增加民间智慧，沟通干群感情，维护社会稳定。实践证明，凡是舆论监督开展得好的地区和单位，往往政府工作中的缺点和错误较少，各项事业的发展比较顺利，政府和群众的关系也比较融洽。相反，那些舆论监督开展得不好，或者拒绝舆论监督的地区，往往领导干部长官意识浓厚，工作作风粗糙，贪污腐败严重，干群关系紧张，最终伤害的是政府的信誉和社会的和谐。

（五）舆论监督能够推动民主建设

完善社会主义民主、建设社会主义法制是我国社会发展的一个重要方向。

温家宝曾指出:"社会主义民主是什么？我可以明确地说,社会主义民主归根到底是让人民当家做主,这就需要保证人民的民主选举、民主决策、民主管理和民主监督的权利;就要创造条件,让人民监督和批评政府;就是要在平等、公正和自由的环境下,让每一个人都得到全面的发展;就是要充分发挥人的创造精神和独立思维能力。"① 舆论监督可以揭露社会上的丑恶现象,评述背后深层次的原因,从而使人民群众更好地理解和把握现代社会。一次舆论监督的影响力是有限的,如果媒体能够长期坚持舆论监督,政府长期重视舆论监督,那么我们一定能够建设一个更加民主富强的国家。

二、舆论监督的基本原则

舆论监督是一把锋利的思想武器,在揭露问题、针砭时弊方面,具有特殊的战斗性。正确的舆论监督是公民言论自由权利的体现和延伸,是人民参政议政的一种形式。如果舆论监督做好了,它将能够维护社会公正,推动社会向民主的方向发展;如果舆论监督出现了偏差,变成了对监督对象的侮辱与诽谤,将会给社会带来破坏作用,甚至是灾难。李普曼曾列举过损害公共舆论的七大罪恶:仇恨、不宽容、猜疑、偏执、诡秘、恐惧和撒谎。因此,无论是新闻机构还是普通民众,在利用舆论监督公共权力、公共事件和社会现象的时候,都要遵守必要的监督原则。具体来说,舆论监督的基本原则主要有如下几条:

(一) 实事求是的原则

舆论监督必须要以事实为基础,真实是舆论监督的生命,是舆论监督的力量之源。舆论监督要真实包含四层含义:"一是新闻事实必须真实,二是必须准确地反映真实,三是必须有客观的态度,四是要坚持公正的立场。"② 新闻必须真实,新闻监督必须反映真实,应是我们对舆论监督的要求,是主观上希望达到的结果,但是,新闻工作的特殊性质和社会生活的纷繁复杂,使得新闻的绝对真实往往难以做到。新闻是有局限性的,新闻"无法承担人民主权的全部分量,无法自动提供民主主义者希望它天生就能提供的真相"③。为了避免新闻失实,为了减轻舆论监督的杀伤力,舆论监督者一定要有科学客观的态度和公平公正的立场,不带一点私心,深入事件现场,进行调查取证,尽可能地还原事实真相。新闻完全真实也许不一定能做到,但是实事求是的精神是可以培养的。针对被监督

---

① 《温家宝总理答记者问》,http://news.sina.com.cn/pc/2007-03-16/326/85.html。
② 王强华等:《新闻舆论监督理论与实践》,上海:复旦大学出版社2007年版,第126—127页。
③ [美]沃尔特·李普曼:《公共舆论》,阎克文、江红译,上海人民出版社2002年版,第285页。

的人和事件，新闻工作者应该将基本事实核实清楚，保证具体细节确凿无误。在写新闻稿的时候，应务求理性、客观、准确，绝不能搞所谓的"合理想象"。

（二）把握分寸的原则

舆论监督具有很大的杀伤力，因此，媒体一定要把握好分寸，始终记住舆论监督的目的是纠偏，是治病救人，而不是落井下石，成心整人。从辩证法的角度看，谁都会犯错误。为了保护好无辜者，为了使犯错误的人有改过自新的机会，新闻工作者一定要用事实说话，慎下结论，不能搞围剿式、摧毁式的报道，更不能轻易上纲上线。舆论监督必须坚持正面宣传为主的方针，舆论监督的目的是帮助党和政府改进工作，而不是站在党和政府的对立面。20世纪80年代，我国的一些报纸和电台比较多地报道个别地方溺弃女婴，残害、买卖妇女等问题，其中有的数字并未经过认真核查，给人以偏概全的印象。国外一些报纸立即转载播发，并乘机大做文章，攻击我国的方针政策。《纽约时报》还载文向联合国施加影响，要求调查我国溺婴事实，建议取消准备颁给我国的人口奖。我们承认，在一些落后地区确实有一些落后现象存在，但这些现象是由多种复杂的原因造成的，而且党和政府一直在认真解决这些问题，这需要一个长期的过程。类似这种未掌握好分寸的舆论监督，必然会给社会甚至国家的利益带来不必要的损害。

（三）保护信源的原则

新闻记者的活动空间是有限的，媒体很多重要的新闻线索需要靠社会公众提供。一个成功的记者需要和社会上不同层次的人打交道，通过社会公众提供的新闻线索，扩大新闻的报道面。那些为新闻记者提供线索的人，生活在社会的各个领域，并且直接参与了一些社会活动，甚至是新闻事件的见证人和当事人。对于日常的新闻报道来说，作为"消息来源"的"线人"在提供新闻线索的时候，并不会向记者提出保守他们身份秘密的要求。但是在舆论监督类的报道中，很多消息来源害怕被监督对象打击报复，因此，一般不愿公开自己的真实身份。此时，记者无论从道义还是从法律层面上都应该尊重新闻来源，保护其合法利益。当年，《华盛顿邮报》的两位记者伍德沃德和伯恩斯坦，是在"深喉"提供的线索的基础上将"水门事件"大白于天下的。当"水门事件"被揭发后，很多人都在深挖"深喉"的身份，两位记者也受到了来自各方的沉重压力，但是他们恪守职业准则，没有为了减轻自己的压力，而出卖为记者提供消息的信源。保护消息来源应该说是国际新闻界一个最基本的职业原则。然而，我们的少数记者在进行采访的时候，说尽好话，让信源一百二十个放心。可是，不出问题还好，一出问题，这些记者立即公布信源的所有材料，以显示自己的"公正与清白"，结果把信源放在非常不利的位置。某家知名大报的一位记者因为采写的某篇报道严重违规，最终被单位开除。事件刚一发生，记者最直接的反应就是公布消息来源，以显示自己是"合理合法"的，而忘记了曾对消息来源的承诺。记者一定要尊重他们，尽一切可能保护他们的生命和财产安全，不让他们宁静的生活因一篇报道而被打破。

（四）遵守法律的原则

舆论监督不能违背国家法纪，不能无法无天。法律是社会秩序的统一规范因素和权威制约力量，是全体社会成员的共同契约。在法律面前，人人平等，谁都不应该有任何特权，新闻记者和新闻媒体同样不具有任何形式的法外权利。现在很多监督类报道用隐性采访的方式报道，但这种报道方式是经不起法理推敲的，记者一定要慎用。舆论监督本身是对违法违规现象的揭露和批判，如果记者和媒体的行为本身在监督过程中有法律缺陷，迟早要吃官司。舆论监督还会面临社会公关的问题。中央电视台新闻评论部主任、总制片人梁建增曾经把《焦点访谈》和《新闻调查》所受到的社会公关压力称为"情骚扰"。梁建增认为："既然说情，肯定是能够说到情这个份上来，起码存在一定情的成分，或者是朋友，或者是亲属，或者是同事，或者是熟人，才能够跟你说上话。""既然说情，就离不开诱惑，离不开金钱与物质，离不开人情世故。"面对这些诱惑，梁建增指出："它不仅仅在直面一个人的品格德行、党性原则，而且也决定着一个人在未来的道路上向何处去。"[①] 在人际关系错综复杂的社会中，记者能够涉足的领域比普通人要宽广得多，稍有不慎就可能陷入违法的境地。

（五）允许答辩的原则

舆论监督不是敌我斗争，而是治病救人，不是唤起人与人之间无端的仇恨，而是对社会不公正现象进行纠偏。舆论监督不能上纲上线，让人从肉体到灵魂都不得安宁。将新闻批评等同于阶级斗争已经给了我们很多教训，新闻界千万不能再走过去的老路。在"文化大革命"时期，正常的新闻批评被暴风雨式的批判代替，"只要'两报一刊'（指《人民日报》、《解放军报》和《红旗》杂志）点了名，就等于在政治上被判了死刑，接踵而来的便是揪斗、监禁等。党的批评和自我批评的优良传统和作风，被糟蹋、破坏得不成样子，党的威信、党报的声誉也丧失干净"[②]。"文化大革命"早已经过去，但是那段记忆不能遗忘，我们要始终保持警惕。今天的舆论监督一定要保留被监督者申诉和答辩的权利，当新闻稿中出现不实信息的时候，媒体一定要及时更正，并向有关单位和个人道歉，为其恢

---

① 中央电视台新闻评论部：《实话》，北京：文化艺术出版社2001年版，第19页。
② 郑保卫：《新闻学导论》，北京：新华出版社1990年版，第233页。

复名誉。当被监督者与社会舆论有不同意见的时候，只要在情在理，媒体应该允许他们公开表达。同时，对那些确实违法违规的单位和个人，当他们改过自新，并且确实作出了新成就时，媒体应该再给予正面报道，提升他们"走正道"的信心。

（六）接受监督的原则

新闻媒体是舆论监督的重要工具，是维护社会正义的精神武器。但是再好的工具、再好的武器也有锈蚀的时候，所以，新闻媒体不但要监督一切社会不公正现象，同时自己也要被社会监督。2009年元宵节央视新大楼失火，事情发生后中央电视台保持低调，但这一事件引起了网络舆论的强烈反弹，结果给了中央电视台更大的压力。好在不久之后，央视就正面对舆论进行了回应，甚至在《新闻联播》节目中报道了事件的善后处理情况。只有监督者接受社会监督，监督的权力才不会被滥用，舆论监督才能做到客观公正。这些年来，媒体对矿难、企业用工制度、食品安全等各个领域展开了密集的舆论监督，但是，在媒体领域，《劳动法》的贯彻、用工制度的完善、经营手段的规范等，也还有很多可以改进的地方，还需要媒体能够直面自身的问题，能够相互监督，共同营造良好的从业生态。

三、舆论监督的现实困境

舆论监督在遏制腐败、维护社会正义等方面具有重要的作用，是我国新闻媒体的一项重要职能。改革开放以来，随着社会主义建设事业的不断进步，党和政府的执政能力不断增强，各地党和政府为舆论监督创造了很多有利的条件。从总体上来看，我国目前的舆论环境比较宽松，媒体开展舆论监督的积极性不断提高，活动开展得有声有色。但是，媒体的舆论监督还不能和社会发展需要相协调，还受到复杂的社会关系的牵制，在实际运行过程中还面临一些短期内难以解决的问题。具体表现在如下几个方面：

（一）少数官员不愿接受舆论监督

舆论监督最主要的对象就是公共权力，但是，目前还有少数官员不习惯于在舆论监督下工作，他们习惯性地拒绝舆论监督，利用手中的权力来阻止舆论监督。2009年1月12日，《焦点访谈》播出了记者对天津落实"全国统一取消公路养路费等6种收费"的规定的情况进行的调查。当记者问"天津市每年要偿还的公路建设的贷款量有多大"时，天津市市政公路管理局规费处副处长的回答却是："这事儿不能说得太细。"2009年3月10日，记者向某政协委员提问："您怎么看待官员财产公示制度？"该委员回答："老百姓为什么不公布财产？"2006年7月19日，凤凰卫视一位记者在广东采访水灾情况，当该记者挤到某位官员身边采访时，因为不是随行记者而遭到了拒绝，并且这位官员身边的工作人员还没收了记者的录像带。随着我国民主法治化建设步伐的加快，公民参政议政的意识和欲望越来越强，官员必须要适应在群众的监督下开展工作。

（二）行政权力过度干预舆论监督

舆论监督是社会的安全阀，是有效化解社会矛盾、维护社会和谐的重要工具。但是，在个别地方，行政权力频繁而过度地干预舆论监督，媒体监督只能在权力划定的区域内进行，只有领导认可的媒体才能监督。我国《宪法》规定，国家权力属于人民，全国人民代表大会是国家最高权力机关，其他任何权力都是由它派生的，它拥有最高的决策权、领导权、指挥权、否决权。但是，在一些地方，人民的权力和人大的权力都在实际运行中被弱化，在地方上真正显示力量的只有行政权力。个别地方甚至结合行政和司法权力，共同阻止舆论监督。在行政干预、内部说情、利益诱惑等面前，少数媒体投鼠忌器，作茧自缚，一篇批评稿要经过层层把关，盖好几个公章，甚至要监督对象签字盖章才能最后公开发表。

行政权力是有区域性的，不同级别的权力有不同的作用空间，并能够有效地对该空间内的媒体进行行政管理。我国媒体基本上都是国有制，因此，辖区内的媒体监督必须要得到行政权力的许可，于是就出现了所谓异地监督、低位监督和事后监督。所谓异地监督就是本地媒体不敢监督本地区出现的腐败现象和突发事件，只好跳出行政管辖范围，到其他地区开展舆论监督。所谓低位监督是指媒体不敢对公共权力的运行、政府官员的活动进行监督，而是将目光对准下级官员和困难群体，将基层官员的违法违纪行为、普通的社会现象和群众纠纷作为舆论监督的重点。舆论监督可以监督丑恶的社会现象，但是，现在的媒体把监督的焦点过于集中在市容整顿、环境卫生、邻里纠纷等问题上，造成了监督对象下移的现象。低位监督中还有一个重要现象就是上级媒体监督下级官员，甚至下下级官员。如省级媒体不监督省级、市级官员，主要监督县、乡级官员，甚至干脆只监督村干部，这种现象常被人们称作是"打小老虎"。所谓事后监督是指媒体不敢对已经存在的腐败现象、已经发生的恶劣事件进行监督，只能监督被行政查办过的、领导认可的事件。事后监督被人们习惯性地称为"打死老虎"。

政府对媒体的宽容度与政府的自信心成正比，而政府的自信心与政府的成绩大小和工作好坏成正比。相信随着政府执政能力的增强，行政对媒体的管理会越来越规范，越来越守法，媒体的舆论监督空间也会越来越大。

（三）法律保护舆论监督力度不够

由于《新闻法》的缺失，由于法律上对舆论监督没有明确的规定和保护，造成舆论监督难以开展，甚至面临很大的阻碍。法律对舆论监督保护不够表现在三个方面：一是对批评者保护不力。很多记者冲破重重阻力，甚至冒着生命危险,揭露了少数地方存在的严重违法乱纪行为,最终新闻获得了社会的认同,媒体受到了公众的赞扬,而记者本人却遭到了打击报复,甚至被"清理"出记者队伍。《人民日报》下属的《江南时报》曾报道了这样一个案例:原河南省信阳市广播站站长赵智勇,因爱写批评稿,"经常给领导找麻烦、捅娄子"。1985 年 6 月,他曾写过一篇批评稿刊登在《河南日报》一版,反映当地在省卫生检查中大搞形式主义。1991 年 8 月,他曾写过一篇内参,反映当地普遍存在汽车争挂军警牌照的现象。同年 8 月,他被调离新闻岗位,被安排到市农机监管站工作。上级调动他工作的理由是:他不适合从事新闻工作,为他重新安排工作是为了充分发挥他的"特长"。[①] 二是新闻官司没法打。由于法律没有赋予舆论监督明确的法律地位和法律责任,因而舆论监督目前还只是一种职业权利,而不是一种法律权力。因为法律的缺位,在舆论监督过程中经常会出现有关单位和个人起诉媒体和记者的案例,但是媒体和记者却难有法律依据来维护自身的权益。湖南《邵阳日报》一位记者曾先后 11 次走上被告席,为了批评报道和被批评者对簿公堂,尽管 11 起官司赢了 10 起,但他还是发出无奈的感慨:"打一场官司脱一层皮。"三是舆论监督没有法律跟进。舆论监督只是通过精神压力让被监督者改过自新,然而,现实生活中有一些严重的违法乱纪行为,已经触犯了相关法律,本应该受到法律的制裁,却因为行政和法律跟进速度慢,甚至不跟进,造成了舆论监督的无力。

第四节　新闻传播的守法性原则

法律是一种调整人们的交互行为,进而调整一定的社会关系的社会规范。新闻传播是意识形态的重要领域,属于社会公共服务事业,其生产的是社会公共产品。任何国家要想让新闻传播活动发挥它的积极功能,必须要对它进行法律管理,保证新闻传播真正为国家和社会的整体利益服务,推动社会的民主进步和文化发展。新闻媒体必须要遵守国家法律,在法律的指导下处理好媒体与政府、媒体与公众、媒体与法人、媒体与员工的关系。依法治国、建立社会主义法治国家,是我国实现现代化的必由之路。新闻传播事业只有坚持守法原则,才能真正走上健康发展的道路。

一、新闻媒体应该遵守法律,维护国家安全和民族团结

任何国家的媒体都要维护本国人民的利益,都要维护国家安全和民族团结。

[①] 袁烛:《批评稿惹恼地方官——记者 9 年难返新闻工作岗位》,载《江南时报》2000 年 2 月 22 日。

国家安全关系到国家的存亡,是整个国家和全体人民的根本利益。我国《宪法》第五十二条规定:"中华人民共和国公民有维护国家统一和全国各民族团结的义务。"第五十四条规定:"中华人民共和国公民有维护祖国的安全、荣誉和利益的义务,不得有危害祖国的安全、荣誉和利益的行为。"《保守国家秘密法》第二十二条规定:"报刊、书籍、地图、图文资料、声像制品的出版和发行以及广播节目、电视节目、电影的制作和播放,应当遵守有关保密规定,不得泄露国家秘密。"我国是由56个民族构成的多民族国家,民族平等、民族团结、民族进步、各民族共同繁荣,是关系到国家前途命运的大事。我国《宪法》第四条规定:"中华人民共和国各民族一律平等。国家保障各少数民族的合法的权利和利益,维护和发展各民族的平等、团结、互助关系。禁止对任何民族的歧视和压迫,禁止破坏民族团结和制造民族分裂的行为。"《民族区域自治法》第三十八条也规定:"民族自治地方的自治机关自主地发展具有民族形式和民族特点的文学、艺术、新闻、出版、广播、电影、电视等民族文化事业。"对于这些规定,新闻媒体必须要在日常报道中认真贯彻,避免违法违规行为。在新闻报道中,很多记者对违反国家法律、会受到法律制裁的严重违法行为非常注意。但是,记者在报道中同样应该注意用词、用语的规范。如有的新闻主管单位认为,媒体在刊发关于西藏地区的报道时,使用"藏区"、"藏民"等提法是不恰当的,最好能使用"藏族聚居区""藏族群众"等准确的表述。2009年是中华人民共和国成立60周年,很多媒体在报道相关活动的时候,使用了"建国成立60年"的提法。这种提法不够准确,应该表述为"中华人民共和国成立60年"或"新中国成立60年"。我国是一个多民族的国家,因为历史和现实的原因,在国家安全、祖国统一和民族团结方面还存在一些不安定的因素,媒体在面对这些问题时一定要谨慎,要坚持正确的舆论导向,不能在这一问题上影响祖国统一和民族团结。

二、新闻媒体应该关心群众,维护公民的合法权益

新闻媒体与公民在新闻传播活动中地位是平等的,无论新闻媒体还是普通公民,他们都享有与新闻传播相关的权利。媒体不能侵犯公民的传播权利。同时,公民在社会中生活时,有自身的生存权和人格权,媒体的新闻传播活动不能侵犯公民的任何合法权益。在现代社会,媒体被赋予了维护公众利益的责任和义务,要捍卫正义和真理。在现代社会结构中,媒体不能为了追求受众率,而以侵犯公民人格权利为代价。现在很多新闻官司都是因媒体用语不准而引发的,如"败类"、"歹徒"、"罪犯"、"变态狂"、"劳改释放犯"、"犯罪分子"、"盗窃犯"、"小偷"之类用语,感情色彩非常明显,有超越法律对案件定性之嫌。有些报道

任意公布未成年人资料、受害者资料,甚至有的记者为了挖掘具有轰动效应的新闻,不惜利用各种手段引诱别人从事非法活动。在很多案件报道中,一些记者混淆了新闻工作者与法律专业人士的界限,根据感情和道德的因素对案件进行"超前审判",严重伤害了当事人的权益。白岩松曾经说过:"记者就是记者,新闻就是新闻,舆论监督就是舆论监督,它只是这个社会上空永远拉响的警报。新闻不能觉得自己权大,甚至要大于法,这是严重的越位。这个社会上没有比法律更大的事情了。"①

三、新闻媒体应该守法经营,维护市场的公平秩序

在计划经济年代,我国媒体的活动经费基本上是由财政供给的。改革开放以后,我国媒体逐渐实现了"事业单位,企业化管理"的管理模式,媒体开始不断走向市场。媒体成为主体进入传媒市场,促进了中国传媒事业的快速发展。但是,当媒体走向市场的时候,一定要守法经营,要竭力维护传媒市场的公平和公正,实现传媒经济效益和社会效益的双丰收。在我国传媒领域,目前还不同程度地存在着有偿新闻、虚假广告、强拉赞助的现象,这些现象严重地影响了社会主义新闻事业的发展。

四、新闻媒体应该尊重员工,创造良好的工作环境

近年来,新闻传播领域出现了一些令人痛心的丑闻,严重地影响到新闻事业的权威和声誉。然而,我们在谴责那些制造丑闻的"编辑"、"记者"时,也应该反思一下媒体自身的问题。迈尔斯通过心理实验发现,"某些社会情景可以让绝大多数正常人以不正常的方式行动"。"在一个实验中,让善良的人们处于一种困难环境中,以观察正邪之间的较量。令人沮丧的是,最终是邪恶获胜了。善良的人最终没能坚持到底。"② 在目前的管理体制下,新闻从业者中的编制外人员是一个应受到更多关注的群体。编制外人员之所以成为爆发丑闻的重灾区,其中一个重要原因在于不合理的管理体制、用人机制和执法机制。首先,传媒事业的发展需要大量的从业人员,然而,"编制"的门槛使媒体员工出现了"内"、"外"差距。媒体仅靠编制内人员完不成繁重的工作,只好大量招聘编制外人员。编制外人员不被体制正式认同,很容易游离于媒体正式管理之外。其次,媒

---

① 中央电视台新闻评论部:《实话》,北京:文化艺术出版社2001年版,第19页。
② 〔美〕戴维·迈尔斯:《社会心理学》(第8版),侯玉波等译,北京:人民邮电出版社2006年版,第131页。

体过度追求经济效益,用低工资,甚至是零工资来招收编制外人员,并用严格的经济指标来考核编制外记者、发行员、通讯员。一些编制外人员为了完成媒体下达的指标,拿到令自己满意的工资,就开始想歪门邪道,用不正确的舆论监督、负面报道来换取广告费、赞助费和发行费。最后,媒体丑闻之所以出现的频率越来越高,还和少数地方执法部门执法不力有关。假记者之所以有生存的空间,往往是因为他们能够发现真问题,很容易在社会上找到能够监督的对象。然而,丑闻被揭发的时候,一部分执法部门打击假记者绝不手软,却没有很好地处理真问题,甚至在抓假记者的时候轻易地放过了真问题。媒体管理部门和新闻单位要想树立媒体的权威和尊严,必须要依法公平、公正地管理媒体。首先,有关部门应"执法必严",打击社会丑恶现象,铲除滋生传媒腐败的土壤;其次,新闻主管部门应将更多的编制外新闻从业人员纳入体制内管理,对他们加强职业道德和业务知识的培训;最后,媒体应该严格遵守《劳动法》,消除编制内外的差距,同等对待所有员工,按照统一标准支付员工报酬。只要媒体自身能够遵纪守法,确立完善的用人标准,尊重每一位员工,并为员工创造良好的工作环境,相信媒体从业者的职业行为会更加规范。

第五节 新闻传播的党性原则

党性原则是社会主义新闻事业的最基本原则。党性是某一政党所代表的阶级利益和阶级意志的集中体现。资产阶级政党为了掩盖自己的私利,竭力回避甚至否定他们的党性立场,而标榜他们的新闻事业是"超阶级"、"超党派"或者"非党派"的。无产阶级政党公开声明自己的党性立场,要求自己的新闻事业在工作中真正反映和代表工人阶级和广大人民群众的利益和意志。中国共产党是中国的执政党,是中国人民的领导核心,是中国人民根本利益的最忠实的代表,因此我国社会主义新闻事业一直坚持党性原则。新中国成立60年来,我国社会主义建设事业取得了巨大的进步,中国已经成为国际社会一支重要的力量。60年的社会主义建设事业和媒体发展经验告诉我们,坚持党性原则是我国新闻事业的优良传统。在当前的社会环境和国际环境下,党性原则依然是我国新闻事业工作原则的核心,新闻事业否定党的领导、否定党性原则不仅是不现实的,而且必然导致失败的结果。

一、党性原则的理论来源

党性原则是无产阶级新闻学说的重要支柱。社会主义新闻事业的党性原则,是在无产阶级革命事业发展过程中,由先进的马克思主义者在革命实践和办报活动中逐渐总结和发展而来的。马克思、恩格斯、列宁、毛泽东这些无产阶级的领袖人物,都曾对无产阶级新闻事业的党性原则作出了理论贡献,并领导和指导革命报刊遵守无产阶级的党性原则。

马克思和恩格斯在他们的报刊实践中,一直强调党的报刊要表达和捍卫无产阶级的利益。在马克思和恩格斯看来,报纸与政治是密不可分的,"绝对放弃政治是不可能的;主张放弃政治的一切报纸都在从事政治。问题只在于怎样从事政治和从事什么样的政治"①。马克思和恩格斯在法庭上为《新莱茵报》辩护时提出《新莱茵报》是"自由的人民精神的千呼万应的喉舌"②。马克思和恩格斯非常强调利用报刊等宣传手段,对普通工人进行深入的思想教育,"共产党一分钟也不忽略教育工人尽可能明确地意识到资产阶级和无产阶级的敌对的对立,以便德国工人能够立刻利用资产阶级统治所必然带来的社会的和政治的条件作为反对资产阶级的武器,以便在推翻德国的反动阶级之后立即开始反对资产阶级本身的斗争"③。

第一个鲜明地提出党报的党性原则的是列宁。1901年5月,列宁在《从何着手》一文中提出:"报纸的作用并不限于传播思想、进行政治教育和吸引政治同盟军。报纸不仅是集体的宣传员和集体的鼓动员,而且是集体的组织者。"④在1905年11月发表的《党的组织和党的文学》一文中,列宁提出:党的报刊应该成为党的事业的一部分;党报应当服从党的领导和监督,凡是不同党保持组织关系的党的报刊一律不得存在;党报工作者必须站在党的立场上,按党纲、党章和党的策略决议办事;党报要为千千万万劳动人民服务。列宁指出:"它不是为饱食终日的贵妇人服务,不是为百无聊赖、胖得发愁的'几万上等人'服务,而是为千千万万劳动人民,为这些国家的精华、国家的力量、国家的未来服务。"⑤

中国共产党人继承和发扬了列宁关于党报党性原则的重要思想,并在长期的革命和建设实践中,发展了具有中国特色、适合中国国情的对新闻事业的党性

---

① 《马克思恩格斯选集》(第2卷),北京:人民出版社1995年版,第123页。
② 《马克思恩格斯全集》(第6卷),北京:人民出版社1965年版,第275页。
③ 《马克思恩格斯选集》(第1卷),北京:人民出版社1995年版,第306页。
④ 《列宁全集》(第5卷),北京:人民出版社1959年版,第8页。
⑤ 《列宁选集》(第1卷),北京:人民出版社1972年版,第650页。

要求。早在党的一大期间通过的相关决议就规定："任何中央或地方的出版物均不得刊载违背党的方针、政策和决定的文章。"①1942年延安《解放日报》的两篇社论《致读者》和《党与党报》，对中国共产党的党报党性原则做了最详细、最权威的阐述。《致读者》在阐述党性原则的时候指出："不仅要在自己的一切篇幅上，在每篇论文，每条通讯，每个消息……都能贯彻党的观点，党的见解，而且更为重要的是，报纸必须与整个党的方针、党的政策、党的动向密切相连，呼吸相通，使报纸应该成为实现党的一切政策、一切号召的尖兵、倡导者。"②《党与党报》社论指出，"报纸是党的喉舌，是这一个巨大集体的喉舌……只是整个党的组织的一部分。一切要依照党的意志办事，一言一行，一字一句，都要顾及党的影响"。"党的领导机关要看重报纸，给报纸以宣传方针，而且对于每一个新的重要问题，都要随时指导党报如何进行宣传"，"不但党的上级机关……而且党的各级机关，各级组织，以至于每个党员，都对党报负有责任。"③ 1948年4月，在《对晋绥日报编辑人员的谈话》中，毛泽东以简洁的语言完整地表述了党报的党性原则："报纸的作用和力量，就在它能使党的纲领路线，方针政策，工作任务和工作方法，最迅速最广泛地同群众见面。""在报纸上正确地宣传党的方针政策，通过报纸加强党和群众的联系，这是党的工作中的一项不可小看的、有重大原则意义的问题。"④

二、党性原则的具体要求

经过新中国成立以来的新闻实践，我们已经确立起了社会主义新闻事业的党性原则。中国共产党的党性原则主要表现为：在政治上，必须和党中央保持一致；在思想上，必须坚持马克思列宁主义、毛泽东思想、邓小平理论、"三个代表"重要思想、科学发展观、习近平新时代中国特色社会主义思想；在组织上，必须无条件地遵守党纲、党章，服从党的一切决议，遵守党的纪律。把党性原则的总要求和新闻工作的具体要求结合起来，就是社会主义新闻事业党性原则的要求。在长期的新闻实践中，我国的新闻事业继承了无产阶级新闻事业的优良传统，在新闻事业如何坚持党性原则方面形成了一系列具体的要求。

新闻事业是党的事业的重要组成部分，必须自觉接受党的领导。社会主义

---

① 《中国共产党第一个决议》，http://cpc.people.com.cn/GB/64162/64168/64553/4427949.html。
② 《致读者》，转引自张之华主编：《中国新闻事业史文选（公元724年—1995年）》，北京：中国人民大学出版社1999年版，第442页。
③ 《党与党报》，转引自上书，第258—289页。
④ 《对晋绥日报编辑人员的谈话》，转引自上书，第497—498页。

新闻事业是在革命斗争和社会建设过程中不断形成和壮大的,是党和政府为了推进社会主义事业而创办的宣传机构,新闻单位的所有权主体是公有制。长期以来,我们一直把新闻单位作为党委的重要部门和党的事业的重要组成部分。今天,在市场化过程中,媒体逐渐走向市场,但依然是党的喉舌,依然属于党和政府所有,依然要自觉地接受中央和上级党委的领导。

新闻事业必须坚持马克思主义的思想路线,坚持正确的政治方向。坚持马克思主义思想路线是无产阶级事业、社会主义事业走向成功、走向胜利的保证。马克思主义在不同的历史时期有新的发展和不同的表现形式。这些表现形式本质上是共通的,但是在具体的表述上,根据时代发展特征进行了必要的补充和修正。新闻事业一定要用辩证的、发展的眼光来看待马克思主义。

新闻事业必须与党和政府的中心工作保持一致,无条件地宣传党的路线、方针和政策。社会主义新闻事业既是党的耳目喉舌,也是人民的耳目喉舌,对党负责和对人民负责是一致的。党和政府代表人民行使国家权力,是中国社会主义事业成功的一个重要保证。因此社会主义新闻事业必须要与党和政府保持一致,无条件地宣传党的路线、方针和政策,实现上情下达和下情上达,使国家的各项政策能够落到实处,真正使人民得到实惠。当群众意见和媒体主张与党和政府的政策发生冲突的时候,不应该在媒体上直接报道,而应该通过组织路线向上级党委和政府反映,或者以内参的形式向上反映。

新闻事业必须要坚持以正面为主的宣传方针,切实维护党和人民的利益。毛泽东曾经把报纸进行批评报道的原则概括为开、好、管,即报纸要开展批评,批评要正确,要对人民有利,党委要把开展批评管起来。目前,我国正处在社会转型期,社会矛盾多发,媒体更要坚持正确的舆论导向,做好舆论引导工作。

第十二章 中国的新闻改革

对新闻体制进行改革,是推动新闻事业发展的主要动力,是顺应历史潮流、保障公民新闻自由权利的重要举措,也是推动社会进步的重要精神力量。新闻改革往往不是一种主动的社会运动,而是在客观环境的推动下被动顺应环境的过程。新闻改革是由生产力和生产关系、经济基础与上层建筑的矛盾运动所推动的。生产力是人们在生产过程中形成的解决社会和自然矛盾的实际能力,是改造和利用自然使其适应需要的客观物质力量。生产关系是在生产过程中发生的人与人之间的社会关系,它体现了人们之间的物质利益关系,是最基本的社会关系,是生产力的社会形式。社会发展规律显示,在任何社会,生产力都是最活跃、最革命的要素,生产力的发展决定生产关系的变革和方向。经济基础指的是同生产力一定发展阶段相适应的生产关系的总和;上层建筑是指建立在一定经济基础之上的社会意识形态和相应的政治法律制度、组织及设施。经济基础决定上层建筑,上层建筑是根源于经济基础的需要而建立起来的。生产力和生产关系的矛盾、经济基础和上层建筑的矛盾是人类社会的基本矛盾,是社会发展的根本动力。我国自1978年改革开放以来,生产力获得了巨大的发展,整个社会的社会关系出现了巨大调整。经济基础(生产关系)的巨大变化,推动着我国社会不断地进行经济和政治改革。新闻传播事业属于上层建筑范畴,随着社会经济基础的变化,它逐渐不适应社会发展的需要,因此需要进行改革。

社会发展过程中经常伴随着社会革命和社会改革。社会革命是先进阶级用革命手段推翻反动阶级的统治,以先进的社会制度取代腐朽的社会制度,是社会制度的根本变革。社会改革是在维持社会根本制度不变的前提下,对经济基础或上层建筑的某些方面、环节的调整和对某些具体制度的变革。社会改革一般是在社会相对稳定的条件下进行的,具有经常性、普遍性、渐进性等特点,属于社会根本制度的局部的量变。我国实行社会主义制度,生产力和生产关系、经济基础和上层建筑没有根本的矛盾和冲突,因此更多地采用社会改革的方式。自1978年以来,我国在经济体制改革中取得了巨大成就,政治体制改革也在稳步推进。新闻体制改革属于政治体制改革范畴。自从我国无产阶级新闻事业诞生以来,就一直根据社会的发展,不断进行新闻改革,并积累了很多成功的经验和失败的教训。今天我国的新闻体制改革,既要总结历史上几次重要新闻改革的经验和教训,也要适应当前生产力发展的要求,不断在新闻体制上作出更多的创新,使新闻事业真正跟上时代进步的步伐。

第一节 改革开放前党报的两次改革

改革是社会进步的关键,社会在不断发展,只有不断进行改革,才能保证新闻事业跟上时代发展的需要。新闻改革的出发点和落脚点必须是以人为本,符合时代潮流。在改革开放前,我国无产阶级新闻事业主要进行了两次大的新闻改革,一次是1942年以《解放日报》为代表的延安整风运动中的新闻改革,一次是1956年以《人民日报》为代表的全国新闻工作改革。这两次新闻改革是中国新闻史上两次重大事件,对我国新闻事业的发展产生过重大的影响。

一、整风运动中的新闻改革

自抗日战争以来,中国共产党的人数不断增加,从4万人增加到80万人,但是党员大多数出身于农民和小资产阶级,有高度的革命热情,但是缺乏革命斗争经验,存在一些非无产阶级的思想。同时,党内对于历次"左"、右倾机会主义错误,一直没有在思想上彻底清算。为了加强共产党的领导,保证中国共产党在政治上、思想上和组织上做到高度统一和团结,1942年和1943年,中国共产党进行了历史上第一次大规模的整风运动。整风运动的主要任务就是要从思想上建设党。整风运动的内容是反对主观主义以整顿学风,反对宗派主义以整顿党风,反对党八股以整顿文风。解放区新闻工作的整风改革是全党整风运动的重要组成部分,其中《解放日报》走在新闻界整风运动的前列。

从1941年开始,抗日根据地进入极其困难的时期,中共中央为了节约资源,集中力量加强新闻宣传,将《新中华报》和《今日新闻》合并为大型中共中央机关报《解放日报》,同时《中国青年》、《中国工人》、《中国妇女》、《中国文化》、《共产党人》、《解放》周刊、《八路军军政杂志》等报刊陆续停刊。1941年5月16日,《解放日报》在延安创刊。《解放日报》是革命根据地第一份大型的、每日出版的中央机关报,毛泽东经常亲自指导《解放日报》的工作,并亲自为其撰写和审改重要的社论、新闻和文章。1942年2月初,毛泽东在延安先后作了《整顿党的作风》、《反对党八股》等重要报告,揭开了整风运动的序幕。根据整风运动的精神,中共中央宣传部于1942年3月16日发出了《中共中央宣传部为改造党报的通知》。《通知》指出,"报纸的主要任务就是要宣传党的政策,贯彻党的政策,反映党的工作,反映群众生活,要这样做,才是名副其实的党报,如果报纸只是或者以极大篇幅为国内外通讯社登载消息,那么这样的报纸是党性不强,不过为别人的通讯社充当义务的宣传员而已,这样的报纸是不能完成党的任务的"。"要使各地的党报成为真正的党报,就必须加强编辑部的工作,各地各级党的领导机关,必须亲自注意报纸的编辑工作,要使党报编辑部与党的领导机关的政治生活联成一气,要把党的政策、党的工作、抗日战争、当地群众运动和生活,经常在党报上反映,并须登在显著的重要的地位,要有与党的生活与群众生活密切联系的通讯员或特约撰稿员,要规定党政军民各方面的负责人经常为党报撰稿。"

《通知》中反映的问题,在《解放日报》中同样存在。为了做好《解放日报》的改版工作,1942年3月31日,毛泽东和《解放日报》第一任社长博古在杨家岭召开了改版座谈会,邀请延安各部门党内外代表及作家70多人参加。1942年4月1日,在中共中央的指导下,《解放日报》实行了改版。在当天发表的改版社论《致读者》中,《解放日报》自我检查了创刊10个月来的问题:"我们以最大的篇幅供给了国际新闻,而对于全国人民和各抗日根据地的生活、奋斗,缺乏系统的记载;我们孤立登载中央的决议指示,领导同志的论文,而没有加以发挥和阐明,对于政策和决议的执行情形、经验检讨则毫无反映;我们以巨大的篇幅登载枯燥乏味的论文和译文,而不能以生动活泼通俗易解的文字解释迫切的问题,对于敌对思想缺乏应有的批评";"对于边区中所进行的各种巨大的群众运动,我们至多只记载了一些论断,而没有能够全面地反映,更谈不上推动与倡导。"因此,报纸要实行"彻底的改革。改革的目的,就是要使解放日报能够成为真正战斗的党的机关报。"

改版后,《解放日报》的新闻排序发生了重要变化,版面焕然一新。改版前,《解放日报》主要以刊载国际新闻为主,一、二版是国际版,三版是国内版,四版才是边区版。改版后变成一版是解放区要闻版,二版是陕甘宁边区版,三版才是国际版,四版为副刊和各种专论。《解放日报》改版的主要成就包括:党中央加强了对《解放日报》的领导,报纸能够更好地配合中央的中心工作;报纸的党性和群众性增强,努力把抗日根据地的新闻放在报道的首位;确立了"全党办报"的指导思想,使报纸的进一步发展有了方向和保障;精心设计和写作社论,更加注重社论的质量和宣传效果;坚持宣传马克思主义新闻观,丰富和发展了马克思主义新闻理论和新闻实践。1944年2月16日,《解放日报》发表社论《本报创刊一千期》总结说:"改版之后,本报依照重要方针,实行改革。从那时到现在,已经1年又10个月了。这1年又10个月中间,我们的重要经验,一言以蔽之,就是'全党办报'四个字。"《解放日报》改版后,《新华日报》华北版、《抗战日报》等在整风检查的基础上,做了类似于《解放日报》的改版,加强了党报与革命斗争和人民群众的联系。

整风运动中新闻改革的一个重要成果是确立了"全党办报"的重要原则,同时还为中国共产党新闻理论的建立奠定了坚实的基础。整风运动中,《解放日报》发表了一系列关于新闻工作的重要文件、社论和理论文章,如毛泽东的《在〈解放日报〉改版座谈会上的讲话》、《中共中央宣传部为改造党报的通知》、《解放日报》社论《致读者》、《新闻必须完全真实》、《党与党报》、《本报创刊一千期》、《提高一步》、胡乔木的《报纸是人民的教科书》、陆定一的《我们对于新闻学的基本观点》、总政宣传部的《苏联的军事宣传与我们的军事宣传》、陶铸的《关于部队的报纸工作》等。其主要理论成果是:坚持辩证唯物主义的新闻观、反对唯心主义的新闻观;确立"全党办报"的思想,反对"同人办报"的观点;树立"人民公仆"的思想,反对"无冕之王"的观点;坚持"政治第一,技术第二",反对"技术第一,政治第二";树立生动活泼新鲜有力的马克思列宁主义的文风;发扬无产阶级党报的三种作风,即理论联系实践、密切联系群众和批评与自我批评;坚持和强调无产阶级新闻工作的党性原则。① 整风运动中的新闻改革基本形成了中国共产党新闻事业的基本面貌和基本管理模式,它一直影响到新中国成立后我国新闻事业的发展,直到今天它的核心思想还是我国社会主义新闻事业的主要内容。

二、1956年全国的新闻改革

1956年,我国对农业、手工业和资本主义工商业的社会主义改造基本完成,国家的工作重点开始向经济建设转移。在对所有制进行社会主义改造的过程中,我国报业也在企业化经营方面迈出了可喜的步伐。1949年12月,新闻总署召开全国报纸经理会议,确定报纸企业化经营的方针。1954年,中宣部下达《关于统一和加强国营、地方国营、公私合营报社、杂志社、出版社企业管理的指示》,明确规定报社实行企业管理,并向报社企业提出了"尽可能地为国家节省和积累建设的资金"的要求。同时,党和政府还对私营新闻事业进行了社会主义改造。在社会主义改造的过程中,我国的新闻工作继承了党的优良传统和苏联的成功经验,在宣传上取得了一定的成就。但是新闻工作从总体上看,仍然落后于现实生活,教条主义和党八股非常严重。尤其是简单照搬苏联的做法,导致

---

① 方汉奇、张之华主编:《中国新闻事业简史》,北京:中国人民大学出版社1995年版,第300—303页。

新闻机构日益单一化,新闻宣传日益公式化。到了1956年年初,情况已经十分严重,广大读者和新闻工作者都对新闻工作深感不满。社会主义改造基本完成所提供的社会条件,新闻媒体公有化、企业化提供的经济基础,支持和呼唤新闻业务的改进和新闻理论的突破。

1956年4月,毛泽东在最高国务会议上宣布了发展科学文化事业的双百方针,即"百花齐放、百家争鸣"。5—6月间,主持中央日常工作的刘少奇曾三次分别听取了新华社、中央广播事业局等单位的汇报。新华社在汇报时提出面临三个主要问题:一是要不要继续学习塔斯社,如何对待自己的传统和苏联的经验;二是要走中国自己的社会主义新闻事业发展之路,新闻工作必须要改革,问题是要改什么,怎么改;三是毛泽东在五个月前提出新华社要"把地球管起来"、"让全世界都能听到我们的声音",这是要求新华社建世界性的通讯社,问题是如何建世界性的通讯社。刘少奇在认真听取了汇报后,明确提出:"学习塔斯社的新闻格式,死板得很,毫无活泼";新华社要成为世界性通讯社,"不要老是强调官方身份,不要把自己束缚的死死的";"新华社要学习塔斯社,同时也要学习资产阶级通讯社";新闻工作要"从多方面和人民建立密切的联系",更好地"适合读者需要"等。[1] 1956年4月,《人民日报》编辑部召开新闻改革动员大会,掀起了一场以改版为中心的新闻改革运动。之后报社内部进行了广泛的讨论,并向中央有关部门,各省、市、县以上的报社和各界读者征集了改版意见。6月20日,《人民日报》社制订了具体的改革方案。《人民日报》在新闻改革中的率先行动,为全国新闻界改革树立了典范。

1956年7月1日,《人民日报》发表了改版社论《致读者》,拉开了中国新闻业第二次改革的序幕。《致读者》阐述了《人民日报》改版的重点包括三个方面:第一,扩大报道范围。社论认为,"尽量满足读者的多方面的要求,这是我们的天职",报纸应该多发新闻,发多方面的新闻,"生活里的重要的、新的事物——无论是社会主义阵营的,或者是资本主义国家的,是通都大邑的,或者是穷乡僻壤,是直接有关于建设的,或者是并不直接有关于建设的,是令人愉快的,或者是并不令人愉快的,人民希望在报纸上多看到一些,我们应该多采集、多登载一些"。第二,开展自由讨论。在任何社会,社会成员不可能对任何具体问题都有同一种见解。编辑部不能设想自己是全知全能的,或者故意摆出一副神气,认为能对任何问题随时作出绝对正确的结论。"有许多问题需要在群众性讨论中逐

---

[1] 王为衡:《在刘少奇关爱下成长的新华社》,http://dangshi.people.com.cn/GB/85040/9313609.html。

渐得到答案",即使是正确答案也要在群众实践中加以补充和修正。"为了便于开展自由讨论,我们希望读者注意:在我们的报纸上发表的文章,虽然是经过编辑部选择的,但是并不一定都代表编辑部的意见。"第三,改进文风。报纸上的文字应该力求言之有物,言之成理,而且言之成章。过去,《人民日报》虽然登过不少好文章,但是整个来说,生硬的、枯燥的、冗长的作品还是很多,空洞的、武断的党八股以及文理不通的现象也远没有绝迹。因此,报社希望"除了编辑部自己努力以外,我们请求作者们在给我们稿件的时候,也务必注意到广大读者的呼声,尽量把文章写得有条理,有兴味,议论风生,文情并茂,万不要让读者看了想打瞌睡"。

当新闻改革的呼声越来越高时,中国新闻界发生了一件大事,"毛泽东批示支持《人民日报》进行改版"①。8月,毛泽东和党中央批转了《人民日报》编委会就7月改版向中央的报告。中央的批复,肯定了新闻改革的方向和重点。毛泽东在改版报告上画圈同意《人民日报》实施新闻改革,给报社和全国其他媒体以很大的鼓舞。在《人民日报》改版之后,中央和各地的报纸、通讯社、广播电台也都先后进行了改革,掀起了一个规模巨大的新闻改革浪潮,新华社、中央人民广播电台、《文汇报》、《光明日报》等很多媒体都先后进行了新闻改革。遗憾的是,1957年反右斗争开始后,1956年开始的新闻改革中途夭折。此后,在持续不断的政治运动中,媒体染上了浓重的衙门作风,工作方式机关化,新闻工作完全服从于政治斗争的需要。

1956年以《人民日报》改版为标志的新闻改革,是我国新闻事业发展史上的第二次改革,也是新中国成立后新闻事业的第一次改革,是中国新闻界一件具有历史性意义的大事。在这次历时一年多的新闻改革中,中国新闻人在如何办好社会主义新闻事业的道路上做了可贵的探索,初步取得了一些可贵的经验。第一,新闻改革使新闻工作者冲破了教条主义思想的束缚,破除了对苏联新闻模式的盲从和迷信;第二,新闻改革拓宽了新闻工作者的业务视野,使他们明确认识到办好中国新闻事业既要联系中国实际,也要对资产阶级的办报方式进行批判地接受;第三,本次新闻改革获得了广大受众的支持,使媒体在满足读者、听众需要方面做了有益的探索,报社的自费订阅量出现了大幅度的增加。当然,在这次改革中也出现了一些偏颇:有些人全盘否定了新中国成立初新闻界学习苏联经验的历史必然性和现实成就,也有些人不加分析和批评地对旧中国办报传统进行学习和继承。

---

① 童兵:《马克思主义新闻经典教程》,上海:复旦大学出版社2002年版,第197页。

三、"文化大革命"中新闻事业的挫折

1956年社会主义改造完成,中国共产党第八次全国代表大会宣布:社会主义制度在中国已经基本建立起来。1957年春天,苏联召开了"二十大"公开批判斯大林,东欧发生了波兰波兹南事件、匈牙利事件等风波。在国内,自新中国成立以来,党员人数迅速增长,在一些党员中出现骄傲自满的情绪,滋长了官僚主义、宗派主义、主观主义作风。由于官僚主义等原因,一些地方出现了学生游行、工人罢工和农民退社的现象。为了加强党的建设,1957年4月27日,中共中央发出《关于整风运动的指示》,号召"在全党进行一次普遍的、深入的反官僚主义、反宗派主义、反主观主义的运动"。《指示》要求民主党派和无党派人士本着自愿原则帮助共产党整风,指出:"应该放手鼓励批评,坚决实行'知无不言、言无不尽,言者无罪,闻者足戒,有则改之,无则加勉'的原则。"在整风运动中,极少数右派分子借整风之机,掀起了一股反党反社会主义的浪潮。中共中央对形势估计过于严重,发出了反击右派的公开动员令,使整风运动发生了重大变化,由正确处理人民内部矛盾转向反击右派。

在新闻界,《人民日报》支持"鸣放",带动和鼓励了其他各报的"大鸣大放",其中《文汇报》和《光明日报》表现最为突出。《人民日报》对"鸣放"中出现的不同意见,包括"改变社会主义制度"、"轮流坐庄"等错误观点都做了报道。正当新闻界积极鸣放、帮助共产党整风的时候,发生了轰动一时的"左叶事件"。左叶是农业部的部长助理,1957年4月17日苏联代表团在北京参观全国农业展览会,左叶因在场维持秩序与记者发生争吵且出言不逊,引起在场记者反感。第二天,《北京日报》、《光明日报》、《文汇报》均以"记者专电"的形式进行了报道。5月11日,新华社还发了通稿,使其演变成全国新闻界关于新闻工作者的地位和反官僚主义的大讨论,从而推动了新闻界自身"鸣放"和整风运动的升温。新闻界和社会各界的"大鸣大放",一直受到中共中央和毛泽东的密切注视。5月14日,毛泽东指示刘少奇、周恩来等中央领导人要注意看报,重点看人民内部矛盾和整风消息。6月8日,毛泽东起草了《组织力量反击右派分子的猖狂进攻》的党内指示,同一天,《人民日报》发表社论《这是为什么?》,反右派斗争开始。一时间,报刊上反击右派的文章铺天盖地而来。反右斗争的扩大化使1956年开始的新闻改革半途而废,导致我国新闻事业长期停滞不前,给新闻工作和新闻工作者造成了巨大的伤害。在1957年的整风鸣放中,《中国青年报》社长兼总编辑张黎群在首都新闻界座谈会上,就如何办好青年报做了一个发言。他说青年报应突出青年的特色,不能照抄照登文件,而应当精细加工,使其生动

活泼,不要将报纸弄成"布告牌"、"留声机"、"翻版书"。这个发言第二天就被登在了《人民日报》上。然而,反右开始后,张黎群的讲话成了批判的重点,"《中国青年报》编辑部就被打出十七名'右派',约占编辑部总人数的百分之十七,而且大部分都是副总编辑、部主任和业务骨干"①。张黎群在受到保护的情况下被下放到陕北米脂县担任县委书记。

到了1958年,"大跃进"运动在全国展开,新闻界对"大跃进"起到了推波助澜的作用,大刮浮夸风,践踏新闻真实性原则,使新闻工作偏离了新闻规律。1961年5月1日,刘少奇在同《人民日报》、新华社负责人谈话时说,《人民日报》报喜不报忧,只登好的,不登缺点、错误,宣传了很多高指标,放卫星,在这个问题上使我们党在国际上陷于被动。"大跃进"与人民公社运动的失误,使我国60年代初的国民经济出现了极为困难的局面。1962年,中共中央开始对国民经济实行"调整、巩固、充实、提高"的方针,新闻事业在这个过程中也经历了调整,出现了一些新的发展。但是在政治思想领域,因为受到"左"倾思想的严重影响,新闻界进行了一系列的批判运动,其中主要有对小说《刘志丹》的批判、对昆曲《李慧娘》的批判、对历史剧《海瑞罢官》的批判。

从1957年开始的"左"的错误理论和错误实践,经过反复的恶性循环,从1966年开始演变成"十年浩劫"。"文化大革命"是新中国成立后的一个特殊阶段,造成了政治、经济、社会及人民生活的混乱。知识分子成为受害主体,大批忠诚的领导干部受到迫害和摧残,冤假错案层出不穷。"文化大革命"是以1966年中央发出的《五一六通知》为开端的,"江青等人在毛泽东支持下对吴晗《海瑞罢官》的批判,刘少奇、彭真和陆定一等中共中央和北京市领导人对此批判的抵制,是引发'文化大革命'的直接原因"②。因为《五一六通知》明确把新闻界规定为批判的对象,所以从一开始,新闻界就受到严重的冲击和摧残。在宣传报道上,"文化大革命"成为唯一的主题,新闻上什么内容都要与其挂钩,国际报道必须引用领袖语录。在这种狂热气氛中,新闻报道无限上纲上线,陈伯达甚至率领工作组直接进驻《人民日报》社;媒体掀起声势浩大的造神运动,报纸上大登语录新闻,宣传"造反"、"破四旧"、大串联,掀起一个批判所谓"资产阶级反动路线"的高潮,使全国党政机关大部分陷于瘫痪、半瘫痪状态。当人们处于被组织、被动员状态中时,新闻报道又灌输了大量的阶级斗争和路线斗争的意识形态,使全国人民不再怀疑政治运动的正确性,社会舆论也不允许有这种怀疑,不

---

① 戴煌:《胡耀邦与平反冤假错案》,北京:中国文联出版社、新华出版社1998年版,第5页。
② 方汉奇、张之华主编:《中国新闻事业简史》,北京:中国人民大学出版社1995年版,第459页。

同声音几乎完全消失。新闻界更是忌讳谈新闻改革,害怕被扣上"反对党对新闻事业的领导"的政治帽子。

第二节 改革开放以来的新闻改革

　　社会改革不仅是人们有意识、有目的、有计划地改造社会的结果,也是历史发展的规律所推动的。在某种程度上来看,只有历史发展给我们提供了一定的机遇后,人的主观能动性才起作用,改革才能获得预期的成功。新中国成立后"左"倾思想的泛滥,在"文化大革命"中达到了登峰造极的地步,给民族带来了巨大的灾难,也使人们彻底看清了"左"的思想的危害性。1976年9月9日,毛泽东逝世。面对国家所处的现实状况,党内一致呼吁,将国家工作重点转移到经济建设上来。当时代要求和历史机遇结合起来的时候,改革开放成了深入人心的大势。新闻事业是意识形态宣传的工具,也是对公众进行思想启蒙的工具,当国家进入伟大的变革的进程中时,新闻事业也在顺应历史发展的要求,不断地进行体制和业务改革。下面我们主要分四个阶段对新闻改革进行阐述。这里需要说明的是,下面提到的每个改革阶段是根据新闻界的改革重点来划分的,而在新闻事业的实际发展过程中,各个阶段是相互植入、互相衔接的,只不过在某个时间段内某种特征表现得更明显罢了。

一、思想解放推动的新闻改革(1976—1982)

　　1976年10月,中共中央采取果断措施,粉碎了"四人帮"集团,"文化大革命"结束。在1976年,尽快结束"文化大革命"已经成为社会共识,但是这之后国家向什么方向去,很多人还是感到非常茫然。在这个"拨乱反正,正本清源"的特殊时期,新闻媒体积极配合中央的工作,在中央正确的领导下,积极推动全社会的思想解放运动,承担了清算"文化大革命"政治遗产和匡正社会意识形态的重大任务。1978年12月,党的十一届三中全会召开,标志着我国迎来了具有历史意义的改革开放。新闻媒体引导人民破除陈旧观念的束缚,积极将工作重点转移到经济建设上来。媒体在推动社会思想解放的同时,自身也在不断地发展和变革。新闻界重提1956年改革的话题,新闻事业开始寻找自身的发展规律。

(一) 积极推动思想解放运动

　　迅速消除"左"倾思想的恶劣影响,为改革开放奠定思想理论基础,是粉碎"四人帮"之后意识形态领域的重要任务。改革开放是从两个方面着手的:一是通过关于真理标准的大讨论为改革开放奠定思想基础,二是通过平反冤假错案为改革开放奠定组织基础。1977年2月7日,《人民日报》发表"两报一刊"社论《学好文件抓住纲》,公开主张:"凡是毛主席作出的决策,我们都坚决维护;凡是毛主席的指示,我们都始终不渝地遵循。"为了不让"左"倾思想继续抬头,新闻界走到了时代的前列,发起了一场规模空前的思想大讨论。1978年5月11日,《光明日报》以特约评论员的名义发表了题为《实践是检验真理的唯一标准》的文章;次日,《人民日报》、《解放军报》等9家报纸全文转载;到5月底,全国共有30多家报纸转载。关于真理标准的大讨论,撼动了"左"倾思想的根基,促进了全国性的思想解放运动,为平反冤假错案扫清了思想障碍,同时为十一届三中全会的召开进行了思想准备。1978年12月13日,邓小平在中央工作会议上发表《解放思想,实事求是,团结一致向前看》的讲话,他指出:"目前进行的关于实践是检验真理的唯一标准问题的讨论,实际上也是要不要解放思想的争论。大家认为进行这个争论很有必要,意义很大。从争论情况来看,越来越重要。一个党,一个国家,一个民族,如果一切从本本出发,思想僵化,迷信盛行,那它就不能前进,它的生机就停止了,就要亡党亡国。"媒体关于"真理标准"的理论传播,是中国社会进行改革开放的先导。

(二) 努力探索新闻传播规律

在"文化大革命"期间,新闻媒体成了政治的附庸,完全沦为政治斗争的工具。"文化大革命"结束后,新闻界开始摈弃"报纸是阶级斗争工具"的性质说,高扬起新闻规律的旗帜。1978年11月13日,《人民日报》刊登了林春、李银河的文章《要大大发扬民主和加强法制》,该文引用毛泽东说过的话,"人民的言论、出版、集会、结社、思想、信仰和身体这几项自由,是最重要的自由"。这篇文章虽然不是专门谈新闻事业的,但是对新闻学进行了深刻的反思,呼吁通过立法使人民能够运用法律的武器来保障自己的各项自由权利,包括言论、出版自由的权利。新闻界高扬新闻规律的旗帜,一个重要的目的就是肯定新闻像其他自然科学、社会科学和人文科学一样,也是一门科学,有其特定的规律性,人们不能违背新闻事业的特有规律,而任意曲解新闻事业的社会功能。当时人们在探讨"报纸的性质、任务和作用"时,一面承认报纸是阶级斗争的工具,一面强调报纸还是社会舆论的工具,报纸既要承担喉舌功能,也要传递信息,表达人民的声音。由于当时国家刚刚从"文化大革命"中走出来,人们突破旧有思想的樊篱还有一个过程,因此,人们对新闻规律还没有统一的新认识,但是尊重新闻规律已经成为新闻界和有远见的领导人物的理想。在尊重新闻规律的前提下,报刊上"假、大、空"的文章少了,"短、快、新"得到了提倡。新闻界努力多写新闻、快写新闻、写好新闻,使新闻的时效性、服务性、可读性大大增强。

(三) 经济报道开始崭露头角

改革开放之初,政治领域的管制略有放松,而经济领域的管制放松得较多,私人经济、生产流通等方面逐步放松了管制。改革使社会生产力得到了解放,经济发展开始得到恢复。随着国家工作重心转移到经济建设上来,经济报道逐渐成了新闻宣传的主要内容。过去经济报道只讲宣传,不讲信息,但是在 20 世纪 80 年代初,媒体开始对指导性功能进行改造,信息服务功能得到了加强。经济报道首先是从农村实行联产承包责任制开始的。从 1979 年初春小岗村秘密实行联产承包责任制后,安徽各地纷纷出现了包产到户的做法。新中国成立后,在极"左"思想的影响下,人们认为"集体生产是社会主义,包产到户是资本主义"。改革开放之初,对于农民自己探索出的自救生产方式国内还有很多争论。在舆论争吵得异常激烈的时候,中央的有力支持使媒体逐渐不再指责"包产到户",最终发展为鼓励农民包产到户。同时,媒体对农村的专业户的宣传与报道也形成了不小的热潮。

(四) 经营管理进入媒体视野

在计划经济年代,特别是受"左"倾思想的影响,我国的媒体都由国家来办。从 50 年代后期到 70 年代,广告曾经被视为异端,在各种新闻媒体上绝迹。十一届三中全会后,随着经济体制改革的深入,媒体经营管理问题再度被重视。1978 年,财政部批准《人民日报》等首都几家报纸试行企业化管理的报告。1979 年 4 月,财政部在《关于报社试行企业基金的实施办法》中,明确提出报社是宣传事业单位,但在财务管理上实行企业管理的办法,由此确立了报社"事业单位,企业化管理"的属性。同时,1979 年 1 月,上海电视台播出了中国电视史上第一条商业广告;同年,广东电视台和中央电视台也随之播放商业广告。自此,媒体的经营管理开始进入传媒人的视野。

二、新闻立法推动的新闻改革(1983—1991)

1983 年后,我国基本上完成了政治上的"拨乱反正"的任务,国家的中心工作真正转移到经济建设上来。在这个阶段,农村经济快速发展,个体企业、乡镇企业不断出现。在城市,经济体制不断改革,经济发展赶超农村。1984 年,党的十二届三中全会通过了《中共中央关于经济体制改革的决定》,城市改革不断向纵深发展。经济的全面振兴,必然带来人们思想观念的变化,政治改革的声音开始出现。但是,因为激进派、自由派没有充分认清中国国情,企图简单嫁接西方资本主义制度,结果给国家和民族带来了灾难。在 20 世纪 80 年代中后期,新闻改革顺应经济形势和政治形势的发展,不断改变和更新观念,新闻工作向发展多种功能的方向进行了有益的探索。尤其是在这个阶段,新闻立法被提上了议事日程,成为这个时代新闻改革最主要的推动力。

(一) 经济新闻报道异军突起

1984年,中共十二届三中全会通过的关于经济体制改革的决定,确定了我国发展社会主义商品经济的发展规划。同时,上海等14个港口城市对外开放,各地、各企事业单位之间,乃至海外横向联系、信息交流日益频繁,经济信息成为人们重要的需求对象。为了适应经济发展的需要,各类报纸都更加重视经济报道的广度和深度,创办了各种类型的栏目。同时各个部门纷纷办起了经济类报刊,经济信息类报纸成为发展最快的报纸。广播电台、电视台也纷纷创办了经济类节目。1986年12月15日,珠江经济广播电台开播,这是国内第一个专业广播电台。1989年12月28日,中央电视台《经济半小时》栏目正式开播,这是我国加强经济新闻深度报道的标志。这个时期经济报道的主要内容是:(1) 报道宏观经济信息和经济政策,为经济活动提供市场指导。(2) 报道城市和企业改革的先进做法,推动经济体制改革的深化。如1985年3月4日,《辽宁日报》发表了题为《一个万人大厂搞活致富之路》的报道,介绍沈阳电缆厂实行全员责任制管理体制的经验,宣传先进典型,为经济体制改革树立学习的榜样。在经济体制改革中,城乡涌现了很多先进人物,媒体都进行了重点宣传,如步鑫生、关广梅、鲁冠球等。(3) 针对问题组织讨论,对社会进行舆论引导。如在1987年6月、7月间,《经济日报》曾经组织过"关广梅现象"讨论,在40多天里共发表各类文章78篇,澄清了租赁企业姓"社"还是姓"资"的疑问。

(二) 时政报道获得新的进展

生产力的发展必然带来生产关系的变化,生产关系(经济基础)的变化又必然对上层建筑提出要求。随着改革开放的深入,受众的民主意识和权利意识开始形成,人们对新闻界存在的一些弊端表现出不满,普遍要求新闻报道提高透明度,改变报喜不报忧的做法。当上下压力能够互动的时候,新闻界开始对传媒的社会功能进行多元探索,并取得了一定的成绩。在时政新闻方面,报纸打破了原有的框框,按照新闻价值来安排版面,甚至是头版头条。会议报道有所改进,打破了过去只见会议不见新闻的局面。同时增加了对中共中央政治局会议、书记处会议的报道,国务院新闻发言人定期举行记者招待会,中央领导人在重要会议期间回答记者提问。这些举措是我国历史上不曾有的。新闻报道开放程度的提高,使电视发挥出独特的优势:1985年3月,六届人大三次会议开幕式第一次实现了现场直播;1987年,六届人大五次会议实现了中外记者招待会的录像播出;

1988年,七届人大一次会议实现了中外记者招待会的现场直播。经济体制改革的深入,必然推动政治体制改革。新闻界在社会变革的敏感时期,积极顺乎党心民意,展开了关于东西文化的大规模论战。同时,新闻界还根据中央有关文件精神,大胆展开了针砭时弊的批评报道,取得了一定的成绩。

(三) 媒体结构出现重要变化

80年代中后期,媒体的结构出现了重要变化。一是媒介载体结构发生了变化。经济类报刊大量创办,"以上海为例,在1988年的81种报纸中,经济类报纸就有18种,占报纸总数的22.2%"[①]。全国各大报纷纷创设周末版、星期刊或文摘报、晚报。1981年元旦,《中国青年报》推出全国第一家星期刊。1984年2月,《南京日报》创办《周末》报,这是全国第一家周末报。在80年代末,甚至还出现过民办报纸短暂繁荣的现象。同时,因为电视机社会拥有量的大幅增加,电视的影响力逐渐超过广播、报纸,成为第一媒体。1983年3月,第十一次广播电视工作会议召开,会议确定了"四级办广播、四级办电视、四级混合覆盖"的方针,为广播电视事业的发展设定了框架。1984年4月8日,我国成功发射第一颗试验通信卫星,18日晚新疆电视台第一次收播了这颗卫星传来的中央电视台节目。1987年,中央电视台彩色电视中心建成并投入使用。二是媒介内容结构发生了变化。纯信息类的新闻占据了报纸的重要位置,新闻报道不再是每篇文章都体现宣传意图,社会新闻、经济新闻、服务性新闻开始增多。电视新闻不断增加播出量,并逐渐成为公众尤其是中下阶层获取新闻的主要渠道。中央电视台新闻播出量不断增加。1984年1月2日,中央电视台增设了《午间新闻》(每次15分钟);1985年3月1日,增设了《晚间新闻》(每次10分钟)。三是媒体报道样式更加丰富。随着新闻事业的发展,媒体上预测性报道、深度报道、立体式报道、纯客观报道等新闻体裁多了起来,媒体的报道手段更加丰富。

(四) 理论研究取得可喜进展

这个时期新闻学研究得到了加强,人们的思想不停地碰撞,新闻理论研究取得了可喜的进展。形势的发展向新闻业提出了更高的要求,新闻界也对改革提出更高的要求,并着手研究苏联新闻改革的成果。在观点的交锋和碰撞中,有人认为要允许私人办报,有人认为私人办报口子不能开;有人担心改革会使媒体捅娄子,触发不满情绪,激化矛盾;有人认为要在坚持正确的政治方向的前提下,把新闻采访和新闻写作作为改革的突破口,要在采访上遵守职业道德,写作上改进文风,摈弃宣传腔;还有人主张保障言论自由,让人民利用媒体参政议政。从

---

① 朱辉、周胜林:《当代办报策略与新闻采写艺术》,上海:复旦大学出版社1996年版,第20页。

1983年开始,学术界还针对"新闻是不是商品"进行了多次讨论。在当时的理论研讨中,中国新闻学会曾经起到了重要作用。经过激烈的讨论,基本上破除了单一的党性观念,更多地趋向于将党性和人民性并重,主张新闻报道由单向的灌输说教向双向的对话交流转变。更多的人主张新闻改革是一个复杂的系统工程,牵涉到新闻管理体制、新闻队伍建设、读者承受能力等问题,所以新闻改革要充分考虑到主客观条件,应该进行远景规划,分阶段分步骤进行,否则欲速则不达,甚至会碰钉子,犯严重的错误。

(五)新闻立法提上议事日程

在20世纪80年代中后期,新闻界对新闻改革的呼唤,集中体现为对新闻立法的呼唤。因为新闻改革的终极目标就是要由人治走向法治,只有将新闻事业纳入法制化轨道,新闻事业才有可持续发展的动力。在1980年五届人大三次会议上,上海代表赵超构口头提出了新闻立法的建议,得到了很多代表的赞同。1983年6月,在六届人大一次会议上,湖北代表纪卓如和黑龙江代表王士贞、王化成正式提出了新闻立法的建议。1984年,在时任全国人大常委会委员长彭真的支持下,全国人大教科文卫委员会牵头成立了起草小组,新闻立法正式进入立法程序。在第八届全国人大上,《新闻法》和《出版法》被列为该届人大的立法规划。1987年10月中共十三大召开,新闻改革被推到一个新的阶段。大会政治报告指出:"要通过各种现代化的新闻和宣传工具,增加对党务政务活动的报道","重大情况让人民知道,重大问题经人民讨论。"1988年,起草小组出台了《新闻法》草案。此后,新闻出版署和上海起草的《新闻法》草案也相继完成。《新闻法》正式草案以三个草案为基础完成,并进入了征求意见和修订阶段。此后,由于国内形势的变化,《新闻法》一直没有提交给全国人大常委会审议。

在这个时期,新闻改革总体上是在稳步地向前推进。但是在1989年的政治风波中,一些媒体和新闻工作者没有站稳立场,不但不去揭露资产阶级自由化、制止动乱,反而为动乱、暴乱的策划者和支持者提供舆论阵地,在群众中造成了极大的思想混乱。20世纪80年代中后期的新闻改革给了我们深刻的教训:新闻改革必须要符合中国国情,必须要有坚定的政治方向,这样才能保证我国新闻事业的健康发展。

三、传媒经济推动的新闻改革(1992—2002)

1992年初春,元旦刚过、春节将到未到之时,邓小平开始了南方视察之行,其中1月19日至23日在深圳视察。从1月20日起,香港新闻界用最快的反应、最大的篇幅、最突出的地位,连篇累牍地报道了邓小平的每日行止和谈话。

按规定,党和国家领导人活动的报道应该由新华社统一发布,但是《深圳特区报》却从2月20日开始,每隔两天推出一篇评论,这就是影响很大的猴年"八评"①。邓小平视察南方谈话特别指出的是:计划经济不等于社会主义,资本主义也有计划;市场经济不等于资本主义,社会主义也有市场。计划与市场都是经济手段。他用四川口音告诫人们:"改革开放胆子要大一些,敢于试验,不能像小脚女人一样。看准了的,就大胆地试,大胆地闯。"1992年召开的党的十四大,确立我国要建立社会主义市场经济体制,从此中国经济不断发展,并一跃成为世界上有影响的经济大国。中国新闻事业在参与和见证了经济发展的同时,也重新认识了自己的属性:新闻事业既属于上层建筑又属于信息产业。在市场经济的洪流中,1992年以后的新闻改革重点不是放在媒介功能和媒介内容方面,而是转移到经营管理上来。

(一) 媒体规模不断扩大

党的十四大以后,我国新闻事业进入了又一个发展高潮。对于报纸来说,1985年是一个发展高潮,1993年我国报业进入了第二个发展高潮,很多部门都办起了自己的报刊。电视台不断扩充频道规模,无线台从无到有,卫星电视成为各个省级电视台进行全国竞争的平台,全国电视覆盖人口不断扩大,并在多项指标上创造了世界第一。在类型上看,90年代面向市场、面向大众的媒体不断发展,90年代初出现周末报热,90年代中期出现晚报热,90年代后期出现都市报热。由于我国媒体都是国有制,没有淘汰机制,一般只生不死,因此媒体规模扩大后竞争异常激烈,甚至发展到恶性竞争的程度。我国改革从总体上看,基本上走的是增量改革之路。改革难免要触动与旧体制有瓜葛的人们的利益,体制内改革成本非常大,常常是难以下手。为了避免大动干戈,引起社会动荡,我国的改革大多数走的是增量改革之路。因为原有体制无法垄断全部空间,于是改革可以从控制力薄弱的边缘开始,然后慢慢推进。改革开放以来,为了避免人民内部矛盾,我们对党报的改革一直比较慎重,但是改革开放后新增的媒体是在新的形势下创办的,可以按照新的要求进行管理和经营。1993年后媒体规模的扩大,一定程度上促进了我国媒体在报道形式、功能定位、用人机制等多方面进行了改革探索。

(二) 媒体经营成为重点

随着我国进入市场经济社会,新闻媒体的生存环境发生了重要变化。第一,

---

① 猴年"八评"指的是:《扭住中心不放》、《要搞快一点》、《要敢闯》、《多干实事》、《两只手都要硬》、《共产党能消灭腐败》、《稳定是个大前提》、《我们只能走社会主义道路》。"八评"完整地介绍了邓小平南方谈话精神的要点。

政府财政吃紧,很多地方政府开始给媒体"断奶",减少财政对媒体的扶持。第二,进入市场经济以后,媒体的原材料逐渐由市场供给,纸张等原材料价格不断飙升。第三,随着公众对媒体发展的需求的增多,随着媒体对技术的依赖性越来越强,媒体在设备上投入巨大。第四,报纸的发行收入,因为受到政策调整的影响,不断下滑。第五,随着市场经济逐步发展,媒体的经济效益逐渐显露,很多地方政府积极要求媒体多为财政做贡献。在多种原因的促发下,媒体经营改革不断深化。在十四大(1992)前后,新闻出版署要求报社切实落实"事业单位,企业化管理",并且在对报社的行政管理上实行三放开:编制放开、机构放开、分配放开。有了政策以后,很多媒体都实行了责任承包制,将广告和发行作为主攻对象。很多媒体开始设立总经理或经营副总编,通过调整内部结构,提升媒体经营与管理的地位。1999年9月,《哈尔滨日报》还率先在全国注册成企业法人。媒体重视经营也促进了中国传媒市场的形成和壮大,使中国传媒市场变成了国外资本看好的地区。但是因为我国没有对传媒市场的开放做过承诺,所以国外媒体进入中国市场的壁垒很大。

(三)受众地位得到肯定

在计划经济年代,媒体是由财政包起来的,只要领导满意,无论办得好坏,都不会有什么问题。而进入市场经济阶段以后,一只看不见的手影响着媒体的采编和经营,这只手就是受众的满意度。为了能够使受众满意,很多媒体不断进行改版,调整媒体内容,迎合受众需要。很多报社为了了解受众状况,纷纷开始做读者调查,通过科学的调查研究,分析读者的需求,改进报纸的工作。电视则更加注重收视率调查,很多电视台将收视率作为决定节目命运的重要指标,甚至收视率数字成为各电视台的商业机密。中央电视台早在1991年就开始了"全国电视观众调查网"的创建工作,1995年在该网的基础上正式成立了"央视调查咨询中心"(CVSC),并确立了"以调查养调查"的目标,将调查网的管理逐步纳入经营管理体制。1996年,当时的国家广播电影电视部颁发了《关于在广播电视系统推荐使用全国电视观众调查网电视收视率数据的通知》。同期,央视调查咨询中心与法国索福瑞集团签订协议,合作成立了由央视调查咨询中心控股的央视—索福瑞媒介研究有限公司(CSM),旨在为传媒市场提供全国性、连续性、独立、透明、有代表性和产业化的服务。在此前后,世界著名的调查公司——AC尼尔森公司也开始登陆中国。到了20世纪90年代后期,电视收视率已经成为电视台竞争的重要参数。相对于电视收视率来说,报纸的发行量统计还处在混乱阶段,没有科学权威的机构去调研和论证。受众地位的提高使很多媒体挖空心思,追逐社会热点,以获得较好的经济效益。媒体在娱乐新闻和财经新闻上有了重大突破,电视台的娱乐节目更是成为一个支柱产业。

（四）传媒集团有效推进

自由竞争必然要走向垄断竞争,这是市场发展的一个规律,因此传媒集团化是市场竞争的必然结果。传媒集团化能够有效地整合和利用资源,分散市场风险,提高市场份额,实现更好的经济效益。同时,传媒集团化还能够改进媒体的管理模式,使媒体机构设置更能够适应市场。1996年1月,《广州日报》报业集团成立,这是国家新闻出版署批准成立的国内第一家报业集团。1998年7月,中国两张历史最悠久的报纸实行"强强联合",文汇新民联合报业集团宣告成立。1996年6月,全国第一家广播电视集团——无锡广播电视集团成立。2001年12月6日,中国广播电视集团正式挂牌,该集团的成立整合了中央电视台、中央人民广播电台、中国国际广播电台、中国电影集团公司、中国广播电视传输网络有限责任公司和中国广播电视互联网站等中央级广播电视、电影及广电网络公司的资源和力量。应该说,我国传媒集团的推进速度是很快的,这一方面是由传媒市场的发展推动的,另一方面也符合国家管理的需要,于是在资本和权力的双重推动下,中国很快组建了足够多的传媒集团。但是一段时间后,各种集团经营困难,阻力重重,很多成了翻牌公司。这种由行政权力推动成立的媒体集团,有时并不一定适合市场的需要。

（五）硬件设施明显改善

新闻传播事业的发展越来越依靠先进的技术和设备,这使媒体的投资不断加大。目前,我国媒体纷纷大兴土木。媒体为了跟上时代发展需要,期望通过改进技术和设备增强新闻传播的效果;同时,很多媒体的办公大楼都成为所在城市重要的景观。

（六）用人机制更加灵活

在增量改革思路的指导下,很多媒体实行"老人老办法,新人新办法"的管理方式,开始推行灵活的用人机制。中央电视台新闻评论部曾是个用人机制试点单位,除了几个核心骨干之外,其余都是聘用制人员。就是这个编制外的机构,最终成为中央电视台最有影响力的部门,打造了一批著名的电视节目主持人。媒体用人机制的改革,满足了媒体事业发展的需要,但仍存在需要进一步解决的问题,比如如何更好地协调编制内外员工的权利的问题。

总体来看,这个阶段的改革基本上侧重于微观层面,媒体业务方面偏重于技术和形式的改进,报纸越来越有视觉效果,电视越来越花团锦簇,但是新闻传播体制方面的变革不多。与体制改革进展缓慢形成鲜明对比的是传媒经济迅猛发展,传媒经济成为国民经济的一个新亮点。但是,传媒单一、过度地追求经济效益,造成了娱乐内容泛滥,庸俗现象严重;媒体资本与社会权力的结合,使很多媒体职业道德滑坡,有偿新闻久治不愈。"计划的脑子,市场的肚子"使一些媒体人放弃了新闻媒体的社会责任,单纯以经济效益来衡量自己的成绩。这些都是需要引起高度重视并加以解决的问题。

四、技术变革推动的新闻改革(2003—)

20世纪90年代以来,技术变革给传媒领域带来了很大的变化,网络、手机等新媒体的出现,改变了传媒的原有结构和生态。到了2003年以后,职业化的新闻传播事业碰到了两个巨大的挑战:一是随着经济发展和社会进步,公民的权利意识普遍觉醒,公众渴望媒体能够给他们提供更宽广的表达意见的平台;二是新媒体依托高科技给公众提供了表达意见的平台,公众在传统媒体上无法实现的表达欲望,在新媒体中得到了一定程度的实现,传统媒体因此面对着巨大的生存挑战和权威性挑战。改革开放以来,我国传媒一直在探索新闻改革之路,但从总体上看,宏观改革远远落后于微观改革,报纸、广播、电视等传统媒体的改革还不能满足社会发展需要。当经济基础发生变化的时候,上层建筑必须要进行相应的改革。但是,我们应该看到,一些"政治精英、经济精英和学术精英不仅是改革的参与者,而且是改革红利不同程度的分享者"[1]。从目前的改革现状来看,改革的每一个措施的出台都要受到利益集团的牵制。但是,经济发展是体制改革的间接的、巨大的推动力,这是历史发展的规律。在新闻传播领域,随着社会经济发展和传媒事业发展,原有的新闻管理模式在很多方面和环节不能适应媒体的发展,如果不对这些问题加以解决,传媒发展过程中必将出现我们不愿看到的挫折。在某种程度上来说,传媒发展显示了体制上的矛盾,而正是这些矛盾限制了传媒的发展。传媒不发展是我们不愿看到的,因此传媒发展中现有的矛盾既是我们需要正视的问题,也是新闻传播事业改革和发展的必然推动力。这些矛盾具体体现在以下几个方面:

(一)传媒属性上的冲突:市场压力与舆论引导的矛盾

目前,我国传媒还不是一个单一的市场主体,它具有机关属性、事业属性和企业属性三位一体的特征。在这样的体制下,媒体一方面要积极走向市场,另一方面干部任命权、要事决策权、资源配置权、内容终审权等主要权力不在媒体,媒体无法独自进行短期的业务操作和长期的战略规划。对于部分媒体的负责人来说,他们更多地看重自己的行政职务,经常疏忽媒体业务的改革与事业的发展。

---

[1] 许章润:《中国如何炼成"软实力"》,载《南方周末》2008年11月27日。

很多人更多地把传媒看作宣传机关,而不愿把它看成是信息产业,管理部门强调更多的是事业,而不是产业。

(二) 传媒结构上的冲突:增量扩张与效益下滑的矛盾

经过多年的改革,我国传媒结构发生了重要变化,集团化使媒体的规模不断扩大。但是,做大是一回事,做强是另一回事。我国传媒的每一步扩张、每一次合并都是在行政权力的指导下进行的,所以,很多媒体实现集团化后,不但没有提高媒体经营的效率,反而造成了媒体内耗的加重。同时,行政规划的媒体格局将我国庞大的媒体市场切割得支离破碎,媒体难以超越行政区域实现跨地区发展。比如说,2001年,《中国青年报》希望向外扩张,做大规模,先找到某省青年报,想将其兼并。报社领导同意了,可团省委不同意。就这样,《中国青年报》连找四省,均遭碰壁。① 在某个地区、某个城市,因为每个媒体都有可以依靠的行政权力,于是媒体之间经常出现恶性竞争,造成资源的巨大浪费。理论上看,我国传媒业拥有世界上最大的发展潜力和可能,但现实是我国传媒业的发展正遭遇新的挑战。

(三) 传媒业务上的冲突:信息垄断与公众需求的矛盾

随着社会的发展,公众的维权意识不断增强,人们更加需要真实、客观、及时的新闻报道。然而,目前我国时政新闻的报道还没有完全开放,对政治新闻的报道还有限制。时政新闻、政治新闻是媒体的核心资源,当媒体无法在这些领域完全施展时,它们便更多地开发软性新闻,降低媒体品格,以庸俗来换取经济效益。由于政府信息公开制度的落实有时尚不到位,而网络上的传闻又很多,社会舆论经常出现"围观效应":一遇突发事件和焦点问题,网络舆论疯狂链接、共振,社会舆论在短期内就能产生巨大的影响力;而传统媒体经常姗姗来迟,并且其权威性有时会受到公众的质疑。

(四) 人才素质上的冲突:新闻民工与职业道德的矛盾

近年来,人们对媒体的职业道德多有诟病,一些媒体记者成了新闻资源与权力的寻租者,当他们面对各种各样的好处时,逐渐放弃了坚守,甚至站到了法律和道德的被告席上。一些媒体掮客一方面吃企业、政府和部门的宣传费,另一方面吃有关部门对舆论监督的"灭火费"。新闻行业出现的问题,很多都跟一些编制外人员有关。这些编制外人员一方面承担了繁重的采编业务,另一方面因为身份不固定,像民工一样没有足够的工作和生活保障。新闻从业者利用手中的

---

① 朱学东、喻乐:《我国报业集团文化苦旅》,http://press.gapp.gov.cn/news/wenb.php?val = news&aid = 2488。

第十二章 中国的新闻改革

话语权做权钱交易,是一种令人痛恨的腐败。要根治这种腐败,一个必须解决的重要问题是新闻民工的生存问题。如果新闻民工的生存环境在体制上、在法律上得不到应有的保障,那么职业道德培训和教育,也就很难产生实质性的效果。

(五)资本运营上的冲突:资金短缺与资本归宿的矛盾

我国媒体进一步发展需要大量的社会资本进入,但是当前我国媒体的所有制性质,无法使其充分利用社会资本。目前中国的国力增长很快,很多社会闲置资本想要进入传媒领域,同时国际资本市场的很多资本也期望能够在中国传媒市场一显身手,但是因为我国媒体所有权的限制,很多资本还没有进入传媒领域的正规渠道,有的资本不敢进入,有的资本则通过"暗箱"操作进入。

通过以上五点分析,我们知道,传媒环境的变化超出了一些主管部门的心理预期,因此部分主管领导对新闻改革缺乏必要的研究和准备,调控手段跟不上时代步伐,宏观管理上甚至陷入茫然的境地。当然,目前我国的新闻改革必须要结合中国国情,不能有不切实际的想法,不能要求新闻改革超前于政治改革,更不能偏离党的政治方向。新闻改革不能和体制对立,新闻改革必须要坚持四项基本原则。有了这样的大前提,新闻改革一定能够取得令人满意的效果。

第三节 我国新闻改革的主要方向

解放思想、实事求是、与时俱进是马克思主义的精髓。三十多年来,我们党领导人民进行改革开放和现代化建设,取得了伟大成就,这都是与我们不断进行的理论创新、制度创新、科技创新等分不开的。在这一时期,我国经济建设的成果令人瞩目,政治体制改革正在各个层次上逐步展开,行政管理上的强人思维正在向常人思维转变,社会主义民主正在稳步向前推进。新闻传播属于上层建筑,它的改革属于政治改革的范畴,在国家向民主化、法治化方向前进的过程中,我国的新闻改革也应该跟上时代步伐,不能落后。从目前我国媒体碰到的现实问题来看,媒体改革主要就是要用制度和法制的形式,明确和协调好政府、媒体和公众之间的社会关系和传播关系。只有这些关系理顺了,新闻传播事业才能真正健康地发展。

一、政府与媒体的关系:政府要尊重媒体运行的规律

早在战争年代,中国共产党人就非常重视舆论宣传,"笔杆子"和"枪杆子"一道,成为党在革命斗争中的两个重要武器。新中国成立后,通过社会主义改造,我们建立起了以《人民日报》和新华社为核心的社会主义新闻事业,"公有

制"是当时传媒的唯一产权模式。在公有制的前提下,传媒是党和政府事业的一部分,媒体也是党委的一个重要部门。改革开放后,中国的经济体系发生了结构性变化,在计划经济年代形成的封闭性社会,逐渐向一个流动的、开放的社会转型。马克思主义理论认为,经济基础决定上层建筑。当社会经济环境发生变化后,作为上层建筑的媒体也必然要发生变化。因此,随着经济市场化的步伐加快,党和政府对媒体的性质和功能的认识也在不断变化。改革开放初期,国内引进卡斯帕·约斯特、小野秀雄的新闻学教材时,还特别注明是"内部批判版"。甚至很多人认为,"传播"、"传播学"这两个词是西方的东西,引进中国是危险的。然而,历史的发展不以人的意志为转移。"1978年7月,上海复旦大学新闻系出版了'文化大革命'结束后的第一份新闻学刊物《外国新闻事业资料》(郑北渭主编)。"①经过改革开放后三十多年的发展,今天,中国传媒业已经以巨大规模和产业化的发展态势呈现在世界面前。从传媒事业发展的现状来看,政府和媒体之间的关系应更为融洽。具体来说,政府应做好以下几个方面的工作:

(一)政府需要转变对媒体性质的认识:媒体首先是一种职业

传媒事业是社会发展过程中分离出的一个行业,传媒人从事的信息传播活动则是一种职业活动。任何一个行业、任何一个职业都有自身的职业规范和运作规律,只有严格遵守才能获得健康、有序的发展。对于传媒来说,及时地传递新闻信息是它的基本功能,尤其是对突发性事件的报道,更是传媒的核心业务内容。如果媒体经常性地在突发性事件报道、重大新闻事件的报道中缺位,那么这个行业的发展肯定是不健康的、不到位的,它在公众心目中的公信力和权威性就会大打折扣。"新闻记者的责任是在人力所及的范围内准确而完整地记录事件,这是公众的期许。"②。

我们的传媒业曾长期被当作政府的职能部门,这在一定程度上淡化了传媒的职业特征。作为一个行业,传媒业对人才的专业要求越来越高,一些传媒人越来越具有职业理想,他们期望实现中国传媒的职业化发展。这是十分让人欣喜的现象。媒体的发展需要一个宽松的空间。媒体负责人的领导方式也会对媒体的发展产生影响。优秀的领导会密切关注行业的发展动态,观察行业的最新变化,深入了解、不断学习新闻传播领域的业务知识,促进媒体的健康成长。反之,媒体的发展会受到不利影响。

---

① 陈力丹:《传播学是什么?》,北京大学出版社2007年版,第15页。
② 〔美〕梅尔文·门彻:《新闻报道与写作》,展江主译,北京:华夏出版社2003年版,第16页。

多年来,由于少数地方官员频繁而盲目地干预媒体报道,致使一些重大新闻没有被及时报道,最终给党和人民的利益带来重大损失。在2008年发生的三鹿奶粉事件中,由于企业的公关和地方政府的"保护",媒体最终没能发挥应有的作用,造成了恶劣的影响。据新华网报道,石家庄市新闻发言人王建国在接受新华社记者采访时表示,在事件中,"作为当地政府,对这次事件的发生有不可推卸的责任"。王建国承认,政府认识不到位,对问题的后果估计不足,"缺乏前瞻性分析,错误地认为采取了必要的措施,提高了产品质量,就能够挽回影响,减少损失,以至于在国内外造成了重大不良影响"。"由于信息的迟报,贻误了上级机关处理问题的最佳时机,给群众生命安全造成重大危害,严重影响了党和政府的形象。"①

随着社会的快速发展,新媒体不断出现,媒体规模不断壮大,媒体产权不断分散,政府把所有媒体当作政府的一个职能部门已经不太现实。作为一个日益强大的产业,媒体要帮助公众监测社会环境,要恪守职业道德,要诚实和谨慎地反映真实情况。面对社会发展对媒体提出的新要求,政府必须转变对媒体的管理观念,规范自身的管理权限,将自身权力限定在法律的范围内,真正协调好与媒体之间的关系,把媒体真正当作一个行业,一种职业。

(二)政府需要改进对媒体的管理策略:尊重新闻传播的规律

正因为传媒是一个行业,新闻工作是一种职业,因此,党和政府应该改进对媒体的管理技巧,按照新闻传播规律来管理媒体。在传统的媒体环境下,报纸、广播、电视的所有权基本上都掌握在政府手中,而且传统媒体的传播方式是点对面的传播,因此,我们可以通过控制发射端来实现对舆论的引导。然而,现代社会环境发生了重大变化,新媒体不断出现。电脑、电话、手机等新的传播工具是网络化的传播媒介,它们没有中心节点。要想对新媒体上流通的信息进行管理,不仅是复杂的、艰难的,而且还会消耗巨大的成本,有时甚至难以奏效。当新技术客观上强化了公众的知情权和表达权后,管理媒体的政策、方法和策略都应该进行必要的调整,这是由经济基础发展后上层建筑必须要作出必要调整的规律所决定的。

政府要尊重媒体传播规律,首先要求媒体管理部门改进管理作风,不能依据领导个人的好恶来对新闻价值进行评判,而应该依据法律和政策,对媒体进行规范化管理。我们的少数干部,仅仅把媒体当作宣传工具,缺乏对媒体的本质和规

---

① 董智永:《石家庄政府新闻发言人:三鹿奶粉事件我们有不可推卸的责任》,http://news.xinhuanet.com/newscenter/2008-09/30/content_10136125.htm。

律的把握,他们有时会因为个人形象、局部利益等原因,用口头或电话的方式,直接干预媒体的业务活动。当遇到突发事件的时候,一些领导干部首先想到的是"堵",把媒体当敌人,与媒体对立,结果导致舆论传播陷入了困境。当突发性事件发生时,政府更应该学会进行危机公关,与媒体沟通,实现双赢。在传媒高度发达的年代,"信息的传播如果还像以前那样搞'新闻、旧闻、不闻',注定会失败,最终损害的是中国的形象。2003年'非典'疫情蔓延,我们初期的传播政策延续了以往的做法……结果,全世界127个国家宣布抵制中国的人流和物流"①。

目前我国政府行政管理的一个主要方向是:"实现政府管理从管制到服务的现代化转型,建立服务型政府。"② 随着社会的发展,公众对媒体的要求更多,他们需要从媒体获得更多的信息。因此,政府对媒体的管理应该顺应新的社会环境的变化,准确把握信息发展的总方向,尊重新闻传播规律,坚持依法管理的道路,不断改进媒体的管理方式和技巧。从传媒发展的现状来看,我国媒体的自律意识、自我把关意识是比较强的,很多媒体的老总具有很强的党性和纪律性,他们能够对大是大非的问题进行把关,因此,政府在媒体管理上应充分信任媒体领导,给媒体足够的自我管理空间,这样才能提高媒体的公信力和美誉度,才能使舆论引导真正达到理想的效果。

(三) 政府应该放宽对媒体产权的限制:进行产权社会化的探索

传媒不仅是舆论宣传的重要部门,也是一个巨大的产业。在计划经济年代,传媒都是由国家来办,媒体的业务开支、人员工资、设备更新、基础建设等都由国家财政负担。改革开放后,媒体逐渐走向市场,并显示出产业功能。然而,原有的媒体产权制度却制约了传媒产业的发展,管理部门一般强调更多的是"事业",而不是"产业"。各级媒体都是由政府来办,行政权力控制着媒体资源,而层级性、区域性的行政力量,又将媒体市场切割得支离破碎,造成资源无法向有实力、有效益、发展前景好的媒体流动。当传统媒体受到体制的束缚,无法向大规模、高效益的方向发展时,新媒体和国外媒体又带来了新的挑战。新媒体在国内抢夺了传统媒体的市场,而国外媒体在国际市场上削弱了中国媒体的影响力。面对传统媒体发展的困境,政府应该适当放宽对媒体产权的限制,积极探索媒体产权改革之路。

---

① 陈力丹:《论胡锦涛关于传媒工作的新思维》,载《当代传播》2008年第5期,第4页。
② 周光辉:《从管制转向服务:中国政府的管理革命》,载《吉林大学社会科学学报》2008年第3期,第18页。

"所谓产权,简言之,就是财产权利,也就是对资源或生产要素的使用权、收益权、转让权和处置权。"① 在通常情况下,产权有两种含义:一是财产所有权,一是财产使用权。我国传统媒体的所有权归国家,国家是媒体的法人。然而,法人不是自然人,它无法直接参与媒体的经营与管理,媒体资产的实际指挥权被赋予法人代表。由于所有权和使用权的分离,造成了产权归属严重不明晰,在重大决策上行政权力对媒体干预过多,而且一旦出现了经营风险往往难以找到直接的责任人。同时,从产业发展的角度来看,传媒产业发展不可能由国家来包办。经济体制改革的经验告诉我们,任何产业要想发展,必须要在政府之外募集大量的社会资本,这样才能扩大产业规模,提升产业的生存能力和竞争能力。对于具体的媒体来说,传媒市场是无限的,而媒体的自有资本是有限的,媒体要想拓展市场,必须要壮大资本规模。正是看到了这一点,从20世纪90年代末起,我国传媒就开始涉足资本市场,通过发行股票来募集发展资金。但是,从总体上来说,我国传媒涉足资本市场、引进业外资本的范围和力度是小的,还有待于继续做强、做大。

因此,进行媒体产权的社会化探索,一方面可以提高媒体的管理水平,加强对媒体资产的有效监督和使用,提高媒体的经济效益和劳动生产率;另一方面也可以为传媒产业提供足够的发展资金,保证传媒的可持续发展。当然,媒体是意识形态领域的重要部门,在现有的制度环境下,我们必须要保证党和政府牢牢把握舆论阵地。"在党和政府牢牢掌握干部任命权、稿件终审权、资产控制权的大前提下,就可以按照现代企业制度建立既适应社会主义市场经济体制又体现传媒业性质的行为规范,从根本上打破行业分割、部门分割、媒介分割、地区分割、资源分割、市场分割的'吃不饱、饿不死'局面"。② 经济学告诉我们,国有资本要想控制媒体,并不需要百分之百地控股,国有资本对媒体的控制可以有多种形式。在媒体的关键环节,国有资本只要超过了媒体总资本的50%,就能够实现对媒体的绝对控制。而对于广告、节目制作等边缘性的环节,国有资本可以更少地持股,充分利用社会资本来发展传媒产业。从保值增值角度来看,只有放大了国有资本的控制能力,才能发挥其最大的效益。

二、政府与公众的关系:政府应充分尊重公民的民主权利

改革开放三十年,传媒发展过程中的第二个教训就是要协调好政府和公众

---

① 谭云明:《传媒经营管理新论》,北京大学出版社2007年版,第383页。
② 刘波:《做强中国报刊业的思考》,载郑保卫主编:《论媒介经济与传媒集团化》,北京:中国人民大学出版社2003年版,第23—24页。

之间的关系。改革开放三十年,发生最深刻变化的是人的思想,"从物化的、没有个体利益诉求的螺丝钉,到今天普遍认同的'以人为本',中国人的思想经历了深刻的变革"①。我们经历了作为个体人的解放、经济人的解放之后,正在迎来作为公民人的解放。在公民意识逐渐增强的当代社会,尊重公民的民主权利既是政府应该追求的目标,也是广大人民对党和政府的期盼。信息传播是在人的生存和发展中必要的、经常的行为,因此自由传播权是公民权利的一项基本内容。传播权的内涵很丰富,但知情权(rights to know)和表达权(rights to express)是最基本的内容。在建设和谐社会、发展社会主义政治文明的过程中,政府应尊重公民的信息传播权利。

(一) 政府需要公开公共信息,尊重公民的知情权

公众的知情权,是公民所享有的知悉政府工作情况和社会公共事务的政治权利,它是公民实现民主权利的基础,也是公民保护自己其他权益不受侵害的有效手段。改革开放以来,我国传媒业逐渐向新闻本位回归,形成了以信息服务为主导的运行思路,把为公众提供及时准确的信息作为信息传播的出发点和归宿。"一个社会的传播功能发挥如何,直接关系到促进还是阻碍社会群体内部的传播与交流。"② 新闻媒介是一个重要的公共平台,它能够帮助政府公开公共信息,提高政府科学执政、民主执政、依法执政的能力和水平,促进行政管理向行为规范、运转协调、公正透明、廉洁高效的方向发展。只有政府尊重公民的知情权,只有媒体能够及时报道信息,社会能见度才能提高,公众才会感觉到生活在安全的状态下,才会感到自身的权益能够得到保障。

随着社会发展步伐的加快,人流、物流、信息流的速度也随之明显加快。当社会财富不断累积,当人与人的交往频率不断加大时,社会矛盾必然会接踵而来。有了矛盾并不可怕,只要政府能及时将真实的情况告诉公众,积极采取有效的应对措施,相信公众会理性地支持政府化解矛盾。越是遇到突发事件,越是碰到重大灾情,政府越要保障传播渠道的通畅和信息的透明。举例来说,2008年春天的雨雪冰冻天气,使京珠高速公路湖南段和衡枣高速公路在1月25日出现了严重的大堵车情况。这次堵车除了天气原因外,还有一个重要原因就是通车信息发布混乱,这使得湖南邻近省区的高速公路相继封闭,很多车辆进入湖南后无法出去。各省高速公路"你开我关、你关我开",使得灾害中的交通困局雪上

---

① 徐贲:《30年改革开放后的期盼》,http://news.xinhuanet.com/comments/2008-03/23/content_7840754.htm。

② 张诗蒂:《政府、媒介和公众关系的动态平衡》,载《四川大学学报(哲学社会科学版)》2005年第1期,第48页。

加剧。在灾害中,信息透明是稳定人心的基石,然而,一些地方政府为了维护所谓"政府形象"、"部门形象"或为了逃避事件责任,人为地干扰信息的发布,致使信息流动中出现不必要的疏漏和混乱。2008年9月19日,胡锦涛总书记在中央党校的讲话中,针对2008年发生的一系列突发事件,特别指出:"一些干部缺乏宗旨意识、大局意识、忧患意识、责任意识,作风漂浮、管理松弛、工作不扎实,有的甚至对群众呼声和疾苦置若罔闻,对关心群众生命安全这样的重大问题麻木不仁。"①总书记的讲话再次提醒基层干部,一定要尊重人民的生命,尊重公民的权利,这既是处理突发性事件应有的态度,也是公开公共信息的态度。

自1889年爱迪生发明摄影机以来,人类记录环境和情况的技术有了巨大改进,受众也由被动接收信息向主动接收信息转变。在传媒技术异常发达的今天,封锁信息已经变得非常困难,政府在进行公共决策和应对危机的时候,难免会遇到"一些突然介入政治局面中的非政治性人士"②。那些属于"非政治性人士"的普通公民,往往能够通过政府控制之外的信息渠道,获知公共信息,进而参与到对公共事务的争论和处理中。因此,政府为了避免自身的被动,为了防止有害信息对公共管理的侵扰,必须要保证执政的透明度。2008年5月1日实施的《中华人民共和国政府信息公开条例》的第一条,就对信息公开立法的目的进行了规定,即"为了保障公民、法人和其他组织依法获取政府信息,提高政府工作的透明度,促进依法行政,充分发挥政府信息对人民群众生产、生活和经济社会活动的服务作用"。现在我们已经有了政府信息公开方面的法规,期望在今后的信息传播活动中,各级政府能够切实依法尊重公民的知情权。

(二) 政府必须尊重公共意见,强化公民的表达权

和知情权一样,表达权是公民的又一项基本权利。美国新闻自由委员会认为:"表达自由在各种自由权中是独一无二的:它促进和保护其他所有的自由。"③"文明社会是一个思想观点的运作系统,它靠消费思想观点来维系和变革。"④允许公众发表自己的看法是民主社会的基石,公众发表的看法不可能完全正确,它们有可能是经过深思熟虑后的理性思辨,也可能是灵机一动时的灵感火花,但是,政府要尊重公民的表达权,要相信在观点的公开市场上,真理会战胜

---

① 新华社:《要把群众安危冷暖放心上》,载《扬子晚报》2008年9月20日。
② 〔美〕拉雷·N.格斯顿:《公共政策的制定——程序和原理》,朱子文译,重庆出版社2001年版,第135页。
③ 〔美〕新闻自由委员会:《一个自由而负责的新闻界》,展江等译,北京:中国人民大学出版社2005年版,第6页。
④ 同上书,第7页。

谬误。而且,在真理与谬误产生冲突的过程中,公众会对真理有"更加清楚的认识和更加生动的印象"①。因此,我们"没有权威去代替全人类决定问题,并把每一个别人排拒在判断资料之外"②。当我们在建设公共意见交流平台的时候,还要让"这个平台必须为反对意见预留空间"③。

在计划经济年代,"由于种种原因,我国公民的此项自由没有得到切实有效的保障,在国家生活和社会生活的许多方面都发生了侵犯、践踏公民表达自由的事件"④。改革开放后,党和政府深刻反思了新中国成立后一系列政治运动中的教训,在很大程度上杜绝了相似悲剧的重演。近年来,随着网络、手机等新媒体的崛起,公众表达渠道大大拓宽,公共舆论成为影响公共决策的重要力量,它不仅使公民获得了表达权,还帮助政府减轻了决策风险。然而,由于担心公众的自由表达会牵扯到一些敏感话题,担心表达自由会破坏现有社会秩序、泄露国家秘密、宣扬淫秽色情、妨碍公正执法等,一些政府官员依然对表达自由有所畏惧,甚至个别官员对表达自由重点防范。然而,历史的发展是不可阻挡的,面对公众权利意识的觉醒和法制观念的增强,政府必须学会面对公共舆论,学会在公众的监督下开展工作。

(三) 政府应该建立协商机制,吸纳民意参与决策

政治是全体人民的政治,一个人民的政府必须要充分尊重人民的意愿,让人民当家做主。目前,随着经济环境的变化,公众在社会生活中表现出的独立性、差异性越来越强。当社会走向多元化的时候,政府不可能只为少数人服务,政府在公共决策中,不仅要疏通民主沟通的渠道,而且要具备理性和宽容的心态,听取和吸纳民意。改革开放以来,我国民主政治取得了巨大的进步,但是与社会发展的要求还有一段距离,社会不同利益群体还缺乏有效的诉求渠道,也缺乏博弈并达到和谐的舞台。中山大学的张宁曾经归纳了我国政府传播模式的特点:自上而下的单向传播模式、以宣传为主的传播内容、以工具论为中心的媒介观念、缺乏科学的传播技巧。⑤ 由于信息传输的单向性,媒体通道能够将党和政府的方针政策宣传、贯彻到基层,但是往往不能将民间的声音向上传递。2008年9月4日,湖南吉首因非法融资问题引发了群体性事件,致使当地火车中断。对于

---

① [英]约翰·密尔:《论自由》,许宝骙译,北京:商务印书馆1959年版,第20页。
② 同上。
③ [英]布赖恩·麦克奈尔:《政治传播学引论》,殷祺译,北京:新华出版社2005年版,第21页。
④ 甄树青:《论表达自由》,北京:社会科学文献出版社2000年版,第1页。
⑤ 张宁:《信息化与全球化背景中的政府传播》,载《中山大学学报(社会科学版)》2005年第1期,第76页。

地下非法融资问题,早在2007年3月8日,就有网友发文提醒当地政府采取措施,但是因为缺乏有效的沟通渠道,有关部门一直没有重视民间的舆论,直到事件发生后,才感觉到事态的严重性。

党中央和国务院已经明确地表示要强化政府的服务意识和服务功能,要求各级官员要"情为民所系、权为民所用、利为民所谋"。面对社会环境的变化,各级政府必须要建立一个与公众协商的机制,保证"对不可预料的事件和响应是开放和敏感的"①。政府只有理性地倾听群众的心声,获得多方面的信息,才能有效地调停和解决社会冲突,进而维护社会的繁荣和稳定。2003年《南方都市报》关于孙志刚事件的报道是政府与民间协商的经典案例。当年3月20日,武汉公民孙志刚在广州被非法收容时悲惨地死去。4月25日,事件被《南方都市报》披露之后,其他媒体纷纷转载并进行追踪采访,引起了巨大反响。2003年6月20日,国务院发布第381号令,内容为《城市生活无着的流浪乞讨人员救助管理办法》自8月1日起施行,《收容遣送办法》同时废止。如果孙志刚之死没有被公开,它就无法被讨论、无法被记忆,更无法成为中国法制史上一个重要的事件。中央政府在此事件中积极回应、听取民意,并及时进行政策调整,取得了良好的效果。

三、媒体与媒体的关系:在公平的环境中展开理性竞争

改革开放以来,随着财政给媒体"限奶"、"断奶",我国媒体不断走向了市场,媒体之间的竞争也日趋激烈,甚至在一些大都市出现了恶性竞争。北京、广州、南京、武汉等地的报业大战,各省卫星电视的空中"决斗",卫星电视对地面频道的侵袭等,已经把中国传媒带进了"战国时代"。市场经济需要竞争,但是恶性竞争不是市场经济的本意。我国传媒要想获得可持续发展,必须要在公平的环境下展开理性竞争。

(一)媒体应该淡化对行政手段的依赖

中国的传媒市场是在行政力量主导下发展起来的,因此,市场发展和行政权力有着千丝万缕的联系。在计划经济年代,媒体是党和政府的职能部门,是"党的喉舌",因此媒体的创办、业务经费的开支、内容的审查和把关,甚至是具体的报道策划,都体现着行政权力直接或间接的作用。改革开放后,行政手段放松了对媒体资源的管制,媒体资源的经济价值和市场价值得到了足够的开发,中国媒

---

① 〔美〕拉雷·N.格斯顿:《公共政策的制定——程序和原理》,朱子文译,重庆出版社2001年版,第135页。

体市场逐渐形成。然而,在这一过程中,媒体的管理体制并没有发生根本性的变化,媒体的所有权还是掌握在各级政府手中。由于各地政府掌握着媒体的所有权、人事权、审批权,因此一方面行政力量多少限制了媒体的发展,另一方面本地行政权力也形成了对本地媒体的保护。进入新世纪,中国社会不断对外开放,中国传媒市场的庞大令所有跨国传媒集团羡慕,但是,在中国市场内部,因为行政权力的切割,没有形成强大的媒体规模和媒体实力,媒体市场呈现的是"诸侯经济"的特色。近些年,很多省、市都提出了建设"文化大省"和"文化大市"的口号,为了实现地方政府的目标,各地政府首先用行政手段将本地市场保护起来,媒体资源只能被本地媒体使用,外地媒体要想进入本地市场,需要经过大量的政策公关和利益谈判。正是因为行政权力的作用,各地媒体很难脱离本地行政权力的庇佑。

在报业市场中,因为发行和广告之争,各地报纸不断有舆论交锋,甚至借助于本地行政权力打压外地媒体。《扬子晚报》在进入安徽的一个城市时,当地的一家晚报曾在头版登出了题为《这张报纸究竟想干啥?》的抗议文章。2001年5月,《南方都市报》在深圳市场的走红,引起了当地媒体的不满,"当地两家报刊发行部门联手深圳市报刊发行局突然联合宣布:属下的1000多个报刊亭不得继续销售《南方都市报》"①。20世纪90年代,我国卫星电视获得了巨大的发展。理论上,一个卫星电视频道就是一个全国性的电视频道,然而,各地省级卫视上星容易落地却很难。行政力量的干预,使得中国传媒领域的市场要素在一定程度上无法充分自由流通,供给与需求无法紧密联系,产业内的分工尚欠协调,造成了市场竞争机制的不完善,"一个大规模的国内市场所能提供的产业发展优势无法转化为现实的产业成长基础"②。

规范的传媒市场应该是一个公平竞争的市场,从长远来看,每个媒体必须要做一个有理想、有责任的市场主体,不能躺在行政的怀抱中,享受计划体制提供的免费蛋糕。在电视领域,凤凰卫视几乎没有任何行政资源,但是它凭借市场策略,逐渐确立了在内地市场中的品牌地位。湖南卫视的"超女"节目,也是通过民间化的市场运作,绕过了行政性的地方保护,终于实现了在全国市场上淘金的梦想。中国的媒体产业要想长大,必须要淡化行政痕迹,争取在市场竞争中强身健体,这样才能做大产业规模,才能与国际传媒竞争。

---

① 张志安、柳剑能:《媒介营销案例分析》,北京:华夏出版社2004年版,第267页。
② 朱春阳:《媒体活动:多媒体时代的市场冲动、资源积聚与国际化尝试》,载郑保卫主编:《中国新闻业发展现状与趋势》,北京:经济日报出版社2008年版,第70页。

(二) 媒体不仅要做大，更要做实

从20世纪90年代末开始，我国传媒逐渐意识到集团化的重要性。实施集团战略，是急剧变化的媒介环境对中国传媒产业提出的要求，也是我国传媒改革和发展的一项重大战略选择。从国际范围来看，传媒融合已是大势所趋，组建传媒集团是当务之急。但是，我们一定要量力而行，充分利用市场的作用，以资本为纽带实现重组，不能因为急而忽视了市场规律。组建企业集团是传媒自身发展的需要，尤其是市场的需要。组建后的企业集团应该有利于科学决策，能够形成规模效益，增强集团的整体实力。在组建集团的过程中，地方政府可以起到一定的作用，但是政府的作用要局限在一定的范围内，不能越俎代庖。在个别地方，组建传媒集团时，政府出面将几家媒体捆绑在一起，集团迅速膨胀，短期内做大了传媒的销售额和资产规模，然而集团的内涵和经营水平、管理水平、市场能力等，却没有发生实质性变化，导致集团管理链条拉长，内部联系减弱，决策延误多，反而增加了管理成本。

贪大求快凑"大个"，利用行政手段人为地规定生产要素的流向，不但不利于资源的配置，还容易伤了原有工作人员的心。特别突出的问题是，由于传媒产业带着浓厚的事业单位色彩，因此在组建集团后，难以建立现代企业制度，集团化后产生的富余机构和人员难以安置，在干部任命中，总部和分支机构中的"级别"难以定位，造成捆在一起的媒体互相"怄气"，内耗加重。

组建传媒集团是为了拓宽媒体的发展空间，不是到工商部门去登记几个"翻牌公司"，因此，在实力不具备时，我们没有必要把一块块小舢板硬焊成"航空母舰"，那样出海时是有风险的。组建集团应该和媒体的经营活动、战略目标相联系。其实，除了组建集团，我们还有许多联合的形式，只要有效果，什么形式都可以尝试。产权重组，只是改变了传媒的激励机制，真正为未来发展找到一条生路，还要靠重组后的资源优化配置和完善的经营管理。西方传媒能够融合，是市场的需要，是技术发展的必然结果，其中起决定作用的是资本的力量。而我们组建传媒集团的时候，行政的力量起了重要作用。但不管怎么说，组建集团是接受历史的挑战，毕竟接受挑战要比回避好。我们要尽力让组建后的集团步入健康成长的轨道。

(三) 传统媒体应该向新媒体取经

以网络为主导的新媒体正在成为传媒市场中的重要力量。20世纪90年代中期，网络在资本的追捧下，变成了一个坏孩子，在股市上吹起了大量的泡沫。媒体也跟踪炒作，将网络比喻成大众的"自由天堂"。然而，在2001年春天，美国纳斯达克股市跳水，网络进入了寒冷的冬天。那些疯狂的投资商，突然发现网络是个"火葬场",在不经意间,已经烧掉了他们无穷的财富。然而,网络的低迷没有毁掉人类的梦想,在经历了世纪末的狂热、遭遇到跨世纪的严寒之后,网络以新的面孔更加自信地出现在传媒市场。随着带宽的拓宽,网络成了传媒变革的重要力量,同时它也搅乱了传媒市场的格局。早在2001年年初,中国电信、中国网通、长城宽带、蓝波万维、广电网络等一些电信及非电信运营商就掀起了一股建设宽带网络的热潮,甚至房地产开发商也加入其中。

宽带是不完全的商品,它必须和内容结合,才能在传媒市场上显示活力。而目前的宽带服务提供商,都是从技术平台开始运作的,内容成了最大的瓶颈。不完全的商品没有市场价值,公众接受宽带不是出于单纯的技术崇拜,而是向往宽带带来的精彩内容。宽带对内容的渴求,给传统媒体带来了无穷的机会。数字电视是基于宽带网络的新的电视生长点,为了垄断自身的业务,电视机构正在纷纷加紧建设数字电视。目前,数字电视产业链已经初具规模,生产内容的制作商、发射节目的电视台、负责传输的运营商、用户产品的制造商,再加上系统集成商、硬件供应商、软件开发商共同推动数字电视产业向前发展。宽带网的出现、宽带运营商对内容的渴求,也使一些传统媒体看到了曙光,期望利用宽带革命的机会,实现内容的深度整合。目前,新华社、中央人民广播电台、中国国际广播电台、北京人民广播电台等,都在紧锣密鼓地制订自己的网络电视计划。早在2001年,新华社就和中国电信合作推出了网络电视平台,并在上海开通了第一家面向普通宽带用户的电信宽频网——新华电信宽频网。近年,北京人民广播电台推出了网络电视"北京网视",中央人民广播电台也建设了自己的网络电视台,并将手机电视作为一个发展方向。2004年7月18日,《中国妇女报》创办了"彩信版",成为中国第一家手机报纸。

但是,从传媒发展的总体状况来看,传统媒体在新媒体领域的影响力还不够理想。传统媒体的所有权掌握在党和政府手里,因此在信息传播中能够实现舆论的一律。但是,在信息资源异常丰富的网络空间,舆论的一律往往会降低网络的"人气",影响网络媒体的公信力。目前,我国传统媒体虽然创办了大量的网站,但是它们在商业网站面前还是显得信心不足。同时,新媒体的所有权分散,市场化程度高,因此新媒体的管理措施、市场策略、发展规划等都优于传统媒体。传统媒体必须要向新兴媒体取经,在用足自身的权力资源的前提下,开拓更多的业务发展空间。

四、媒体与员工的关系:制定合理的干部、用工制度

近年来,媒体上的假新闻不断出现,社会普遍谴责部分记者的道德素质和社会良知,然而媒体却很少对干部、用工制度进行检讨。戴维·迈尔斯在《社会心理学》的开篇讲了一个故事:从前,有个男人的第二任妻子不仅自私、虚荣,而且还带来了两个同样自私、虚荣的女儿。而男人和前妻所生的女儿灰姑娘却善良、可爱,她为了不招惹两个虚荣自负的姐姐,一开始就选择了逆来顺受,默默地忍受后妈和姐姐的责骂。姑娘的遭遇赢得了仙女的同情,在仙女的帮助下,灰姑娘暂时逃脱了困境,参加了一个舞会。在舞会上,英俊的王子注意并爱上了灰姑娘。后来,当坠入爱河的王子来到灰姑娘破烂的房间,见到不起眼的心上人时,竟然没有立即认出来。迈尔斯认为,童话显示的是情境的魔力:当盛气凌人的继母在场时,温顺而不起眼的灰姑娘扮演的角色,与王子在舞会上遇到的美丽出众的灰姑娘判若两人。"家里的灰姑娘战战兢兢,而舞会上的灰姑娘神采奕奕。"①迈尔斯进而指出,我们是情境的动物,我们不能脱离情境而存在,情境塑造了我们,决定着我们未来的诸多可能性。今天,我们不能将新闻传播领域出现的一些负面现象,简单地归咎于某个或某几个人,这些现象部分是由当前媒体给从业人员所提供的工作情境决定的。要想避免一些负面事件的发生,媒体必须要理顺内部关系,给员工提供一个健康、和谐的工作环境。具体可在以下几个方面有所作为:

(一)媒体干部制度:将负责人塑造成纯粹的传媒人

我国媒体的负责人一般都被纳入行政干部系列进行管理,媒体负责人都有相应的行政级别。在各类媒体中,媒体负责人一般权力比较集中,媒体内部缺乏必要的监督和制约机制。当然,要从根本上对媒体的干部制度进行改革,必然牵涉到政府对媒体的管理方式的变革。因此,我们这里不探讨政府对媒体干部制度的改革问题,而仅仅从媒体负责人的自律方面,探讨媒体负责人怎样把自己塑造成一个纯粹的传媒人。媒体是一个信息生产部门,它有自身的运作规律和职业规范,"中国媒体业目前最为紧缺也最为需要的,是一大批熟谙媒体经济、把握媒体规律、善于媒体经营,并真正把媒体经营作为人生设计及毕生追求的职业经理人"②。然而,少数媒体负责人却把媒体作为升官发财的阶梯,从媒体中捞取个人资本。这些人的经营和管理思维不仅落后于传媒市场发展的需要,而且也落后于党和政府对媒体的要求。

近年来,一些媒体的营业额暴涨,激活了人们的虚荣心,媒体成员毫无自律

---

① 〔美〕戴维·迈尔斯:《社会心理学》,侯玉波等译,北京:人民邮电出版社2006年版,第1页。
② 吴海民:《创新媒体的十二块木板》,载郑保卫主编:《论传媒改革与发展》,北京:新华出版社2004年版,第109页。

地纵情享受,漂亮的办公大楼拔地而起,精美的装潢拉开了媒体与大众的距离。这股大兴土木之风占用了大量宝贵的生产资金,让表面的繁荣掩盖了实际的业绩。也有些媒体负责人把广告收入作为衡量自我业绩的唯一标准,到处追求和炫耀经济效益,而放弃了媒体的社会责任。媒体负责人是媒体的舵手,他们的业务素质和道德水平的滑坡将给媒体带来硬伤和内伤。因此,我们强烈呼吁媒体负责人加强自律,努力把自己打造成纯粹的传媒人。

(二)媒体用工机制:媒体不能成为法律、法规的盲区

近年来,泛滥成灾的假新闻,破坏了媒介生态,严重地影响到媒体的声誉和公信力。假新闻的出现是传媒职业道德水平滑坡的直接表现,而传媒职业道德又和转型期的社会环境以及媒体的用工制度息息相关。改革开放以来,社会生产快速发展,经济基础不断增强,要求上层建筑必须作出相应的调整。然而,我们对上层建筑的改革力度仍有待加强。上层建筑的变革滞后于经济基础的变革,使一些行业和部门忽视了社会公平和公正,一味追求经济效益,社会发展成果向一些利益集团集中。利益分配的失范、社会监督的弱化,致使一些行业和部门中出现了"潜规则",而这种"潜规则"对传媒领域有或多或少的影响。一些媒体整日围着广告、发行等经营性活动打转,忙着实现领导下达的经济指标,而忽视了职业道德建设。另一方面,媒体经常曝光企业的用工制度,监督企业遵守《劳动法》,然而,由于媒体自身掌控着话语权,媒体的用工制度却少有人监督,几乎成了法律、法规的盲区。

在计划经济年代,媒体从业人员是"单位人",领的是国家提供的工资,享受的是国家提供的福利,生产和经营全部由国家包起来,几乎没有职业风险。改革开放以来,我国媒体的人事制度和人员编制没有太大的变化,但是媒体的规模却在不断扩大。媒体从业人员逐渐被分为"体制内"和"体制外"两种身份。"体制内"的员工基本上享受的是计划经济时代的身份和待遇,他们有固定的编制,被视为媒体的"正式员工",没有太大的职业风险。在一些历史较长的媒体,因为"资历深"的老员工多,人事关系复杂,领导觉得编辑、记者素质不高,员工觉得媒体负责人没水平,双方都不能做好本职工作,结果导致内耗严重,一些编辑、记者的创造力被扼杀。"体制外"从业人员的出现,是媒体人事改革的重要成果;然而,体制内外的差异,使这一成果的价值被稀释。随着体制外人员的增多,"同工不同酬"、"身份歧视"等问题逐渐暴露出来,并严重地影响到媒体的职业道德建设。

近年来,高校扩招培养出大量的传媒人才,市场供过于求更扭曲了少数媒体

的用人机制,致使劳动力的价格一降再降。面对庞大的学生实习队伍和刚出校门的新手,一些媒体找到了压缩成本的办法:减少一些次要岗位的编制,用实习生来顶岗干活,滚动淘汰,少给甚至不给报酬。这种做法严重违反了《劳动法》的规定。

媒体是精神文化的生产者,媒体从业人员需要有深厚的涵养和丰富的业务知识。然而,一个行业的道德水准不是自动生成的,这就要求媒体建立合理的用人机制,实行统一的考核、奖励标准,这样才能加强员工的主人翁意识,完善职业道德建设。

五、媒体与公众的关系:媒体应将社会责任放在第一位

在计划经济年代,媒体曾经是单一的宣传工具;改革开放后,媒体的功能得到全方位的开发,以更积极的形象全面影响社会政治、经济和文化事业的发展。经过三十多年的改革开放,社会经济环境发生了巨大变化,公众的素质明显提高,公众对传媒的需求也不断升级。传媒是人类精神文化的生产部门,"传播是各种各样的技能中最富有人性的"[1]。在信息化时代,大众传媒应该承担更多的社会责任,提供令公众满意的、更加丰富多彩的信息服务。

(一) 媒体是社会雷达:清理冗余信息,绘制社会环境的精确地图

人是社会性动物,人类的力量来自群体的智慧和集体的力量,而传播是形成人类社会关系的基础性材料,它贯穿于人类整个发展史,是流经全部历史的水流。社会中的每个个体、每个群体都是一个个相对的"社会孤岛",传媒可以延伸人的感觉器官,将"社会孤岛"联结成"精神大陆"。施拉姆认为,每个人的头脑中都有一张社会地图,人们根据社会地图来为自己选择在社会上的位置。社会地图绘制准确,个体发展就有希望;社会地图绘制错误,个体发展就有危机。因此,要想绘制准确的社会地图,人们必须要不断搜集信息,根据社会环境的变化不断修正社会地图。人们搜集信息的行为被施拉姆称为"社会雷达行为",而媒体就是一个重要的"社会雷达"。

"我们每天修改我们的工作地图,在越是不熟悉的地点位置和缺乏经验的时候,就越是依赖我们的社会雷达。"[2] 当代社会人流、物流、信息流流动很快,公众需要通过准确的社会地图来判断自己的位置,因此,他们迫切需要媒体充当

---

[1] 〔美〕威尔伯·施拉姆、威廉·波特:《传播学概论》,陈亮等译,北京:新华出版社1984年版,第20页。

[2] 同上书,第34—35页。

合格的"雷达"和"哨兵",监测社会环境,帮助他们从自然控制和社会控制中解放出来。面对公众的要求,媒体从业人员应该谨慎而干练,采集到新鲜、权威、及时的社会变动信息,让公众充分接触当日的消息,感受到世界跳动的脉搏。当代媒体应该是有权威、有个性、有品位的"社会雷达",如果不能在第一时间内拿到第一手资料,如果不重视新闻来源、刊发道听途说的新闻,"如果我们不够敏感,比如在交流中忽略了他人的感受,那么,我们建立起来的关系就很容易受到损害"①,媒体的权威性和公信力将会遭到广泛的质疑。我们时常看到,少数媒体不但不能给公众提供准确的社会信息,还编造假新闻、制造假事件,帮助利益集团混淆视听,这些媒体的作为不但毁掉了自身的品牌,也玷污了整个传媒界。

(二)媒体是社会公器:避免舆论一律,投射社会群体的典型画面

世界之所以精彩,是因为世界是由不同的社会群体构成的,他们有着不同的生活方式和生活价值。媒体只有尊重不同群体的价值观和生存方式,才能让公众建立起对各个群体的尊重和理解。哈钦斯在《一个自由而负责的新闻界》的《序》中提到,"新闻界的义务并不是为了替其他机构开脱。新闻界的相对权力伴随着它的种种重大义务"②。媒体是大众传播的工具,它不应该被少数集团所占有,而应该在日常报道中投射各个社会群体的典型画面。

施拉姆认为,人们每天都要向外投射社交雷达束,其目的是识别自己的身份、确定自己的位置,以及向群体证明自己的成员资格。然而,在社会生活中,基层劳动者往往缺乏利用媒体的渠道、机会和能力,因此,媒体可能自觉不自觉地淡忘了基层群众的甘与苦,而把焦点对准了所谓的"社会核心领域"。当媒体过于为利益集团服务时,就可能导致舆论一律,而忽视了媒介化时代是一个价值多元的时代。

作为社会弱势群体的基层劳动者,他们难以掌握媒体的话语权,这就需要媒体建设一个公共道德空间,为他们提供道德援助和话语救济。上海《东方早报》记者简光洲对三鹿奶粉的报道、新华社记者孙春龙对娄烦矿渣山滑坡矿难的报道,充分体现了媒体的责任与良知,这些媒体人应该成为其他媒体从业人员学习的榜样。

(三)媒体是社会向导:抵制商业诱惑,传播人类社会的主流价值

目前,我国的媒体领域暴露出道德水平滑坡的种种迹象:为了扩大发行量,

---

① 〔美〕特里·K.甘布尔、迈克尔·甘布尔:《有效传播》,熊婷婷译,北京:清华大学出版社2005年版,第7页。

② 〔美〕新闻自由委员会:《一个自由而负责的新闻界》,展江等译,北京:中国人民大学出版社2005年版,《序》,第8页。

一些报纸新闻将坏人、女人、名人、政客作为四大法宝,渲染犯罪情节,炒作他人隐私,侵犯他人名誉;部分电视节目中出现色情、暴力,节目品位下降;一些媒体在新闻节目中严重违反新闻操作规则,大搞产品植入(product placement)式营销,用新闻的形式发布广告;在广告经营中,一些媒体无视法律规定,几乎天天刊登违法违规广告。"据统计,2005年1—7月,国家食品药品监督管理局对181份报纸发布的10598次药品广告进行监测,发现违法发布药品广告行为9680次,违法率竟达91%,可谓触目惊心。"① 媒体为了获得经济回报,大量发布社会新闻、娱乐内容,不惜牺牲美誉度,换取知名度。

  媒体除了传递信息之外,还有塑造人类社会主流价值观的任务。媒体不仅要为公众提供准确、及时、权威的咨询,还要为公众提供先进的世界观和方法论,成为公众的舆论领袖和社会的启蒙者。目前,国内的大部分媒体非常注重社会启蒙,期望通过自己的努力,开启民智,重建社会价值。特别是在一些重大事件中,这些媒体有着强烈的社会责任感,总期望要为社会可持续发展作出贡献。在市场经济环境下,经济效益是社会效益的基础和前提;但是,媒体毕竟是精神文化的生产者,无论何时,都不能沦落为赚钱的机器。传媒人的头上应该始终敲响道德的警钟,主动地背负社会责任一路前行。

---

① 周茂君、姜倩、车蒙娜:《基于政府、市场与公众三维视角的中国媒介改革》,载《武汉大学学报(人文科学版)》2008年第2期,第251页。

第十三章　新媒体与新闻传播

从传播发展史来看,传播技术的每一次进步都将推动人类文明的巨大进步。在人类发展史上,文字的出现、印刷术的发明,曾经是人类文明进步的重要推动力。自20世纪90年代以来,以互联网为代表的新媒体出现,人类采集和阅读信息的方式、传播信息的载体都发生了巨大变化,人类正在以前所未有的规模和速度记载和保留自己的文明成果,人类文明进入了一个新的时代。新媒体的崛起给传统的新闻传播事业带来了巨大的冲击,新闻信息的发布权快速向社会分散,一个公民参与信息发布的时代已经来临,新媒体成了传媒业变革的催化剂和推动力。

第一节　新媒体的内涵与特征

新媒体的出现不仅改变了新闻传播活动的规律,而且也改变了人们的生活方式、生存方式和生产方式。网络、手机等新媒体压缩了人类社会的空间距离,改变了人类传统的社区结构,大大促进了全球一体化的进程。今天,人类生活的很多领域已经完全依赖于基于网络的新媒体,没有新媒体很多部门的生产活动几乎无法进行。新媒体强大的社会功能正在引起整个社会的高度重视:传统媒体需要应对新媒体的调整;商界精英需要开发新媒体的蓝海;政府需要对新媒体更好地实施管制和有效利用;普通公民则期望在虚拟空间内寻找更加丰富多彩的内容……

一、新媒体的发展历史

新媒体(new media)是一个热门词汇,也是一个使用比较混乱的词汇。从媒体使用的历史来看,它不是一个严谨的概念,而是人们对不同时期出现的新的传播载体的习惯性称呼。1967年,美国CBS技术研究所发表了一份开发EVR(电视录像)技术的商业计划,第一次使用了"新媒体"这一概念。1969年,美国传播政策总统特别委员会主席罗斯托在向尼克松提交的一份报告中,多处使用了

"新媒体"的概念,此后"新媒体"一词由美国流传到全世界。因为"新媒体"本身就不是一个严谨的概念,所以不同的组织和个人出于不同的理解和目的,给"新媒体"下过很多不同的定义。联合国教科文组织曾直接将网络看成新媒体;有人认为新媒体就是音频、视频技术与互联网的结合;有人认为新媒体是新兴的数字媒体、网络媒体,它是建立在计算机信息处理技术和互联网基础之上的各种媒介的总和;有人认为新媒体是一种既超越了电视媒体的广度,又超越了印刷媒体的深度的媒体,而且由于其高度的互动性、个人性和感知方式的多样性,达到了以前任何媒体都不曾达到的高度——互动式数字化复合媒体。关于新媒体的定义,最广义的概念是将新近出现的与传统报刊、广播和电视传播方式不同的媒体都纳入新媒体范畴,如网络、手机、数字电视、移动电视、户外广告、楼宇电视等等;比较狭义的定义是基于计算机网络技术的新兴媒体。我们这里采用狭义的概念,重点介绍互联网和手机的发展历史。

(一) 互联网的发展历史

网络的发展和普及,给我们的生活带来了巨大的变化。然而美国著名未来学家约翰·奈斯比特在他的著作《高科技·高思维》中更大胆地为我们描述了未来的生活:早上闹钟把你叫醒,彬彬有礼地问你要不要一杯新鲜的热咖啡;得到我们的命令后,它会自动地命令咖啡壶开始煮。当你在办公室的时候,你可以给智能冰箱发邮件,问它今天晚上做蔬菜千层面还缺什么材料?冰箱于是和橱柜讨论,然后发邮件给网上蔬菜公司,订购缺少的食材。傍晚6点,蔬菜公司会将货送到你的家门口。① 就像网络诞生之初,再有丰富想象力的人,也没有想到有一天它会成为具有强大功能的新媒体,今天我们的想象力还难以预测网络未来将会怎样改变我们的生活。网络的每一次进步、每一次发展似乎都超出了人们对它的想象和预测。

20世纪60年代初,古巴导弹危机使美苏冷战状态更加紧张。为了保护美国军方的信息免受核打击,为了在战争状态下实现情报资源共享,美国军方开始试验将不同地点的计算机相互连接。1969年,美国国防部的研究人员和一些大学共同开发了军用计算机网络 ARPAnet(ARPA, Advanced Research Projects Agency),将计算机与公用电话交换网连接。1985年,美国国家科学基金会开始建设 NSFnet,将各大学和研究所的计算机连接起来,用于支持科研与教学,这使互联网出现了第一次快速的发展。1988年后,美国的网络逐渐连接到其他国

---

① 〔美〕约翰·奈斯比特等:《高科技·高思维:科技与人性意义的追寻》,尹萍译,北京:新华出版社 2000 年版,第 3—4 页。

家,并开始向社会开放。进入1990年,ARPAnet正式被NSFnet接管,并改名为Internet。

1990年,在欧洲高能粒子物理协会工作的英国人提姆·伯纳斯–李(Tim Berners-Lee),提出了万维网(WWW,World Wide Web)计划,采用超文本标识语言(HTML),使得网上浏览如漫步花丛。20世纪90年代初,商业机构开始进入互联网,成为互联网发展的强大推动力。1993年,美国政府提出建设"信息高速公路"计划,万维网开始起飞。1995年,美国停运NSFnet,互联网彻底商业化,迎来第二个发展高峰。1995年10月24日,美国联邦网络委员会(FNC)给互联网进行了系统的定义:(1)基于网际协议(IP)及其后来的扩展/改进,通过全球唯一地址空间逻辑地连接在一起;(2)能够支持使用传输控制协议/网际协议(TCP/IP)及其后来的扩展、改进或其他IP兼容协议的通信;(3)可以公开或秘密地提供、使用或访问通信层,以及在此描述的有关基础结构的高级服务。① 由上面的定义可以看出,互联网是使用TCP/IP协议的计算机网络,是由用户和数据组成的全球信息系统。1998年5月,在联合国新闻委员会举行的年会上,与会代表正式提出网络是"第四媒体"。"第四媒体"刚一登场就出手不凡,大有压倒传统媒体之势。1998年8月31日,英国前王妃戴安娜与男友法耶兹遭遇车祸身亡,上网查询该事件消息的人估计超过1000万。② 1998年9月12日,美国独立大法官斯塔尔在网络上公布了总统克林顿性丑闻的调查报告,两天内就有2000万人浏览。③

1994年4月初,中美科技合作联合会在华盛顿举行,会前中国科学院副院长胡启恒代表中方向美国国家科学基金会重申连入互联网的要求,得到了美方认可。1994年4月20日,中关村地区教育与科研示范网(NCFC)通过美国Sprint公司连入互联网,实现了我国与互联网的全功能连接。这一事件被我国新闻界评为1994年中国十大科技新闻之一,从此中国被正式承认是真正拥有全功能互联网的国家。今天,基于网络技术的新媒体,正在实质性地改变着我国的传媒生态。

(二)手机的发展历史

随着社会的发展,人们期望能够随时随地、及时可靠、不受时空限制地进行信息交流。而手机的发展和普及,不仅满足了人们实时进行信息交流的愿望,而

---

① 夏凡:《网络信息采制》,北京:新华出版社2002年版,第8页。
② 唐绪军:《因特网:21世纪报纸的杀手还是救星?》,载《中国报刊月报》1998年第1期,第38—39页。
③ 闵大洪:《网络传播的杀伤力》,载《国际新闻界》1998年第5—6期合刊,第25—27页。

且与互联网一样,正在引发一场媒体应用的革命。在信息时代,人们更加重视信息交流的及时性,而手机因为受到的空间限制少、实时性好和机动性好的特征,使人们更有效地利用时间和信息成为可能。可以说,手机普及的社会意义毫不逊色于互联网,它和互联网一道为我们提供了一种数字化的生活方式。

移动通信技术最早是在第二次世界大战期间运用于军事领域的一项通信技术。但是因为移动通信设备昂贵,所以直到20世纪80年代第一代模拟蜂窝电话技术(模拟大哥大)出现后,手机才开始在民用领域迈开步伐。1973年,摩托罗拉(Motorola)公司展示了世界上第一款便携移动电话的原型机,机身与人脚一样大小,重量为2磅(0.904kg),该款手机后来成为1983年的商业化机型。第一款手机虽然看起来不漂亮,但是它终于实现了人们移动通话的梦想。1982年,诺基亚(Nokia)公司推出了一款外形像收音机的便携电话,主要被安装在轿车上使用。

20世纪90年代,数字技术被引入移动电话领域,80年代设计的GSM(全球通)系统于1992年率先在欧洲各国投入运营,它的最大好处是在GSM覆盖的国家能够实现自动漫游。其后,CDMA系统也开始登场,CDMA数字蜂窝通信是扩展频谱技术在多址移动通信中的一种运用,其系统容量可以达到GSM的4倍以上,而且话音质量更好。90年代中后期,手机功能进一步完善,而且外形变得更加小巧、轻薄和时尚。目前,第三代移动通信系统(3G)的手机正在普及。第三代手机不仅具有照相、音乐、游戏、计时器等传统功能,更主要的是它真正成为功能强大的网络和媒体,不仅能够实现看报、看电视的功能,还可以用来上网查资料、发邮件。手机作为个人通信的终端,将随着电子技术的发展不断向智能化、微型化、安全化和多功能化的方向发展。

二、新媒体的主要特征

早在20世纪60年代,麦克卢汉就提出了"地球村"的概念,但是,麦克卢汉所能预示的由电视联结的地球村,还是一个松散的、单向的地球村。而互联网、手机等新媒体的出现,才真正把世界连成一个"村庄"。有了电话、手机和网络,人们可以不按地理位置,而是按照兴趣、爱好、交往关系等主观因素来建立社区。网络技术的发明是人类又一次的"创世纪",它在人类的现实生活空间之外又创造了一个虚拟空间。这个空间具有人类精神世界的一切自由,同时又具有现实世界的严格秩序。为了对新媒体有一个全面的认识,我们从传播角度来具体分析一下它们的主要特征。

(一）网络的主要特征

网络的出现不仅在传媒领域引起了地震，而且在社会生产领域也引发了革命性变革。现在各行各业都离不开网络。一方面，人们需要从网络中获得政策信息、生产信息和交换信息；另一方面，还需要在网上进行办公、进行交易。现在很多跨国公司都在利用网络进行公司管理，总部可以通过网络直接控制在世界任何地方的子公司。我们这里提出的网络特征主要是从传播角度来思考的，而忽略了网络在电子办公、电子管理、电子商务等方面的特征。具体来说，网络具有如下特征：

1. 信息的开放性。网络能够突破一国的国界，使传统国家的疆域消失，结束了强权通吃和民间沉默的时代。过去我们认为影视艺术的内容实现了大众化，然而它的表现方式是非平民化的：观众无法自由地把握观看速度，一切按照制作者设计好的节奏发展着；观众只能紧张地跟踪，没有停下来反复研读的机会。在影视作品中，公众在内容接收上是自由的，然而发布信息的权利仍然留在了发射端。因此，掌握了媒介所有权，就能够控制媒介的节目安排，能够把自己的意志加到节目符号中，使信息被加工成控制者认为理想的状态，以达到传播的目的。互联网不为任何一个国家和公司所有，而是全人类共享的信息资源。在互联网中，每个节点的地位都是平等的，没有所谓的中心控制节点，多了一个节点，仅仅意味着多了一份资源，多了一条路径。不管在中国，还是在大洋彼岸，只要被网进互联世界，彼此之间建立的就是水平的互联关系，而不是上下关系。网络使少数人垄断信息和文化的圣人时代结束了，信息的所有权不再集中在媒介中心控制室，而被分散到所有网民的鼠标按钮上。受众既可以自由选择信息，又可以变成信息发布主体，甚至一个人就可以取代某些新闻通讯社的功能，向全球发布他想要发布的信息。就信息发布权来说，只要拥有一个网络终端，任何人都是平等的，因此互联网是平民表达意见和传播信息的理想舞台。在互联网中，控制和审查的力量非常弱小，有时网络控制反而会引起更多人的好奇，造成网民集体"翻墙"，形成更大的网络事件，造成雪崩效应。

2. 网民的互动性。网络传播是一种类人际交流，网民之间可以实现即时互动。网络传播中有一对一传播、一对多传播，也有多对多传播。在一对一传播中，网民之间像是进行直接的人际交流，在网络聊天等对话式的交流过程中，网民之间互动反馈性极强。在热点事件、焦点事件中，网民之间是多对多传播，能够形成围观的效果，不同意见纷纷登台、交锋，形成多向互动的局面。目前饱受争议的人肉搜索，更是发挥了群体互动的力量。当一个网民对一个问题不知所以的时候，他可以动员广大网民参与搜索，充分发挥人际网络的力量，利用群体效应掘地三尺,尽可能多地获得关于焦点问题的所有答案。网络可以使每个人都成为福尔摩斯,通过网络互动人们可以在短时间内寻找到事件真相。有人认为,人肉搜索具有私刑性质,会对人造成物质和精神上的伤害;有人认为,人肉搜索是游走在法律边缘的全民游戏,它在黑暗社会是正义的使者,在法治社会则是网络暴民。不管人们对人肉搜索如何进行评价,网络的互动性强是无可争议的。正是网络的互动性给公众提供了游戏的空间,也在现实生活中创造了很多传统社会无法实现的神话。芙蓉姐姐、天仙妹妹是借助网络互动成名的,"别针换别墅"能够付诸实施也是有人摸透了当代网民的心理,利用了部分网民盲从、易冲动、爱凑热闹的心理特点。

3. 传播的快捷性。网络强调"即时"反应,当社会上有什么事件发生时,网络几乎可以和事件同步,快速地进行报道。尤其是网络报道出现后,网民可以通过互动随时对发布的信息进行修正、补充,通过事件归类还原真相。传统的报纸、广播、电视都有一个信息采集、编辑、把关和传播的过程,然而在网络空间内,信息可以由传播者直接发布,实现迅捷的互动。在网络越来越普及的时候,每个公民都可能成为记者,庞大的"公民记者"队伍发布信息的快捷性,是职业记者无法相比的。网络传播的快捷性正在使各级政府越来越重视这一媒体,国家领导人多次通过网络与网民对话,就是明证。

4. 使用的个性化。在互联网上发布信息不受任何意志的干扰,这使互联网个性化色彩最浓,最易于表现人的本能。它使人类的某种冲动获得了最强烈、最纯粹的表现,体现了自由、灵活、轻快的精神实质。上网可以看新闻,也可以发布信息,更可以和别人聊天,实现信息的互动。网上谈论和涉及的内容,在现实生活中或许你永远不会提及,人们可以在网上进行无拘无束的情感宣泄。当消耗了饱胀的激情后,人又回归到宁静的状态。从改造社会的角度来说,这也许不是积极的,但是从调整生活节奏的角度来说,它却是有效的。从某种意义上说,在互联网时代,人人都可以通过网络成为一个虚拟的英雄,但是任何人都很难比普通大众更高大,成为传统意义上神圣的英雄。在网络空间内,一个人不再被固定在一个清晰的岗位上,他可以根据进入的虚拟空间的性质扮演不同的角色,个体的智慧从而得到了更多的表达。

5. 资源的丰富性。任何传统媒体都有容量的限制,但是互联网却没有。互联网的节点可以延伸到任何人的面前,同时任何人都可以利用自己的节点发布信息。凡是人们能够想到的东西,随时都可以通过链接获得。互联网与传统媒体不同,它没有截止时间,发布的信息是即时的,不受限制,即可以全天候发稿,而且由于全球的时差变化,信息发布交叉纵横,互联网上发布的信息几乎没有断面。在网络面前,地理界限消失了,人与人之间没有距离,口语时代面对面交流的优势被借鉴,而传播半径小的缺点却被克服了。在互联网上,整个世界变作以光速传输的比特(数字信号),一切真实生活中的障碍都没有了。这正是网络引人入胜之处。现在社会各个行业、各个部门都在建立自己的网站,人类资源共享的欲望使网络成了摩天图书馆,成了人类庞大的体外神经系统。在网络环境下,人们变成了全知全能的圣人,只要稍微花一点时间,就能查找到满意的答案。网络的超文本链接、网民发动的人肉搜索使人类丰富的信息资源被真正地共享。

6. 手段的多样性。很多业界人士认为,网络其实不是一种媒体,而是一种技术平台,在这个平台上运行着很多媒体。网络中的电子邮件、博客、网络新闻、网络游戏、电子杂志、电子报纸、网络报纸、网络电视等业务,其实就相当于众多的媒体族群,它们各自有不同的特点和商业运营模式。从这个角度来看,网络具有多媒体性质,它可以综合利用各种媒体的手段,使传播的内容更加符合受众的接受习惯。传统媒体的传播方式是教堂化的,而网络传播的方式却是碎片化的,这种碎片化不仅体现在内容上,也体现在形式上。网络媒体形式的多样性,使每个人都能够按照自己的方式来利用信息、加工信息和发布信息。公民采集、生产、传播信息的自由化,使每一个人都有可能成为一个有影响的媒体。

（二）手机的主要特征

手机是一种反馈性很强的个人通信工具,是人际传播的延伸。随着通信技术的发展,手机的功能也越来越强,手机电视、手机报纸、短信群发功能的出现,使手机成为名副其实的新媒体。和互联网比起来,手机在有些方面特征更加明显:(1) 受众范围更广。网络因为受到主客观条件的限制,目前普及率不如手机,而且网民的素质相对较高。手机作为大众通信工具,普及率比网络高,受众面更广。(2) 传播速度更快。在目前出现的所有媒体中,手机的信息发布速度是最快的。传统媒体发布信息需要经过严格的信息采集、加工、制作、把关和刊播的过程。网络随时能够自由发布信息,但是大多数人不可能始终和网络保持联系。手机是一个更方便、更快捷的媒体,当一个事件发生后,在场的"公民记者"随时可以将信息通过短信传递出去。每遇突发事件、重大事件,人们自发传递信息的热情更高,所以,近年来越来越多的新闻首发权被手机抢夺。(3) 个性特征更明显。手机是一种携带方便的、个性化的信息传播工具。一对一传播是手机传播的最主要方式。手机传播有人际交往的信任基础,通话双方经常是亲戚、朋友、同事,因此他们互相传递的信息个性化、团体化特点更明显,传播的效果更好。在信息传递过程中,传者可以根据受众的反应不断调整传播内容,传受双方没有明确的界限,信息互动性非常强。手机用户还可以根据个性需要,定制自己感兴趣的内容进行消费,每个用户都可以成为自己消费规则的制定者和消费内容的组织者。(4)信息互动更及时。手机结束了固定终端接收设备的垄断地位,使个体在接收信息时,能够更及时地进行传受互动。手机最基本的通话功能就是模拟的人际传播,因此,手机及时互动、及时反馈的特征非常突出。无论是声频会话、短信会话,还是开通网络功能,都能够在技术上方便地实现。

第二节 新媒体与新闻传播

新媒体具有强大的新闻传播功能,能够对传统媒体形成巨大的挑战。已经集聚了巨大能量的新媒体,正在反客为主,通过融合、渗透、寄生、反超等方式,不断消解传统媒体的优势,蚕食传统媒体的领地,抢夺传统媒体的"主流话语权"。技术进步经常会创造一些工作,也会破坏另一些工作。1861年,当第一封电报越过大西洋从美洲传到欧洲的时候,骑快马送信的工作从此寿终正寝,灰心丧气的骑马人只好把马骑回牧场。与此同时,一个新的工作市场诞生了,它面向熟练的电报操作员。今天,传统媒体在面对新媒体的挑战时,不能再采取藐视、敌对、防范的态度,迷恋传统媒体曾经和现有的辉煌,而应该未雨绸缪,学会在开放的市场环境中生存。新媒体是先进技术和金融资本结合的产物;传统媒体在接受新媒体的挑战时,要大胆改革运作机制和管理体制,不断开发、更新传播技术平台,并吸引大量的社会资本参与这一过程。

一、新媒体环境下新闻传播的新形态

新媒体的出现改变了传统的媒介生态,使新闻传播有了更多的载体和平台,新闻播报的形式更加丰富多彩。2008年,中国发生了一系列重大事件:历史上罕见的雪灾、拉萨街头的骚乱、奥运圣火传递被西方抵制、汶川大地震的突然发生……在接踵而来的突发性事件面前,传统媒体突然感觉到身份的尴尬和危机:如果及时报道,可能违背管理制度;如果不及时报道,又可能丧失舆论阵地。如果只提供一种声音,公信力会大打折扣;如果提供多种观点,又会考验地方政府的执政能力。新媒体是在新经济土壤中成长的,是社会生产力发展的必然结果,新媒体及时传递的大量新闻,正在给传统职业性的新闻传播活动带来越来越大的压力。下面我们分别介绍网络新闻、手机新闻传播的主要形态。

(一) 网络新闻传播的主要形态

今天的网络功能异常强大，五花八门的网站开发了各种不同的业务。很多业务在设计策划之初并不是为了实现新闻传播功能，但是实际上却承担了或多或少的新闻传播功能。下面我们介绍几种网络中比较有影响的新闻传播形态。

1. 网络新闻。网络新闻是由网站采集或编辑的、经过把关人把关的新闻组。人们上网的一个重要目的就是看新闻，网络媒体也将新闻作为一个重点业务来经营。和传统媒体相比，网络新闻具有数字化、多媒体、大容量和全球化的特征。在一些重大事件中，传统媒体因为受到版面和时段的限制，不可能连篇累牍地只关注一个问题，而网络新闻可以利用容量优势，开辟专题频道，将与事件相关的所有内容都搜集起来，建立一个全面的数据库。在对外宣传中，传统媒体同样受到国界的限制，将传播内容传递到其他国家的难度和成本都非常大，而网络则可以无远弗届。从受众的角度看，网络新闻时效性强，信息全面，互动性好，存储复制方便。网络新闻最早仅是传统媒体的网络版。1987年，美国《圣何塞信使报》(San Joe Mercury News)成为世界上第一家网络报纸，开启了网络新闻传播的新纪元。其后，《纽约时报》、《华尔街日报》、《洛杉矶时报》、美国广播公司、美联社等各大传统媒体纷纷触网。1995年，我国的《神州学人》杂志开设网络版，登载我国最早的"网络新闻"。其后，《人民日报》、中央电视台等全国著名的新闻机构和地方性新闻机构相继登上网络快车。网络新闻早期主要采取"拿来主义"，从传统媒体获得新闻来源，然后按照网络版面的要求，编辑网络新闻，所以网站一般都和传统媒体建立合作关系。随着网络的发展，网络新闻一方面注重从传统媒体继续汲取养料，另一方面也主动地去采集新闻。在我国，网站没有直接的采访权，很多传统媒体创办的网站，借助"国有身份"的优势将"传统记者"延伸为"网络记者"。很多商业网站只能通过不断地进行"变通"来策划独家报道。网络新闻的特殊采集和发布方式，使其一直受到虚假新闻和知识产权的困扰。

2. 网络博客。博客是"Blog"的中文翻译，"Blog"来源于"网络日志"(Web Log)。博客最早并不是网民以自我倾诉为特点的传播样式，而是指对网络信息进行搜集、编辑和包装，并通过链接的方式使零散信息得以汇总，使信息获得增值价值的一种中介服务。然而，随着博客的不断发展，网民逐渐找到了它的核心功能：自由出版和发布信息。目前，网络博客指的是网民通过在网站申请建立个人主页，并将自己的日常感受、生活体验和研究心得写成文章张贴其上，供其他网民阅读、欣赏和评论的一种网络传播活动。在日常使用中，"博客"在不同语境下有不同的含义：有时博客指的是在网络中开设个人主页、自由发表个人思想的人;有时博客指的是个人主页上登载的相关内容;有时博客指的是网站提供给网民发表个人作品的虚拟空间;有时博客指的是网站的一种经营业务。我们这里倾向于将博客定义为一种传播活动,因为这样一来它就可以包括传播者、传播内容和传播渠道等传播要素。网络博客刚一出现,就被很多乐观的网民称为"信息时代的麦哲伦"。它遵循"五零原则",即零编辑、零技术、零体制、零成本、零形式,使网民能够用更加独立的思维和批判的意识审视世界。在中国,博客满足了公众日益强烈的话语表达的愿望,使公众有更多的机会参与对社会问题的监督和对公共事务的管理;同时,博客也给网站开辟了更加广阔的内容空间,增强了网络内容的原创性、亲民性。近年来,网络博客在发布最新新闻、对新闻事件进行及时评论等方面发挥了巨大的作用,已经成为影响公共舆论的重要力量。

3. 网络论坛。论坛是指人们发表意见的场所,网络论坛(Net Forum)则是网民在网络中发表意见的虚拟空间。在现实社会中,人们之间的交往和交流受到空间的限制,而在虚拟空间内,网络能够将庞大的人群集中起来,帮助其进行实时在线交流。因此,网络论坛是现代社会一个重要的、新兴的交际场所,是网民自由发表意见、形成社会舆论的主要场所。网络论坛通常以 BBS 和留言板的形式出现。电子公告牌系统(Bulletin Board System,简称 BBS)就是一个能够提供多人参与讨论的网络论坛系统。BBS 一般被划分为多个讨论社区,每个社区有一个比较集中和固定的主题,这些主题覆盖面广泛,可以涉及政治、经济、文化、科学、军事、宗教等各个领域。BBS 具有地域性、群体性的特点,一些 BBS 站点通常会要求使用者进行注册,然后才能获得广泛的权限,如发言和投票权等。现在一些高校的 BBS 为了加强管理,一般不向校外用户开放。网络论坛最主要的元素就是帖子,可以分为主帖和跟帖。主帖是论坛中引起网民兴趣、激发网民讨论的一段话、一篇文章或一个新闻事件,它往往规定论坛讨论的主题或范围。其他网民围绕主帖发表的意见或看法就是跟帖,跟帖一般不独立成篇,而是以只言片语、思维火花、灵感闪现等形式出现。论坛可以通过头脑风暴的方式让网民相互激发,经过一段时间的讨论后,往往能够形成一些对现实社会具有较大影响力的社会舆论。正因为论坛具有激发舆论、组织舆论、形成舆论的作用,现在相关管理部门逐渐加强了对论坛的管理,严格控制一些不健康、不文明、不合法的言论的传播。

4. 网络电视。网络电视(Internet Protocol TV,简称 IPTV)是利用宽带网的基础设施,以电视机或计算机作为主要终端设备,向用户提供包括数字电视在内的多种信息服务的一项技术。自互联网诞生以来,人们就一直呼唤多网合一,以减少资源浪费和信息接收成本。随着宽带技术的发展,目前的宽带能够在同一传输介质上,利用不同频道,进行多重传输,从而将因特网接入、视音频点播、远程教育、远程医疗等服务集成在一起,真正实现"三网合一"。在三网融合的大趋势下,电视成了最主要的多媒体终端载体,因为在电视的平台上搭建数字家庭多媒体娱乐中心,显然具有坚实的群众基础。现阶段,网络电视的过渡形态是在目前的互联网平台上播放电视节目,而成熟的网络电视则可以在电视机终端上享受互联网所能提供的服务。网络电视的崛起,在我国引起了较大争议。技术给网络电视带来了商机,但是对网络电视的管理带来了部门的利益之争。从目前的管理模式来看,电视内容归广电行政管理部门管,而网络渠道归信息产业部门管,网络电视恰好是在这个交叉点上成长的、具有较好商业前景的信息服务项目。2005年4月,上海电视台正式获得国家广电总局批准开办以电视机、手持设备为接收终端的视听节目传播业务,这被认为是国内发放的第一张IPTV业务经营执照。2006年9月,中国移动收购了默多克在凤凰卫视19.9%的股权,这被认为是中国移动进入内容领域的一个重要信号。

除了上面提到的传播新闻、组织舆论、引导舆论几项功能外,电子邮件、网络报纸、网络视频等业务还具有强大的新闻传播功能。如一些人为了绕开互联网的技术管理,通过电子邮件的群发功能来传播信息和表达意见,这种传播方式对突破网络封锁具有一定的作用。电子邮件用于新闻传播给网络管理带来了更大的困难,也提出了一道考题,促进后者适应新的舆论环境,提高自身的权威性和公信力,对社会公众进行有效的舆论引导。

(二)手机新闻传播的主要形态

在第一代模拟蜂窝移动通信时代,手机的功能非常简单,只能满足基本的通话要求。到了第二代数字移动时代,手机的移动范围大大扩展,短信、彩信、游戏等附加功能不断增多。目前手机正在进入3G时代,移动宽带互联网、无国界漫游的全球通技术使手机大量的服务功能被开发出来,手机的媒体功能越来越明显。从目前手机使用现状和手机未来发展方向来看,以下三种业务与新闻传播的关系越来越紧密:

1. 手机短信。在现代社会,手机是人们最重要的私人物品之一,是个人与社会联系的纽带。手机除了通话之外的另一个重要功能就是短信功能。手机短信既可以传递个人交往信息,也能够传递节日问候和时政新闻,甚至能够反映社会舆论的状况。2003年"非典"期间曾经流传过这样一则短信:"萨斯病毒何时了?患者知多少!小楼昨夜又被封,京城不堪回首月明中。粮油蛋菜应犹在,只是不好买!问君能有几多愁?最怕疑似非典被扣留!"该短信生动地反映了群众畏惧"非典"的心理。2005年10月,中国移动推出了多媒体短信服务(Multi-

media Message Service,简称 MMS),可以传送贺卡、屏保、文字、图片、音频、视频等多种形式的信息。由于手机是私人信息传递工具,所以手机短信传播具有直达性、情境性和劝服性的特点。手机对重大事件进行传播的速度,是其他任何媒体无法比拟的。2003 年 2 月 1 日 22 时 32 分,美国"哥伦比亚号"航天飞机失事16 分钟后,新浪网把这则新闻以手机短信的方式发送给万千客户,由此开创了国内手机传播新闻的先河。直到 23 时 50 分,央视一套才插播了"哥伦比亚号"坠毁的新闻,比短信晚了一个多小时。在 2003 年"非典"期间、在汶川大地震期间,人们见识到了手机短信的传播功能和传播效果。现在,越来越多的人已经成为"拇指一族",短信聊天成为他们度过闲暇时光、沟通感情的重要方式。手机短信还具有群发功能,通过群发功能传播的手机短信类似于大众传播,其到达率和阅读率都是传统媒体无法比拟的。近年来,很多媒体和各地政府看到了手机短信强大的新闻传播功能,自觉地利用手机短信进行新闻宣传和舆论引导。2004 年 8 月 12 日,新华社播发了我国第一则短信新闻故事《赵家富》。该短信共分 14 条连载,每则不超过 70 个字,讲述的是云南省德宏傣族景颇族自治州盈江县交通局局长赵家富的先进事迹。当然,手机短信也可能被人非法使用,对社会造成危害,目前有关部门正在通过技术手段和法律途径对短信犯罪进行封堵。

2. 手机报纸。手机报纸就是运用类似于报纸版面的形式将新闻信息进行编辑、排版,然后通过无线电技术平台发送到彩信手机上供用户阅读的新闻形式。手机报是报纸、移动通信商和网络运营商联手搭建的信息传播平台,它是电信增值业务和传统媒体相结合的产物。手机报有两种模式:一种是彩信手机报模式,这种模式是将新闻以彩信的方式发送到手机终端,用户离线观看;一种是WAP 网站浏览模式,用户可以通过访问手机报的 WAP 网站,在线浏览信息。手机报最大的特点是它的便携性、时效性,它能够以最快的速度将新近发生的新闻发送到用户手机上,供用户在闲暇时间里阅读。由于手机是随身携带的私人物品,所以手机报纸可以填满用户的"无聊时间",开辟了一个全新的媒体市场。2004 年 7 月 18 日,我国第一家手机报《中国妇女报》彩信版正式开通。负责将《中国妇女报》嫁接到手机上的北京好易时空网络公司总裁汤丹松表示,"手机报的读者是这样一群人:社会中知识水平高、经济基础好、年龄层次在 25—45岁、对资讯高度敏感的精英阶层"[①]。随着新媒体的不断成长壮大,报纸的生存

---

① 李兆丰、刘红霞:《手机报广告路在何方》,http://www.mie168.com/manage/2008-01/258375.htm。

越来越艰难,创办手机报成了很多报纸寻求新的发展思路的重要举措。2005年,报纸广告业务大幅收缩,被很多业内人士称为"报纸的寒冬期",其后很多报纸都开始涉足手机报领域。目前手机报基本上还是传统纸质媒体的"彩信版",没有自己的采编部,还不是一个独立的媒体。但是手机报内容丰富,更新较快,已经在用户中赢得了好评。

图 13-1　影响力正在扩大的手机报

3. 手机电视。手机电视就是利用手机作为接收终端为用户提供视频资讯服务的一种媒体。手机电视有两大载体,一是电信运营商的点对点移动网络,一是广电部门提供的点对多传输网络。目前世界上手机电视发展最好的国家是日本,在日本政府对频率资源进行统筹管理的前提下,移动运营商、终端制造商和广电部门密切协作,促进了手机电视的稳定发展。我国从 2004 年开始推动手机电视的发展,2005 年 9 月中国移动手机电视业务正式开通,2006 年中国移动与上海文广集团合作推出手机电视业务,2007 年中国移动又与中国国际广播电台共同推出手机电视业务。在 2008 年奥运会期间,央视国际和中国移动、中国联通在手机电视业务上进行了全面合作,为用户及时准确地报道了奥运会的各项赛事。和手机报纸一样,手机电视具有移动性、便携性等特点,被人们称为"带着体温的媒体"。但是,手机电视牵涉到电信和电视两大部门,如果电信网络、电视节目内容、有线电视网络的监管机构中,有一家不认可,手机和电视都无法结合起来。另外,手机电视在技术标准、频率规划、终端技术、网络带宽、内容制作等方面,还有很多需要清除的障碍。但是,不管困难有多大,任何阻力都难以阻挡新技术前进的步伐,手机电视的成熟和普及应该不会让公众等得太久。

图13-2 手机电视技术已经成熟,目前正在寻找赢利模式

二、新媒体的出现带来舆论环境的变化

物质决定意识,当社会生产方式发生变化时,公众的社会意识也必然发生重大变化。新媒体不仅拥有巨大的信息传播能力,而且它还渗透到社会生产的各个环节,改变着人们的生活环境和工作方式。当地理、时间、国界不再成为信息传播的障碍的时候,信息流动变得更加自由、迅速,从而使社会舆论向着分散化、多样化,甚至是无中心化的方向发展。

(一)传统媒体的垄断地位被打破

在传统的媒介环境下,报纸、广播、电视占据着绝对的垄断地位,它们掌握着信息的选择权、发布权。受众在信息传播中处于被动地位,他们所接收到的信息都经过了媒体的选择和加工,体现着媒体既定的价值标准。然而,当手机、网络等新媒体出现后,媒介生态发生了革命性变化。虽然传统媒体随着社会的发展,自身的规模也在不断壮大,但是它却赶不上整个媒介领域的膨胀速度,传统媒体在媒介领域的占有率持续下降(如图13-3所示),在信息传播中的垄断地位被打破。

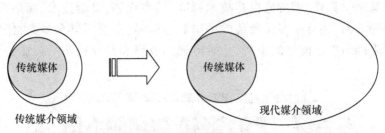

图 13-3　传统媒体在现代媒介领域中的占有率快速下降

我国传统媒体的所有权基本上归国家所有,因此,行政权力对它拥有绝对的资源配置权,客观上限制了它的发展速度和规模。而新媒体在发展之初就吸引了大量的社会资本,高度分散的股权、不断变革的技术、商业主导的运作,使新媒体获得了非常规的发展。随着手机、网络等新媒体的发展,在新媒体与传统媒体的交叉地带又出现了一系列继发的信息传播形式,如可视电话、手机报纸、手机电视、网络报纸、网络电视、车载电视等。面对越来越庞大的传媒规模,人类的信息生产进入了无限生产、无限传输、无限消费的时代,传统媒体的控制功能和整合功能正在衰落,社会影响力也迅速递减。

(二) 信息传播中非专业队伍的崛起

传统媒体是组织严密的社会机构,它们既拥有传播渠道,也垄断传播内容。传统媒体的采编人员都经历过严格的专业训练,具有丰富的理论知识,因此,他们能够在媒体编辑方针的指导下,采集符合传播者意图的信息进行传播。在传统媒体环境下,受众处于被动的信息接收地位,不能够直接表达自己的心声,自我诉求只能通过代言人(编辑、记者等媒体从业人员)去表达。

新媒体是一个开放的自组织机构,它的服务与内容可以分开经营,信息传播模式由播放模式(broadcast model)向交互模式(interaction model)演化。新媒体具有庞大的信息容量和低廉的传播成本;通过使用新媒体,公众既可以自由地获取信息,也可以自由地发布信息,还可以进行实时的互动交流。非专业的大众加入信息发布的行列,使新媒体传播信息的速度更加快捷,信息输出量更加庞大。"数字技术的发展,让新兴媒体变得更为开放,内容制作壁垒降低,信息传播正逐步下放回归到平民中间。"[1] 当前的社会信息有很多不是由专业的媒体从业人员发布的,而是由非专业的社会大众发布的。在 2006 年的伦敦地铁爆炸案中,信息的首个发布者不是传统媒体,甚至也不是网络,仅有的视频是一位普通

---

[1]　石长顺、周莉:《新兴媒体公共传播的核心价值》,载《华中科技大学学报·社会科学版》2008 年第 1 期,第 42 页。

目击者用手机拍摄的。2008年5月12日汶川大地震发生后,很多人也是通过手机在第一时间内获知地震消息的。

在新媒体大显身手之前,当有些新闻牵涉到敏感的人和事时,相关的政府部门和领导可能会出于种种考虑,限制媒体发布信息。而在新媒体环境下,普通公众加入了信息发布的行列,彻底打破了专业人员对信息生产和发布的垄断,极大地弱化了传统媒体对信息的控制权,使政府的媒介管理政策面临前所未有的考验。2008年7月24日,中国互联网络信息中心(CNNIC)在北京发布了《第22次中国互联网络发展状况统计报告》。该报告显示,目前中国网民数量已达2.53亿,CN国家域名注册量达到1218.8万个,两个数字均居世界第一。这么多的网站、这么多的网民,给公众发布信息提供了宽阔的平台。当然,从另一方面来看,网络的自由性、匿名性,也可以使一些假消息快速流传。

(三) 信息把关中出现无法弥补的漏洞

传统媒体是点对面的传播,信息把关人只要控制了发射端,就能够从容地控制社会舆论。然而,新媒体没有中心节点,每一台电脑、每一部手机,既是接收端,也是发射端,公众随时可以不受审查地发布信息。"以'原创'为定位风格的土豆网主编就公开表示:土豆网的内容策略就是不对用户上传的内容作任何价值判断。"[①] 新媒体利用技术优势,极大地降低了信息消费的综合成本,丰富了人类传播的手段(见表13-1),并使古老的口头传播与人际传播发生了新的变革。

表13-1 新媒体的主要传播方式

传播方式	相关信息载体
点对点	电话、手机、电子邮件
点对面	网络新闻、手机博客、手机MSN
面对点	搜索引擎、关键词搜索
面对面	群体之间的信息传播,如网络论坛中的舆论战

电话与手机的出现,改变了人们的居住模式、交往模式和活动空间,巩固了人们的社会关系。人们在使用电话和手机的时候,识别身份是传播顺利进行的重要基础。"无论电话交谈涉及什么内容,无论是官僚政治的还是私密的,例行公事的还是非同寻常的,意义极为重大的还是微不足道的,对话都会在谈话开始

---

① 石长顺、周莉:《新兴媒体公共传播的核心价值》,载《华中科技大学学报·社会科学版》2008年第1期,第42页。

时将识别/认同作为一项工作。"① 传统的人际传播是传受双方在核实身份的基础上进行的互动式传播,新媒体中的"点对点"传播保留了传统人际传播中的"传播关系"和"信任基础",并在空间和时间上突破了传统人际传播的限制。电话和手机上的信息传播是一种带有私密性的人际传播,不仅拥有信任资源,而且没有制度限制,因此传播的说服效果很强。手机短信是手机特有的一种传播方式,它能够以简短的、浓缩的、生动的语言,快速地传递社会信息。目前,手机信息的"群发"技术已经成熟,这使手机短信将"点对点"和"点对面"两种传播模式有效地结合起来,兼具了人际传播与大众传播的功能。手机短信不受审查,不受窥视,能够储存,方便阅读,因此,它已经成为非官方话语传播的一个主要载体。

在新媒体中网络的影响力最大,它没有封闭的边界,没有等级式的中央控制,"在法律上是一种无主权性的存在"②。网络上可以进行"点对面"的大众传播,也可以进行"点对点"的人际传播、"面对点"的搜索传播、"面对面"的群体传播。除了"点对面"的传播可以通过传统把关方式进行控制之外,其他的传播方式几乎难以控制,充其量只能进行一些事后追惩(如处罚服务提供商、关闭相关站点、及时删掉敏感内容等)。有时网民关注的重大信息,管理者虽然删除了原始内容,但随后更多的复制品却疯狂蔓延。从目前的管理实践看,我们可以通过网络警察在电脑空间中进行巡逻、过滤、拦截和跟踪,从而及时封锁和删除"垃圾信息"、"恶意信息"。网络管理是"群众对群众"式的遭遇战,庞大的管理队伍可以对特定信息进行及时跟踪、删除,但是这样的成本太大,而且要动用范围甚广的管理力量。因此,当事件只是牵涉到局部地区和个别人,事件本身又不会对国家稳定和社会发展造成影响时,政府不可能动员全国的力量来"救火"。

传统媒体的传播是一种组织化的行为,而新媒体的传播却是一种非常社会化、个性化的行为,网络最主要的把关人是网民自己。面对大量的、分散的、个性化的、隐蔽的公众,技术控制和行政控制的力量都显得相当微弱,围追堵截的办法不但不能进行舆论引导,反而会使公众产生更强的逆反心理。面对复杂的媒介环境,我们仍然要加强培养主流媒体的公信力,让它们充当舆论领袖,更好地引导社会舆论。

(四)信息自由放大了社会舆论的力量

在信息时代,信息成了重要的公共资源。在传统媒体环境下,政府可以通过

---

① 〔美〕伊锡尔·德·索拉·普尔主编:《电话的社会影响》,邓天颖译,北京:中国人民大学出版社2008年版,第451页。
② 胡翼青:《传播学:学科危机与范式革命》,北京:首都师范大学出版社2004年版,第137页。

审查传播内容、控制传播渠道、追惩违规媒体等方式控制信息发布,因而公众的知情权会受到限制。新媒体的出现客观上放大了公众的知情权和表达权,不仅能够满足公众对客观世界"知"的要求,而且为公众提供了一个广阔的发表意见的公共平台。

在传统媒体环境下,由于公众知情权有限,缺乏意见交流和思想碰撞的机会,因此他们的意见是离散的、卑微的,公共决策经常可以忽略这些意见。然而,在新媒体环境下,公共舆论的产生时间大大缩短,当一个重大事件发生时,每个个体都可以自由地发表意见,当各种意见在"观点的公开市场"上自由交锋和猛烈碰撞时,强大的社会舆论就会迅速生成。网络中的社会舆论是"以忽略具象的个人的方式来凸现抽象的个人"①,个体意见在跨地域、超链接的网络空间内聚合,使"宏观的个人"显得更加强大。网络空间内的社会舆论声势巨大,难以控制,短期内也难以消失,如果社会管理者不加以重视,就会遭到它的惩罚。话语运动是社会行动的先导,新媒体促进的民间精神力量的崛起,必将重塑我们的意识形态,深刻影响未来公共行政的发展。

(五) 国际传播中信息互动与文化冲突并存

在交通工具、传播工具比较落后的年代,各国相距遥远,联系较少,整个世界处于相对静止的状态。而在新媒体创造的虚拟空间内,"人们不再受土地的羁绊,也不再受他们的社会阶级、阶层、等级或身份的限制"②,一个虚拟的"世界性社会"已经显出雏形。信息在全球的自由流动,一方面使人类获得了一个"体外神经系统",认知能力快速提高,个人意识和权力意识不断增强;另一方面,拉近了各国人民之间的精神距离,人类的全球性思维又在不断地塑造着人类的共同兴趣和相似的价值观。

在全球化浪潮中,"文化像物种一样,有着在隔绝中发生变异的倾向,所以人们会担心个别的文化会在这股信息的巨流中被稀释。从长远看,这样一个进程可能导致各种地区和民族的文化混合为一种单一的同类的全球文化"③。确实,目前国际竞争和冲突很少表现为对领土的争夺,更多的则是经济和文化上的较量;当世界被快速地知识化、信息化后,国与国之间的文化冲突也变得更加频繁和深刻。在国际传播领域,西方大国凭借庞大的传播系统和独特的传播技巧,经常能够左右国际社会对有关问题的认知和评价,它们处于国际舆论的中心位

---

① 杜骏飞:《弥漫的传播》,北京:中国社会科学出版社2002年版,第42页。
② 〔德〕哈拉尔德·米勒:《文明的共存》,郦红、那滨译,北京:新华出版社2002年版,第36页。
③ 〔美〕欧文·拉兹洛编:《联合国教科文组织国际专家研究报告:多种文化的星球》,戴侃等译,北京:社会科学文献出版社2004年版,《前言》,第1页。

置,掌握着国际舆论的主动权。

三、传统媒体如何应对新媒体的挑战

新媒体的发展是技术变革的结果,新媒体逐渐发展壮大是必然的趋势。传统媒体只有不断变革,并积极适应新的传播环境,才能化解被边缘化的风险。在这一历史背景下,主流媒体至少应该做好以下几项工作:

第一,政府和媒体应该积极面对社会成员的公民意识逐步增强的事实,尊重公民的表达自由。当我国不断地走向民主与法治的时候,公民意识普遍觉醒,人们需要自由表达言论,监督公共权力,参与国家管理。传统媒体必须要认清时代形势,跟上公众对媒体需求的变化,为民意提供一个常规化的、制度化的表达渠道。

第二,政府应该转变行政管理职能,不断在新闻改革方面进行体制创新。目前,一些相关部门对媒体的管理偏严,因此造成两个结果:一是行政手段对传统媒体的管理过度,造成传统媒体在时效性、准确性和影响力上落后于新媒体。二是针对传统媒体的管理对新媒体不太适用,有的时候措施不当容易形成民意的反弹,酿成更大的网络事件。面对媒体环境的变化,政府有关部门应该转变对传统媒体的管理方式,给予传统媒体足够的自由采访、自由报道的空间,提升传统媒体在舆论引导中的影响力。同时,政府有关部门还应该创新媒体管理体制,对新媒体的管理更加侧重于"疏",而不是"堵"。

第三,树立传统媒体的公信力和权威性,缓解网络空间内的拥堵现象。目前,由于公共舆论的表达渠道尚不充足,大量民意涌向网络,结果在网络空间内造成拥堵,让网络承担了"不可承受之重"。为了改变这种现象,传统媒体应该发挥主流媒体的功能,积极主动地干预社会生活,及时准确地发布新闻信息,真心实意地代表群众利益,铲除谣言生存的土壤,这样才能使民意在常规渠道中自由流动,才能强化传统媒体的权威性,真正在普通公民与国家权力之间架起沟通的桥梁。

第四,传统媒体应该建立现代企业制度,转变经营和管理机制。新媒体大多是按照现代企业制度建立起来的商业媒体,它们具有灵活的经营管理机制和策略,能够比较从容地在市场化的环境中生存。传统媒体大部分是事业单位,较缺乏市场营销经验,在投资、决策、管理、人事等方面落后于新媒体。传统媒体要想真正在市场中生存,必须建立现代企业制度,真正从事业单位向企业转变,利用资本市场募集发展资金,利用灵活的机制调动人、财、物资源。当传统媒体无须借助行政力量就能独立生存的时候,就有了与新媒体竞争的资本。

第五,传统媒体应该重视技术变革,充分利用现有资源积极进入新媒体领域。过去,人们认为媒体竞争以"内容为王",然而,在新媒体环境下,随着公民记者队伍的壮大,技术变得越来越重要。一些网站甚至打出了"技术为王"的口号,遇到重大事件时无须进行现场采访,只要打开技术平台,发动公民记者为网站提供信息就可以了。面对新媒体内容生产模式的变化,传统媒体也应该走"内容+技术"之路,一方面充分利用自身的内容优势,另一方面不断加强技术力量,在内容的编辑整合、利用社会资源等方面寻求新的突破。传统媒体只有积极进入新媒体领域,才能更好地适应国内市场和国际市场的竞争。

主要参考文献

A

〔加〕埃里克·麦克卢汉、弗兰克·秦格龙编:《麦克卢汉精粹》,何道宽译,南京大学出版社 2000 年版。

B

〔美〕保罗·萨缪尔森、威廉·诺德豪斯:《经济学》(第 16 版),萧琛译,北京:华夏出版社 1999 年版。

〔古希腊〕柏拉图:《理想国》,张子菁译,北京:西苑出版社 2003 年版。

〔英〕布赖恩·麦克奈尔:《政治传播学引论》,殷祺译,北京:新华出版社 2005 年版。

C

蔡雯:《对美国新闻教育改革的调查及思考》,http://news.xinhuanet.com/newmedia/2005-07/28/content_3278857.htm。

陈力丹:《舆论学——舆论导向研究》,北京:中国广播电视出版社 1999 年版。

陈力丹:《论胡锦涛关于传媒工作的新思维》,载《当代传播》2008 年第 5 期。

陈霖:《新闻学概论》,苏州大学出版社 1997 年版。

陈净植、黄兴华:《探访"魔戒大院"》,载《中华新闻报》2005 年 8 月 17 日。

程世寿:《公共舆论学》,武汉:华中科技大学出版社 2003 年版。

D

〔英〕大卫·麦克奎恩:《理解电视》,苗棣等译,北京:华夏出版社 2003 年版。

〔美〕戴维·波普诺:《社会学》(第十版),李强等译,北京:中国人民大学出版社 1999 年版。

〔美〕戴维·迈尔斯:《社会心理学》(第 8 版),侯玉波等译,北京:人民邮电出版社 2006 年版。

戴煌:《胡耀邦与平反冤假错案》,北京:中国文联出版社、新华出版社 1998 年版。

〔英〕丹尼斯·麦奎尔、〔瑞典〕斯文·温德尔:《大众传播模式论》,祝建华、武伟译,上海译文出版社 1987 年版。

〔英〕丹尼斯·麦奎尔:《麦奎尔大众传播理论》,崔保国、李琨译,北京:清华大学出版社 2006 年版。

邓小平:《邓小平文选》,北京:人民出版社 1994 年版。

丁刚:《战况冲击美国人心理》,载《环球时报》2003 年 3 月 26 日。

董智永:《石家庄政府新闻发言人:三鹿奶粉事件我们有不可推卸的责任》,http://news.xinhuanet.com/newscenter/2008-09/30/content_10136125.htm。

杜骏飞:《弥漫的传播》,北京:中国社会科学出版社 2002 年版。

F

方汉奇编著:《中国近代报刊史》,太原:山西教育出版社 1981 年版。

方汉奇、张之华主编:《中国新闻事业简史》,北京:中国人民大学出版社 1995 年版。

〔美〕弗雷德里克·S.西伯特等:《传媒的四种理论》,戴鑫译,北京:中国人民大学出版社 2008 年版。

傅顺吉:《陇南盗伐者暴力抗法采访手记》,载《中国记者》1999 年第 4 期。

符永康:《60 年民主进程:公民擦亮"中国眼睛" 监督权大行其道》,http://www.china.com.cn,2009-06-25。

G

高顺青:《美国电视媒体一瞥:"强人"是这样铸成的》,载《视听界》2006 年第 6 期。

郭建斌、吴飞主编:《中外传播学名著导读》,杭州:浙江大学出版社 2005 年版。

郭庆光:《传播学教程》,北京:中国人民大学出版社 1999 年版。

(台)郭姈伶:《中国文字的演变与视觉运用》,http://www.cgan.net/SCIENCE/publish/pcart/chinsesword.htm。

H

〔德〕哈贝马斯:《公共领域的结构转型》,曹卫东等译,学林出版社 1999 年版。

〔美〕哈罗德·D.拉斯韦尔:《世界大战中的宣传技巧》,张洁、田青译,北京:中国人民大学出版社 2003 年版。

〔德〕哈拉尔德·米勒:《文明的共存》,郦红、那滨译,北京:新华出版社 2002 年版。

胡翼青:《传播学:学科危机与范式革命》,北京:首都师范大学出版社 2004 年版。

黄瑚:《中国新闻事业发展史》,上海:复旦大学出版社 2001 年版。

黄瑚:《新闻法规与职业道德教程》,上海:复旦大学出版社 2004 年版。

J

〔英〕J. B.伯里:《思想自由史》,宋桂煌译,长春:吉林人民出版社 1999 年版。

蒯乐昊：《26年后 寻找英雄张华》，载《南方人物周刊》2008年第12期。
姜晓秋、陈德权：《公共管理视角下政府信任及其理论探究》，载《社会科学辑刊》2006年第4期。

K

〔美〕克利福德·G.克里斯蒂安等：《媒体伦理学》（第五版），蔡文美等译，北京：华夏出版社2000年版。

L

〔美〕拉雷·N.格斯顿：《公共政策的制定——程序和原理》，朱子文译，重庆出版社2001年版。
李彬：《唐代文明与新闻传播》，北京：新华出版社1999年版。
李春冀：《江总书记视察铁路采访记》，载《报林求索》2002年第1期。
李建红：《授人以渔：我国新闻学教育改革的难题突破》，http：//www.jxgdw.com/jxgd/spsj/zyytt/userobject1ai561058.html.
李剑鸣、章彤编：《美利坚合众国总统就职演说全集》，天津人民出版社1997年版。
李良荣：《新闻学概论》，上海：复旦大学出版社2001年版。
列宁：《列宁选集》（第1卷），北京：人民出版社1960年版。
刘建明：《当代新闻学原理》，北京：清华大学出版社2003年版。
刘建明：《天理民心》，北京：今日中国出版社1998年版。
刘建明：《舆论传播》，北京：清华大学出版社2001年版。
刘勇：《媒体中国》，成都：四川人民出版社2000年版。
刘玉军：《防止新闻"节日八股病"》，载《新闻记者》2003年第3期。
〔英〕罗素：《社会改造原理》，张师竹译，上海人民出版社2001年版。

M

〔美〕迈克尔·埃默里、埃德温·埃默里：《美国新闻史》，展江主译，北京：新华出版社2001年版。
〔美〕迈克尔·E.罗洛夫：《人际传播：社会交换论》，王江龙译，上海译文出版社1997年版。
《毛泽东新闻工作文选》，北京：新华出版社1983年版。
〔美〕梅尔文·门彻：《新闻报道与写作》，展江主译，华夏出版社2003年版。
〔法〕孟德斯鸠：《论法的精神》，许家星译，北京：中国社会科学出版社2007年版。
〔英〕弥尔顿：《论出版自由》，吴之椿译，北京：商务印书馆1958年版。

N

南京七所高等院校编写组：《中国革命史》，南京工学院出版社1986年版。

〔美〕诺姆·乔姆斯基、戴维·巴萨米安:《宣传与公共意识》,信强译,上海译文出版社2006年版。

P

潘忠党:《解读凯里·跨文化嫁接·新闻与传播之别》,http://www.lunwentianxia.com/product. free. 9714145. 8。

〔法〕皮埃尔·布尔迪厄:《关于电视》,许钧译,沈阳:辽宁教育出版社2000年版。

皮传荣:《新闻学教育的文学化误区》,http://www.tj.xinhuanet.com/campus/2006-05/23/content_7070000.htm。

Q

邱沛篁:《新闻传播手册》,成都:四川大学出版社2004年版。

S

施天权等:《当代世界广播电视》,上海:复旦大学出版社1991年版。
施雪华:《政治科学原理》,广州:中山大学出版社2001年版。
任毓骏:《美国新闻不自由》,载《环球时报》2003年4月2日。
时容华:《社会心理学》,香港:中华书局1997年版。
石磊:《从公民新闻看传媒接近权的实现路径》,http://www.chuanboxue.net/list.asp?unid=5384。
石长顺、周莉:《新兴媒体公共传播的核心价值》,载《华中科技大学学报·社会科学版》2008年第1期。
史哲等:《信息开始自由流动》,载《南方周末》2008年5月22日。
宋林飞:《西方社会学理论》,南京大学出版社1997年版。
宋林飞:《社会传播学》,上海人民出版社1994年版。
孙代尧:《台湾威权体制及其转型研究》,北京:中国社会科学出版社2003年版。

T

〔美〕T. 巴顿·卡特等:《大众传播法概要》,黄列译,北京:中国社会科学出版社1997年版。

谭云明:《传媒经营管理新论》,北京大学出版社2007年版。

〔美〕特里·K. 甘布尔、迈克尔·甘布尔:《有效传播》,熊婷婷译,北京:清华大学出版社2005年版。

童兵:《理论新闻传播学导论》,北京:中国人民大学出版社2000年版。
童兵:《中西新闻比较论纲》,北京:新华出版社1999年版。
童兵:《马克思主义新闻经典教程》,上海:复旦大学出版社2002年版。

〔挪〕托布约尔·克努成:《国际关系理论史导论》,天津人民出版社2004年版。

W

汪行福:《走出时代的困境》,上海社会科学院出版社2000年版。
王强华等:《新闻舆论监督理论与实践》,上海:复旦大学出版社2007年版。
〔美〕威尔伯·施拉姆、威廉·波特:《传播学概论》,陈亮等译,北京:新华出版社1984年版。
魏永征:《新闻传播法教程》,北京:中国人民大学出版社2002年版。
〔美〕沃尔特·李普曼:《公共舆论》,阎克文、江红译,上海人民出版社2002年版。
武彬:《中华文化海外传播史》(第一卷),西安:陕西人民出版社1998年版。
吴信训:《美国新闻教育扫描及启示》,http://media.people.com.cn/GB/22114/49489/67480/4602918.html。
吴永川:《新闻学概论》,北京:八一出版社1994年版。

X

奚从清、沈赓方:《社会学原理》(第三版),杭州:浙江大学出版社1994年版。
〔奥〕西格蒙德·弗洛伊德:《文明及其缺憾》,傅雅芳、郝冬瑾译,安徽文艺出版社1987年版。
〔美〕新闻自由委员会:《一个自由而负责的新闻界》,北京:中国人民大学出版社2004年版。
夏凡:《网络信息采制》,北京:新华出版社2002年版。
萧瀚:《表达权是基本人权》,http://www.xici.net/b616371/d60587064.htm。
笑蜀:《祝愿厦门PX事件成为里程碑》,载《南方周末》2007年12月20日。
徐宏力:《美学与电子文化》,辽宁:春风文艺出版社1994年版。
许章润:《中国如何炼成"软实力"》,载《南方周末》2008年11月27日。
许正林:《欧洲传播思想史》,上海三联书店2005年版。
徐贲:《30年改革开放后的期盼》,http://news.xinhuanet.com/comments/2008-03/23/content_7840754.htm。

Y

姚利:《我们每天睡在水泥地上》,载《环球时报》2003年3月26日。
杨保军:《新闻理论教程》,北京:中国人民大学出版社2005年版。
杨华:《新闻传播专业教育中的问题》,载《当代传播》2006年第4期。
叶程鹏:《令人心寒的震撼》,载《新闻记者》2003年第10期。
〔美〕伊锡尔·德·索拉·普尔:《电话的社会影响》,邓天颖译,北京:中国人民大学出版社2008年版。

〔英〕约翰·密尔:《论自由》,许宝骙译,北京:商务印书馆 1959 年版。

Z

展江:《2003 普利策:继续守望"暗礁险滩"》,载《国际新闻界》2003 年第 4 期。

张康之、张乾友:《对"市民社会"和"公民国家"的历史考察》,载《中国社会科学》2008 年第 3 期。

张昆:《简明世界新闻通史》,武汉:武汉大学出版社 1994 年版。

张昆:《中外新闻传播思想史导论》,上海:复旦大学出版社 2006 年版。

张隆栋:《大众传播学总论》,北京:中国人民大学出版社 1993 年版。

张隆栋、傅显明:《外国新闻事业史简编》,北京:中国人民大学出版社 1988 年版。

张宁:《信息化与全球化背景中的政府传播》,载《中山大学学报(社会科学版)》2005 年第 1 期。

张诗蒂:《政府、媒介和公众关系的动态平衡》,载《四川大学学报(哲学社会科学版)》2005 年第 1 期。

张于让:《法国的新闻与传播教育》,载《新闻大学》2002 年冬。

张志安、柳剑能:《媒介营销案例分析》,北京:华夏出版社 2004 年版。

周建明:《影响新疆新闻媒介经济发展的因素分析》,载《当代传播》2004 年第 4 期。

赵曙光、耿强:《网络媒体经营战略》,北京:新华出版社 2002 年版。

郑保卫:《新闻学导论》,北京:新华出版社 1990 年版。

郑保卫主编:《论媒介经济与传媒集团化发展》,北京:中国人民大学出版社 2003 年版。

郑保卫主编:《论传媒改革与发展》,北京:新华出版社 2004 年版。

郑保卫主编:《中国新闻业发展现状与趋势》,北京:经济日报出版社 2008 年版。

钟新:《英国:新闻学与传播学严格分界——专访英国新闻教育学会会长罗德·艾伦》,http://www.zeview.com/index.php? option = com_content&task = view&id = 265&Itemid = 42。

中央电视台新闻评论部:《实话》,北京:文化艺术出版社 2001 年版。

周爱群、胡翼青:《受众研究的理论与实践》,南京:江苏人民出版社 2005 年版。

周茂君、姜倩、车蒙娜:《基于政府、市场与公众三维视角的中国媒介改革》,载《武汉大学学报(人文科学版)》2008 年第 2 期。

朱辉、周胜林:《当代办报策略与新闻采写艺术》,上海:复旦大学出版社 1996 年版。

〔日〕猪口孝、〔英〕爱德华·纽蔓、〔美〕约翰·基恩:《变动中的民主》,林猛等译,长春:吉林人民出版社 1999 年版。

后　　记

　　生命是短暂的,时间是稀缺的,人生最宝贵的财富是时间。有人可以盘踞显赫的权位,可以拥有万贯家财,可以享受奢华的生活,但是他不能止住时间,留住青春,拒绝衰老。改革开放三十多年给中国带来的最大成就,就是建立了一个高度开放的经济环境和社会环境。不断强大的经济基础、持续开放的社会环境,使中国社会进入到个体意识、公民意识觉醒的时代。在开放的社会环境中,人们的生活节奏越来越快,社会机遇越来越多,然而生命与时间的冲突也越来越大。在现实生活中,很多人经常感叹"太忙了",我们不得不学会拒绝和排除,学会在大量的机会中进行残酷的取舍。

　　自己动手写一本《新闻理论教程》是我多年的愿望。从2001年开始,我就和新闻理论课程打起了交道。"学"一门课和"教"一门课是两码事,"学"的时候可以跟着别人的思路走,但是"教"的时候却必须要有自己的逻辑,这样站在大学讲台上才能显得自信和从容。于是从第二轮课程教学开始,我就萌生了编写一本《新闻理论教程》的想法。为了早日实现自己的梦想,我在教学中不断收集资料,整理写作提纲,记录授课灵感,并于2005年开始动手写作。然而,现实生活中的冲突一再打断了我的计划,养家糊口、买房装修、考博读博、申报课题、发表论文等,即使我不眠不休,也做不完手边的工作。在艰难的取舍中,我一次又一次修改和调整大脑中的"工作议程",将已经写了几章的《新闻理论教程》一推再推。岁月的流逝已经把我拖进中年,我已学会了敬畏时间,这几年我几乎把时间用到了极致,但是依然无法协调好要做的工作,始终留下挂一漏万的遗憾。

　　摆在读者面前的这本《新闻理论教程》之所以能够面世,需要特别感谢北京大学出版社的周丽锦女士。2008年初春,她来南京组稿,我有幸与其结识。当她知道我有写作《新闻理论教程》的计划时,便鼓励我加快进度早日出版。此后,丽锦以各种方式提醒我、鞭策我,催我加快进度。然而,2008年我忙于博士论文答辩和手边课题的结项,教材的事根本无法顾及。2009年春天,丽锦再次"下达任务",我已不好再拖,答应10月份交稿。为了兑现承诺,我放下手边的其他工作,尽量把时间用在教材的写作上。6月初丽锦来南京参加中国新闻史学会的换届会议，其间她向我提到书稿的事，我当时没有自信接她的话茬，因为我下半年的任务早已排满。暑假开始后，我几乎谢绝了一切社会活动，甚至牺牲了锻炼的时间，集中精力撰写书稿。排除了各种干扰，心思全部集中到书稿上，写作的进度明显加快，并且一度超出了我的预期。8月9日深夜，我终于将写好的书稿传给了丽锦，10日随南师大人事处组织的旅游团，到海南去休整了一个星期。

同哲学、法学、政治学、经济学、社会学等学科相比，新闻学没有正统的"学院起源"，早期新闻学只有"术"没有"学"，这使新闻学的学科地位受到很大影响。现代传媒的发展使新闻事业在社会生活中的重要性得到了提升，新闻学的学术地位有所改善。今天，新闻事业已经成为社会的瞭望哨，成为维护一个国家民主、法治和正义的重要力量。新闻理论是研究新闻传播现象、新闻传播事业和新闻传播关系的一门课程，而其核心内容则是关注新闻事业和民主法治的关系，关注新闻事业和政治权力、公民权利的关系。改革开放前，在我国，新闻学成了政治学的附庸，新闻理论的主体性丧失，人们经常用语录论证原则，用原则拼凑规律，用规律度量现实，新闻学者成了政治裁判，新闻理论问题演变成政治伦理问题。改革开放后，新闻理论研究的主体性和活力得到了恢复，随着研究方法的改进、研究内容的丰富、研究体系的更新，新闻学的学科地位得到了巩固。然而，在新闻体制没有根本改变的情况下，我们要警惕新闻理论研究重走"文化大革命"时期的老路：用官员的标准作为学术研究的标准。大学教育需要培养学生的独立意识和批判精神，需要保持阳春白雪式的矜持，新闻理论要想获得更高的学术地位，必须要从官本位中独立出来，尊重科学、追求真理，坚持专业主义的价值取向，培养新闻工作者的专业精神和职业道德。目前，新媒体的崛起、公民记者的出现，给传统媒体和传统新闻理论带来了巨大的挑战，也为新闻理论的更新提供了更多的研究对象和思考材料。本教程在写作过程中，试图在新闻理论的专业性上做一些力所能及的探索，但是因为作者能力有限、时间仓促，也因为时代语境的原因，这种探索还很粗浅。

教学相长，当我给学生讲授新闻理论课的时候，也从学生们那里获得了鼓励，得到了提高。南京师范大学新闻专业的同学进校分数高、基本功扎实，他们听课认真、思维敏捷，能够很好地和老师互动。对老师来说，学生认真聆听老师的讲授，积极和老师互动、交流，这不仅是一种崇高的享受，也是激发老师智慧的源泉。因此，本教材的很多思想还凝聚着我的学生的智慧，没有他们在课上和课下的参与，这本教材肯定要逊色很多。

2009年夏天，南京的天气还算凉爽，这给我的写作提供了"天时"。然而，小区内此起彼伏的装修声,不知杀伤了我多少脑细胞,并在我疲惫的时候考验了我的毅力。好在家人还在支持我,这是我最大的欣慰。本书的初稿是由我的夫人方和美校对的。夏天的晚上,她经常带着我的初稿陪女儿补课,然后在街头找个地方帮我校对。对于女儿,我一直有愧疚感,因为忙于自己的工作,我几乎不管她的学习。暑假她忙她的,我忙我的,来不及做饭的时候,我们只好到超市买点熟食,将就着"混"日子。有时我也反思,觉得自己太自私,整天忙于自己的工作,却放松了对孩子的教育。

少年时代我对大学就心仪已久,但是,对于一个农村孩子来说,当时做梦也梦不到大学的模样。现在我不仅上过大学,而且能够站到大学讲台上,这是我终生的荣幸。今天的大学校园并不清闲,教学、科研、为社会服务使老师们备感压力。然而,大学的压力我却愿意承受。首先,大学能够给老师提供一个相对独立的生存和思考的空间,老师能够比较自主地安排自己的工作;其次,大学虽然"寂寞"一些,却少了很多功名利禄的诱惑,学者们可以拥有自己的宁静生活。正因为这些原因,我愿意在象牙塔中奋斗终生。

本书在写作过程中,曾经参考过很多已有的研究成果,在此我对这些幕后的支持者表示由衷的感谢。扳起手指算,我进入新闻学研究领域,满打满算只有十年。在前辈们面前我还是个后生,更无法奢谈造诣,今后我的成长还需要前辈们更多的关心和提携。作为一本教材,本书还有很多不成熟的地方,期望各位专家和同学给我提出宝贵的意见,以便我在今后的研究和教学中进行改进和完善。